LEGITIMIDAD CONSTITUCIONAL DE LA GESTACIÓN POR SUSTITUCIÓN SOLIDARIA EN EL ORDENAMIENTO JURÍDICO ESPAÑOL

MARÍA DE LOS ÁNGELES SERRANO OCHOA

LEGITIMIDAD CONSTITUCIONAL DE LA GESTACIÓN POR SUSTITUCIÓN SOLIDARIA EN EL ORDENAMIENTO JURÍDICO ESPAÑOL

ARANZADI

Primera edición, 2024

Editorial Aranzadi, S.A.U.
C/ Collado Mediano, 9
28231 Las Rozas (Madrid)
ISBN versión impresa: 978-84-1162-583-8
DL M 4052-2024
Printed in Spain. Impreso en España
Fotocomposición: Editorial Aranzadi, S.A.U.
Impresión: Rodona Industria Gráfica, SL
Polígono Agustinos, Calle A, Nave D-11
31013 – Pamplona

A mis hijos, por tanto

Índice General

Página

Página

CAPÍTULO II

DERECHOS, BIENES Y VALORES DE RELEVANCIA CONSTITUCIONAL EN LA GESTACIÓN POR SUSTITUCIÓN 63

Página

SEGUNDA PARTE
LA GESTACIÓN POR SUSTITUCIÓN EN EL DERECHO COMPARADO Y EN EL ORDENAMIENTO JURÍDICO ESPAÑOL

Página

En esta obra se ha pretendido hacer un uso inclusivo y no sexista del lenguaje. Las referencias a personas o profesiones que figuran en el presente documento en género masculino lo es como género gramatical no marcado.

Abreviaturas y símbolos utilizados

§	Párrafo
§§	Párrafos
AAP	Auto de la Audiencia Provincial
ADN	Ácido desoxirribonucleico
ALECiv/1881	Antigua Ley de Enjuiciamiento Civil de 1881
AP	Audiencia Provincial
Art./Arts.	Artículo/s
ASRM	American Society for Reproductive Medicine
ATS	Auto del Tribunal Supremo
BGB	Código civil de Alemania- Bürgerliches Gesetzbuch
BOCG	Boletín Oficial de las Cortes Generales
BOE	Boletín Oficial del Estado
C.	contra
CAHBI	Comité Ad Hoc de Expertos en el Progreso de las Ciencias Biomédicas del Consejo de Europa
CB	Constitución Brasileña
CBE	Comité de Bioética de España
CC	Código Civil
CCCN	Código Civil y Comercial de la Nación
CCG	Código Civil Griego
CD	Código Deontológico
CdFC	Código de las Familias de Cuba
CDFUE	Carta de Derechos Fundamentales de la Unión Europea
CE	Constitución Española de 1978
CEDH	Convenio Europeo de Derechos Humanos
CFC	Código de Familia de California

CG	Constitución Griega
CGPJ	Consejo General del Poder Judicial
CCQ	Code Civil du Québec
Cit.	Citado
CNPMA	Conselho Nacional Procriação Medicamente Assistida
Coord.	Coordinador/es
CP	Código Penal
CPCG	Código de Procedimiento Civil de Grecia
Cs	Grupo parlamentario Ciudadanos
DGRN	Dirección General de los Registros y del Notariado
DGSJFP	Dirección General de Seguridad Jurídica y Fe Pública
DIPr	Derecho Internacional Privado
ECHR	European Convention on Human Rights
EDD	Editorial El Derecho
EEUU	Estados Unidos de América
EWHC	High Court of Justice of England and Wales
FAM	California Family Code
FIV	Fecundación *in vitro*
FIVI	Fundación del Instituto Valenciano de Infertilidad
FJ	Fundamento Jurídico
FLACB	Family Law Act de Columbia (Canadá).
JUR	Base de datos de jurisprudencia de Aranzadi
GS	Gran Sala
HCCH	Hague Conference on Private International Law
HFEA	Human Fertilisation and Embryology Act 2008
IA	Inseminación artificial
Ibíd.	Ibídem, en el mismo lugar
ILP	Iniciativa legislativa popular
INSS	Instituto Nacional de la Seguridad Social
IVI	Instituto Valenciano de Infertilidad
£	Libras
LAJ	Letrado de la Administración de Justicia

LCJI	Ley 29/2015, de 30 de julio, de cooperación jurídica internacional en materia civil
LECiv/2000	Ley 1/2000, de 7 de enero, de Enjuiciamiento Civil
LFB	Ley Federal de Bonn
LGBTIQ+	Lesbianas, gays, bisexuales y transgénero e intersexuales, sin etiquetas y otras
LGSS/2015	Ley General de la Seguridad Social
LJV	Ley de Jurisdicción Voluntaria
LO	Ley orgánica
LOPD	Ley Orgánica 3/2018, de 5 de diciembre, de Protección de Datos Personales y garantía de los derechos digitales
LPMA	Lei n.º32/2006, de 26 de Julho, Procriação Medicamente Assistida
LRC	Ley del Registro Civil 20/2011, de 21 de julio
LTRA/1988	Ley 35/1988, de 22 de noviembre, sobre Técnicas de Reproducción Asistida
LTRH	Ley 14/2006, de 26 de mayo, sobre Técnicas de Reproducción Humana Asistida
M.º	Ministerio
Núm. (n.º)	Número
OMS	Organización Mundial de la Salud
ONU	Organización de las Naciones Unidas
Pág. (p.)	Página
PIDCP	Pacto Internacional de Derechos Civiles y Políticos
PLGC	Proposición de Ley del Grupo Ciudadanos
PMA	Procreación Médicamente Asistida
PNL	Proposición No de Ley
Pp.	Páginas
PPLGC	Proposiciones de Ley del Grupo Ciudadanos
Pte.	Ponente
RD	Real Decreto
Ref.	Referencia
RGPD	Reglamento General de Protección de Datos

ROJ	Número de registro de sentencias de la base de datos del Centro de Documentación Judicial del Consejo General del Poder Judicial
RRC	Reglamento del Registro Civil
Sec.	Sección
SEF	Sociedad Española de Fertilidad
Ss.	siguientes
STC	Sentencia del Tribunal Constitucional
STJUE	Sentencia del Tribunal de Justicia de la Unión Europea
STS	Sentencia del Tribunal Supremo
STSJ	Sentencia del Tribunal Superior de Justicia
TC	Tribunal Constitucional
TEDH	Tribunal Europeo de Derechos Humanos
TJUE	Tribunal de Justicia de la Unión Europea
TRHA	Técnica de Reproducción Humana Asistida
TS	Tribunal Supremo
TSJ	Tribunal Superior de Justicia
UE	Unión Europea
UN	Naciones Unidas
UPyD	Partido político denominado Unión, Progreso y Democracia
Vs.	Versus, contra
Vol.	Volumen

Presentación

En un artículo de prensa («Hijos de nadie», ABC, 17/04/2023), la que fuera vicepresidenta del Tribunal Constitucional, ROCA TRÍAS, denunciaba, al hilo de la gestación por sustitución o maternidad subrogada, la gravedad que supone eludir una prohibición legal —el art. 10 de la Ley 14/2006, de 26 de mayo, sobre técnicas de reproducción humana asistida, que prescribe que «será nulo de pleno derecho el contrato por el que se convenga la gestación con o sin precio, a cargo de una mujer que renuncia a la filiación materna a favor del contratante o de un tercero»— utilizando el Derecho de otro país.

E insistía, no obstante, en un principio claro: puede discutirse o no la prohibición; puede considerarse «que no pueden ponerse puertas al campo y que hay que acabar regulando» la gestación por sustitución; puede entenderse que con estos procedimientos se vulneran los derechos de las mujeres; puede considerase que hay que proteger el derecho a ser padres. Todas estas razones, y otras, podrían ser tenidas en cuenta por el legislador democrático para decidir regular o no la gestación por sustitución. Ahora bien, mientras persista la prohibición y se declare la nulidad del contrato, la ley es dura, pero es la ley. La aplicación de las leyes es obligatoria, a no ser que se cambien.

La presente obra se adentra en el debate jurídico vidrioso en torno a la gestación por sustitución y, en particular, en torno a la constitucionalidad de su posible legalización. ¿Cabría legitimarla?, ¿hasta qué extremo o en qué condiciones?

La gestación por sustitución es una forma de reproducción humana médicamente asistida que viene siendo estudiada desde diferentes puntos de vista (filosófico, médico o ético, entre otros) y, en el ámbito jurídico, desde diferentes disciplinas, tales como el Derecho Privado, el Derecho Laboral, el Derecho Internacional Privado, la Filosofía del Derecho y, por supuesto, el Derecho Constitucional.

La posible legalización de la gestación por sustitución en diferentes países ha suscitado un intensísimo debate jurídico-constitucional. Era esperable. Y es que, como cuestión controvertida que es, tiene múltiples repercusiones sociales, ideológicas, políticas, filosóficas y hasta económicas. El tema es complejo, delicado y con sensibilidades a flor de piel.

Lo cierto es, como quiera que sea, que la gestación por sustitución tiene lugar fuera de nuestras fronteras y ante este hecho innegable, el legislador democrático debiera abordar las implicaciones jurídicas que tiene, principalmente en materia filiatoria, una vez constatada la obsolescencia del principio *mater semper certa est*; principio que no puede mantenerse inmutable frente a la evolución científica en materia de reproducción humana asistida.

El propósito que se pretende es reflexionar, desde el método propio del Derecho Constitucional, sobre las implicaciones jurídicas que presenta la posible aceptación legal de la gestación por sustitución en nuestro ordenamiento, en particular en el campo de los derechos fundamentales del Capítulo Segundo del Título I de la CE. Desde los derechos que corresponden a los progenitores de intención (comitentes) hasta los de la mujer gestante (o portadora), pasando prioritariamente por el bienestar del *nasciturus* y, una vez nacido, por el interés superior del menor, como eje sobre el que ha de pivotar cualquier regulación legitimadora de esta práctica.

Por razones evidentes, el constituyente español de 1978 no se pronunció explícitamente sobre la gestación por sustitución. Esta, por así decir, indefinición constitucional explica la gran cantidad de posturas doctrinales vertidas hasta la fecha a favor y en contra de su constitucionalidad.

Siendo relativamente corto el tiempo transcurrido desde que esta cuestión saltó al primer plano del interés público, la bibliografía que se encuentra de ella es abundante y ello ha propiciado un diálogo teórico muy enriquecedor.

De modo que, en la reflexión sobre la constitucionalidad de la gestación por sustitución, se va a dejar a un lado el plano filosófico, ético o moral, alejándose, pues, de cualquier ideología política o religiosa (art. 16.3 CE). Se trata de abordar la gestación por sustitución desde una perspectiva pluralista, alejada de cualquier moral particular, o, dicho de otro modo, desde la ética pública positivizada en la Constitución de 1978, empezando por los derechos fundamentales y sin desconocer la posible afectación de otros intereses, bienes y valores, de relevancia constitucional.

Se parte de la base de que la gestación por sustitución es una cuestión social e ideológicamente polémica, desde luego no resuelta en el texto constitucional. Una cuestión que enfrenta diferentes cosmovisiones y posturas doctrinales que alimentan un riquísimo debate en contra y a favor, a favor y en contra, de su legalización (capítulo primero de la primera parte), y en la que confluyen muy diferentes derechos, bienes y valores de relevancia constitucional que conviene apreciar y, aún más, aquilatar o ponderar. La constitucionalidad de la gestación por sustitución no está resuelta en el texto de 1978, pero sin duda es una cuestión de apreciable trascendencia constitucional por cuanto afecta o incide en todo un complejo de derechos fundamentales, bienes y valores constitucionales (capítulo segundo de la primera parte).

Ya en los debates habidos en la Comisión Especial de Estudio de la Fecundación «in vitro» y la Inseminación Artificial Humanas del Congreso de los Diputados de España (Comisión Palacios) y, más claramente, con ocasión de la tramitación de nuestra primera Ley de Técnicas de Reproducción Asistida (LTRA/1988) —antecedentes de la vigente Ley de Técnicas de Reproducción Humana Asistida (LTRH)— pudo constatarse claramente ese carácter controvertido o polémico. Recuérdese, además, el recurso de inconstitucionalidad promovido por 63 diputados del Grupo Parlamentario Popular contra la LTRA/ 1988, resuelto por la significativa STC 116/1999 —con un voto particular discrepante igualmente valioso—.

A pesar del casi unánime rechazo actual de los partidos políticos españoles a la gestación por sustitución, cabría interrogarse acerca de si no ha llegado ya la hora de su legalización, como acreditan diferentes encuestas y sondeos sobre la materia en las que se verifica que una amplia mayoría de los españoles se muestran favorables a esta práctica. Unión, Progreso y Democracia (UPyD) presentó en 2015 una proposición no de ley para la regulación de la gestación subrogada; en el mismo sentido, el Grupo parlamentario Ciudadanos (Cs) elaboró otras proposiciones de ley que se presentaron ante el Congreso de los Diputados, la última en abril de 2023.

Adviértase, de otro lado, que el Parlamento Europeo en un Informe de 2015 rechazó «la práctica de la gestación por sustitución, que es contraria a la dignidad humana de la mujer, ya que su cuerpo y sus funciones reproductivas se utilizan como una materia prima». Posteriormente, en otra Resolución de 2016 sobre la lucha contra la trata de seres humanos en las relaciones exteriores de la Unión Europea, el Parlamento matizó su rechazo circunscribiéndolo a la gestación subrogada forzosa, instando a los Estados miembros a evaluar las implicaciones de todo género de sus políticas reproductivas restrictivas. Más recientemente, en 2022, esta vez con motivo de la guerra de Ucrania (un país clave en la industria internacional de la maternidad subrogada), de nuevo el Parlamento Europeo emitió una Resolución en la que «condena la práctica de la gestación por sustitución, que puede exponer a las mujeres de todo el mundo a la explotación, en particular a las que son más

De modo que, en la reflexión sobre la constitucionalidad de la gestación por sustitución, se va a dejar a un lado el plano filosófico, ético o moral, alejándose, pues, de cualquier ideología política o religiosa (art. 16.3 CE). Se trata de abordar la gestación por sustitución desde una perspectiva pluralista, alejada de cualquier moral particular, o, dicho de otro modo, desde la ética pública positivizada en la Constitución de 1978, empezando por los derechos fundamentales y sin desconocer la posible afectación de otros intereses, bienes y valores, de relevancia constitucional.

Se parte de la base de que la gestación por sustitución es una cuestión social e ideológicamente polémica, desde luego no resuelta en el texto constitucional.

Una cuestión que enfrenta diferentes cosmovisiones y posturas doctrinales que alimentan un riquísimo debate en contra y a favor, a favor y en contra, de su legalización (capítulo primero de la primera parte), y en la que confluyen muy diferentes derechos, bienes y valores de relevancia constitucional que conviene apreciar y, aún más, aquilatar o ponderar. La constitucionalidad de la gestación por sustitución no está resuelta en el texto de 1978, pero sin duda es una cuestión de apreciable trascendencia constitucional por cuanto afecta o incide en todo un complejo de derechos fundamentales, bienes y valores constitucionales (capítulo segundo de la primera parte).

Ya en los debates habidos en la Comisión Especial de Estudio de la Fecundación «in vitro» y la Inseminación Artificial Humanas del Congreso de los Diputados de España (Comisión Palacios) y, más claramente, con ocasión de la tramitación de nuestra primera Ley de Técnicas de Reproducción Asistida (LTRA/1988) —antecedentes de la vigente Ley de Técnicas de Reproducción Humana Asistida (LTRH)— pudo constatarse claramente ese carácter controvertido o polémico. Recuérdese, además, el recurso de inconstitucionalidad promovido por 63 diputados del Grupo Parlamentario Popular contra la LTRA/1988, resuelto por la significativa STC 116/1999 —con un voto particular discrepante igualmente valioso—.

A pesar del casi unánime rechazo actual de los partidos políticos españoles a la gestación por sustitución, cabría interrogarse acerca de si no ha llegado ya la hora de su legalización, como acreditan diferentes encuestas y sondeos sobre la materia en las que se verifica que una amplia mayoría de los españoles se muestran favorables a esta práctica. Unión, Progreso y Democracia (UPyD) presentó en 2015 una proposición no de ley para la regulación de la gestación subrogada; en el mismo sentido, el Grupo parlamentario Ciudadanos (Cs) elaboró otras proposiciones de ley que se presentaron ante el Congreso de los Diputados, la última en abril de 2023.

Adviértase, de otro lado, que el Parlamento Europeo en un Informe de 2015 rechazó «la práctica de la gestación por sustitución, que es contraria a la dignidad humana de la mujer, ya que su cuerpo y sus funciones reproductivas se utilizan como una materia prima». Posteriormente, en otra Resolución de 2016 sobre la lucha contra la trata de seres humanos en las relaciones exteriores de la Unión Europea, el Parlamento matizó su rechazo circunscribiéndolo a la gestación subrogada forzosa, instando a los Estados miembros a evaluar las implicaciones de todo género de sus políticas reproductivas restrictivas. Más recientemente, en 2022, esta vez con motivo de la guerra de Ucrania (un país clave en la industria internacional de la maternidad subrogada), de nuevo el Parlamento Europeo emitió una Resolución en la que «condena la práctica de la gestación por sustitución, que puede exponer a las mujeres de todo el mundo a la explotación, en particular a las que son más pobres y se encuentran en situaciones de vulnerabilidad, como en el contexto de la guerra; pide a la Unión y a sus Estados miembros que presten especial atención a la protección de las madres de alquiler durante el embarazo, el parto y el puerperio, y que respeten todos sus derechos, así como los de los recién nacidos».

El Tribunal Europeo de Derechos Humanos (TEDH) ha tenido, asimismo, oportunidad de pronunciarse sobre la gestación por sustitución. En su jurisprudencia, centrada en los efectos de una filiación derivada de una maternidad subrogada practicada en un país que la admite por nacionales de otro país que la prohíbe, pretendiendo luego su reconocimiento en su país de origen al que regresan, el TEDH ha insistido en la necesidad de que los Estados inscriban a los nacidos bajo esta práctica, sobre todo cuando existan vínculos biológicos entre el niño y los padres intencionales (sentencias *Mennesson c. Francia* y *Labassee c. Francia*, ambas de 2014; la sentencia conjunta en los *Asuntos Foulon y Bouvet c. Francia,* ambas de 2016; la dictada por la Gran Sala en el Asunto *Paradiso y Campanelli c. Italia* de 2017, que revoca sentencia pronunciada por la Sala en 2015; *D. c. Francia*, de 2020; o *Valdís Fjölnisdóttir y otros c. Islandia*, de 2021, entre otras).

Pero nótese que, pese a que en uno de los votos particulares concurrentes del caso Paradiso los jueces lamentaron que no se hubiera producido un pronunciamiento explícito en contra de la maternidad subrogada, a tenor de su incompatibilidad con la dignidad de la madre gestante y del menor, el TEDH aún no ha abordado la ilicitud de muchos de los contratos que se suscriben, como tampoco los problemas en los que pueden derivar (tráfico de personas, mercantilización del cuerpo de la mujer...).

En todo caso, es claro que el TEDH considera que no es su función suplir los criterios de las autoridades nacionales para determinar la política legislativa adecuada respecto a una materia en la que no hay consenso europeo y, por tanto, los Estados gozan de una amplia capacidad de decisión. Deferencia europea a la autonomía interna, sin que ello signifique adhesión o confirmación de lo decidido por la autoridad nacional, sino el reconocimiento a las autoridades nacionales de un margen de apreciación discrecional en una materia de múltiples implicaciones morales y éticas.

Esta jurisprudencia del TEDH viene a confirmar que el desarrollo de los derechos fundamentales en Europa debe ir acompañado de un consenso entre los Estados parte y una definición común del contenido esencial de tales derechos. Sin ese necesario *consensus generalis*, que el TEDH constata a través de la práctica de los Estados, una interpretación común se hace más compleja y la jurisprudencia regional se torna más deferente con la soberanía estatal.

El consenso —o su ausencia—, por consiguiente, constituye una noción que permite explicar la aplicación del margen de apreciación nacional por parte del TEDH. Consenso internacional que, hoy en día, no se da respecto a la gestación por sustitución.

El carácter controvertido de la gestación subrogada queda, en suma, acreditado por cuatro circunstancias: a) un ingente debate sociopolítico a favor y en contra de su legalización; b) la extraordinaria complejidad de derechos, bienes y valores de relevancia constitucional concernidos; c) una pluralidad de soluciones legislativas y prácticas en el tratamiento de la cuestión; y, en consecuencia, d) el apreciable margen de apreciación nacional que incumbe a los Estados.

Teniendo en cuenta, en efecto, que la regulación legal y las prácticas a nivel internacional son diversas y complejas, resulta imprescindible abordar un estudio sistemático de la gestación por sustitución en el Derecho comparado (capítulo tercero de la segunda parte).

En la mayoría de los ordenamientos constitucionales la controversia en torno a su legalización de la gestación subrogada está planteada porque, a tenor de las previsiones constitucionales, puede plantearse. No hay una toma de postura tajante del constituyente que zanje el debate.

A partir de aquí, en una primera y elemental aproximación, hay países, como Alemania o Italia, que la prohíben sin más; otros como España declaran nulo el contrato, pero le reconocen, en determinadas circunstancias, efectos filiatorios; y, en fin, otros, como Argentina, se mueven en imprevisión o vacío legal, en el sentido de que ni la prohíben ni la aceptan, si bien los tribunales vienen alumbrando soluciones jurisprudenciales reconocedoras en atención al interés superior del menor.

Sabido es, por otra parte, que, entre las modalidades de legalización de la gestación por sustitución, se distinguen entre la gestación altruista, contemplada en el Reino Unido, Cuba o Grecia, y la gestación por sustitución mercantil o comercial, prevista fuera del ámbito de la Unión Europea, entre otros, en algunos Estados de Norteamérica, Rusia o Ucrania.

Es sumamente provechoso analizar en detalle la regulación legal de la gestación por sustitución en aquellos países que la admiten, ya que descubren matices y puntos de vista que, *mutatis mutandis*, podrían ser trasladables a nuestro ordenamiento, sobre todo si se trata de la gestación por sustitución altruista. Un buen ejemplo sería la regulación de esta modalidad en el Código de Familias de Cuba de 2022, que acepta la llamada «filiación asistida», es decir, la filiación de los nacidos por técnicas de reproducción asistida que resulta de la voluntad de procrear manifestada a través del consentimiento de quien o quienes intervienen en el proceso, regulando entre ellas a la «gestación solidaria».

En este contexto de soluciones legislativas diversas, resulta obligado en la presente monografía detenerse *in extenso* en el tratamiento de la gestación por sustitución en España (capítulo cuarto de la segunda parte). El ya referido artículo 10 de la vigente ley sobre técnicas de reproducción humana asistida de 2006 declara la nulidad de pleno derecho del contrato por el que se convenga la gestación, con o sin precio, a cargo de una mujer que renuncia a la filiación materna a favor del contratante o de un tercero. La filiación de los hijos nacidos por gestación de sustitución será determinada por el parto. ¿Cómo han interpretado el Tribunal Supremo —especialmente la Sala de lo Civil— y otros órganos jurisdiccionales esta prohibición?, ¿se han acabado abriendo paso soluciones conciliadoras o reconocedoras de ciertos efectos?, ¿en qué sentido y con qué límites?

De especial interés reviste la Instrucción de la Dirección General de los Registros y del Notariado —actual Dirección General de Seguridad Jurídica y Fe Pública— de 6 de octubre de 2010 sobre régimen registral de la filiación de los nacidos mediante gestación por sustitución internacional, revalidada por la Instrucción de 18 de febrero de 2019. Instrucciones que vinculan a los Registros Civiles españoles a fin de determinar los criterios de inscribilidad del nacimiento y filiación en los casos que entran en su ámbito de aplicación. La finalidad de ambas instrucciones es dotar de plena protección jurídica el interés superior del menor en el caso de la gestación por sustitución transfronteriza.

La solución española, y otras similares, muestra una dramática situación jurídica: ciudadanos que salen del territorio nacional, suscriben un contrato de gestación subrogada y regresan al país de origen con un bebé. El Derecho nacional, y nuestro Tribunal Supremo, han tenido que dar una respuesta de urgencia a este hecho consumado, por *mor* de la protección jurídica de un menor de edad que se puede encontrar en un limbo jurídico absoluto. El TEDH, además, ha respaldado nuestra postura.

Cierto es que la existencia de países que admiten la gestación por sustitución mercantil o comercial ha propiciado la explotación de mujeres en situación de vulnerabilidad económica. La gestación solidaria o altruista excluye en principio que pueda producirse esa explotación, aunque un sector doctrinal —como pone de manifiesto la Declaración de Casablanca de 2023— entiende que sólo la cancelación o prohibición absoluta de esta práctica es eficaz.

Evidentemente, en el enjuiciamiento de una posible legalización de la gestación por sustitución deben ponderarse diferentes derechos, bienes y valores de relevancia constitucional. En este marco constitucional múltiple o complejo, la presente monografía termina con una propuesta *de lege ferenda* o de legitimación de un negocio jurídico especial de Derecho de Familia, de carácter altruista o solidario, formalizado ante notario con anterioridad al embarazo y sometido, una vez producido el nacimiento, a control jurisdiccional para la atribución de la filiación de conformidad con el interés superior del menor (capítulo quinto de la segunda parte).

La legitimación de la gestación por sustitución solidaria como técnica de reproducción humana asistida sería, en cualquier caso, una legitimación condicionada en el sentido de que estaría sujeta a determinados requisitos. Quede claro desde el principio que no se pretende hacer una defensa a ultranza de la gestación por sustitución, sino abordar su posible encaje legal en el marco de la Constitución de 1978. Y es que, a nuestro juicio, resultaría conveniente superar la situación jurídica actual, en la que esta práctica está prohibida, pero se realiza clandestinamente o bien en el extranjero con elevado riesgo de vulneración de derechos fundamentales.

La cancelación o prohibición absoluta y el vacío legal propician un lamentable aprovechamiento de la precaria situación económica de la mujer gestante en situación de vulnerabilidad, donde ésta se encuentre, y, por ende, la lesión del interés superior del menor y su dignidad.

La opción legislativa en favor de su admisión «condicionada» es el reto de nuestro Derecho, de modo que evite el «turismo reproductivo», la comercialización del cuerpo de la mujer y la cosificación del hijo o hija, velando especialmente por la protección del interés prioritario del menor. El desafío, pues, consistiría en delimitar un marco legal que proteja los derechos, bienes y valores en liza y, además, brinde seguridad jurídica a todos.

Esta obra, en último análisis, se asienta en la idea de que las personas que quieran ser progenitores, o, dicho de otro modo, tengan voluntad procreacional, debieran poder serlo con independencia de su sexo, orientación sexual y de su infertilidad estructural o funcional, de suerte tal que el legislador podría admitir, junto a una paternidad y maternidad de voluntad derivada del uso de las técnicas de reproducción humana asistida, una maternidad más allá de la gestacional, sin, por así decir, jerarquías y sin discriminación por condición personal o estado civil (art. 14 CE), siempre dentro del respeto de los derechos fundamentales de las partes más débiles de este acuerdo «colaborativo» de reproducción: la madre-mujer gestante y el neonato.

Primera Parte

Relevancia constitucional de la gestación por sustitución en tanto cuestión social y jurídicamente controvertida

Capítulo I

La gestación por sustitución como cuestión social y jurídicamente controvertida: contexto actual

SUMARIO: 1. CONSIDERACIONES PREVIAS. 2. LOS PRINCIPALES OPOSITORES DE LA GESTACIÓN POR SUSTITUCIÓN. *2.1 La Iglesia católica. 2.2 El Comité de Bioética de España.* 3. EL PARLAMENTO EUROPEO FRENTE A LA GESTACIÓN POR SUSTITUCIÓN FORZADA. 4. LA CONFERENCIA INTERNACIONAL DE LA HAYA COMO COORDINADORA DE LA RESPUESTA INTERNACIONAL. 5. EL SERVICIO SOCIAL INTERNACIONAL Y LOS PRINCIPIOS DE VERONA. 6. LOS PARTIDOS POLÍTICOS Y EL SENTIDO DE LAS ENCUESTAS.

1. CONSIDERACIONES PREVIAS

Por cuestiones social y jurídicamente controvertidas cabría considerar asuntos de interés general respecto a los que no existe acuerdo o conformidad entre los miembros de una colectividad. Son temas que suscitan visiones o ideas contrapuestas y, por consiguiente, un intercambio de opiniones, puntos de vista, ideas y creencias antagónicas y sobre las que el constituyente no resuelve clara y terminantemente, principalmente porque son cuestiones constitucionalmente abiertas.

Naturalmente, la diversidad y el pluralismo sociopolítico no se agotan en el marco de las creencias, aunque quepa reconocer que el pluralismo ha marchado históricamente en paralelo con la libertad de conciencia, constituyendo una de sus dimensiones más destacadas[1]. Existen otras de carácter filosófico, deontológico o económico que también alimentan el debate[2].

Tales cuestiones no pueden dirimirse, en última instancia, mediante la apelación al consenso mínimo sobre valores compartidos formalizado en la Norma

1. BARRERO ORTEGA, 2000: 93-122.
2. HABERMAS, 2005: 119.

Fundamental. Son cuestiones que quedan fuera del marco constitucional de certeza[3].

El cierre de, por así decir, esas aperturas estructurales debieran corresponder únicamente al legislador democrático, bajo el control de una jurisdicción constitucional que se limita a precisar el marco de certeza a respetar por aquél. Si no se da un consenso social y político suficiente con relación a determinados temas o asuntos, ha de respetarse el margen de apreciación del legislador de cada momento[4]. La deferencia que merece el legislador democrático resulta cuestionada cuando el juez constitucional resuelve esas cuestiones controvertidas, pasando aquél, entonces, a verse suplantado por el Tribunal Constitucional[5].

El legislador está en mejor posición que la jurisdicción constitucional para resolver determinadas problemáticas. La jurisdicción constitucional, en principio, no es instancia adecuada para tomar decisiones sobre concepciones socialmente contestadas que traducen particularidades históricas, culturales, sociales, económicas o jurídicas de un determinado Estado. La diversidad de opciones culturales, sociales, económicas, etc. en el seno de un Estado aboga por una especial prudencia de la jurisdicción constitucional a la hora de resolver determinadas controversias.

De otra parte, la legitimidad democrática en la toma de decisiones actúa a favor del legislador en la medida en que podría argumentarse que determinadas decisiones polémicas deben ser adoptadas por los ciudadanos o por sus representantes electos, a través de un proceso de discusión pública y decisión mayoritaria. La ley, en el marco de una democracia deliberativa, es el cauce adecuado para llegar a soluciones con mayor probabilidad de ser socialmente aceptables.

A la jurisdicción constitucional le compete garantizar el círculo de certeza (consenso mínimo sobre valores compartidos), dejando el círculo de penumbra (discrepancias legítimas) para el legislador mayoritario, democrático. Lo que ocurre, como quiera que sea, es que no siempre es fácil distinguir entre el círculo de certeza y el círculo de penumbra, entre lo que corresponde dirimir a la jurisdicción constitucional y al legislador. Para empezar, a veces resulta complejo

3. En sentido análogo, aunque con matices distintos, FERRERES COMELLA, 1997: 24-27.

4. STC núm. 19/2023, de 22-03-2023: «En cuanto a las facultades del legislador de regular aspectos en principio no previstos por el constituyente al redactar el catálogo de derechos y libertades, la STC 198/2012, de 6 de noviembre, respecto de la regulación del matrimonio entre personas del mismo sexo, que rechazó el alegato de que el constituyente, al redactar el art. 32 CE, no contemplaba las uniones de personas del mismo sexo y que la normativa impugnada desnaturalizaba la institución del matrimonio. Se apeló entonces a una lectura evolutiva de la Constitución y a una noción de cultura jurídica que hace pensar en el Derecho como fenómeno social vinculado a la realidad en que se desarrolla, así como al margen de apreciación que la Constitución reconoce al legislador cuando se trata de una opción no excluida por el constituyente».

5. Ibíd.

determinar qué bienes y valores constitucionales integran los valores compartidos sobre los que se asienta el consenso, esa «carga ética y utópica positivizada y hecha vinculante» por el constituyente o, como también se ha dicho, esa «orientación democrática material y no sólo procedimental u organizativa»[6].

Esos valores son el fin y la meta, el fin del Derecho y, por consiguiente, de la Constitución, pero su identificación, interpretación y aseguramiento por la jurisdicción constitucional no están exentas de problemas. Y el margen de maniobra del legislador depende de esa tarea previa de delimitación y ponderación constitucional.

Por otro lado, puede que una cuestión socialmente controvertida linde con —o entre de lleno en— el marco constitucional de certeza en la medida en que aparezcan implicados derechos fundamentales o garantías institucionales. Numerosos ejemplos recientes ilustran cómo los derechos fundamentales pueden irradiar su eficacia jurídica vinculante sobre asuntos polémicos condicionando así la acción de legislador[7]. La voluntad de legislador queda constreñida por el contenido esencial de los derechos fundamentales, de manera que el tratamiento legal de la cuestión controvertida debe acomodarse a su contenido constitucionalmente declarado[8]. Y algo parecido sucede cuando una cuestión contestada toca o concierne a una garantía institucional. La imagen maestra o *leitbild* de la institución modula el margen del legislador[9].

El debate social en torno a la legalización de la gestación por sustitución o subrogada ilustra bien la dificultad de fijar reglas generales o comúnmente aceptables en cualquier contexto constitucional. Estamos ante un «derecho de frontera» en el sentido de que esta materia está situada en el ámbito de una franja en la que el progreso de la ciencia médica se enfrenta a principios de naturaleza ética consolidados[10].

Nuestro CC, inspirado en el Código de Napoleón y en el Proyecto de Florencio García Goyena (1851), no había previsto que una mujer pudiera dar a luz a un hijo sin su carga genética. Esta idea tuvo su continuidad durante el régimen de Franco donde además la familia cristiana era el fundamento de la Nación. Así, por ejemplo, Gregorio Marañón, médico de la época, consideraba que la maternidad era el rol prioritario de una mujer cuya función principal era ser madre y esposa, salvo casos excepcionales como los de mujeres viudas o solteras que podrían desempeñar otras actividades similares a la de los hombres[11].

6. TOMÁS Y VALIENTE, 1996: 45.
7. Así, BARRERO ORTEGA, 2014: 41-66; SALAZAR BENÍTEZ, 2016: 451-478; VÁZQUEZ ALONSO, 2011: 271.
8. Por todos, BALAGUER CALLEJÓN, 2001: 93-116.
9. JIMÉNEZ-BLANCO, 1991: 635.
10. SAP B núm. 220/2021, de 06-04-2021 (JUR 2021, 192738).
11. CASTEJÓN BOLEA, 2013.

La CE de 1978 indudablemente provocó en el ámbito de la procreación un cambio legislativo pues permitió que el legislador pudiera ajustar el Derecho a las nuevas realidades y valores sociales[12]. Primero se pasó de la identificación de la familia con el matrimonio canónico (basado en el Concordato con la Santa Sede de 27 de agosto de 1953 y Ley de 24 de abril de 1958) a la regla general sustentada en el matrimonio civil, junto a la posibilidad de conformarse las familias mediante la constitución de las parejas de hecho. Todo ello fue posible gracias al reconocimiento, como parte de los principios rectores de la política económica y social, de un conjunto de derechos y libertades a todas las personas, con independencia de su estado civil, tales como el derecho al matrimonio (art. 32 CE) y la protección por parte de los poderes públicos de la familia y del interés superior de los hijos (art. 39 CE)[13].

La evolución en materia de reproducción asistida[14] así como la de la sociedad española dentro del nuevo contexto constitucional propició que el Grupo Popular, a través del Sr. Herrero Rodríguez de Miñón, presentara el 19 de diciembre de 1984 una proposición no de ley en la que se instaba al Pleno del Congreso de los Diputados la constitución de una Comisión Especial que sentara las bases para regular las nuevas situaciones jurídicas derivadas de las nuevas técnicas de reproducción humana[15].

Ese fue el origen de la Comisión de Estudio de la fecundación «in vitro» e inseminación artificial humana, creada el 29 de mayo de 1985 y presidida por el Dr. D. Marcelo Palacios Alonso, del Grupo parlamentario Socialista[16], denominada por ello «Comisión Palacios». A esta Comisión especial fueron convocados treinta y siete expertos que cubrían los cuatro campos de conocimiento implicados en la temática: el derecho, la filosofía, la biología y la ginecología.

De esos debates resultó el llamado «Informe Palacios»[17]en el que se hacían las primeras reflexiones y las necesarias conclusiones que podrían servir de punto de partida para afrontar una regulación legal de la reproducción asistida[18] pues, como se recogía en el acta de la Sesión celebrada por la Comisión el 27 de noviembre de 1985, en aquel momento ya había registrados en España más

12. Exposición de Motivos de la Ley 13/2005 de 1 de julio, por la que se modifica el CC en materia de derecho a contraer matrimonio.
13. ROCA TRÍAS, 2006: 208.
14. En 1984 nace en España el primer bebé «probeta». Diario El País. Disponible en: https://elpais.com/diario/1984/07/13/sociedad/458517603_850215.html
15. BOCG, D-72(18-I-1985), p. 4494.
16. En la Sesión de 23 de octubre de 1985 el Presidente de la Comisión Palacios aclara que siguieron los métodos de la Comisión Warnock (Reino Unido), contraria a la gestación por sustitución.
17. Este Informe fue un importante acervo sobre la materia y a cuyo efecto se recabaron hasta veinticinco informes a expertos participantes en la Comisión. Diario de la Cortes Generales, Sesión Plenaria núm. 280 celebrada el jueves 10 de abril de 1986.
18. PALACIOS ALONSO, 2005: 33-68.

de dos mil nacidos por el procedimiento de inseminación artificial (IA) y más de dos centenares nacidos mediante fecundación *in vitro* (FIV).

El Informe fue aprobado el 10 de abril de 1986 por el Pleno del Congreso de los Diputados[19]. Un año más tarde, el Grupo parlamentario Socialista, partiendo de ese Informe, redactó la proposición de ley sobre Técnicas de Reproducción Asistida[20]. Este Grupo parlamentario fue también autor de una proposición de ley de donación y utilización de embriones y fetos humanos, o de sus células, tejidos u órganos, que fue una regulación necesaria por cuanto que para facilitar la maternidad de la mujer sin pareja se requería hacer uso de gametos ajenos[21].

A finales de 1988 se promulga finalmente en España la Ley 35/1988, de 22 de noviembre, sobre Técnicas de Reproducción Asistida[22] (LTRA/1988) que fue de las más avanzadas en el entorno europeo, llegando a ser recurrida ante el Tribunal Constitucional por 63 diputados del Grupo parlamentario Popular[23]. Con esta ley se pretendía regular la reproducción humana como solución al problema de la esterilidad (Exposición de Motivos[24] y art. 1.2). Sin embargo, su artículo 1.3 no descartaba su utilización también en la prevención y tratamiento de enfermedades de origen genético o hereditario, abarcando la maternidad de la mujer sola y la fecundación *post mortem* de la mujer viuda (arts. 6 y 9 LTRA/ 1988), optando nuestro legislador por hacer prevalecer el derecho a procrear, aunque tan sólo de la mujer[25], soltera o viuda, sin necesidad de acreditar problemas de infertilidad, pese a que estas eran cuestiones en las que en los debates de la Comisión no se llegó a un consenso.

De modo que, nuestro legislador ha considerado las técnicas de reproducción médicamente asistida como una forma alternativa de procreación y no como un remedio terapéutico, lo que no deja de ser una incoherencia normativa[26].

Hay que recordar que parte de la Comisión desconfiaba de que una mujer sola pudiera hacer uso de las TRHA. Por ejemplo, desde el Partido Nacionalista Vasco se decía que una mujer sola no debía ser inseminada porque ello daba lugar a una filiación defectuosa de inicio, cuestión apoyada por el Sr. Xicoy Bassegoda, de Minoría Catalana, ya que frente o junto al derecho de toda mujer a

19. El 10 de abril de 1986 el Pleno del Congreso de los Diputados lo aprobó con 166 votos a favor, 11 en contra y 48 abstenciones.
20. Proyecto publicado en el BOCG n.º 74-1, serie B, III Legislatura, de 9 de mayo de 1987.
21. Fue publicada la aprobación definitiva por el Congreso el 30 de diciembre de 1988 en el BOCG, 111 Legislatura, Serie B, n.º 73-1 1. Se trata de la Ley 42/1988, de 28 de diciembre, actualmente derogada.
22. BOE n.º 282, de 24 de noviembre de 1988.
23. STC núm. 116/1999, de 17-06-1999, FJ 15.
24. En la misma línea se mueve la Resolución del Parlamento Europeo de 16 de marzo de 1989 sobre la fecundación artificial in vivo e *in vitro* que entendía que la finalidad de estas técnicas debía ser terapéutica y vencer la esterilidad (Punto 9).
25. RODRÍGUEZ GUITIÁN, 2015b: 85-174.
26. ROMEO CASABONA, 1994.

ser madre, entendía que estaba el derecho del hijo a nacer en una familia completa, en una familia típica con un padre y una madre, sin exclusiones ni limitaciones de entrada. El Dr. Marcelo Palacios también mostró sus reticencias, de modo que no veía una razón, una motivación, para que una mujer soltera tuviera un hijo fuera de un contexto familiar[27]. Pese a esa visión de la Comisión Palacios finalmente se aceptó legalmente esta forma de maternidad llamada de «deseo».

La reproducción *post mortem* fue también una cuestión espinosa desde el punto de vista ético y social, porque se consideraba por algunos sectores que realmente no se atendía un problema de esterilidad sino a la voluntad de la mujer de querer ser madre, sin que hubiera algún fin jurídico o constitucional que la justificase, más allá del interés egocéntrico de tratar de prolongar la vida del padre fallecido a través del hijo o, en su caso, desear un hijo póstumo para reclamar su herencia[28]. Mas este legislador, adelantado para la época, no tuvo inconveniente de acceder también al reconocimiento de esta forma de reproducción[29], aunque bajo estrictas condiciones.

No admitió, sin embargo, la gestación por sustitución a pesar de debatirse en la Comisión empleándose argumentos de total actualidad, como era la posibilidad de considerar únicamente a la de carácter altruista, idea que apuntó el Instituto de la Mujer[30]. El legislador estimó más oportuno declarar la nulidad del contrato que la pactara y posterior renuncia a la filiación materna, fuera con carácter gratuito u oneroso, y así se recogió en el art. 10 de la LTRA/1988, manteniéndose inamovible en sus términos desde entonces, a pesar de que en el contexto internacional próximo se ha ido avanzando, aunque lentamente, hacia su aceptación al menos con carácter excepcional y a título gratuito.

De la nulidad del contrato deviene que no hay derecho o deber que pueda surgir del mismo. La maternidad la atribuye el parto y quien aporta sus gametos, sólo en el caso del hombre, podrá obtener la paternidad a su favor, si esa es su intención (art. 10.3 LTRA/1988 y LTRH). Así de simple y estricto.

En comparación con otras TRHA [31]que permiten la fragmentación de los distintos aspectos de la paternidad y la maternidad, como los genéticos y los volitivos, cuando se afronte la gestación por sustitución se habrá de decidir a modo de jerarquía, cuáles de estas paternidades y maternidades serán jurídica-

27. Sesión de 23/10/1985.
28. GARZÓN JIMÉNEZ, 2015.
29. Véase, por ejemplo, que en la legislación de Francia no se admite aún la fecundación *post mortem*.
30. Sesión celebrada el 23 de octubre de 1985.
31. Se puede referir tanto de práctica clínica como de técnica de reproducción asistida. Se ha reconocido como TRHA por la OMS (denominándola útero subrogado), por la Sociedad Europea de Reproducción Humana y Embriología, o la Sociedad Americana para la Reproducción Médica. Entre la doctrina, CALVO CARAVACA y CARRASCOSA GONZÁLEZ

ment e relevantes para atribuir la filiación. Se habrá de valorar si la genética, que permite transmitir vida, rasgos físicos y aspectos mentales, o la de gestación, que permite compartir cuerpos y establecer lazos de apego entre la gestante y el feto[32]. Por el momento el legislador lo tiene claro, en la gestación por sustitución prima la maternidad biológica de gestación sobre la genética y, por tanto, se disocia en este aspecto del elemento volitivo.

Frente a importantes sectores que se oponen férreamente a la gestación por sustitución, paulatinamente se va inexorablemente avanzando hacia su aceptación, siempre dentro de ciertos límites, que la hagan compatible con los grandes principios que presiden la bioética: la dignidad, el no causar daño injustificado, la autonomía y la igualdad[33], por lo que no resulta descartable que a medio plazo se pueda llegar a un consenso para su legalización[34] con las debidas garantías.

2. LOS PRINCIPALES OPOSITORES DE LA GESTACIÓN POR SUSTITUCIÓN

2.1 LA IGLESIA CATÓLICA

La Iglesia católica, en tanto confesión mayoritaria en España (art. 16.3 CE), tiene una repercusión en la opinión pública que obviamente no tienen otras religiones con las que el Estado tiene suscritos convenios de cooperación y que también se oponen a esta práctica reproductiva[35]. Por ello, la referencia a la posición de la Iglesia católica se hace para apreciar ese carácter social e ideológicamente controvertido de la gestación por sustitución.

La Iglesia católica sostiene que la procreación humana debe tener su lugar propio y exclusivo en el matrimonio, el único lugar digno de una procreación verdaderamente responsable[36], y donde la vida humana es generada por medio de un acto que expresa el amor recíproco entre el hombre y la mujer. Partiendo de este plantea-

---

2015: 46 y SÁNCHEZ HERNÁNDEZ, 2018:4. Ésta última entiende que se debería regular la gestación por sustitución como una técnica de reproducción asistida, aunque tenga un carácter excepcional. Otras posturas abogan por considerar a la gestación por sustitución como un supuesto singular de reproducción que requiere, para que tenga lugar, de alguna TRHA. Así, el CBE no la considera por sí una TRHA (CBE, 2017:8) ni el Grupo de Ética y Buena Práctica Clínica de la SEF (2015:6).

32. SÁNCHEZ MARTÍNEZ, 2017: 97.
33. ATIENZA, 2010: 150-153.
34. SÁNCHEZ HERNÁNDEZ, 2018:6 «Se exige pues la adaptación de la legislación a la nueva realidad social, siendo conscientes de que siempre todo lo nuevo genera polémica cuando exige una respuesta legislativa, lo que llama la atención es que la gestación por sustitución no es nueva y la polémica legislativa dura ya demasiado tiempo».
35. Véase, por ejemplo, la religión musulmana. Disponible en: https://vittoriavita.com/spa/la-fiv-y-el-alquiler-de-vientres-en-la-religion-islamica/
36. Instrucción *Dignitas Personae*, sobre algunas cuestiones de bioética, de 8 de septiembre de 2008. Disponible en: https://www.unav.edu/documents/18304422/18807955/instruccion_dignitas_personae.pdf

miento, y siendo nula en nuestro ordenamiento jurídico la gestación por sustitución, para el Derecho canónico esta es considera inadmisible[37].

La Doctrina de la Iglesia desde la Instrucción *Donum Vitae*[38] ha venido rechazando la utilización de las TRHA por no requerir necesariamente de un acto conyugal, planteándose cuestiones relativas a si las técnicas biomédicas que permiten intervenir en la fase inicial de la vida del ser humano, y aun en el mismo proceso procreativo, eran conformes o no con los principios de la moral católica. Esta Instrucción, articulada en torno al principio de la unidad radical de la persona humana, entiende que no cabe considerar el cuerpo como un objeto, sino como el elemento que visibiliza la persona, y la dignidad de la persona impide que sea tratada como «algo», debiendo ser considerada como «alguien».

De modo que para la Iglesia católica sólo sería admisible la fecundación artificial con la condición de que ello no sustituya el acto conyugal, sino que lo ayudara, por lo que excluyen todas las técnicas de fecundación artificial heteróloga[39] y las técnicas de fecundación artificial homóloga si sustituyen al acto conyugal[40].

La Instrucción *Donum Vitae* define como «madre sustitutiva»: a) la mujer que lleva la gestación de un embrión implantado en su útero, que le es genéticamente ajeno, obtenido mediante la unión de gametos de «donadores», con el compromiso de entregar el niño, inmediatamente después del nacimiento, a quien ha encargado o contratado la gestación; y b) la mujer que lleva la gestación de un embrión a cuya procreación ha colaborado con la donación de un óvulo propio, fecundado mediante la inseminación con el esperma de un hombre diverso de su marido, con el compromiso de entregar el hijo, después de nacer, a quien ha encargado o contratado la gestación[41].

La gestación por sustitución es inaceptable por ser contraria a la unidad del matrimonio y a la dignidad de la procreación de la persona humana. La maternidad sustitutiva representa para la Iglesia una falta objetiva contra las obligaciones del amor materno, de la fidelidad conyugal y de la maternidad responsable; ofende la dignidad y el derecho del hijo a ser concebido, gestado, traído al mundo y educado por los propios padres; e instaura, en detrimento de la familia, una división entre los elementos físicos, psíquicos y morales que la constituyen.

En definitiva, conlleva el que un niño sea el mero objeto de un absoluto deseo y no debe justificarse ni por motivaciones solidarias. Por ello, la Santa Sede

37. BENEDITO MORANT, 2018:416.
38. Instrucción *Donum Vitae* sobre el respeto de la vida humana naciente y la dignidad de la procreación, de 22 de febrero de 1987. Disponible en: https://www.corteidh.or.cr/tablas/31629.pdf
39. Instrucción *Donum Vitae*, pregunta 2.
40. Instrucción *Dignitas Personae*, §13.
41. Instrucción *Donum Vitae*, pregunta 3.

denunció ante la ONU el tráfico de personas derivado de la gestación subrogada solicitando la aplicación de la ley y el perseguir a los traficantes. Entiende que, si se trafica con hombres, mujeres y niños, es porque existe una gran demanda que hace que explotarlos sea rentable, de modo que quienes generan esa demanda comparten la responsabilidad de las mafias[42].

Dicho lo cual, el Grupo de Bioética de la Conferencia de Obispos de la Unión Europea (COMECE) presentó en el Parlamento europeo el 23 de febrero de 2015 su «Dictamen sobre Subrogación Gestacional: la cuestión de las normas europeas e internacionales», donde tras considerar que tanto la madre gestante como el nacido son víctimas de una nueva forma de tráfico de seres humanos, opina que el niño nacido debe protegerse por encima de todo y conforme a la Convención internacional de los derechos del niño. Además, no llega a oponerse frontalmente a la gestación subrogada, sino que legitima en cierto modo la de carácter altruista, aquella en la que no se mueven intereses económicos y en los que los comitentes no han abonado una cantidad más allá del reembolso de los gastos afrontados necesariamente por la gestante[43]. Por tanto, si se da ese presupuesto, el Dictamen reconoce la maternidad/paternidad de los comitentes, y ello pese al rechazo de la Iglesia Católica a la gestación subrogada en sus modalidades tanto comercial como altruista.

2.2 EL COMITÉ DE BIOÉTICA DE ESPAÑA

La ética de la vida tiene por finalidad el análisis racional de los problemas morales ligados a la Biomedicina y de su vinculación con el ámbito del Derecho y de las ciencias humanas[44]. La Bioética nace pues para intentar dar su enfoque a los problemas éticos y políticos que la revolución reproductiva y los avances científicos en general suponen para la sociedad, de modo que intenta resolver la cuestión de si todo lo técnicamente posible debería considerarse éticamente aceptable.

42. Observador Permanente de la Santa Sede ante las Naciones Unidas en Ginebra, Monseñor IVÁN JURKOVIČ. Comentarios al Informe de la Relatora Especial sobre la trata de personas, especialmente mujeres y niños. 44.° período de sesiones del Consejo de Derechos Humanos, 30 de junio al 17 de julio de 2020.
43. Opinion of the reflection group on Bioethics on gestational surrogacy.The question of European and international rules, pp. 19 y 20. Para el Grupo, los Estados miembros de la UE coinciden en considerar inaceptable la mercantilización del cuerpo de la madre subrogada y del niño y, en consecuencia, la gestación subrogada tradicional y la comercial. Por ello, puede ser posible que se llegue a un acuerdo sobre este tema. La búsqueda de normas comunes podría partir de ese rechazo y, del mismo modo, del rechazo de la transcripción de los certificados de nacimiento o del reconocimiento de las decisiones jurídicas en los casos en que se paga una recompensa que va más allá del mero reembolso de los gastos efectivamente incurridos por la madre gestante. Disponible en: https://www.comece.eu/wp-content/uploads/sites/2/2022/04/20150223-COMECE-opinion-on-gestational-surrogacy.—The-question-of-European-and-international-rules.pdf
44. SGRECCIA, 2009.

Se puede decir que las nuevas fronteras de la bioética no imponen una elección entre la ciencia y la moral, sino que más bien exigen un uso moral de la ciencia[45], teniendo la finalidad de elaborar directrices éticas fundadas en los valores de la persona y en los derechos humanos, respetándose todas las confesiones religiosas, con una fundamentación racional y metodológica científicamente apropiada.

Para el CBE[46] la gestación por sustitución no es considerada una TRHA pero puede ser llevada a cabo por el desarrollo de éstas, pudiendo clasificarse en base a los siguientes criterios[47]: (1) por la finalidad con la que actúa la gestante; (2) por la existencia o no de vínculo afectivo o familiar entre gestante y padres legales del niño, los llamados comitentes; (3) por las condiciones de entrega del niño; (4) el origen de la dotación genética del niño; (5) el tipo de comitentes; (6) por la causa por la que se recurre a la subrogación; (7) la localización geográfica de comitentes y gestante; (8) el nivel de conocimiento y libertad de la gestante; (9) o el tipo de relación jurídica que se establezca entre comitentes y gestante; (10) por la existencia de un marco legal que garantice o no la seguridad jurídica; y (11) por otras cuestiones o aspectos técnicos, de entre los que destaca que lo más habitual es que el embrión que se implante a la gestante sea fruto de una FIV.

En su Informe sobre los aspectos éticos y jurídicos de la maternidad subrogada de 16 de mayo de 2017, el CBE admite que el deseo de una persona de tener un hijo constituye una noble decisión, mas ello no debe realizarse a costa de los derechos de otras personas, ya que no se alquila un vientre para que lleve a cabo la gestación, sino que se contrata a una persona en su integridad[48] y esta práctica conllevaría su cosificación, así como de todo el proceso reproductivo[49].

En línea con la Asociación Española de Bioética y Ética Médica, que es de la opinión de que quienes acuden a estas técnicas lo hacen para ver colmadas sus ansias de ser padre o madre a toda costa, dejando en un segundo plano el interés superior del menor[50], el CBE entiende que es un error identificar el

45. BENEDICTO XVI (7 de enero de 2008). Discurso a los miembros del cuerpo diplomático ante la Santa Sede. L'osservatore Romano, pp. 18-19.
46. El Comité de Bioética de España se creó por la Ley 14/2007, de 3 de julio, de Investigación Biomédica (CBE) como un órgano colegiado y de carácter consultivo (BOE de 4 de julio de 2007). En su origen estuvo adscrito al Ministerio de Sanidad, Servicios Sociales e Igualdad y viene desarrollando sus funciones sobre materias relacionadas con las implicaciones éticas y sociales de la Biomedicina y Ciencias de la Salud, emitiendo para ello informes, propuestas y recomendaciones para los poderes públicos, tanto de ámbito estatal como autonómico (art. 78). Disponible en: www.comitedebioetica.es y https://comitedebioetica.isciii.es/wp-content/uploads/2023/10/informe_comite_bioetica_aspectos_eticos_juridicos_maternidad_subrogada.002.pdf
47. CBE, 2017:6-9.
48. CBE, 2017:9.
49. CBE, 2017:34.
50. LAMM, 2013: 17.

deseo de los padres intencionales de tener un hijo o hija con una garantía de que en estos supuestos el interés superior del menor quedará salvaguardado, pues al contrario, se transforma el niño que se desea tener en una suerte de objeto de consumo[51], defendiendo su prohibición, incluso a nivel internacional, en garantía de la dignidad de la mujer gestante y principalmente del nacido[52].

El CBE cita incluso la Resolución del Parlamento Europeo de 17 de diciembre de 2015 sobre el Informe anual sobre los derechos humanos y la democracia en el mundo (2014) que en su punto 115 condena la práctica de la gestación por sustitución por ser contraria a la dignidad humana y en la que el cuerpo de la mujer y sus funciones reproductivas se utilizan como una materia prima.

Pese a ser la opinión mayoritaria del CBE que todos los contratos de gestación por sustitución, sean lucrativos o altruistas, entrañan una explotación de la mujer y ocasionaría siempre un daño al interés superior del menor, no pudiendo aceptarse en ningún supuesto, sin embargo, dentro del CBE también hay quien aceptaría esta práctica si se regulase con carácter excepcional, compaginándose la satisfacción del deseo maternal y paternal con la garantía de los derechos e intereses de las otras partes implicadas. Así lo entiende el voto particular[53] al Informe, donde se habla de que en una futura situación de mayor seguridad jurídica podría plantearse la posibilidad de abrir la maternidad subrogada a ciertas situaciones, planteando incluso que las tareas de intermediación, si las hubiera, fueran asumidas en exclusiva por entidades sin ánimo de lucro[54].

Otro Comité de ética, el *Consultatif National d'Ethique pour les sciences de la vie et de la santé* de Francia, analizó el riesgo de que con la gestación por otros se sirviera a intereses comerciales y se causare secuelas emocionales en los hijos[55] (Opinión número 3, de 23 de octubre de 1984) rechazando la gestación

51. CBE, 2017:36.
52. Véase, en sentido análogo, la «Declaración de Casablanca», de 3 de marzo de 2023, documento suscrito por unos cien expertos, al que se le adjunta un borrador de proyecto de Convenio internacional para los Estados que deseen la abolición mundial de la maternidad subrogada. Disponible en: http://declaration-surrogacy-casablanca.org
53. Voto particular que emite ROMEO CASABONA, vocal del Comité de Bioética de España. CBE, 2017: 91. «La maternidad subrogada no supone, en sí misma, una explotación de la mujer-gestante, pero, como sabemos, existe el riesgo real de que así suceda; no supone en cuanto tal, una compraventa de niños, pero sí que puede situar en el núcleo de la gestación el aspecto mercantilista. Y así podríamos continuar con argumentos esgrimidos de semejante tenor. Puesto que la maternidad subrogada no está exenta de promover las virtudes y hasta valores jurídicos mencionados más arriba —no vamos a categorizarlos ahora—, y también otros; puesto que puede servir para que parejas infértiles (patológica o funcionalmente), heterosexuales u homosexuales puedan tener descendencia dentro de un conjunto de principios y reglas, deberíamos mantener despejada la atalaya para ser capaces de percibir cuándo sería el momento oportuno para que pueda intervenir el legislador, esperemos que no a muy largo plazo, y abrir una puerta a la maternidad subrogada».
54. CBE, 2017: 92.
55. Disponible en: https://www.ccne-ethique.fr/publications/avis-3-du-ccne-sur-les-problemes-ethiques-nes-des-techniques-de-reproduction?taxo=88

por sustitución por estas razones y por atentar contra la dignidad humana. Rechazo que también recoge el Informe del Comité *Ad hoc* de Expertos sobre el Progreso de las Ciencias Biomédicas en el Consejo de Europa (CAHBI)[56] que publicó una serie de principios donde señalaba que en esta práctica se daban conflictos derivados de una comercialización encubierta y que cualquier actividad de intermediación debería estar prohibida, así como todas las formas de publicidad relacionadas con ella[57]. No obstante, permitía que los Estados pudieran admitir la gestación subrogada siempre que la mujer no obtuviere ningún beneficio material de la operación, así como pudiera, al nacimiento, elegir quedarse con el niño y cuidarlo (principio 15, punto 4.º).

Estamos, evidentemente, ante una materia tan humanamente compleja como insuficientemente regulada en España, siendo urgente acometer un debate serio, riguroso y profundo sobre su alcance jurídico y sus consecuencias, sin que prevalezcan consideraciones éticas, morales o religiosas sino el más escrupuloso respeto a todos los que de un modo u otro se ven implicados en estos procesos reproductivos[58].

3. EL PARLAMENTO EUROPEO FRENTE A LA GESTACIÓN POR SUSTITUCIÓN FORZADA

El Parlamento Europeo desconfiaba de las técnicas de reproducción médicamente asistida, por lo que a finales de los años ochenta sentó las bases de la aplicación de la medicina reproductiva en Europa a través de la Resolución sobre la fecundación artificial in vivo e *in vitro*[59]. En ella advertía de los potenciales riesgos derivados del mal uso de las TRHA, como es la eventual comercialización del cuerpo de la mujer o de la precariedad jurídica del concebido.

Para evitar estos conflictos y favorecer un equilibrio entre el ejercicio de los derechos de los progenitores y el respeto por los derechos e intereses del concebido exigía como condición que la fecundación artificial persiguiera únicamente vencer la esterilidad y que existiera una coincidencia entre paternidad y maternidad biológica, afectiva y legal, restringiendo el uso de la fecundación artificial heteróloga, sólo admisible en estrictas condiciones y tras la existencia de una esterilidad insuperable o de un diagnóstico de grave riesgo de malformaciones en el *concepturus*.

Ese era el contexto jurídico donde se movía la LTRA/1988 y los argumentos que se utilizaron para rechazar la regulación de la gestación por sustitución en España, además de por el deber de velarse por la estrecha relación que se gene-

56. Mencionado en las Sentencias Mennesson y Labassee c. Francia y en nuestra LTRA/1988, Exposición de Motivos II.
57. FLORES HERNÁNDEZ y AGUADO ROMERO, 2019: 108.
58. AAP B núm. 57/2020, de 11-02-2020 (JUR 2020, 86062), FJ 1.º.
59. Adoptada el 16 de marzo de 1989, DO C 96 de 17.4.1989, p. 171.

raría entre madre e hijo durante el proceso de gestación[60]. De modo que se puede afirmar que el Parlamento Europeo, en términos generales, viene a censurar la gestación por sustitución desde finales de los años ochenta.

No obstante, el Parlamento Europeo elaboró en 2013 un estudio sobre la gestación por sustitución, su problemática jurídica y política en el marco de la Unión Europea[61]. En el mismo deja constancia del incremento de la práctica, especialmente mediante acuerdos transfronterizos, de la diversidad de las legislaciones nacionales, de los problemas políticos que suscita —igualdad de género, libertad reproductiva, explotación, globalización— y de una jurisprudencia que constata las dificultades para el reconocimiento formal de los Estados de la voluntad de las partes sobre la paternidad y la maternidad legal.

Dada su limitada competencia en el ámbito del Derecho de Familia, concluyó que no era posible en aquél momento una regulación unitaria en la UE, y llama la atención especialmente sobre los menores nacidos, quienes a tenor de las normativas internas pueden quedarse en los países de la UE sin padres legales e, incluso, sin nacionalidad y ciudadanía, de modo que manifestó la necesidad de que los Estados miembros garantizaren la seguridad jurídica de los nacidos en relación a la paternidad/maternidad y el derecho a un estatus civil claramente definido para ellos[62].

A las preguntas formuladas en sede parlamentaria (E-010207/2015 el 24 de junio de 2015) sobre si «¿piensa la Comisión que hay un derecho a tener un hijo por encima del derecho a la integridad de las madres?, ¿cuál es la regulación de la maternidad subrogada en los diferentes Estados miembros de la UE?, ¿piensa proponer la Comisión una regulación homogénea en la EU que prohíba la maternidad subrogada?» se respondió por la Sra. Jourová que los contratos de maternidad subrogada como tales no estaban regulados a escala de la UE y que la Comisión no tenía intención de proponer una normativa comunitaria uniforme para prohibir la subrogación, dejándose un margen de maniobra a los Estados[63].

Luego, el Parlamento Europeo en su Resolución de 17 de diciembre de 2015 sobre el Informe anual de derechos humanos y democracia en el mundo (2014) y la política de la Unión Europea al respecto condenó la práctica de la gestación por sustitución por considerarla contraria a la dignidad de la mujer, ya que su cuerpo y sus funciones reproductivas se utilizan como una materia prima,

60. GODOY VÁZQUEZ, 2013.
61. Informe del Régimen de Subrogación en los Estados miembros de la UE (2013). Disponible en: https://www.europarl.europa.eu/thinktank/es/document/IPOL-JURI_ET(2013)474403
62. BRUNET, *et al.*, 2013: 12.
63. La Convención no garantiza el derecho a tener hijos ni el derecho a adoptarlos. Tampoco la jurisprudencia del TEDH ha reconocido el derecho a tener hijos mediante gestación subrogada (Entre otras, STEDH, FRETTÉ c. FRANCIA, de 26-02-2002 (TEDH 2002, 10).

pidiendo la prohibición de la subrogación gestacional con fines de lucro[64]. Más adelante, en otros documentos, como es la Resolución de 5 de julio de 2016 (punto 31), la condena ya es sólo respecto a la maternidad subrogada de carácter forzosa.

La postura actual es de rechazo a la gestación para otros si es de carácter forzada, al entenderla una forma de violación de la dignidad humana y de los derechos humanos en general[65], incidiendo la Resolución del Parlamento Europeo, de 13 de diciembre de 2016, sobre los derechos de la mujer en los Estados de la Asociación Oriental[66] en la necesidad de combatir la maternidad subrogada cuando es forzosa, pidiéndose a los Estados que actúen contra toda forma de explotación y abusos hacia las mujeres a través de la maternidad subrogada (apartado 27).

Aunque en noviembre de 2020 se ha instado a la Unión Europea para que tenga una estrategia respecto a la erradicación de la trata de seres humanos, donde las mujeres y las niñas son las más afectadas, en peligro de explotación sexual con propósitos reproductivos y de gestación subrogada[67], se resuelve que en el ámbito penal son los propios Estados los que deben erradicar la trata de seres humanos[68], reforzando y desarrollando la dimensión de género en su legislación y penalizando convenientemente la gestación por sustitución forzada, que es la que deriva en la trata y en la explotación sexual de las mujeres.

De modo que resulta evidente que sólo una regulación correcta de la maternidad subrogada a nivel nacional podrá coadyuvar a la lucha contra la trata en el plano internacional, pues es poco factible una norma uniforme en esta materia de aplicación en todos los Estados, al no llegarse a compartir en según qué países la misma preocupación al respecto.

64. Resolución de 17 de diciembre de 2015. European Union's Annual Report on Human Rights and Democracy in the World 2014 and the European Union's policy on the matter, the European Parliament, §115. Disponible en: https://www.europarl.europa.eu/doceo/document/TA-8-2015-0470_ES.html
65. En ello incidía el Informe de su Comisión de Derechos de la Mujer e Igualdad de Género, de 2 de noviembre de 2016, el Informe de la Comisión de Asuntos Exteriores de 28 de noviembre de 2016, sobre los derechos humanos y la democracia en el mundo y la política de la UE (2016/2219[INI]) y el Informe de fecha 2 de diciembre de 2016 sobre los Derechos de la mujer en los Estados de la Asociación Oriental de la Comisión de los Derechos de la Mujer e Igualdad de Género, entre otros.
66. Apartado 26, (2016/2060[INI]). Disponible en: https://oeil.secure.europarl.europa.eu/oeil/popups/ficheprocedure.do?lang=fr&reference=2016/2060(INI)
67. Propuesta de Resolución del Parlamento Europeo sobre la estrategia de la Unión para la igualdad de género (2019/2169 [INI]), 25 de noviembre de 2020, apartado 32. Ponente de opinión Sra. Rodríguez Palop, Comisión de Empleo y Asuntos Sociales. Disponible en: https://www.europarl.europa.eu/doceo/document/A-9-2020-0234_ES.html
68. Los casos en los que la maternidad subrogada entra dentro de la definición de trata de seres humanos están referidos por la Directiva 2011/36/UE de 5 de abril de 2011, (DO L 101 de 15.4.2011, p. 1).

4. LA CONFERENCIA INTERNACIONAL DE LA HAYA COMO COORDINADORA DE LA RESPUESTA INTERNACIONAL

En el plano internacional quizá no sea tanto el hablar, en relación con la gestación por sustitución, de la existencia de turismo reproductivo como de la existencia de una industria reproductiva que facilita a ciudadanos de países en los que se prohíben estas prácticas acudir a otros en las que están legalizadas para realizarlas[69], un negocio que mueve entre uno y dos billones de dólares anuales y donde las empresas intermediarias obtienen enormes beneficios. De hecho, ya en marzo de 2012 la Conferencia elaboró un informe en el que estimaba un crecimiento cercano al 1000% en la gestación por sustitución internacional entre los años 2006 y 2010[70].

Tratando de alcanzar una actuación coordinada internacional en esta materia, la Conferencia ha constituido un Grupo de Expertos en el Proyecto de Filiación/Maternidad de la Sustitución[71] que busca garantizar los derechos de todas las partes que intervienen en el proceso, principalmente poniendo el acento en la necesidad de proteger el interés superior del menor. La Relatora de Naciones Unidas incluso ha animado a la comunidad internacional a respaldar la labor de la Conferencia de la Haya en este proyecto, pues entiende que son estas iniciativas internacionales las que facilitarán la prevención de la venta y tráfico de menores o la explotación de las mujeres que estén dispuestas a gestarlos[72].

De entre sus trabajos se destaca el proyecto *The private international law issues surrounding the status of children, including issues arising from international surrogacy Arrangements*[73] (2010) y otro relativo a la incidencia de la jurisprudencia del TEDH para la determinación de la filiación derivada de la gestación por sustitución llamado *The parentage / surrogacy project: an updating note drawn up by the permanent bureau*[74] (2015) donde, aunque no toma partido a favor ni en contra de los acuerdos de gestación por sustitución, deja claro que regular en esta materia a nivel internacional es el cauce para garantizar la con-

69. Se ha criticado el empleo de este término y se prefiere la utilización del concepto «cross-border reprodutive care». Entre otros, véase LAMM, 2012: 22.
70. La industria mundial de la subrogación comercial creció hasta unos 14.000 millones de dólares en el 2022, según Global Market Insights. Pero el negocio promete ser un gran activo en la próxima década y el 2032, se prevé que esta cifra aumente hasta los 129.000 millones de dólares, es decir, 117.000 millones de euros. Disponible en: https://www.elnacional.cat/oneconomia/es/mercados/cuanto-dinero-mueve-gestacion-subrogada-12000-millones-2022_1002483_102.html
71. Por España, la prof. GONZÁLEZ BEILFUSS.
72. DURÁN AYAGO, 2020: 1-51.
73. Disponible en: https://www.hcch.net/es/projects/legislative-projects/parentage-surrogacy/
74. *Preliminary Document n.º 3A of february 2015 for the attention of the Council of march 2015 on General Affairs and Policy of the Conference* (Disponible en: https://assets.hcch.net/upload/wop/gap2015pd03a_fr.pdf), p. 6.

tinuidad en el espacio de la filiación transfronteriza[75], para que desde el nacimiento se pueda acreditar la filiación a favor de quienes lo han querido traer al mundo, velándose así por el interés superior del menor[76].

En el *Document préliminaire n.º 3.ª A de février 2015 à l´attention du Conseil de mars 2015 sur les affaires générales et la politique de la conférence,* la Conferencia de La Haya, a través del Consejo de Asuntos Generales y Política, alerta sobre las amenazas que afectan a los derechos humanos en relación con los acuerdos de gestación por sustitución (calificado como un negocio global) entre las que destaca el riesgo de tráfico de niños y las malas prácticas por parte de los agentes intermediarios[77]. Por ello, considera fundamental una correcta legislación con pautas internacionalmente establecidas en orden a controlar y, en su caso, evitar la violación de los derechos humanos[78].

La Conferencia, inclusive, en un trabajo de enero de 2016, vislumbró como posible solución el que las legislaciones de los diferentes Estados establezcan como requisito mínimo para permitir la gestación por otros el que sólo accedan a la misma sus nacionales[79]. En esta línea, Petra de Sutter considera que si este requisito estuviera comprendido en un instrumento jurídico internacional, tanto si hay Estados que prohíben la gestación por sustitución como Estados que la permiten con carácter comercial, al impedirse internacionalmente que intervengan los extranjeros como comitentes en dichos Estados, el efecto probable sería que se redujeran los acuerdos de subrogación a menos del 1%-2% de su número actual y se avanzaría en la protección de los nacidos en cuanto a sus derechos vinculados a la filiación y a la nacionalidad[80].

La Conferencia es conocedora de que en la mayoría de los casos la paternidad legal no se establece en los ordenamientos internos mediante una sentencia, de modo que ha puesto el foco en incluir en un futuro instrumento la presunción de validez de la paternidad legal registrada en un documento público emitido por una autoridad competente en el Estado de origen. Para ello, planteaba elaborar un formulario modelo multilingüe que facilite la traducción y circulación de esos documentos públicos y que se emita un certificado internacional sobre

75. El listado de los encuentros del Grupo de Expertos y de los trabajos se pueden consultar en: https://www.hcch.net/en/projects/legislative-projects/parentage-surrogacy
76. DURÁN AYAGO, 2019: 582.
77. El Informe preliminar a la Conferencia de Derecho Internacional Privado de La Haya de 10 de marzo de 2012, sobre los problemas derivados de la gestación por sustitución, pese a considerar la maternidad subrogada como un negocio global, no rechaza este contrato, sino que lo que se pretende es que sean uniformes los acuerdos internacionales y se dé una respuesta de manera homogénea a esta realidad social que cada vez va más en aumento.
78. SÁNCHEZ HERNÁNDEZ, 2018:18.
79. *Background note for the meeting of the Experts' Group on the parentage/surrogacy project, drawn up by the Permanent Bureau of the HCCH.* Enero 2016, §22. Disponible en: https://assets.hcch.net/docs/8767f910-ae25-4564-a67c-7f2a002fb5c0.pdf
80. Doc. 14140, 23 de septiembre de 2016.

paternidad legal que ayude en el reconocimiento de las certificaciones registrales extranjeras perfectamente autenticadas[81].

Lo deseable es garantizar la previsibilidad, la seguridad y la continuidad de la filiación en situaciones de gestación transfronteriza, concluyéndose por la mayoría de los expertos que el trabajo futuro se centre en la elaboración de un instrumento general de Derecho Internacional Privado sobre el reconocimiento transfronterizo de las decisiones judiciales extranjeras relativas a la paternidad derivada de la maternidad de sustitución internacional, junto con normas uniformes sobre la ley aplicable en estos casos[82].

Estos trabajos tienen una gran trascendencia y ponen en evidencia que, llegado el caso, ese nuevo ordenamiento deberá implementarse en cada país miembro de la UE, incluso podría ser necesario modificar la Constitución de cada Estado para lograr la armonización[83].

Por cuanto antecede, es muy probable que algún día tengamos un instrumento internacional que regule el reconocimiento de la filiación en estos supuestos de gestación por otros[84], con independencia de que cada Estado sea libre de admitirla o no en su ordenamiento interno[85]. Sería un instrumento internacional que no estaría destinado a alentar a los Estados a introducir la subrogación como una práctica autorizada, sino más bien serviría como prevención de la trata de mujeres y de la venta de niños[86]. Un instrumento internacional que tendría que desarrollarse con miras a complementar a los Convenios de La Haya existentes y atraer a la mayor cantidad posible de Estados[87], por lo que queda aún mucho trabajo por hacer.

---

81. *Report of the Experts' Group on the Parentage / Surrogacy Project* (meeting from 29 October to 1 November 2019) §§ 20 a 22.
82. Considerando 51 de la Propuesta de Reglamento del Consejo relativo a la competencia, al Derecho aplicable, al reconocimiento de las resoluciones y a la aceptación de los documentos públicos en materia de filiación y a la creación de un certificado de filiación europeo, donde la idea es que, por regla general, la ley aplicable debe ser la ley del Estado de la residencia habitual de la persona que da a luz.
83. ROJAS VENEGAS y CIENFUEGOS SALGADO, 2021 :132.
84. DURÁN AYAGO, 2020: 47.
85. *Rapport du Groupe d'experts sur le projet Filiation / Maternité de substitution* (réunion du 28 janvier au premier février 2019). Disponible en: https://assets.hcch.net/docs/e5e9932e-c4b3-4192-aff9-896430c5700b.pdf
86. Reunión del Grupo de Expertos de la Conferencia, 29 de octubre al 1 de noviembre de 2019.
87. Podría inspirarse en el Convenio de La Haya de 29 de mayo de 1993, relativo a la protección del niño y a la cooperación en materia de adopción internacional, que se basa en el principio de cooperación entre el país de origen y el país receptor. En este sentido, MARTÍNEZ DE AGUIRRE, 2019: 485, en su conclusión 4.ª, considera que tener en cuenta la adopción (y más específicamente la adopción internacional) puede ser de ayuda para abordar las cuestiones derivadas de la gestación subrogada y los riesgos asociados a ésta. Las normas adoptadas para prevenir abusos y venta de niños, así como para proteger los derechos de los niños y las mujeres en materia de adopción internacional, podrían usarse como modelo para redactar las normas relativas a la gestación subrogada internacional.

En marzo de 2020, el Consejo de Asuntos Generales y Políticas renovó el mandato del Grupo de Expertos por dos años más y respaldó la continuación del trabajo de acuerdo con el último informe del Grupo de Expertos, señalando que deberían centrarse en desarrollar: a) un instrumento general de derecho internacional privado sobre el reconocimiento de decisiones judiciales extranjeras sobre la filiación legal; y b) un protocolo sobre el reconocimiento de decisiones judiciales extranjeras sobre la paternidad legal resultante de los acuerdos internacionales de gestación subrogada[88].

Se prevé como necesaria nuevas reuniones para llegar a la adopción de un Convenio sobre la filiación en general en supuestos transfronterizos, previéndose necesario incluso un Protocolo sobre el reconocimiento de la filiación habida tras una gestación por sustitución[89] —algo en lo que ya está trabajando la UE con su proyecto de Reglamento sobre filiación[90]— así como un Protocolo internacional específico sobre la filiación resultante de los convenios sobre maternidad subrogada, en interés superior del menor[91], con un loable propósito de regularla, al menos, a nivel internacional y facilitar la labor del legislador nacional.

5. EL SERVICIO SOCIAL INTERNACIONAL Y LOS PRINCIPIOS DE VERONA

No se puede negar que la gestación por sustitución internacional en su modalidad comercial ha sido y es, en términos generales, una causa de violación de derechos humanos, y es indudable el rechazo que genera esta práctica cuando el resultado evidente es una venta de menores y una instrumentalización del cuerpo de la mujer. Pese a lo anterior, la mayoría de los enfoques que aceptan la gestación por otros fuera de un contexto comercial toman como punto de partida el derecho a fundar una familia y la autonomía de las mujeres, y quienes plantean su prohibición se apoyan principalmente en argumentos más éticos o religiosos que jurídicos.

88. AAP B núm. 104/2021, de 17-03-2021 (JUR 2021, 169793).
89. DURÁN AYAGO, 2020: 46.
90. Propuesta de Reglamento del Consejo relativo a la competencia, al Derecho aplicable, al reconocimiento de las resoluciones y a la aceptación de los documentos públicos en materia de filiación y a la creación de un certificado de filiación europeo. Disponible en: https://eur-lex.europa.eu/legal-content/ES/TXT/?uri=CELEX%3A52022PC0695&qid=1683282589712
91. En marzo de 2023, el Consejo de Asuntos Generales de la Conferencia de La Haya (CGAP) ordenó el establecimiento de un Grupo de Trabajo sobre cuestiones de derecho internacional privado relacionadas con la paternidad legal en general, incluida la paternidad legal resultante de un acuerdo internacional de subrogación.

El Servicio Social Internacional (ISS) vio la necesidad de publicar en 2021 una serie de principios y normas[92] que deberían orientar a las diferentes legislaciones que regulen o vayan a regular la gestación subrogada desde la perspectiva del interés superior del menor, la parte más descuidada de esta técnica, siguiendo el encargo de la Relatora de Naciones Unidas[93], de modo que el objetivo era sentar las bases para un consenso mundial sobre la protección efectiva de los derechos de los niños que nacen tras estos acuerdos.

Estos dieciocho principios están redactados tras una gran labor realizada por más de cien expertos que han pretendido elaborarlos al margen de cualquier consideración ética sobre la admisión o prohibición de la gestación por sustitución. De ellos resaltaremos cinco: el principio n.º 1 dedicado a la dignidad humana; el principio n.º 6 dedicado al interés superior del menor; el principio n.º 7 sobre el consentimiento de la madre gestante; el principio n.º 11 sobre la protección de la identidad y conocimiento de su origen y el principio n.º 16 dedicado a los intermediarios.

Los Estados deben prohibir los acuerdos de subrogación que promuevan o constituyen la venta, el tráfico y la explotación de niños en el contexto de la gestación subrogada. La práctica de la subrogación puede crear la falsa expectativa de que los adultos tienen derecho a un niño, mas tales expectativas deben ser desalentadas: un niño no debe ser nunca un medio para satisfacer las intenciones y deseos de los adultos y, por lo tanto, sería contrario a su dignidad tratarlo como tal.

La gestación por sustitución debe permitirse únicamente cuando la futura gestante, entre otras cuestiones: sea legalmente una mujer adulta; ha experimentado al menos un nacimiento anterior que no haya sido fruto de un acuerdo de subrogación; tiene la capacidad cognitiva suficiente para tomar decisiones, dar su consentimiento y ejercer su autonomía y autodeterminación; ha estado asesorada conveniente, de forma independiente, y ha tenido el tiempo suficiente y adecuado para reflexionar sobre el acuerdo que va a suscribir y sus consecuencias, una vez esté convenientemente informada y libre de coerción.

---

92. *Principles for the protection of the rights of the child born through surrogacy* (Verona principles), 2021. Disponible en: https://www.iss-ssi.org/wp-content/uploads/2023/03/VeronaPrinciples_25February2021-1.pdf

93. Informe de la Relatora Especial sobre la venta y la explotación sexual de niños, incluidos la prostitución infantil, la utilización de niños en la pornografía y demás material que muestre abusos sexuales de niños (2018), Punto 78. La Relatora Especial invitó a la comunidad internacional a:
«d) Apoyar la labor del Servicio Social Internacional en la elaboración de principios y normas internacionales que rijan los acuerdos de maternidad subrogada que estén en conformidad con las normas y estándares de derechos humanos y, en particular, con los derechos del niño». UN Doc. A/HRC/37/60. Disponible en: https://documents-dds-ny.un.org/doc/UNDOC/GEN/G18/007/74/PDF/G1800774.pdf?OpenElement

Un tribunal u otra autoridad competente del Estado de nacimiento del niño deberá, como mínimo, realizar una evaluación de las condiciones pactadas después del nacimiento, evitándose la aplicación forzosa de cláusulas contractuales que conlleve el establecimiento o renuncia de la filiación legal.

Como expresaba el Informe de la Relatora Especial sobre la venta y explotación sexual de niños de 2018 (§§ 69 y 77 d) la madre gestante debe conservar la patria potestad y la responsabilidad en el momento del parto, sin que puedan existir normas basadas en el cumplimiento automático de estos contratos (§ 75). Es fundamental también el que la legislación prevea un procedimiento adecuado, después del nacimiento, para que pueda confirmar o revocar libremente su consentimiento.

Al elaborar sus leyes y políticas, los Estados deben tener presente el posible impacto de la gestación por sustitución en la vida del nacido. El interés superior del niño será la consideración primordial en todas las decisiones relativas a la filiación y responsabilidad parental derivada de la subrogación. Por lo general, lo mejor para el neonato será tener al menos un progenitor relacionado genéticamente con él.

En los procesos de filiación y/o patria potestad se ha de tener en cuenta, entre otras, las siguientes consideraciones: las intenciones de las partes al celebrar el contrato de gestación subrogada; los vínculos genéticos y gestacionales del niño con cada una de las partes del contrato de gestación subrogada; la idoneidad de cada una de las partes para ser un padre y/o cuidador del menor; y la capacidad de cada una de las partes para facilitar las relaciones con el niño.

Todo niño debe poder disfrutar y ejercer su derecho a conservar su identidad (nacionalidad, nombre y relaciones familiares) con la debida asistencia y protección. El preservar la identidad, incluidos sus orígenes genéticos, gestacionales y sociales, tiene un impacto continuo y de por vida en la persona. Por tanto, los Estados tienen el deber de garantizar que todo nacido por gestación por sustitución tenga la oportunidad de acceder a esta información relativa a su identidad cuando sea adulto[94].

Así, los acuerdos de subrogación sólo deben involucrar a las gestantes que acepten que la información sobre sus datos de identificación pueda ser transmitida a los nacidos con este fin. Del mismo modo, siempre en interés superior del menor, los futuros padres deben garantizar, desde la primera oportunidad que tengan, la recopilación y preservación de toda la información relevante para facilitar el conocimiento sobre su identidad y orígenes cuando sean requeridos para ello.

94. En igual sentido, Informe de la Relatora Especial sobre la venta y explotación sexual de niños (2018) § 72.

En cuanto a los intermediarios de estos acuerdos de gestación, no existe un rechazo frontal hacia ellos, sino que se resalta la importancia de su correcta regulación. En los Estados donde se permita la subrogación y se acepten los intermediarios, estos deben estar sujetos a control por la autoridad competente, de tal forma que no reciban sino la correspondiente remuneración por sus servicios y disipar así cualquier duda de que actúan facilitando la venta de un ser humano.

6. LOS PARTIDOS POLÍTICOS Y EL SENTIDO DE LAS ENCUESTAS

Desde la década de los años setenta la evolución de las técnicas de reproducción humana hizo posible por primera vez en EEUU la gestación por sustitución, y en Europa en el año 1985[95]. En 1988 se conoció por la prensa el caso del nacimiento de «Baby M» tras una gestación subrogada muy conflictiva judicialmente pues se discutía en un tribunal a quién le correspondía la custodia del neonato[96]. En este contexto histórico se gestó nuestra primera LTRA/1988.

Las estimaciones en España de los nacimientos anuales por gestación subrogada suponen aproximadamente el millar, aunque la ausencia de un Registro nacional específico para este tipo de nacimientos en los países en los que se realizan impide conocer con certeza las verdaderas cifras[97]. Esa inexistencia de datos fiables sobre el número de gestaciones realizadas en el mundo, los menores nacidos de ellas y las características de estos procesos constituyen una gran dificultad para el desarrollo de políticas relativas a la gestación por sustitución[98].

Pero ya no se trata de que no hay datos fiables sobre el alcance de esta técnica, sobre quiénes participan en ella, sino que como resultado de esa falta de información han nacido ciertos mitos sobre la gestación subrogada que han influido negativamente en gran parte del debate público, político, jurídico y social sobre la gestación por otros[99].

Sin poderse concretar en qué momento se inicia la práctica de la gestación por sustitución por los nacionales españoles, de las noticias de prensa parece cierto que los primeros que emplearon estos procesos eran parejas heterosexuales y mujeres solas, siendo su destino principal California[100]. Muy probablemente, por este perfil obtenían la inscripción de sus hijos sin problema, camu-

95. MARTÍNEZ-PEREDA y MASSIGOGE, 1994, citados en BEETAR BECHARA, 2019.
96. *In re Baby M., 537 A.2d 1227, 1246-47 (NJ 1988).*
97. INHORN y GURTIN, 2011, referido en MORENO BELTRÁN, 2018:4.
98. RAYWAT DEONANDAN, 2015, referido en MORENO BELTRÁN, 2018:4
99. HORSEY, 2015:12, referido en MORENO BELTRÁN, 2018:4.
100. Diario El País, «Parejas españolas contratan por Internet a madres de alquiler en Estados Unidos». Disponible en: https://elpais.com/diario/2006/07/23/portada/1153605608_850215.html

flando la maternidad subrogada como un nacimiento biológico de la madre de intención.

También ha dificultado el seguimiento estadístico el que, si han nacido en determinados Estados, por ejemplo, Grecia o Canadá, los menores han podido viajar a España con los documentos que se les daba en el país de nacimiento, sin necesidad de tramitación alguna en el correspondiente Registro Consular[101].

En el año 2005 se legaliza en España el matrimonio entre personas del mismo sexo y estos se ven en la necesidad de recurrir fuera de nuestras fronteras a la gestación por sustitución para poder ser padres, por lo que a partir de 2007 se empieza a visibilizar el fenómeno de la gestación por sustitución internacional contratada por parejas homosexuales[102]. En esas fechas (2008) se constituye la *Asociación Son nuestros hijos*[103] como grupo de apoyo a parejas homoparentales que acudían a la gestación subrogada para ser padres, reivindicando el acceso de sus hijos al Registro Civil Consular en igualdad de condiciones que las parejas heteroparentales, donde la madre, que no gestaba, y el padre, eran reconocidos como los progenitores legales apareciendo como tales en el certificado de nacimiento emitido por el país donde tenía lugar el alumbramiento.

No fue hasta finales de 2015 cuando la gestación por sustitución irrumpió con fuerza en el debate social y político español, apareciendo casi a diario noticias en diversos medios de comunicación[104] y llevándose a cabo diversas encuestas e investigaciones científicas-sociológicas. Se asistía a un debate plagado de posiciones éticas y morales encontradas, aunque sin duda previo y necesario para abrir camino a una correcta regulación de la materia.

Los partidos políticos también empezaron a mostrar su perspectiva al respecto. Así, en ese año, UPyD[105] presenta una proposición no de ley (PNL) en el Congreso para abordar la regulación de la maternidad subrogada.

101. Respuesta del Gobierno —con entrada en el Registro del Congreso de los Diputados el 12 de febrero de 2018— a la pregunta escrita n.º 184/24581 de 13 de diciembre de 2017 de la Sra. Álvarez, sobre el número de alumbramientos por gestación por sustitución.

102. Diario El País, Reportaje: «Busco madre de alquiler... en el extranjero» (09/11/2008) y «Kike Sarasola y Carlos Marrero, padres de una niña». Disponible en: https://elpais.com/elpais/2012/04/23/gente/1335215896_751254.html

103. Disponible en: http://www.sonnuestroshijos.com/. A su vez esta asociación pertenece a la NELFA (Network of European LGBTIQ+ Families Associations) que viene defendiendo a nivel europeo el derecho de toda comunidad LGTBIQ+ al acceso, sin discriminación, a cualquier tipo de técnica de reproducción asistida, incluida la subrogación. Al contrario que la posición feminista mayoritaria que rechaza esta TRHA, la posición mayoritaria del colectivo es favorable a su regulación.

104. En el Diario El País hay incluso una sección on-line dedicada a la maternidad subrogada. Disponible en: https://elpais.com/noticias/gestacion-subrogada/, donde hay documentados artículos y noticias desde los años 90.

105. Disponible en: https://www.europapress.es/sociedad/noticia-upyd-urge-gobierno-regular-gestacion-subrogada-espana-solo-cuando-madre-colabore-forma-altruista-20150221115639.html

En prensa se suceden las noticias a favor y en contra de esta forma de reproducción humana: «Es necesario que se regule la gestación subrogada para que familias y mujeres gestantes estén protegidas»(El Diario, 5 de enero de 2016)[106]; «Tres diputados díscolos provocan que el PP de Madrid no saque adelante una iniciativa sobre gestación subrogada»(El Diario, 18 de marzo de 2016)[107]; «Argumentos a favor y en contra del "vientre de alquiler"»(ABC, 21 de marzo de 2016)[108] etc. En junio de 2016 se constituye la plataforma *No somos Vasijas*[109] aglutinando a gran parte de las voces contrarías a la legalización de la gestación subrogada y publicando un Manifiesto en el que pedían que los partidos políticos y los gobiernos, nacional y autonómicos, estuvieran alertas y no se dejaren engañar por determinadas campañas mediáticas, afirmando que alquilar el vientre de una mujer no se puede catalogar como una técnica de reproducción humana asistida.

En el ámbito judicial, se empiezan a suceder sentencias en el orden social referidas a las prestaciones de maternidad solicitadas por las que habían sido madres a través de la gestación por sustitución transnacional, unas falladas favorablemente (entre otras, la STSJ Cataluña, Sección 1.ª, de 19 de julio de 2016[110]) mientras que otras las denegaban (entre otras, STSJ Andalucía, Sevilla, de 4 febrero de 2015[111]) hasta que el TS se pronunció sobre su concesión en unificación de doctrina (STS de 16/11/2016)[112] al entender que en la maternidad por subrogación también se producen esas especiales relaciones con el nacido que han de ser debidamente protegidas, en la misma forma que lo son en supuestos como la adopción o el acogimiento (art. 133 bis LGSS/2015).

Todo ello deja patente la polarización y el rechazo social[113], ético y político que sigue generando esta figura y que ha conseguido unir en su repulsa a la Iglesia católica con la izquierda española, así como con la mayoría de los grupos feministas. Sin embargo, no se puede negar que de las encuestas se extrae que la sociedad española cada vez está más preparada para admitir esta forma de reproducción humana y sus consecuencias filiatorias, entendiendo que una correcta regulación que no conculque la dignidad de las personas involucradas

106. Disponible en: http://www.eldiario.es/sociedad/gestacion_subrogada-son_nuestros_hijos-legislacion-ilp-regulacion-vientres_de_alquiler_0_470003466.html
107. Disponible en: http://www.eldiario.es/madrid/PP-Madrid-PNL-estacionsubrogada_0_495900474.html
108. Disponible en:http://www.abc.es/familia/padres-hijos/abci-argumentos-favor-y-contra-vientre-alquiler-201603210240_noticia.html
109. Disponible en: https://observatorioviolencia.org/manifiesto-no-somos-vasijas/
110. STSJ CAT núm. 4766/2016, de 19-07-2016 (AS 2016, 2099).
111. STSJ AND, núm. 319/2015, de 04-02-2015. Roj: STSJ AND 250/2015.
112. STS núm. 953/2016, de 16-11-2016. Roj: STS 5283/2016. Entre las sentencias de Tribunales Superiores de Justicia, véase, STSJ G núm. 4581/2023 de 23-10-2023 (JUR 2023, 404134).
113. RODRÍGUEZ-JAUME *et al.*, 2019. De los 29 artículos científicos analizados, y que recogen estudios de opinión sobre esta materia, se aprecia que existe una importante desaprobación social aunque, desde una perspectiva temporal, la tendencia es hacia su mayor aceptación.

no pondría en peligro la integridad de nuestro ordenamiento, los valores inspiradores de nuestro orden constitucional, ni la paz social.

Nuestro Tribunal Constitucional consideró de gran importancia el comprobar qué decían las encuestas ante reformas legislativas de calado social como fue la admisión del matrimonio entre personas del mismo sexo, que hasta entonces atentaba a nuestro orden público, para abordar la constitucionalidad de la ley desde el punto de vista de la realidad social[114]. Esta perspectiva pone de manifiesto que siempre es interesante acudir a las encuestas para medir las relaciones entre variables demográficas, económicas y sociales de una cuestión jurídicamente controvertida, aunque los datos que se manejen, bien a escala global o nacional, no muestren el estado de la cuestión acorde 100% con la realidad.

En septiembre de 2016 la web Elconfidencial.com avanzó que en una reunión de sesenta y cinco expertos en reproducción asistida celebrada en la Clínica CIMA[115], el 38,46% de los expertos se oponían a esta técnica; un 32,31% se mostraba favorable siempre que la Comisión Nacional autorizara previamente el caso concreto y el 29,23% estaba ya totalmente a favor. En febrero de 2017 el diario El Español puso de manifiesto que el 70% de los españoles estaban a favor de regular la gestación por sustitución como una forma de reproducción asistida, el 48% de los entrevistados estaban a favor de cualquier forma de gestación por sustitución (altruista o comercial), mientras que el 19% estaba solamente a favor de la gestación por sustitución de carácter altruista y el 16% no tenía una opinión al respecto[116].

El diario La Razón publicó el 6 de marzo de 2017 la siguiente noticia[117]: «El 60% apoya la maternidad subrogada sólo en casos excepcionales». Como detallaba, planteaba como necesaria una reunión de un Comité de Expertos, con carácter previo a su regulación, a modo de la Comisión Palacios. Son datos interesantes para destacar que un 40,6% de la población consideraba que esta práctica cosifica a la mujer, frente a un mayor porcentaje, el 45,1%, que no compartía

114. STC núm. 198/2012, de 06-11-2012, FJ 9: «Por otra parte, este Tribunal no puede permanecer ajeno a la realidad social y hoy existen datos cuantitativos contenidos en estadísticas oficiales, que confirman que en España existe una amplia aceptación social del matrimonio entre parejas del mismo sexo, al tiempo que estas parejas han ejercitado su derecho a contraer matrimonio desde el año 2005. Respecto a la opinión que merece a los españoles la existencia del matrimonio entre personas del mismo sexo, el Centro de Investigaciones Sociológicas, con motivo de la elaboración del anteproyecto de Ley por la que se modifica el Código civil en materia de derecho a contraer matrimonio, incluyó la cuestión en diversas encuestas».

115. Disponible en: https://www.elconfidencial.com/alma-corazon-vida/2006-09-30/vientres-de-alquiler-si-vientres-de-alquiler-no_522828/ y https://www.elconfidencial.com/alma-corazon-vida/2006-04-29/las-familias-esteriles-no-podran-usar-uteros-de-alquiler_522868/

116. Disponible en: https://www.elespanol.com/sociedad/20170225/196480632_0.html

117. Disponible en: https://www.larazon.es/sociedad/el-60-apoya-la-maternidad-subrogada-sólo-en-casos-excepcionales-DH14645868?sky=Sky-Enero-2018#Tttl bDpUFEKsBihT

esta idea (y el resto no sabía o no contestaba). Otro dato por resaltar es que un 72,2% de la población entrevistada entendía que la mujer gestante no debería tener derechos sobre el menor una vez hubiera dado a luz.

En julio de 2017 se divulga otra encuesta del Observatorio de la Cadena Ser[118] donde la mayoría de los españoles se mostraban favorables a la gestación por sustitución. Más de un 70% de los encuestados querían que se aprobara una ley que la regulare, aceptándola en caso de parejas heterosexuales que no pudieran tener descendencia. El rechazo era debido, como primera causa, a que se suponía que era una mercantilización del cuerpo de la mujer (el 57,1% de los encuestados) y un 51,1% la consideraban no aceptable por cuanto que los que no pueden tener hijos deberían recurrir tan sólo a la adopción.

En agosto de 2017 se publicó por El Periódico la encuesta del *Gabinet d'Estudis Socials i Opinió Pública* (GESOP) donde, ahora a nivel autonómico, se constataba que también más del 70% de los catalanes estarían a favor de legalizar la gestación por sustitución[119].

Investigadores de la Universidad de Alicante liderados por la socióloga María José Rodríguez, entonces Vicerrectora de Responsabilidad Social, Inclusión e Igualdad, realizaron en el año 2018 el primer trabajo científico sobre la actitud de la población española frente a la gestación por sustitución[120], basado en un cuestionario de 27 preguntas realizadas a 3.752 personas, concluyéndose que:

a) Esta técnica tiene menor grado de aceptación que la donación de óvulos o de esperma, que la adopción, el acogimiento familiar o la FIV, pero aun así el 41,5% de los encuestados la consideraba totalmente aceptable o aceptable.

b) El 58,5% estaba de acuerdo o muy de acuerdo con que se aprobare una ley de gestación por sustitución, frente a un 17,2% que estaba poco o nada de acuerdo.

c) Más de la mitad de los encuestados aceptaban que se beneficiasen de esta práctica las parejas homosexuales.

118. «La mayoría de los españoles apoya la maternidad subrogada». Cadena Ser, 17 de julio de 2017.Disponible en: http://cadenaser.com/ser/2017/07/17/sociedad/1500269478_668618.html

119. Publicada por El Periódico en agosto de 2017. Disponible en: https://www.elperiodico.com/es/sociedad/20170806/el-73-de-los-catalanes-defiende-la-legalizacion-de-los-vientres-de-alquiler-6203064

120. RODRÍGUEZ-JAUME *et al.*, 2023. Este estudio lo anticipó el periódico La Vanguardia en el artículo «Gestación subrogada: No podemos donar aquello que no nos pertenece». 22 de septiembre de 2018. Disponible en: https://www.lavanguardia.com/vida/20180922/451950441328/gestacion-subrogada-espana-debate-regulacion.html

d) Respecto a los niños: el 61% opinó que se les debía dar toda la información sobre su origen; el 44% que sería deseable que la gestante mantuviera el contacto con la familia antes y después del nacimiento y un 53% eran partidarios de que la responsabilidad de la gestante acabare con el nacimiento y entrega del bebé.

e) En cuanto a la gratuidad o coste económico de esta práctica, el 47% de los encuestados se mostraban muy o bastante de acuerdo con que las gestantes recibieran una compensación económica adicional a los gastos sanitarios del proceso y dos terceras partes creían que debería haber o establecerse un «Registro Nacional de Mujeres Subrogadas» para evitar su explotación.

En los datos obtenidos a través de la encuesta EMirrors[121], dentro de un proyecto de investigación de la Universidad de Barcelona que pretendía conocer las principales características de los españoles que habían recurrido a la gestación por sustitución, la mayoría de los encuestados manifestaron que accedieron a esta forma de procreación teniendo pareja o conviviendo con ella (89,8%), sólo el 7,7% lo hicieron en solitario y el 1% de las personas inició el proceso en solitario y lo finalizó en pareja. Los motivos que los llevaron a elegir la gestación subrogada como vía para llegar a la maternidad o paternidad en vez de otras opciones fueron: el 29,8% por problemas de salud; un 26,9% por problemas de fertilidad orgánica, por ejemplo, mujeres sin útero; y en tercer lugar por estar incursos en una causa de infertilidad funcional (21,6%). Finalmente, el deseo de tener hijas e hijos genéticos sólo fue contestado por el 6,7% como su motivo principal.

Los investigadores de la Universidad de Barcelona también preguntaron si habían intentado otras formas de alcanzar la maternidad y la paternidad antes de recurrir a la gestación subrogada, resultando que el 55,8% intentó en primer lugar la adopción —nacional el 62,7% o internacional el 56,3%— o una FIV —el 37,3%—, mientras que el 44,2% recurrió directamente a que una mujer gestara por ellos.

Detectaron que la elección de la gestación por sustitución puede deberse a las dificultades y restricciones que habían sufrido por las políticas adoptivas internacionales y también por los largos tiempos de espera tanto en las adopciones nacionales como en las internacionales[122], que continúan en tendencia descendente[123].

121. MORERO BELTRÁN, 2018:6.

122. MORERO BELTRÁN, 2018:13-15.

123. La evolución de la adopción internacional ha ido en descenso, principalmente por los excesivos requisitos y trabas burocráticas que se exigen, según constan en las estadísticas

Posteriormente, un Informe de la Fundación BBVA (2019) recogía que el 58% de los españoles admitirían en algún grado esta práctica [124] frente a un 37%. En una escala del 0 al 10, el promedio de aceptación era de 5,1 frente al dato del 4,5 de una década atrás. El estudio resaltaba que en España había una importante polarización: un 30% de los encuestados manifestaban una fuerte oposición (se situaba entre el 0 y el 2) frente a otro 30% que afirmaban una gran aceptación (entre el 8 y el 10).

De las últimas encuestas, volvemos a la investigación de la Universidad de Alicante que finalmente fue publicada en la Revista Española de Investigaciones Sociológicas (2023) y que explora los factores sociológicos que determinan la opinión y actitud de la sociedad española frente a la gestación por sustitución. Los resultados confirman que la mayoría de los encuestados (53%) la aceptaría para sí mismo en el supuesto de estar afectado de infertilidad; y que el colectivo homosexual, con relación al heterosexual, tendría un 280% y un 270% más de probabilidades de, respectivamente, aceptar para sí mismo la gestación por sustitución y estar a favor de una ley específica [125]. Y es que la muestra pone en evidencia la normalización en la población española de otras vías alternativas para tener hijos ante un diagnóstico de infertilidad, entre ellas la gestación por sustitución, aunque quedaría relegada a la última posición.

Las encuestas también han reflejado que los electores de todos los partidos apoyan que se regule por ley la gestación por sustitución, aunque su mayor aceptación se daría entre quienes no son religiosos, se sitúan a la izquierda del espectro político y tienen una ideología de maternidad/paternidad no centrada en los hijos y de familia igualitaria.

En la encuesta de la Cadena Ser de julio de 2017, a la pregunta «¿en qué medida apruebas o no la maternidad subrogada?» la respuesta «bastante» fue contestada por el 45,5% de los votantes del PSOE, el 44,5% de los votantes de Cs y el 39,1% de los votantes de Unidas Podemos. Los votantes del Partido Popular (PP) contestaron que «poco», con el 35,1%, aunque es conocido que hay dirigentes que están a favor de su regulación [126].

(Boletín de datos estadísticos de medidas de protección a la infancia Boletín número 24, Datos 2021, Disponible en: https://www.mdsocialesa2030.gob.es/derechos-sociales/infancia-y-adolescencia/PDF/Estadisticaboletineslegislacion/vers1BOLETIN_Proteccion_PROVISIONAL2021.pdf). No cabe duda de que la dificultad para llevar a cabo una adopción, sea nacional o internacional, va directamente proporcional al número de gestaciones subrogadas que en los últimos años ha ido incrementándose.

124. Informe disponible en: https://elpais.com/sociedad/2019/10/09/actualidad/1570617936_187017.html
125. RODRÍGUEZ-JAUME, *et al.* (2023): 132-134.
126. Disponible en: https://www.abc.es/espana/abci-feijoo-posiciona-favor-gestacion-subrogada-y-custodia-compartida-201701301656_noticia.html. En el XVIII Congreso del Partido

En el año 2016, en la Asamblea de Madrid, se debatió una propuesta no de ley (PNL)[127] en la que el Grupo Cs solicitaba al gobierno de la Comunidad de Madrid a instar, a su vez, al gobierno central el impulsar, de forma inmediata, una ley de gestación subrogada[128], propuesta incluso apoyada por algunos diputados del Partido Popular[129] aunque no salió adelante, rechazándose, por conseguir la PNL 62 votos a favor y 64 en contra.

El grupo Ciudadanos llegó incluso a introducir la gestación por sustitución en su programa electoral de 2016, considerando que era ya una realidad tanto en España como en los países de nuestro entorno y que, como otra técnica más de reproducción asistida, se debía empezar a ver con la misma naturalidad que otras expresiones o instituciones ligadas a los nuevos modelos familiares. Más tarde volvió a presentar en la Comunidad de Madrid otra PNL (2018) solicitando nuevamente del gobierno de España que impulsare de forma inmediata una ley altruista y transparente, que garantizara los derechos de todas las personas intervinientes en el proceso, especialmente los de los menores[130].

Antes, a finales de junio de 2017, había llevado directamente la cuestión a las Cortes, presentando ante el Congreso de los Diputados su primera «Proposición de Ley Reguladora del Derecho a la Gestación por Subrogación», redactada de forma muy similar a la ILP de la Asociación para la legalización y regulación de la Gestación Subrogada en España (2014)[131]. En su Exposición de Motivos (IV) afirmaba que los cambios sociales implican necesariamente cambios en las normas y siendo la gestación por subrogación una forma alternativa

Popular, celebrado en 2017, se consensuó tener «un debate en profundidad, serio y sereno» y a escuchar «a los expertos tanto de ámbitos científico, jurídico y ético», punto 66. Documento disponible en: https://www.pp.es/sites/default/files/documentos/ponencia_social_definitiva.pdf. En el año 2023 la postura de este partido es el regular esta práctica en España siempre que no haya interés mercantil porque «la mercantilización es absolutamente execrable». Disponible en: https://elpais.com/sociedad/2023-03-29/el-pp-se-abre-a-regular-los-vientres-de-alquiler-sin-que-medie-contraprestacion-economica.html

127. PNL-51/2016 RGEP.2399, presentada por el Grupo parlamentario de Ciudadanos en la Asamblea de Madrid. Boletín Oficial de la Asamblea de Madrid (BOAM) n.º 49, de 10 de marzo de 2016. Pp. 5458-5460. Disponible en: https://www.asambleamadrid.es/static/doc/publicaciones/X-DS-166.pdf
128. Disponible en:https://www.elmundo.es/madrid/2016/03/14/56e712e4e2704e88378b45d2.html
129. Disponible en: https://www.madridiario.es/431910/gestacion-subrogada-asamblea-de-madrid
130. PNL-175/2018 LeGEP.13802 presentada por el Grupo parlamentario de Ciudadanos. Disponible en: https://www.asambleamadrid.es/static/doc/publicaciones/BOAM_10_00204.pdf. Boletín Oficial de la Asamblea de Madrid n.º 204 de 25 de octubre de 2018.
131. Iniciativa de Ley Popular (ILP) para su regulación, cuyo texto puede consultarse en la web de la Asociación para la legalización y regulación de la Gestación Subrogada en España. Este texto también forma parte del Anexo al libro de VELA SÁNCHEZ, 2015 b.

de acceder a la paternidad o maternidad, una ley debía regularla para conciliar los derechos en juego de todos los que participen, acorde al interés superior del niño nacido[132].

Se intentaba frenar con esta propuesta el turismo reproductivo generado alrededor de la gestación subrogada, planteando que se exigiera a las mujeres gestantes tener la nacionalidad española o con residencia en España, al igual que el progenitor o progenitores intencionales, siguiendo la línea marcada por la última tendencia legislativa en derecho comparado (México[133], la India[134] o Tailandia[135]).

Por tanto, la gestación por sustitución ha trascendido a la ideología de los partidos políticos y sus votantes empiezan a dar muestras de que exigen algo más a sus dirigentes. En la Encuesta de la Cadena Ser de julio de 2017, a la pregunta: «en relación a la maternidad subrogada ¿qué crees que deberían hacer al respecto los partidos políticos?», la mayoría, en un 72,2%, consideró que deberían aprobar una ley que regulare la maternidad subrogada; de ellos el 63,5% eran votantes del PP, el 82,7% votantes del PSOE, el 78,5% votantes de Unidas Podemos y el 83,7% votantes de Ciudadanos. Sólo un 11,7% contestó que no era necesario aprobar ninguna ley, dejando que esta forma de maternidad se resolviera por los acuerdos privados, y un 16,1% contestó que no estaban seguros[136].

Mientras tanto, en el verano de 2017, nuestra vecina Portugal modificó su legislación para legalizar la gestación por sustitución con carácter altruista, excluyendo a los homosexuales y extranjeros, permitiendo su acceso tan sólo a mujeres con problemas de fertilidad, una legislación que se ha visto afectada por varios pronunciamientos de su Tribunal Constitucional.

---

132. Proposición de Ley 122/000117 reguladora del derecho a la gestación por subrogación (2017). Disponible en: https://www.congreso.es/public_oficiales/L12/CONG/BOCG/B/BOCG-12-B-145-1.PDF

133. El Decreto n.º 265, de 13 de enero de 2016 añade un nuevo capítulo al CC del Estado de Tabasco de 1997, exigiendo en su art. 380 Bis 5 que las partes del contrato, gestante y padres contratantes, sean ciudadanos mexicanos. Pese a lo anterior, la Suprema Corte de Justicia de la Nación (Amparo en revisión 129/2019) consideró que exigir la nacionalidad mexicana a los comitentes resultaba desproporcionado, exigiéndose a partir de entonces sólo la residencia legal en México (SOSA PASTRANA, F., 2022).

134. En la India desde el 4 de noviembre de 2015 no es legal para los extranjeros el acceso a la subrogación comercial. En la *Surrogacy (regulation) Bill* de 2016 se recoge en su Exposición que la Notificación (N.º. 25022/74/2011-F-1) de 3 de noviembre de 2015 del Ministerio de Asuntos del Interior lo prohibió a los extranjeros. Países como India, México y Tailandia han revisado sus legislaciones hacia la restricción.

135. *The Protection for Children Born Through Assisted Reproductive Technologies Act,* 19 de febrero de 2015 (B.E. 2558) requiere que ambos esposos, hombre y mujer, sean tailandeses, o que lo sea sólo uno de ellos si la pareja ha estado casada, como mínimo, durante tres años.

136. Disponible en: http://cadenaser00.epimg.net/descargables/2017/07/17/842624a2802473bf74abb3162c5d690e.pdf?int=masinfo

Finalmente, es de recordar el último párrafo de la Exposición de Motivos de la derogada Ley 35/1988, de 22 de noviembre, sobre Técnicas de Reproducción Asistida que expresaba: «no pretende esta Ley abarcar todas y cada una de las múltiples implicaciones a que pueda dar lugar la utilización de estas técnicas, ni parece necesario ni obligado que así sea, y se ciñe por ello a la realidad y a lo que ésta refleja y señala como urgente, orientando las grandes líneas de interpretación legal, para dejar a las reglamentaciones que lo desarrollen o al criterio de los jueces la valoración de problemas o aspectos más sutiles. La evaluación de las demandas de uso por parte de la población, y las situaciones que se vayan produciendo con el inevitable dinamismo de la ciencia, la tecnología y la misma sociedad, abrirán caminos a nuevas respuestas éticas y jurídicas». Sin embargo, en España, a nivel legislativo, nada se ha avanzado desde la redacción del art. 10 por la LTRA/1988.

Sólo hemos asistido a la presentación de ciertas iniciativas propuestas por asociaciones[137], partidos políticos, juristas[138], grupos de estudiosos[139], recogida de firmas[140], la formulación de preguntas en sesiones de control del Gobierno[141], la presentación de PNL en el Congreso de los Diputados[142] o en Asambleas autonómicas como la de Madrid y las tres proposiciones de leyes registradas por el Grupo Ciudadanos en el Congreso.

Se reproducen hoy debates que nos recuerdan a los que se tuvieron en los inicios de la institución de la adopción internacional o con los trasplantes de órganos, que sin duda fueron decisivos para que se promulgasen normas nacionales e internacionales impeditivas del comercio ilegal en esos ámbitos[143]. Por tanto, partiéndose de que no se evita su práctica con la mera prohibición legal, la regulación con todas las garantías daría a todos los participantes de esta TRHA

137. *Asociación «Son Nuestros Hijos»*. Disponible en: http://sonnuestroshijos.blogspot.com.es
138. VELA SÁNCHEZ, 2015b.
139. NUÑEZ *et al.*, 2016.
140. Dirigidas a la aprobación de una Iniciativa Legislativa Popular (ILP) en el Congreso, como ocurrió con la Asociación por la Gestación Subrogada (2014) que obtuvo el apoyo, entre otros, del Pleno del Ayuntamiento de El Valle (Granada), mediante una moción aprobada en Sesión Ordinaria de fecha 19 de diciembre de 2014, pp. 9 a 11. Disponible en: http://www.elvalle.es/wp-content/uploads/sesion-ordinaria-19.12.2014-.pdf
141. Entre otras, la pregunta formulada por la diputada Elvira Ramón Utrabo, en Sesión de control para la acción del Gobierno, sobre «previsiones acerca de modificar la Ley del Registro Civil para incorporar la Instrucción de 05 de octubre de 2010 de la DGRN (n.º reg. 141005)», que figura en la página 87 del BOCG n.º 496, de 16 de julio de 2014.
142. PNL del Grupo parlamentario UPyD, sobre la Creación de un Marco Regulatorio para Gestación Subrogada, presentada para su debate en el Pleno (expediente 162/001162), BOCG n.º 614, de 20 de febrero de 2015, pp. 6-8, y presentada para su debate en la Comisión de Justicia (expediente 161/003436), BOCG n.º 615, de 23 de febrero de 2015, pág. 7-10. Fue debatida en el Congreso de los Diputados en octubre de 2015.
143. SAP B núm. 220/2021, de 06-04-2021 (JUR 2021, 192738).

un marco de protección y seguridad jurídica que a la postre redundaría en beneficio del interés superior del nacido[144] y evitaría el aprovechamiento del estado de necesidad de la mujer que se prestara a gestarlos para otros.

De igual modo, evitaría acudir a su contratación en otros Estados y la inseguridad jurídica a la que se les aboca a los niños cuando su vida privada y familiar, así como su identidad, dependen del reconocimiento o no por nuestras autoridades de la filiación constituida en el extranjero.

España ha evolucionado con respecto a los años ochenta, por lo que no hay que temer cambiar las leyes acordes a los cambios que se han producido en la sociedad y en la ciencia[145]. Las nuevas posibilidades de reproducción requieren de una regulación acorde con los tiempos, que no atienda tanto a reprimirlas como a garantizar un uso correcto de las mismas[146], siendo la gestación por sustitución el paso siguiente en la evolución de la procreación médicamente asistida, hasta tanto no se desarrollen otras técnicas que faciliten la gestación[147].

Los retos que la gestación por sustitución y, en general, las técnicas médicas de reproducción deberán afrontar en España serán limitados si en la reflexión no se contempla la opinión pública, pues, del mismo modo que las normas sociales y culturales condicionan la opinión de las personas, éstas influyen sobre las autoridades en la definición de las políticas de reproducción humana y salud, así como en el reconocimiento de los derechos reproductivos de las personas[148].

En pleno siglo XXI se plantea como propicia la ocasión de retomar la idea apuntada por el Instituto de la Mujer en su documento fechado el 10 de mayo de 1985, enviado a la Comisión Palacios y tratada en la Sesión de 23 de octubre de ese año, donde mostraba su punto de vista respecto a la gestación por sustitución:

> «f) *Como se desprende de cuanto antecede, se considera que no ha de existir impedimento para la utilización de cualquier técnica plenamente desarrollada por las ciencias médicas; tan sólo en un caso habrá de procederse con las debidas cautelas y es el relativo a la "gestación por sustitución"; tal técnica debe utilizarse actualmente en forma muy limitada, recomendándose, en consecuencia, que sólo puedan recurrir a ella aquellas personas que tengan problemas de infertilidad y siempre y cuando se encuentren dentro de la edad que, según término medio, se considera de fertilidad.*
>
> *En tales casos cabe admitir la existencia de acuerdos entre los padres genéticos y la futura "madre portadora" con el objeto de fijar las condiciones en que se realizará la*

144. LAMM, 2016: 81.
145. TORRES, 2017.
146. GÓMEZ SÁNCHEZ, 1988: 85.
147. A finales de 2018 tuvo lugar el primer nacimiento de una niña en Brasil gracias al trasplante de útero de una mujer fallecida.
148. RODRÍGUEZ-JAUME *et al.*, 2019, 312.

gestación por sustitución; tales acuerdos habrán de basarse en la más absoluta gratuidad y si bien en ellos prevalecerá en principio la voluntad de la persona o pareja de la que proceden los gametos, la madre gestante tendrá, en todo caso, la posibilidad de impugnar lo acordado» [149].

Su regulación recae entonces en el legislador ordinario. Y, como toda decisión reproductiva de los poderes públicos, debe ser conforme a los parámetros constitucionales de libertad, libre desarrollo de la personalidad, dignidad humana, integridad moral e intimidad. Entonces será oponible y vinculante respecto a terceros, en el doble sentido de observarlas y en su caso de disponer de los medios para ello, así como se podrá castigar sus transgresiones [150].

La gestación por sustitución de carácter solidaria es, en realidad, una cuestión de derechos fundamentales [151] y de todos los derechos concernidos los primeros que hay que preservar son los de la mujer gestante y los del nacido de esta práctica, su dignidad y su interés superior, incluyendo su derecho a la identidad única (en el sentido de las sentencias del TSJUE de 2 de octubre de 2003 [152] y 14 de octubre de 2008 [153]) y a formar una unidad familiar con sus progenitores volitivos o de intención; para finalmente ampararse aquellos deseos o intereses legítimos de los que quieren acceder a la maternidad y/o paternidad ante su imposibilidad física o estructural de gestar [154], con fundamento en el derecho al libre desarrollo de su personalidad (art. 10.1 CE).

149. Referencia en: https://www.congreso.es/public_oficiales/L2/CONG/DS/CO/CO_346.PDF
150. SALÀS DARROCHA, 2002.
151. VALERO HEREDIA, 2019:423.
152. C-148/02, *Asunto García Avello* (TJCE 2003, 314).
153. C-353/06, *Asunto Grunkin y Pau* (TJCE 2008, 235).
154. ARROYO GIL, 2020: 45.

Capítulo II

Derechos, bienes y valores de relevancia constitucional en la gestación por sustitución

1. INTRODUCCIÓN

La gestación por otros es un tema polémico y complejo que viene generando posiciones encontradas y una creciente controversia política, moral y jurídica.

La postura política y doctrinal favorable a su legalización considera que las mujeres deberían poder ejercer el derecho a tomar decisiones sobre su propio cuerpo, incluyendo incluso la opción de ofrecer servicios de gestación por sustitución. Sería una cuestión de libertad individual y autonomía reproductiva.

Por otra parte, algunas personas no pueden concebir de manera natural debido a problemas de fertilidad, enfermedades genéticas o la ausencia de útero. La gestación por sustitución les ofrece la posibilidad de tener un hijo biológico y experimentar la maternidad o paternidad. Todas las personas deberían tener las mismas oportunidades para formar una familia, sin importar su orientación sexual o estado civil, si la ciencia clínica lo puede hacer posible. Sin embargo, no todas las posibles técnicas de reproducción asistida serían aceptables.

Desde la postura política y doctrinal más crítica, se entiende que la gestación por sustitución conduce, en todo supuesto, a la explotación de las mujeres, especialmente aquellas de bajos recursos económicos. Esta práctica es concebida como una forma de mercantilizar el cuerpo femenino, existiendo un riesgo evidente de que las gestantes sean tratadas como objetos o contratadas para cumplir los fines o deseos que les son ajenos.

Ciertamente, no puede descartarse que las mujeres gestantes sean víctimas de coerción o presión para participar en la maternidad subrogada. Las gestantes podrían enfrentar dificultades para tomar decisiones libres e informadas debido a su situación económica o dependencia de otras personas, incluso de sus propios familiares.

De otro lado, la falta de regulación adecuada en algunos países puede llevar a prácticas ilegales como el tráfico de personas con fines de maternidad subrogada. El turismo reproductivo es una realidad que se ve incrementada cuando una práctica es legal en el país de prestación, estando prohibida en el país de origen de los usuarios. Este es el caso de la denominada gestación por sustitución en España, cuyo contrato se reputa nulo en el artículo 10 de la Ley 14/2006, de 26 de mayo, sobre técnicas de reproducción humana asistida[1] y generan desplazamientos de españoles hacia países terceros donde puede llevarse a cabo lo que, en buena lógica jurídica, constituye una actividad que puede ser tachada de fraudulenta al intentar eludir la prohibición impuesta en el ordenamiento jurídico interno.

La maternidad subrogada o gestación por sustitución puede, por lo demás, generar conflictos emocionales y legales complejos, especialmente en situaciones en las que surgen desacuerdos entre las partes involucradas, la mujer-madre gestante y los padres de intención. La determinación de la filiación, los derechos parentales, las responsabilidades y hasta la interrupción voluntaria del embarazo pueden plantear desafíos éticos y legales.

En el panorama comparado existen, además, diferentes enfoques y modelos de gestación por sustitución, lo que agrega aún más complejidad al debate en torno a su prohibición o legalización.

Basta, como quiera que sea, enumerar brevemente los principales argumentos a favor y en contra de la gestación por sustitución para rápidamente caer en la cuenta de los principales derechos, bienes y valores constitucionales implicados o concernidos.

La gestación por sustitución implica una compleja relación triangular entre la gestante, los padres de intención y el menor nacido. Por ello, el planteamiento

1. Ratificado por el art. 32 de la Ley Orgánica 1/2023, de 28 de febrero, por la que se modifica la Ley Orgánica 2/2010, de 3 de marzo, de salud sexual y reproductiva y de la interrupción voluntaria del embarazo.

que se va a hacer arranca del análisis de cómo se puede proteger los derechos e intereses de estos menores en una futura regulación de la gestación por sustitución, niños que lógicamente no intervinieron en aquellos pactos previos a su nacimiento, actualmente entre nacionales españoles y mujeres gestantes extranjeras, y que pueden llegar a ser objeto de un execrable tráfico de seres humanos en el peor de los escenarios, o bien se les puede vulnerar derechos fundamentales como son el derecho a la identidad, a conocer sus orígenes biológicos o el derecho a la vida privada y familiar. Se adelanta que la respuesta vendría dada por, ante la necesidad de preservarlos, hacer lo posible por velar por la debida protección y garantía de los derechos de la mujer que los van a gestar[2].

Es decir, para llegar a abordar una regulación de la gestación por otros con encaje en nuestro marco constitucional, se debe resolver primero el eventual conflicto entre la dignidad de la mujer que va a gestar y su derecho o libertad a renunciar libremente a la filiación posterior al parto, si proviene de una autodeterminación consciente y voluntaria[3], con la protección del interés superior del menor y sus derechos fundamentales. Y en un efecto dominó, en última instancia, ello propiciará el respeto de los derechos e intereses legítimos que conciernen a los llamados padres de intención o «comitentes»[4].

En lo que se sigue, invirtiendo el orden expuesto, se describirán brevemente, prestando especial atención a la jurisprudencia constitucional española más significativa, ese grupo de derechos, bienes y valores de relevancia constitucional. Se trata de captar el desafío que para determinadas previsiones constitucionales y otros intereses jurídicos acordes con la norma fundamental plantea la cuestión vidriosa de la gestación por sustitución. Y ello sin perjuicio de que más adelante —Capítulo V de la segunda parte de esta monografía— se ofrezca una propuesta concreta de regulación o de legalización de la maternidad subrogada, a partir de la ponderación de esos diferentes derechos, bienes y valores conforme al principio de idoneidad, necesidad y proporcionalidad *stricto sensu*.

2. SERRANO OCHOA, M. Á., 2023.
3. El Parlamento Europeo en el Informe de 13 de junio de 2016, dentro de la Propuesta de Resolución del Parlamento Europeo sobre la lucha contra el tráfico de seres humanos en las relaciones exteriores de la Unión Europea (2015/2340 —INI), así como en la Resolución de 5 de julio de 2016 sobre la lucha contra la trata de seres humanos en las relaciones exteriores de la Unión (punto 31) rechaza la gestación subrogada forzosa, instando a los Estados miembros a analizar las implicaciones de sus políticas reproductivas restrictivas.
4. El voto particular a la Sentencia del TS de 6 de febrero de 2014 afirmó que la gestación por sustitución supone ciertamente una manifestación del derecho a procrear, que requiere una intención, una voluntad o deseo que debe ser protegido o amparado por nuestro Derecho. Sin embargo, el derecho a la familia y a la reproducción no tienen respaldo constitucional en nuestro ordenamiento jurídico.

2. DE LOS PROGENITORES DE INTENCIÓN

2.1 EL LIBRE DESARROLLO DE LA PERSONALIDAD

El artículo 10.1 CE con el que se abre el Título I, de clara inspiración alemana (art. 2.1 LFB[5]), reconoce el libre desarrollo de la personalidad como uno de los fundamentos del orden político y de la paz social; uno de los pilares sobre los que se construye y organiza nuestra estructura política y ordenamiento constitucional.

El derecho al libre desarrollo de la personalidad, conocido también como derecho a la autonomía e identidad personal, ampara la potestad del individuo para autodeterminarse; esto es, la posibilidad de adoptar, sin intromisiones ni presiones de ninguna clase, un modelo de vida acorde con sus propios intereses[6].

La configuración del libre desarrollo de la personalidad como fundamento del orden político implica que se le considere como principio estructural de todos los derechos fundamentales de libertad, ya que en su contenido se puede incluir la constatación de la libertad como capacidad de autodeterminación y como pretensión de abstención frente a cualquier intervención del poder público que carezca de fundamentación jurídica[7].

La interpretación constitucional del libre desarrollo de la personalidad supone, en último análisis, reconocer y proteger el derecho de cada individuo a desarrollar su propia identidad y a tomar decisiones sobre su vida de acuerdo con sus propias convicciones, preferencias y circunstancias. Lo que enlaza con el respeto a su dignidad, con el deber de darse un trato a todas las personas que no contradiga su condición de ser racional igual y libre, capaz de determinar su conducta en relación consigo mismo y su entorno, con capacidad de «autodeterminación consciente y responsable de la propia vida»[8].

Es decir, como certifica la jurisprudencia constitucional, el contenido del libre desarrollo de la personalidad abarca diferentes aspectos. En primer lugar, implica el reconocimiento y respeto de la dignidad de cada persona como ser humano, y la garantía de su autonomía para decidir sobre aspectos fundamentales de su vida, como su orientación sexual[9], su identidad de género[10], su pro-

5. PRESNO LINERA, 2022: 21.
6. LATORRE, 1995: 79-88.
7. JIMÉNEZ CAMPO, 2018: 213-229.
8. STC núm. 192/2003, de 27-10-2003, FJ 7.
9. STC núm. 41/2006, de 13-02-2006, FJ 3.
10. STC núm. 67/2022, de 02-06-2022, FJ 4: «la identidad de género es una circunstancia que tiene que ver con el libre desarrollo de la personalidad, íntimamente vinculada al respeto de la dignidad humana (art. 10.1 CE)».

yecto de vida, sus creencias religiosas o filosóficas[11] o su libertad de procreación[12], entre otros.

El libre desarrollo de la personalidad incluye el derecho a la libertad ideológica y religiosa, a la intimidad y a la privacidad, es decir, el derecho a que cada individuo pueda mantener y proteger su espacio íntimo y su vida privada[13]. También abarca el derecho a la libre expresión de la personalidad, permitiendo a cada persona manifestar su identidad y opiniones de forma libre y sin temor a deméritos o represalias[14].

El libre desarrollo de la personalidad se interpreta constitucionalmente, en suma, como la facultad de cada individuo de desarrollar su propia identidad y a tomar decisiones sobre su vida en concordancia con sus convicciones y circunstancias. Facultad o espacio de *agere licere* que abarca aspectos como la dignidad, la autonomía, la intimidad, la privacidad y la libre expresión de la personalidad, y que está respaldado por la Constitución y por el Derecho internacional de los derechos humanos.

En cualquier caso, el libre desarrollo de la personalidad que proclama el artículo 10.1 CE no puede interpretarse como libertad natural ni facultad absoluta, sino según Derecho o, si se quiere, libertad en el respeto a la ley, como se cuida de precisar el propio 10.1 CE. El libre desarrollo de la personalidad no puede ser concebido, pues, como una fuente de legitimación del propio arbitrio al margen del Derecho.

Parece claro que del libre desarrollo de la personalidad se sigue un criterio para la interpretación, y quizá descalificación, de la legislación constrictiva que pretenda fundamentarse exclusivamente en consideraciones de paternalismo moral. Dicho en positivo, el libre desarrollo de la personalidad impone, de principio, un respeto a las opciones autorreferentes del individuo (aquellas sin daño

11. STC núm. 46/2001, de 15-02-2001.
12. STC núm. 44/2023, de 09-05-2023. En ella se recuerda que «la libertad de procreación es una de las manifestaciones del libre desarrollo de la personalidad (STC 215/1994, FJ 4). El reconocimiento de dicha libertad, ínsita en el libre desarrollo de la personalidad, pone de relieve que la misma constituye uno de los aspectos configuradores del propio plan de vida».
13. STC núm. 99/2019, de 18-07-2019, FJ 4: «el derecho a la intimidad personal del art. 18 CE implica "la existencia de un ámbito propio y reservado frente a la acción y conocimiento de los demás, necesario —según las pautas de nuestra cultura— para mantener una calidad mínima de la vida humana" (STC 231/1988, de 2 de diciembre, FJ 3)». Y a ello se ha añadido que «lo que el art. 18.1 garantiza es un derecho al secreto, a ser desconocido, a que los demás no sepan qué somos o lo que hacemos, vedando que terceros, sean particulares o poderes públicos, decidan cuáles sean los lindes de nuestra vida privada, pudiendo cada persona reservarse un espacio resguardado de la curiosidad ajena, sea cual sea lo contenido en ese espacio (SSTC 127/2003, de 30 de junio, FJ 7, y 89/2006, de 27 de marzo, FJ 5)».
14. STC núm. 120/1990, de 27-06-1990, FJ 10: «El art. 16.1 C.E. garantiza la libertad ideológica sin más limitaciones en sus manifestaciones que las necesarias para el mantenimiento del orden público protegido por la ley (STC 20/1990, fundamento jurídico 5.º)».

para terceros) a no ser que otros bienes constitucionales o legítimos reconocidos consientan, previa ponderación, la limitación de la autonomía privada [15].

En cuanto a si se podría invocar el libre desarrollo de la personalidad a favor del reconocimiento legal de la maternidad por sustitución, habría de admitirse que existen diferentes interpretaciones y opiniones doctrinales al respecto.

Algunos autores, en efecto, consideran que su legalización permitiría a las personas ejercer su derecho al libre desarrollo de la personalidad al brindarles la opción de formar una familia biológica cuando, por diversas circunstancias, no pueden hacerlo de forma natural. Al reconocerse la posibilidad de recurrir a la maternidad subrogada, se estaría protegiendo el derecho de las personas a decidir sobre su proyecto de vida y a ejercer su autonomía reproductiva o libertad de procreación [16].

En este contexto, y enlazando con el entendimiento del libre desarrollo de la personalidad antes expuesto, es responsabilidad de los Estados evaluar cuidadosamente todas estas consideraciones y buscar un equilibrio entre esos proyectos de vida, los deseos y las expectativas de vida, y otros derechos, bienes y valores constitucionales en liza.

2.2 LA PROTECCIÓN DE LA FAMILIA

Contemplar la realidad de la familia en los siglos XX y XXI es un ejercicio complicado, como consecuencia del proceso de transformación a la que se ha visto sometida la propia institución en las últimas décadas. Además, el hecho de hallarnos ante una institución cuya definición está inmersa en una serie de principios de carácter ideológico y moral no facilita las cosas y conduce a una reflexión marcada por la evolución del propio entorno social. La familia, sin embargo, con todas sus particularidades y variaciones a lo largo de la historia, es, sigue siendo, una institución vertebral de nuestra sociedad. En ella tiene lugar las funciones claves de socialización, transmisión de valores y educación que acompañan a la persona a lo largo de su vida.

La convergencia de factores fundamentalmente socioeconómicos, unidos a profundas transformaciones culturales e ideológicas, han dado como resultado el declive de un modelo de familia que podríamos llamar tradicional, basado en la división de roles y tareas entre los cónyuges, para dar paso a toda una pléyade de estructuras familiares (STC 222/1992, FJ 5) [17].

15. JIMÉNEZ CAMPO, *op. cit.*
16. FANLO CORTÉS, 2017: 29-52.
17. «Nuestra Constitución no ha identificado la familia a la que manda proteger con la que tiene su origen en el matrimonio, conclusión que se impone no sólo por la regulación bien diferenciada de una institución y otra (arts. 32 y 39), sino también, junto a ello, por el mismo

De este modo, junto al modelo tradicional, constituido por parejas casadas con hijos biológicos, encontramos familias sin hijos, familias con hijos adoptados, familias formadas por parejas sin vínculo matrimonial o por parejas del mismo sexo, además de familias monoparentales, reconstruidas, en transición de género[18], habiendo contribuido a ensanchar el concepto las TRHA.

Y es que la familia ha sido a lo largo de la historia una institución dinámica, cambiante, que se ha ido adaptando a los tiempos. Por ello, nuestro concepto constitucional de familia es abierto, adaptable a cada momento histórico y a la evolución de nuestra sociedad[19], reconociéndose en nuestro ordenamiento todos los modelos de relaciones familiares interindividuales, siendo el sistema familiar actual plural[20].

De igual forma, el TEDH ha interpretado el concepto de familia de una forma amplia: una pareja que no está casada (*Asunto Johnston y otros c. Irlanda*)[21], una mujer soltera y su hija (*Asunto Marckx c. Bélgica*[22]), un hombre y su hija extramatrimonial (*Asunto Keegan c. Irlanda*[23]), pero donde hay una convivencia efectiva o potencial entre varias personas (*Asunto Nylund c. Finlandia*[24]), delegando en las legislaciones nacionales el reconocimiento de otras vías distintas a las del matrimonio para fundar una familia (*Asunto Schalk y Kopf c. Austria*)[25].

Si la realidad en la que se mueve hoy la familia está marcada por el cambio y la función de la institución sigue siendo la misma, es decir, proporcionar una red tupida de protección y de seguridad en la que la persona pueda desarrollarse

---

sentido amparador o tuitivo con el que la Norma fundamental considera siempre a la familia y, en especial, en el repetido art. 39, protección que responde a imperativos ligados al carácter "social" de nuestro Estado (arts. 1.1 y 9.2) y a la atención, por consiguiente, de la realidad efectiva de los modos de convivencia que en la sociedad se expresen. El sentido de estas normas constitucionales no se concilia, por lo tanto, con la constricción del concepto de familia a la de origen matrimonial, por relevante que sea en nuestra cultura —en los valores y en la realidad de los comportamientos sociales— esa modalidad de vida familiar. Existen otras junto a ella, como corresponde a una sociedad plural, y ello impide interpretar en tales términos restrictivos una norma como la que se contiene en el art. 39.1, cuyo alcance, por lo demás, ha de ser comprendido también a la luz de lo dispuesto en los apartados 2 y 3 del mismo artículo».

18. Se trata de la maternidad de personas en proceso de reasignación de sexo, concretamente cuando se da el embarazo del hombre transexual.
19. También es un producto evidentemente cultural y no necesariamente natural (ROCA TRÍAS, 2006: 209). Desde una perspectiva sociológica más que jurídica, la Ley Catalana 18/2003, de 4 de julio, de Apoyo a las Familias, en su art. 1.1 define la familia como el «eje vertebrador de las relaciones humanas y jurídicas entre sus miembros y como ámbito de transferencias compensatorias intergeneracionales e intrageneracionales».
20. STS núm. 320/2011, de 12-05-2011 (RJ 2011, 3280), FJ 3.º.
21. Sentencia 9687/82 de 18 de diciembre de 1986 (TEDH 1986, 16).
22. Sentencia 6833/74 de 13 de junio de 1979 (TEDH 1979, 2).
23. Sentencia 16969/90 de 26 de mayo de 1994 (TEDH 1994, 2).
24. Sentencia 27110/95 de 29 de junio de 1999.
25. Sentencia de 24 de junio de 2010 (JUR 2010, 211641), § 60.

y encontrarse en un entorno propicio de convivencia, el reto que las instituciones públicas tienen por delante consiste, precisamente, en asegurar, con independencia de su configuración, su reconocimiento y protección, al ser la unidad básica de la sociedad[26].

La familia como grupo de apoyo del ser humano[27] debe ser objeto de protección por la sociedad y el Estado. Ya lo dispone el art. 39 CE, con una redacción análoga a la de otros textos constitucionales del derecho comparado[28], al establecer que los poderes públicos aseguraran la protección social, económica y jurídica de la familia[29], sin ser necesaria su fundación a partir del matrimonio (STEDH, *Asunto Fretté c. Francia*, de 26 de febrero de 2002).

En esa idea de protección debida a la familia, la legalización de la maternidad subrogada podría contribuir a proteger y fortalecer la institución familiar. El reconocimiento legal de la maternidad subrogada podría ser una forma de protección jurídica para aquellas familias que desean recurrir a este método reproductivo[30]. Sin embargo, los detractores de la maternidad subrogada argumentan que su legalización puede plantear problemas precisamente en términos de protección jurídica de la familia pues la gestación por sustitución puede implicar

26. Principio 9 del Informe de la Conferencia Internacional sobre la Población y el Desarrollo, El Cairo, 5 a 13 de septiembre de 1994, Naciones Unidas, Nueva York (1995). Disponible en: https://www.unfpa.org/sites/default/files/pub-pdf/icpd_spa.pdf
27. GÓMEZ SÁNCHEZ, 1992: 219.
28. La protección de la familia figura en documentos de referencia del Derecho internacional de los derechos humanos (art. 23.1 PIDCP) y en un buen número de Constituciones de los Estados miembros (art. 6 de la Ley Fundamental de Bonn, art. 19 de la Constitución italiana y art. 36 de la Constitución portuguesa), de donde se deduce no sólo la obligación negativa de los poderes públicos de no entrometerse arbitraria o ilegalmente en ese espacio íntimo que son las relaciones familiares, sino también la obligación positiva —que incumbe especialmente al legislador-de asegurar protección, seguridad y bienestar a la familia y a las personas que la integran (PUIG FERRIOL, 2002: 177-191).
29. La protección familiar queda, como quiera que sea, modulada por el margen de apreciación del legislador en la materia (art. 53.3 CE), empezando por el concepto mismo de familia. El legislador goza de cierto margen de libertad para determinar la noción de familia y su alcance en la sociedad (STC 106/2022). La jurisprudencia constitucional española ha reconocido y protege varios modelos de familia ex artículo 32: nuclear, monoparental, homoparental y de hecho o *more uxorio* (STC 111/2018). La interpretación y alcance de la protección de la familia pueden variar en función de las circunstancias y evolución social. En este sentido, el concepto de familia no se limita exclusivamente al modelo tradicional de matrimonio heterosexual, sino que se reconoce la diversidad de formas de convivencia y estructuras familiares presentes en la sociedad actual (STC 198/2012). Además, la protección de la familia implica asegurar los derechos y deberes de los miembros de la familia, como el derecho a la intimidad, la vida familiar, la educación de los hijos y la asistencia y protección social (STC 186/2013). También comprende la obligación del Estado de promover políticas y medidas que faciliten el ejercicio de estos derechos y el fortalecimiento de los vínculos familiares (STC 186/2013).
30. IGAREDA GONZÁLEZ, 2018: 57-72.

la separación del vínculo biológico y gestacional, generando conflictos legales y emocionales en cuanto a la filiación y los derechos de los hijos[31].

Definido el concepto de familia y la necesidad de su protección, el derecho a crear o fundar una familia ha sido enunciado en muchas de las normas del Derecho Internacional, tales como el art. 16.3 de la Declaración Universal de los Derechos Humanos de 10 de diciembre de 1948; el art. 12 del Convenio Europeo para la protección de los Derechos Humanos y de las Libertades Fundamentales de 1950; en el Pacto Internacional de Derechos Civiles y Políticos de 1966 (art. 23.2); en la Convención Americana sobre Derechos Humanos de Costa Rica del año 1969 (art. 17)[32] o en la Observación General n.º 19 del Comité de Derechos Humanos de Naciones Unidas[33], Punto 5.

Se habla también del derecho a fundar una familia, junto al derecho a contraer matrimonio, en el art. 9 de la Carta de Derechos Fundamentales de la Unión Europea de 10 de diciembre de 2000, añadiendo la coletilla de que «según las leyes nacionales» que regulen su ejercicio (art. II-69) al igual que en el Tratado de una Constitución para Europa, delegándose en el legislador nacional su adaptación a la realidad moral y social de cada momento y lugar.

Nuestros constituyentes deslindaron claramente el matrimonio de la familia y, por ello, los situó en artículos distintos (art. 32 y art. 39 CE). Y aunque nuestro ordenamiento no reconoce ningún derecho en el art. 39.1 CE[34], incardinado dentro de los principios rectores de la política social y económica del Título I, sin embargo, podríamos plantear que existe un derecho a fundar una familia, conformada sin hijos o con hijos que pueden haber nacido tras un proceso de procreación natural o artificial.

Eso sí, un derecho difuminado por el constituyente[35], y que puede limitarse por la legislación sin poder restringir o reducir el derecho de tal manera, o hasta

---

31. BUSQUETS y ARMELLES, 2017: 9-16.
32. En igual sentido el art. 15 del Protocolo Adicional a la Convención (Protocolo San Salvador de 1988). Disponible en: https://www.oas.org/es/sadye/inclusion-social/protocolo-ssv/docs/protocolo-san-salvador-es.pdf
33. ONU (1990). Observación General n.º 19, Comentarios generales adoptados por el Comité de los Derechos Humanos.
34. STC núm. 116/1999, de 17-06-1999, FJ 3.º: «Con independencia de que el art. 39.1 C.E. no regula, en puridad, ningún derecho o libertad pública, es lo cierto que, con arreglo a reiterada doctrina de este Tribunal (por todas, STC 70/1983), los derechos fundamentales y libertades públicas cuyo "desarrollo" está reservado a la Ley Orgánica por el art. 81.1 de la Constitución, son los comprendidos en la sección primera del capítulo primero (arts. 15 a 29 C.E.) y no cualesquiera otros derechos y libertades reconocidos en el texto constitucional».
35. Sin embargo, es aludido por el TC en su Sentencia n.º 51/2011, de 14 de abril de 2011 (BOE n.º 111, de 10 de mayo de 2011) donde el Alto Tribunal recoge que el TEDH tiene declarado que el ejercicio del derecho fundamental al matrimonio y a fundar una familia, garantizado por el art. 12 del CEDH, plantea consecuencias sociales, personales y legales (STEDH de 13 de septiembre de 2005, *Asunto B. y L. c. Reino Unido*, § 34).

tal punto, que perjudiquen la esencia del mismo[36]. El TS se refiere a estos límites en su Auto de 2 de febrero de 2015[37] por el que resuelve el incidente de nulidad planteado en los primeros autos que conoció el TS sobre una gestación subrogada llevada a cabo en California[38]. Así, afirmó en su fundamento jurídico quinto, por una parte, que, como todos los derechos, el derecho a crear una familia no es ilimitado, no es absoluto y, por otra, que este derecho no incluye la facultad de establecer lazos de filiación por medios no reconocidos como tales por el ordenamiento.

Efectivamente, nuestro ordenamiento jurídico no reconoce la existencia de un derecho a tener un hijo, biológico o no, entendido como la posibilidad de exigir a los demás una obligación de contribuir a conseguir lo que se entiende es un simple deseo (incluido el tener hijos mediante reproducción asistida a través de la donación de gametos y/o por medio de la gestación por sustitución). Por ello, más que de un derecho, la doctrina mayoritaria habla de autonomía reproductiva, como una libertad que permite a las personas planificar su propia vida reproductiva, libre de interferencias externas, sin que de ningún modo se legitime el imponer nada a nadie en orden a conseguirlo[39].

2.3 EL PRETENDIDO DERECHO FUNDAMENTAL A LA REPRODUCCIÓN

Se ha defendido que los ciudadanos tienen derecho a reproducirse como parte de su derecho a tomar sus decisiones vitales, a autodeterminarse familiarmente, y que los poderes públicos no deben poner límites ni interferir o controlar este tipo de decisiones, salvo en situaciones extremas de posible perjuicio para terceros, difícilmente justificables *a priori*.

En tal sentido, alguna doctrina afirma la existencia de un verdadero derecho fundamental a la reproducción integrado, por una parte, en el derecho fundamental a la libertad —con fundamento, además, en la dignidad humana y en el libre desarrollo de la personalidad (arts. 1.1 y 10.1 CE)— y, por otra parte, protegido por el derecho a la intimidad personal y familiar (art. 18.1 CE). E incluso como derecho que deriva del reconocimiento del derecho a fundar una familia[40]. En última instancia, no se puede obviar la conexión del derecho a la reproducción con el derecho a la protección de la salud (art. 43 CE), concretamente

36. Sentencia *Rees c. Reino Unido* de 17 octubre 1986, § 50.
37. ATS de 02-02-2015 (RJ 2015, 141).
38. El TS revisa su sentencia de 6 de febrero de 2014 a la luz de la doctrina emanada del TEDH en los casos Labassee y Mennesson y concluye que la misma respetaba el derecho a la vida privada de los menores, y a la determinación de su identidad, conforme al art. 8 del Convenio.
39. CASADO y NAVARRO-MICHEL, 2019: 34 y 35.
40. En el Acórdão do Tribunal Constitucional n.º 225/2018, Processo n.º 95/17, el TC portugués situó el derecho a constituir una familia o el derecho a procrear dentro del derecho al desarrollo de la personalidad, y llegado a este punto consideró a la gestación por sustitución

con su vertiente reproductiva, si bien aquí ya no estaríamos hablando de un derecho fundamental *stricto sensu*[41].

Sin embargo, ni la Constitución española enuncia explícitamente, ni la jurisprudencia constitucional ha deducido de otros derechos, bienes y valores constitucionales un pretendido e inexistente derecho a la reproducción o libertad de procreación. Como se afirma en la STC 89/1987, sólo tienen carácter de derecho fundamental las manifestaciones de la libertad que expresamente se contienen en la propia Constitución bajo esa forma jurídica (en el Capítulo Segundo, Título I, de la CE), pero no la multiplicidad de actividades y relaciones vitales que la libertad hace posibles (por ejemplo, las relaciones sexuales) por importantes que estas sean en la vida del individuo.

Por otra parte, en la STC 116/1999, que desestimó el recurso de inconstitucionalidad promovido por diputados del Grupo parlamentario Popular contra la Ley 35/1988, de 22 de noviembre, de Técnicas de Reproducción Asistida, el Tribunal Constitucional descartó que la ley impugnada desarrollara derecho fundamental alguno de los contemplados en la Sección 1.ª, del Capítulo Segundo, del Título I CE (ni el 15 ni otros), por lo que no se extendía a ella la reserva de ley orgánica exigida en el art. 81 CE.

Ni del libre desarrollo de la personalidad (art. 10.1 CE) ni del derecho a la libertad (art. 17 CE) cabe, pues, inferir un derecho fundamental a la reproducción. El Tribunal Constitucional, en su Sentencia n.º 116/1999, abordó el tema de la reproducción y admitió la licitud constitucional de fijar ciertos límites y requisitos en relación con el uso de técnicas de reproducción asistida. El Tribunal admite que el derecho a la procreación es un aspecto de la autonomía personal y la intimidad, pero también ha destacado que el legislador puede establecer ciertas restricciones en aras de la protección de otros derechos fundamentales y otros intereses legítimos.

2.3.1 El derecho legal a la reproducción asistida

Nuestra ley sobre técnicas de reproducción humana asistida ha establecido los requisitos y límites para su práctica. Tales controles, requisitos y límites, se justifican por factores tales como la complejidad y riesgos asociados a las técnicas de reproducción asistida, por la necesidad de contar con terceros (los médicos) y por una proyección del principio de responsabilidad hacia la descendencia, que conlleva tener en cuenta otros intereses implicados en las decisiones reproductivas, especialmente los de los futuros hijos.

como una vía excepcional para satisfacer estos derechos, que no simples deseos, siempre que el legislador opte por esa opción de una forma compatible con la protección de otros bienes constitucionalmente preservados.

41. GÓMEZ SÁNCHEZ, 2006: 7-23.

Conforme a la LTRH, toda mujer mayor de 18 años y con plena capacidad de obrar podrá ser receptora o usuaria de las distintas técnicas previstas en la norma; la ley también reconoce el concurso del marido y del varón no casado (art. 6), habilita para valerse de gametos o embriones procedentes de donante cuando así se precisa (art. 5), para utilizar técnicas diagnósticas y terapéuticas en los embriones dirigidas a tratar de conseguir una descendencia libre de enfermedades (arts. 12 y 13) y a congelar los embriones sobrantes de una fecundación *in vitro* para usarlos más adelante, para donarlos a otras parejas o para destinarlos a la investigación (art. 11.4).

La regulación está claramente orientada a preservar el ya aludido libre desarrollo de la personalidad (art. 10.1 CE), esto es, la posibilidad para los ciudadanos de tomar sus decisiones —aquí de naturaleza reproductiva— con arreglo a sus propios valores, ideas, creencias y, en definitiva, proyectos de vida.

Ahora bien, el derecho a la procreación artificial no se concibe de manera absoluta a favor de las mujeres y parejas que pretenden valerse del mismo, es decir, no cabe interpretarlo exclusivamente sobre la base del principio de autonomía[42], sino que está sometido a ciertas limitaciones que no se prevén respecto al derecho a la procreación natural.

La reproducción asistida constituye un campo de la medicina caracterizado por un alto nivel de tecnificación y complejidad, en el que se emplean tratamientos farmacológicos hormonales que requieren de controles estrictos, y en el que los aspectos psicológicos derivados de la ansiedad de tener un hijo, de la frustración de no conseguirlo, tienen también mucha relevancia. Por todo ello, no está exenta de riesgos e implicaciones importantes para la salud.

Bajo esta premisa, la LTRH desarrolla la reproducción asistida con el punto de mira puesto fundamentalmente en dos objetivos relacionados directamente con la atención de la salud: el primero, como solución de los problemas de esterilidad, que es sin duda el objetivo básico de la medicina reproductiva; y, el segundo, en aras de la prevención y tratamiento de enfermedades de origen genético (art. 1.1, b). A través de esta segunda vertiente de las técnicas, pueden beneficiarse parejas que no tienen problemas de esterilidad, pero sí riesgo de transmitir una enfermedad genética a sus hijos.

Por los motivos anteriores, nuestra Ley de reproducción de 2006 exige una acreditación científica y una indicación médica de las técnicas a realizar (art. 1). Y, también, exige, por lo que hace al tratamiento de las enfermedades genéticas, que las técnicas se realicen cuando existan garantías diagnósticas y terapéuticas

42. Como corolario del principio de autonomía, la ley de reproducción reconoce a la mujer receptora un derecho a pedir que se suspenda la aplicación de las técnicas en cualquier momento anterior a la transferencia embrionaria, y que dicha petición deberá atenderse (art. 3.5 LTRH).

suficientes. He aquí, por consiguiente, un límite al derecho a la procreación artificial, que tiene plena virtualidad cuando al amparo del mismo algunas parejas pretenden la realización de las técnicas «a la carta» o, por así decir, de forma caprichosa.

La valoración de estos intereses en la ley sobre reproducción asistida tiene su concreción en la prohibición de realizar las técnicas cuando supongan un riesgo grave para la salud, física o psíquica no sólo de la mujer, sino también de la posible descendencia (art. 3.1). Igualmente, en otras previsiones de la ley, se exige obtener autorización de la autoridad sanitaria e informe favorable de la Comisión Nacional de Reproducción Humana Asistida para determinados casos en los que se quiere realizar pruebas diagnósticas o terapéuticas sobre el embrión (arts. 12 y 13). Y, asimismo, serán infracciones sancionables la producción de híbridos interespecíficos que utilicen material genético humano (salvo en casos de ensayos permitidos), la práctica de técnicas de transferencia nuclear con fines reproductivos, la selección del sexo o la manipulación genética con fines no terapéuticos o terapéuticos no autorizados, etc. (art. 26.2 c, 7.ª, 9.ª y 10.ª).

Por la vía de esas prohibiciones legales se configura también un límite al derecho de procreación artificial de los ciudadanos, que les impide, por ejemplo, seleccionar características de los hijos, como el sexo u otros atributos (eugenesia positiva). Pero, además, el hecho de que no pueda causarse un riesgo grave para la salud física o psíquica de la descendencia supone el descarte como usuarios de la reproducción asistida —y, por tanto, una negación de su derecho a la procreación artificial— de aquellas mujeres o parejas que puedan transmitir enfermedades graves.

En otro orden de consideraciones, la reproducción asistida plantea la cuestión compleja de hasta qué punto —o en qué medida—, dentro de un contexto de recursos sanitarios limitados como son los de cualquier sistema nacional de salud de carácter público, deben complacerse los deseos reproductivos de las parejas con esterilidad, en detrimento de la atención sanitaria de otro tipo de patologías más graves.

Y es que existe teóricamente una limitación indirecta para el ejercicio del derecho a la procreación artificial dentro de la sanidad pública española, es decir, financiado por el Estado, y es la derivada de la exigencia de que exista un diagnóstico de esterilidad previo. Ello deriva del Reglamento de la cartera de servicios comunes del Sistema Nacional de Salud (Real Decreto 1030/2006, de 15 de septiembre). En esta norma, con relación a la reproducción asistida, figura como prestación cubierta la reproducción humana asistida cuando haya un diagnóstico de esterilidad o una indicación clínica establecida, de acuerdo con los programas de cada servicio de salud: inseminación artificial; fecundación *in vitro* e inyección intracitoplasmática de espermatozoides, con gametos propios o de donante y con transferencia de embriones; transferencia intratubárica de gametos (apartado 5.3.8 de la cartera de atención especializada, del citado Real Decreto).

Si la pareja tiene un problema de esterilidad tendrá derecho a que la Administración le costee el tratamiento, pero si no es así deberá abonarlo. Además, desde sociedades científicas y comités se han impulsado iniciativas para consensuar documentos sobre orden de prioridades en el acceso a las técnicas dentro del sistema público, utilizando criterios tales como la edad de la mujer, el hecho de que ya tenga hijos, si ha sido tratada previamente, etc. El problema de este tipo de propuestas es la falta de refrendo legal de los documentos generados, lo que ha derivado en que los tribunales españoles, en ocasiones, no hayan aceptado su validez para limitar la prestación sanitaria[43], al carecer de rango normativo.

Siendo esto así objetivamente, el legislador ha incluido en el art. 16. 2. de la Ley Orgánica 1/2023, de 28 de febrero, por la que se modifica la Ley Orgánica 2/2010, que, sin perjuicio del proceso de actualización de la cartera común de servicios del Sistema Nacional de Salud, cuando las prestaciones de la misma sean las técnicas de reproducción humana asistida, se garantizará, en todo caso, el acceso a estas técnicas a mujeres lesbianas, mujeres bisexuales y mujeres sin pareja en condiciones de igualdad con el resto de mujeres, y asimismo a las personas trans con capacidad de gestar, sin discriminación por motivos de identidad sexual. En cualquier caso, habría que concluir que en los Estados con sistemas públicos de salud resultaría razonable prever limitaciones al derecho a la procreación artificial con cargo al propio sistema, con independencia del género de sus ciudadanos.

2.3.2 La gestación por sustitución como posible forma de ejercicio del derecho legal a la reproducción en igualdad

El legislador español no ha atendido ni revisado todos los posibles supuestos que se pueden plantear en el acceso a las TRHA desde el punto de vista del principio de igualdad. Así, la Ley 14/2006 de reproducción asistida y la Ley 4/2023 para la igualdad real y efectiva de las personas trans y para la garantía de

43. STSJ M núm. 25/2019, de 31-01-2019 (RJCA 2019, 701) trata sobre la limitación en el acceso a estas prestaciones, denegándose el abono de esos gastos del tratamiento de reproducción asistida. Esta sentencia contiene un voto particular de Dña. Amparo Guilló Sánchez Galiano a favor de la prestación sanitaria: «biológicamente la peticionaria de la prestación no es estéril, pero si concurre realmente, en la práctica, tal esterilidad, porque dada la orientación sexual de ella misma y de su pareja, que es otra mujer, no es posible la procreación natural de ambas. Por ello creo que el tema no se plantea, como afirma la sentencia, en términos de legalidad ordinaria, sino en términos de interpretación de los preceptos a la luz del derecho de igualdad y no discriminación por razón de orientación sexual que proclama nuestra Constitución. Si de conformidad con las normas aplicables al supuesto y conforme propugna la recurrente en una interpretación de las mismas acorde con el derecho que consagra el art. 14 CE, es deducible el reconocimiento del derecho, esta deberá ser la interpretación que se efectué en el respeto a tal derecho constitucional. Pues bien, creo que tal interpretación de la norma era posible en este supuesto y se desprendía del respeto a la no discriminación por razón de orientación sexual que consagra el texto constitucional».

los derechos de las personas LGTBIQ+, reconocen el derecho a procrear tan sólo a quien conserve la capacidad de gestar, amparando su deseo de procreación.

Hoy día, los usuarios que demandan las técnicas de reproducción pueden tener una vocación familiar diversa y, siempre que no lo impida la ley, exista una previa indicación médica y una ausencia de riesgos graves para la salud de la mujer o para la posible descendencia, deben ser aceptados por los centros de reproducción con el fin de evitar incurrir en situaciones discriminatorias.

Pese a lo anterior, nuestra LTRH admite que quien solicite las técnicas sea una mujer sola (sin pareja), siempre que cumpla los requisitos de ser mayor de 18 años y tener plena capacidad de obrar. De esta manera, la interesada puede legalmente acceder a las técnicas instando su inseminación con semen del banco de donantes (art. 6.1). La ley contempla igualmente que la mujer podrá ser usuaria o receptora de las técnicas con independencia de su estado civil y orientación sexual (art. 6.1). No obstante la anterior afirmación sobre el estado civil, para poder ejercer el derecho a la procreación de forma individual habrá de tratarse de una mujer soltera o, si fuera casada, debería estar separada legalmente o de hecho y lo pueda acreditar (por ejemplo, presentando un convenio de separación firmado por ambos cónyuges o demanda de separación o divorcio), y ello con el fin de romper la presunción legal de paternidad del marido establecida por el Código Civil para los hijos nacidos durante el matrimonio y antes de los 300 días siguientes a su disolución o a la separación legal o de hecho de los cónyuges (art. 116 CC).

Por esta vía, por consiguiente, la Ley 14/2006 reconoce el derecho a la procreación de la mujer a título personal, pudiendo optar por una familia monoparental, es decir, sin necesidad de acreditar tener una pareja. Se trataba, desde luego, de una de las singularidades de la normativa española frente a la regulación de otros países europeos, que exigían normalmente la concurrencia de un varón que se hiciera responsable[44].

Obviamente, la pareja casada heterosexual tiene acceso a las técnicas, precisando la LTRH al respecto que, en el consentimiento informado[45] previo a su

44. MOLERO MARTÍN SALAS, 2016: 183-206.

45. Los facultativos deben recabar el consentimiento informado de los pacientes. En el caso de la procreación artificial el consentimiento informado está concebido de forma especialmente rigurosa, en cuanto que se exige siempre la forma escrita y una amplitud de contenidos notable. De esta manera, la ley de reproducción, tras proclamar la necesidad de obtener de la mujer su previa aceptación, libre y consciente, a la aplicación de las técnicas, determina que la información y el asesoramiento sobre las mismas se extenderá a los aspectos biológicos, jurídicos y éticos de aquellas, y deberá precisar igualmente la información relativa a las condiciones económicas del tratamiento (art. 3, apartados 1 y 3). Además, entre la información que debe proporcionarse a la mujer se incluirá en todo caso la de los posibles riesgos para ella misma durante el tratamiento y el embarazo y para la descendencia, que se puedan derivar de la maternidad a una edad clínicamente inadecuada (art. 6.2).

realización, se requiere no sólo la firma de la mujer usuaria, sino también el de su marido, salvo que estuvieran separados legalmente o de hecho y así conste de manera fehaciente (art. 6.3). La exigencia del consentimiento del marido deriva de la necesidad de corroborar que asume la paternidad.

Dentro de este derecho a la procreación artificial del matrimonio se englobaría la posibilidad de valerse de gametos o embriones de donantes, cuando el marido o la esposa, o ambos, no pudieran utilizar los gametos propios (art. 5). Asimismo, el citado derecho abarcaría incluso la facultad de decidir la fecundación *post mortem*, siempre que el marido hubiera prestado su consentimiento en vida en el documento de aceptación de las técnicas, en testamento o documento de instrucciones previas (art. 9).

También está reconocido en la Ley 14/2006 el acceso a las técnicas por la pareja de hecho heterosexual (no casada). Aquí, para que se determine la filiación con el varón (incluso si se han utilizado gametos de donante), es preciso que firme el consentimiento informado de las técnicas antes de su realización (art. 8). En caso de que no lo suscriba, no podrá utilizarse su semen (ya que se trataría de una donación que requiere ser anónima) y la compañera se consideraría como mujer sola a efectos de la reproducción. Son aplicables a este supuesto las referencias al derecho a valerse de gametos y embriones de donante y el derecho a la fecundación *post mortem* del matrimonio heterosexual.

Tras la equiparación de los matrimonios homosexuales (Ley 13/2005, de 1 de julio, por la que se modifica el Código Civil en materia de derecho a contraer matrimonio), también las parejas casadas homosexuales femeninas tienen cabida como usuarias de la reproducción asistida. En estos casos, han de firmar ambos cónyuges el consentimiento informado de las técnicas, lo que determinará que el futuro hijo tenga una doble filiación materna (será hijo de dos madres, aunque sólo una de ellas haya sido usuaria de las técnicas). Obviamente la reproducción artificial de estos matrimonios pasa por la utilización de semen de donante y la segunda madre no lo sería por el hecho del alumbramiento, ni tampoco por su aporte genético, sino por una manifestación de voluntad (art. 7.3 LTRH).

En cuanto a la pareja homosexual femenina no casada, podría tenerse como usuaria de las técnicas de reproducción asistida gracias a la Disposición final undécima de la Ley 4/2023, de 28 de febrero, para la igualdad real y efectiva de las personas trans y para la garantía de los derechos de las personas LGTBIQ +, que modifica la Ley 20/2011, de 21 de julio, del Registro Civil, concretamente el artículo 44.4. b) LRC, con el fin de permitir la filiación no matrimonial en parejas de mujeres lesbianas[46], puesto que, hasta entonces, en el ámbito estatal[47] únicamente se preveía para la pareja matrimonial.

46. Aun así, el texto del art. 7.3 de la Ley 14/2006 sigue invariable. Con anterioridad a esta reforma legislativa se establecía judicialmente la filiación no matrimonial de la pareja feme-

Sin embargo, no se admite el acceso a un hombre solo, a una pareja de hombres, ni a quien no tenga la capacidad de gestar, por lo que, ante estas circunstancias, habría de abrirse el debate sobre la conveniencia de implementar nuevas técnicas de reproducción asistida que aprovechen a todas las personas, incluyendo entre ellas a la gestación por sustitución, integrando la perspectiva del derecho a la igualdad (en la ley) y de no discriminación (art. 14 CE) en la regulación de las TRHA[48].

La gestación por sustitución actualmente carece de consideración en la Ley 14/2006, declarando la nulidad del contrato de gestación por otros, siendo la consecuencia lógica el que la filiación resultante está prohibida[49]. Cabría exigir que el legislador colmase este vacío normativo y tuviera un criterio mucho más abierto de las técnicas que, según el estado de la ciencia y la práctica clínica, pueden realizarse hoy en día. La actualización de la lista de técnicas autorizadas podría aprovechar a la gestación por otros y, máxime, si es de carácter altruista.

Ante este escenario, en materia de reproducción asistida se ha empezado por abogar el tratar en igualdad la misma situación de una persona de padecer una infertilidad, mujer u hombre, sea natural o estructural y, por ende, por dar solución a la imposibilidad de tener hijos biológicos sin la intervención de la ciencia médica. La LTRH ilustra, por lo demás, del margen de apreciación que tiene el legislador al respecto, previa ponderación de los diferentes intereses jurídicos concurrentes. Y es que, cuando el legislador lo considera conveniente, ante la desigualdad de quien no puede reproducirse de forma natural, procura los medios y las soluciones jurídicas, hasta el punto de establecer la filiación legalmente pese a no existir conexión biológica entre los progenitores y los menores nacidos, o facilitar la fecundación *post mortem*[50].

La realidad evidencia, además, que se ha producido una evolución notable en la utilización y aplicación de la gestación por sustitución de carácter altruista en otros Estados de nuestro entorno más próximo, para así dar solución a los

nina por la vía de la posesión de estado (SAP O núm. 384/2019, de 12-11-2019 [JUR 2020, 32695]).

47. En CCAA como Cataluña sí se permitía legal y jurisprudencialmente. Véase, STSJ CAT núm. 35/2017, de 20-07-2017 (RJ 2017, 6252) y SAP L núm. 44/2018, de 29-01-2018 (JUR 2018, 86294).

48. SERRANO OCHOA, 2022: 122-135.

49. SAP B núm. 398/2023 de 29 de junio (JUR 2023, 317400).

50. Si el Estado no excede del margen de apreciación del que dispone, no hay violación del artículo 8 de la Convención. En España se admite la fecundación *post mortem* con unos requisitos. Otros Estados la prohíben. El TEDH recuerda el amplio margen de apreciación del que disfrutan los Estados en materia de bioética (STEDH, BARET y CABALLERO c. Francia, de 14-09-2023 -TEDH 2023, 75). En el voto concurrente del juez Elósegui, éste consideró que no correspondía a los jueces de Estrasburgo indicar a los Estados cómo han de legislar. Un juez tiene un gran poder, pero debe resistir la tentación de erigirse en legislador. Si hay democracia, debe respetar los procesos democráticos de elaboración de leyes, a menos que sean contrarios a la Convención.

problemas de esterilidad de algunos modelos de familia a los que no cubre su legislación vigente. Hay argumentos, algunos de alcance constitucional, para considerar esta gestación por otros como una opción que permite a las personas ejercer su derecho a formar una familia biológica cuando no pueden hacerlo de manera natural.

Desde este enfoque, el legislador podría contemplar la gestación por sustitución solidaria como una forma de ejercer el derecho a la reproducción asistida[51]. Con la gestación por otros se facilitaría la procreación a quien no puede gestar y también, el derecho a la reproducción *post mortem* del hombre viudo, ya que sólo está prevista legalmente para el caso de que la mujer sobreviva al marido o compañero y no al contrario, incluso para que fuera madre la que legalmente hubiera sido la abuela (Reino Unido[52]) o en el supuesto excepcional acontecido en China del uso de esta técnica cuando ambos progenitores ya han fallecido[53]. Es una opción legítima.

En definitiva, la aceptación en nuestro Derecho de la gestación por otros solidaria, la que se fundamenta en unos acuerdos que no responden a fines lucrativos por tener su base en el vínculo afectivo de las partes, con fundamento en el principio de solidaridad familiar o de amistad, permitiría acceder a hombres y mujeres a todas las posibles técnicas médicas de reproducción humana asistida que en la actualidad se están practicando, sin distinción de ningún tipo, ni por cuestiones biológicas, estructurales o económicas[54], lo que es lo mismo que posibilitarle a la ciudadanía el pleno ejercicio de su autonomía reproductiva[55] y lograr la igualdad real, al hacer efectivo el derecho de toda persona a reproducirse y a formar una familia con descendientes genéticos.

3. DE LA MUJER GESTANTE

3.1 DIGNIDAD

El artículo 10.1 CE, al igual que el artículo 1 de la Constitución alemana, el artículo 1 de la Constitución portuguesa y el artículo 2 de la Constitución italiana, consagra la dignidad personal como uno de los valores supremos del ordena-

51. En el sentido del voto particular a la Sentencia del TS de 6 de febrero de 2014, formulado por el Magistrado D. José Antonio Seijas Quintana.
52. «La justicia británica autoriza a una mujer a implantarse los óvulos de su hija fallecida». Disponible en: http://www.europapress.es/internacional/noticia-justicia-britanica-autoriza-mujer-implantarse-ovulos-hija-fallecida-20160630200703.html
53. Inclusive se ha producido un nacimiento a través gestación por sustitución cuatro años después del fallecimiento de ambos progenitores. Disponible en: https://www.thejournal.ie/chinese-baby-born-four-years-after-parents-death-car-crash-3954329-Apr2018/
54. VELA SÁNCHEZ, 2017:12. El autor considera que de este modo se permitiría a los españoles sin recursos acudir a este mecanismo gestacional, acabándose con la actual infracción del principio de igualdad ante la ley (*ex* art. 14 CE).
55. El Pacto Internacional de Derechos Económicos, Sociales y Culturales, de 16 de diciembre de 1966, art. 15.1.b).

miento. La dignidad humana constituye un valor y un principio constitucional portador de un conjunto de valores que prohíbe, consiguientemente, que aquélla sea un mero objeto del poder del Estado o de cualquier particular, dándosele un tratamiento instrumental[56].

Como es bien conocido, la interpretación de la dignidad de la persona como principio constitucional (art. 10.1 CE) ha sido objeto de análisis y debate constante en la jurisprudencia y la doctrina[57]. La dignidad es un concepto amplio y fundamental que implica el reconocimiento de la inherente valía y el respeto que se le debe otorgar a cada individuo como ser humano[58].

La dignidad de la persona se deriva de su condición humana y es el fundamento de todos los derechos y libertades reconocidos en la Constitución española y en otros instrumentos internacionales de derechos humanos[59]. Se entiende que cada individuo tiene una dignidad intrínseca que debe ser protegida y respetada en todas las esferas de la vida y en cualquier circunstancia.

La dignidad de la persona, como principio constitucional, implica que todas las personas tienen derecho a ser tratadas con respeto y consideración, y que se les garantice el ejercicio de sus derechos fundamentales. También implica que los poderes públicos deben proteger y promover condiciones que permitan a las personas desarrollar plenamente su personalidad y su autonomía[60] y, en suma, el reconocimiento de la valía inherente de cada individuo y el respeto a

56. En la STC núm. 19/2023, de 22-03-2023 Dña. María Luisa Balaguer Callejón, en su voto concurrente, declara «la dignidad de la persona como fundamento del orden político en el que se enmarca el reconocimiento, promoción y garantía de los derechos de la persona».
57. Véase GUTIÉRREZ GUTIÉRREZ, 2005.
58. STC núm. 236/2007, de 07-11-2007: «la dignidad de la persona, como "fundamento del orden político y la paz social" (art. 10.1 CE), obliga a reconocer a cualquier persona, independientemente de la situación en que se encuentre, aquellos derechos o contenidos de los mismos imprescindibles para garantizarla, erigiéndose así la dignidad en un mínimo invulnerable que por imperativo constitucional se impone a todos los poderes, incluido el legislador. Ello no implica cerrar el paso a las diversas opciones o variantes políticas que caben dentro de la Constitución, entendida como "marco de coincidencias" (STC 11/1981, de 8 de abril, FJ 7)».
59. El Consejo de Derechos Humanos de la ONU viene afirmando que los Derechos Humanos proceden de la dignidad. Resolución 36/13. «Salud mental y derechos humanos», 28 de septiembre de 2017, Asamblea General, Documentos Oficiales, Septuagésimo segundo período de sesiones Suplemento núm. 53 A (A/72/53/Add.1) p. 37.
60. STC núm. 19/2023, de 22-03-2023: «La consagración de la libertad como valor superior del ordenamiento jurídico (art. 1.1 CE) "implica, evidentemente, el reconocimiento, como principio general inspirador del mismo, de la autonomía del individuo para elegir entre las diversas opciones vitales que se le presenten, de acuerdo con sus propios intereses y preferencias"» (SSTC 132/1989, de 18 de julio, FJ 6, por todas). De otro lado, esta misma facultad de autodeterminación respecto de la configuración de la propia existencia se deriva de la dignidad de la persona y el libre desarrollo de la personalidad, cláusulas que son «la base de nuestro sistema de derechos fundamentales» (por todas, STC 212/2005, de 21 de julio, FJ 4).

su condición humana. Ante todo, comprende el respeto a los derechos fundamentales, la promoción de la autonomía y el trato respetable.

Habría de reconocerse, sea como fuere, que la dignidad de la persona no es un concepto estático y su interpretación puede evolucionar a medida que cambian las circunstancias sociales, culturales y jurídicas[61]. La jurisprudencia y los tribunales desempeñan un papel fundamental en la interpretación y aplicación de la dignidad de la persona en casos concretos.

En este sentido, la STC 44/2023, de 9 de mayo de 2023 recuerda que la dignidad, junto al libre desarrollo de la personalidad, son más que fundamentos abstractos informadores del ordenamiento jurídico en su conjunto, y es que «integran mandatos jurídicos objetivos y tienen un valor relevante en la normativa constitucional (STC 150/1991, de 4 de julio, FJ 3)».

El embarazo, el parto y la maternidad condicionan indiscutiblemente el proyecto de vida de la mujer. La decisión acerca de continuar adelante con el embarazo, con las consecuencias que ello implica en todos los órdenes de la vida de la mujer —físico, psicológico, social y jurídico— enlaza de forma directa con su dignidad, entendida por el TC como «el derecho de todas las personas a un trato que no contradiga su condición de ser racional igual y libre, capaz de determinar su conducta en relación consigo mismo y su entorno, esto es, la capacidad de autodeterminación consciente y responsable de la propia vida» (STC 192/2003, de 27 de octubre, FJ 7).

La dignidad de la persona así definida se configura, por ello, como «un *minimum* invulnerable que todo estatuto jurídico debe asegurar, de modo que las limitaciones que se impongan en el disfrute de derechos individuales no conlleven un menosprecio para la estima que, en cuanto ser humano, merece la persona»[62] y, además, garantiza a toda persona un ámbito mínimo de autonomía que incluye las decisiones que puede considerarse que afectan al libre desarrollo de su personalidad (art. 10.1 CE), «un principio que protege la configuración autónoma del propio plan de vida» (STC 60/2010, de 7 de octubre, FJ 8).

Partiendo de esta premisa, el TC ha venido declarando, y en eso se reafirma en su Sentencia 44/2023, que la libertad de procreación es una de las manifes-

61. Entre otras muchas, STC 160/1987.
62. STC núm. 91/2000, de 30-03-2000, FJ7: «la regla del art. 10.1 CE implica que, en cuanto "valor espiritual y moral inherente a la persona" (STC 53/1985, de 11 de abril, FJ 8) la dignidad ha de permanecer inalterada cualquiera que sea la situación en que la persona se encuentre... constituyendo, en consecuencia un *minimum* invulnerable que todo estatuto jurídico debe asegurar [STC 120/1990, de 27 de junio, FJ 4; también STC 57/1994, de 28 de febrero, FJ 3 A)]. De modo que la Constitución española salvaguarda absolutamente aquellos derechos y aquellos contenidos de los derechos "que pertenecen a la persona en cuanto tal y no como ciudadano o, dicho de otro modo... aquéllos que son imprescindibles para la garantía de la dignidad humana" (STC 242/1994, de 20 de julio, FJ 4; en el mismo sentido, SSTC 107/1984, de 23 de noviembre, FJ 2 y 99/1985, de 30 de septiembre, FJ 2)».

taciones del libre desarrollo de la personalidad (STC 215/1994, FJ 4). El reconocimiento de dicha libertad, ínsita en el libre desarrollo de la personalidad, pone de relieve que la misma constituye uno de los aspectos configuradores del propio plan de vida, y de acuerdo con ello, el legislador no puede dejar de inspirarse en el respeto a la dignidad de mujer y en el libre desarrollo de la personalidad al regular la interrupción voluntaria del embarazo.

Del mismo modo, consideramos que este respeto a la dignidad de la mujer y a su libre desarrollo de la personalidad ha de inspirar una futura regulación de la gestación para otros. Así, la reflexión sobre la gestación por sustitución supone tomar en consideración tanto los derechos o intereses legítimos de las personas que desean formar una familia como la dignidad y los derechos de la mujer que va a gestar por ellos. En tal sentido, algunos argumentos en contra de la maternidad subrogada se basan en la preocupación por el posible impacto en la dignidad de la mujer gestante. Estos argumentos destacan la posibilidad de explotación y vulnerabilidad de las mujeres que gestan, así como el riesgo de que se mercantilice su cuerpo y se les trate como objetos o medios para cumplir con los deseos de otros[63].

Se discute que esta técnica de reproducción asistida puede llevar a situaciones en las que las mujeres gestantes se encuentren en desventaja, sometidas a presiones económicas, sociales o familiares, y se enfrenten a condiciones desiguales de poder. Además, la separación emocional y biológica entre la mujer gestante y el niño puede plantear conflictos éticos y emocionales que afecten a su dignidad como persona[64].

Otros autores rebaten los argumentos en torno a la dignidad de la gestante, y defienden la admisión de la gestación por sustitución en el respeto a la libertad de la mujer para la adopción de esta decisión, amparando su libertad como valor superior del ordenamiento jurídico (art. 1.1 CE) y el libre desarrollo de su personalidad, pudiendo participar en una nueva forma de filiación derivada de un acuerdo reproductivo de carácter altruista y colaborativo, donde prime la voluntad procreacional, mediante un instrumento jurídico que de seguridad a las partes implicadas y garantice sus derechos fundamentales[65].

Es decir, quienes están a favor de la legalización de la gestación por sustitución argumentan que la libertad de cada mujer para decidir si quiere, o no, gestar un niño para otra persona es una cuestión de autonomía de la voluntad, de forma que prohibirle esa opción atentaría contra la misma dignidad de la mujer gestante, en la medida en que se le privaría de su capacidad de autodeterminación personal[66]. Si el Estado prohibiese expresamente la gestación por sustitu-

63. PRESNO LINERA, 2021: 109-130.
64. ARROYO GIL, 2020: 41-73.
65. ATIENZA, 2022: 107-124.
66. Entre otros, ATIENZA, 2015.

ción, adoptando lo que se ha criticado como un rol paternalista, ello se entendería contrario a la dignidad de la mujer pues no podría decidir qué hacer con su propio cuerpo o con las funciones biológicas consistentes en la capacidad de gestar. Es un argumento minoritario que parte de que si se le permite abortar (SSTC 53/1985[67] y n.º 44/2023), se le debiera permitir tener un hijo para ceder libremente a continuación su filiación.

En nuestra opinión, el respeto a la dignidad de la mujer gestante también implica reconocer su autonomía, su capacidad para tomar decisiones informadas y libres sobre su cuerpo y su maternidad, así como si acepta o desea trasladar la filiación tras el parto. Como determina el TC portugués (Acórdão n.º 225/2018), la práctica de la gestación por sustitución no violenta la dignidad de la gestante y el libre desarrollo de su personalidad si tiene libertad al prestar su consentimiento. La maternidad sustituta debe ser, por tanto, una práctica basada en la libre decisión de adultos que ejercen sus derechos y prerrogativas, sin perjudicarse ni perjudicar a terceros, razón por la cual no debiera señalarse ni objetarse a las personas que la ejercen o que están a favor de la misma[68].

Se prevé necesario que el legislador aborde las condiciones necesarias que permitan gobernar y decidir a las mujeres en los procesos reproductivos en el marco de la dignidad y libre determinación de su voluntad, como así lo hace en cuanto a su capacidad de decidir la interrupción del embarazo. Reconocer a la mujer su plena condición de persona racional con autonomía para tomar decisiones, tanto para abortar como gestar para otros y trasladar la filiación del nacido, significa reconocerle también capacidad para gobernar sus emociones, aun estando embarazada, y asumir, o no, las responsabilidades contraídas libremente en materia de reproducción.

Si no se dan aspectos o circunstancias que denoten una vulneración de los derechos fundamentales en la gestación subrogada, la dignidad de la mujer no se vería atentada por el simple hecho de que se haya llevado a cabo una gestación por otros, pues la situación de la mujer es comparable, después del nacimiento del bebé, con el de la madre que consiente en darlo en adopción[69].

3.2 INTEGRIDAD FÍSICA Y MORAL

En íntima conexión con la dignidad y el libre desarrollo de la personalidad proclamados por el art. 10.1 CE, el derecho fundamental a la integridad física y moral (art. 15 CE) protege «la inviolabilidad de la persona, no solo contra ataques

67. Esta sentencia analizó la legislación despenalizadora del aborto y definió a la dignidad como un valor espiritual y moral inherente a la persona, que se manifiesta singularmente en la autodeterminación consciente y responsable, y lleva consigo la pretensión al respeto por parte de los demás.
68. MARTÍN CAMACHO, 2009.
69. AAP B núm. 104/2021, de 17-03-2021 (JUR 2021, 169793).

dirigidos a lesionar su cuerpo o espíritu, sino también contra toda clase de intervención en esos bienes que carezca del consentimiento de su titular», en definitiva, frente a cualquier injerencia que sea concebida como acción esencialmente positiva de terceros sobre el sustrato corporal o espiritual de la persona.

Junto a esa dimensión «negativa», enunciada en términos de incolumidad o derecho de defensa, nuestra doctrina también ha subrayado la «dimensión positiva» que tiene el derecho a la integridad física y moral «en relación con el libre desarrollo de la personalidad, orientada a su plena efectividad» (entre otras, SSTC 221/2002, de 25 noviembre, FJ 4; 220/2005, de 12 de septiembre, FJ 4; 62/2007, de 27 de marzo, FJ 3, y 160/2007, de 2 de julio, FJ 2). En esa vertiente positiva, «el derecho a la integridad personal presenta un significado primordial como derecho de autodeterminación individual que protege la esencia de la persona como sujeto con capacidad de decisión libre y voluntaria, resultando vulnerado cuando se mediatiza o instrumentaliza al individuo, olvidando que toda persona es un fin en sí mismo (SSTC 181/2004, de 2 de noviembre, FJ 13, y 34/2008, de 25 de febrero, FJ 5)»[70].

El derecho fundamental a la integridad física y moral, por tanto, ampara la inviolabilidad y el respeto a la integridad de cada individuo. La integridad física se refiere a la protección de la salud, el cuerpo y la inviolabilidad física de las personas. Comprende la prohibición de sufrir torturas, tratos inhumanos o degradantes, así como cualquier forma de violencia física, lesiones o intervenciones corporales no consentidas. Este derecho implica la protección contra cualquier agresión, lesión o interferencia ilícita en la incolumidad personal de una persona[71].

Por otro lado, la integridad moral se refiere a la protección de la esfera psicológica y emocional de una persona. Comprende el derecho a la dignidad personal, al honor, a la intimidad y a la protección contra cualquier forma de maltrato, humillación, acoso, discriminación o trato degradante que pueda afectar la salud mental, el bienestar emocional o la reputación de una persona[72].

El derecho fundamental a la integridad física y moral busca proteger la inviolabilidad de la persona, abarcando la protección contra la violencia física,

70. STC núm. 44/2023, de 09-05-2023.
71. STC núm. 207/1996, de 16-12-1996, FJ 2: «Resulta de ello, por tanto, que mediante el derecho a la integridad física lo que se protege es el derecho de la persona a la incolumidad corporal, esto es, su derecho a no sufrir lesión o menoscabo en su cuerpo o en su apariencia externa sin su consentimiento. El hecho de que la intervención coactiva en el cuerpo pueda suponer un malestar (esto es, producir sensaciones de dolor o sufrimiento) o un riesgo o daño para la salud supone un plus de afectación, mas no es una condición sine qua non para entender que existe una intromisión en el derecho fundamental a la integridad física».
72. STC núm. 56/2019, de 06-05-2019: «La intromisión contraria al art. 15 CE consiste siempre en la causación deliberada y no consentida de padecimientos físicos, psíquicos o morales o en el sometimiento al "riesgo relevante" de sufrirlos, esto es, a un "peligro grave y cierto" para la integridad personal».

las lesiones corporales y la protección de la esfera psicológica y emocional. El Derecho, en su dimensión objetiva, impone la obligación del Estado de prevenir, sancionar y proteger contra cualquier violación de esa inviolabilidad, así como el respeto a la autonomía y la toma de decisiones informadas de las personas.

El Estado tiene la obligación de prevenir y sancionar cualquier violación de la integridad física y moral de las personas, así como de adoptar medidas positivas para promover y proteger este derecho. Además, implica que las personas tienen el derecho de ejercer su autonomía y tomar decisiones informadas sobre su cuerpo, su salud y su vida personal sin interferencias indebidas[73].

Se ha denunciado que la maternidad subrogada o gestación por sustitución puede poner en riesgo la integridad física y moral de la mujer gestante[74]. La mujer tiene derecho a prestar un consentimiento debidamente informado a la participación en una TRHA[75], como parte de su derecho fundamental a la integridad física. Pero también hay que tener presente que, en algunos casos, las mujeres gestantes pueden enfrentar presiones emocionales, sociales o económicas para llevar a cabo el embarazo y entregar al niño, lo que puede afectar su bienestar físico y psicológico.

La maternidad subrogada también puede conducir a situaciones de explotación y vulnerabilidad para la mujer gestante. Existe el riesgo de que la mujer gestante sea tratada como un medio para cumplir con los deseos de terceros y que se le niegue su autonomía y derechos fundamentales. De modo que es fundamental para cuidar de la integridad física y mental de la mujer una regulación garantista de la gestación por sustitución atendiendo a su voluntad procreacional. Y al igual que ocurre con la donación entre vivos y la adopción, una correcta regulación evitará conductas que amparen la explotación del estado de necesidad de las mujeres o su situación de extrema vulnerabilidad, dentro y fuera de nuestras fronteras[76].

73. STC 37/2011, FJ7: «la privación de información equivale a una privación o limitación del derecho a consentir o rechazar una actuación médica determinada, inherente al derecho fundamental a la integridad física y moral».
74. MARRADES PUIG, 2017: 219-241.
75. La Sociedad Americana de Medicina Reproductiva recomienda las condiciones médicas que deben cumplirse para la gestación por sustitución, entre otras hacerse sólo una transferencia embrionaria (Recommendations for practices using gestational carriers: a committee opinion. 2022). En España, la Ley 35/1988 no ponía límites respecto al número de preembriones a transferir, quedando sujeto a criterio clínico. Ya en 2003 se publicó la Ley 45/2003, que modificaba la anterior, y autorizaba la transferencia de un máximo de tres preembriones por intento, como así lo recoge la LTRH (art.3.2). El embarazo múltiple representa la complicación más frecuente tras la aplicación de las TRHA y se asocia a una mayor tasa de mortalidad y morbilidad materna y a problemas perinatales como el parto pretérmino y el bajo peso al nacer.
76. Resolución del Parlamento de 13 de diciembre de 2016 sobre la situación de los derechos fundamentales en la Unión Europea en 2015 (2016/2009-INI, § 82). Disponible en: https://www.europarl.europa.eu/doceo/document/A-8-2016-0345_ES.html#_section1

Sin duda, el reconocimiento legal de la maternidad subrogada podría plantear desafíos éticos y legales en relación con la protección de la integridad física y moral de la mujer gestante, a fin de evitar la instrumentalización del cuerpo de la mujer y una posible violación de su dignidad y autonomía. Estos aspectos, ligados al contenido esencial del derecho fundamental consagrado en el artículo 15 CE, deben ser considerados cuidadosamente en el previo y necesario debate sobre la legalización de la maternidad subrogada[77].

3.3 EL DERECHO A INTERRUMPIR VOLUNTARIAMENTE EL EMBARAZO

En el ordenamiento español, el derecho a interrumpir voluntariamente el embarazo está reconocido en la Ley Orgánica 2/2010, de 3 de marzo, de salud sexual y reproductiva y de la interrupción voluntaria del embarazo, modificada por la Ley Orgánica 1/2023, de 28 de febrero. Esta norma establece las condiciones y los procedimientos para el ejercicio de este derecho; toda mujer tiene derecho a interrumpir voluntariamente su embarazo en las primeras 14 semanas de gestación, sin necesidad de alegar ninguna causa (art. 14). Además, se contemplan plazos más amplios en casos de grave riesgo para la vida o la salud de la mujer o anomalías graves en el feto (art. 15).

Con todo, el derecho a la interrupción voluntaria del embarazo no es absoluto y está sujeto a ciertas condiciones y requisitos establecidos por la ley. Se requiere el consentimiento informado de la mujer, se garantiza la confidencialidad (art. 20) y se establecen los procedimientos médicos y garantías necesarias para llevar a cabo la interrupción del embarazo de manera segura y meditada (arts. 13 y ss.).

El derecho de la mujer a interrumpir voluntariamente el embarazo no está contemplado explícitamente en el artículo 15 CE ni en ningún otro de los que integran el catálogo de derechos fundamentales que se encuentran recogidos en el Capítulo Segundo del Título I CE[78]. Sin embargo, la STC 44/2023, al desestimar el recurso de inconstitucionalidad planteado por 71 diputados del Grupo Popular contra la mencionada Ley Orgánica 2/2010, y revisando en buena medida lo sentado en la STC 53/1985, reconoce a la mujer embarazada un «ámbito razonable de autodeterminación que requiere la efectividad de su derecho fundamental a la integridad física y moral, en conexión con su derecho a la dignidad y libre desarrollo de su personalidad». Derechos constitucionales «que exigen del legislativo el respeto y reconocimiento de un ámbito de libertad en el que la mujer pueda adoptar razonablemente, de forma autónoma y sin coerción de ningún tipo, la decisión que considere más adecuada en cuanto a la continuación o no de la gestación».

77. ATIENZA, *op. cit.*
78. BARRERO ORTEGA, 2010: 72-76.

Respetando ese ámbito mínimo que garantice a la mujer un razonable ejercicio de sus derechos, corresponde al legislador determinar el modo en que han de limitarse los derechos constitucionales de la mujer con el fin de tutelar la vida prenatal, como bien constitucionalmente protegido, siempre teniendo en cuenta que todo acto o resolución que limite derechos fundamentales ha de asegurar que las medidas limitadoras sean necesarias para conseguir el fin perseguido (SSTC 69/1982, FJ 5, y 13/1985, FJ 2), ha de atender a la proporcionalidad entre el sacrificio del derecho y la situación en la que se halla aquel a quien se le impone (STC 37/1989, FJ 7), y, en todo caso, ha de respetar su contenido esencial (SSTC 11/1981, de 3 de abril, FJ 10; 196/1987, de 11 de diciembre, FFJJ 4 a 6; 12/1990, de 29 de enero, FJ 8, y 137/1990, de 19 de julio, FJ 6)[79].

Teniendo en cuenta la importante afectación existencial que el embarazo y parto supone para el cuerpo y psique de la mujer, así como sobre sus derechos constitucionales, el sistema de plazos no es que sea conforme a la Constitución, sino que, en la lógica de esta STC 44/2023, vincula al legislador. El sistema de plazos garantiza, por otra parte, el deber estatal de protección de la vida prenatal ya que existe una limitación gradual de los derechos constitucionales de la mujer en función del avance de la gestación y el desarrollo fisiológico-vital del feto, así como en atención a la posible aparición de circunstancias que implican una afectación extraordinaria de los derechos de la mujer (riesgo para su vida o salud o detección de graves anomalías en el feto).

Si se legalizara la maternidad subrogada o por sustitución, no cabe duda de que el derecho de la gestante a interrumpir voluntariamente su embarazo habría de ponderarse necesariamente. El legislador estaría obligado a conciliar el posible conflicto entre el derecho a interrumpir voluntariamente su embarazo y otros posibles derechos, bienes y valores. Por lo tanto, en caso de que la mujer gestante desee interrumpir voluntariamente su embarazo frente a la voluntad de los padres de intención, podrían surgir conflictos entre bienes o intereses de relevancia constitucional.

Es clave que cualquier solución legislativa considere los principios de autonomía, proporcionalidad, dignidad y el respeto de los derechos de todas las personas involucradas, asegurando un enfoque equilibrado que proteja prioritariamente la autonomía de la mujer gestante, para así también los derechos de los padres de intención y del futuro hijo. Estas cuestiones deberían ser abordadas de manera integral y juiciosa, alejadas de apreciaciones políticas, éticas o morales.

79. STC núm. 44/2023, de 09-05-2023.

3.4 PROTECCIÓN DE DATOS

El derecho fundamental a la protección de datos personales o «derecho a la autodeterminación informativa»[80] (art. 18.4 CE) cubre la privacidad y la autonomía del individuo en relación con el tratamiento de sus datos personales. El derecho fundamental a la protección de datos[81]puede concebirse como el poder de disposición y de control sobre los mismos que faculta a su titular para decidir cuáles de estos datos proporcionar a un tercero, sea el Estado o un particular, o cuáles puede este tercero recabar, permitiendo al individuo saber quién posee esos datos personales y para qué, pudiendo oponerse a esa posesión o a su uso.

Se trata de un derecho fundamental ejercido a través de los llamados derechos de Acceso, Rectificación, Supresión, y Portabilidad de los datos y, Limitación y Oposición al tratamiento, por lo que teniendo la persona la capacidad para disponer y decidir sobre sus propios datos, el responsable del tratamiento debe siempre respetar los principios de licitud, lealtad y transparencia, calidad de los datos, su seguridad, integridad y confidencialidad, así como ser capaz de demostrarlo.

Conforme a la Ley Orgánica 3/2018, de 5 de diciembre, de Protección de Datos Personales y garantía de los derechos digitales, que se ajusta al marco establecido en el Reglamento (UE) 2016/679, relativo a la protección de las personas físicas en lo que respecta al tratamiento de datos personales y a la libre circulación de estos datos, el contenido declarado del derecho a la protección de datos personales implica varias dimensiones:

a) Control sobre los datos personales: Se otorga a las personas el control sobre sus datos personales, permitiéndoles decidir qué información se recopila, cómo se utiliza, quién tiene acceso a ella y con qué fines se procesa[82].

b) Transparencia y consentimiento informado: Las personas tienen derecho a ser informadas de manera clara y comprensible sobre cómo se recopilan y utilizan sus datos personales. Asimismo, se requiere que

80. LUCAS MURILLO DE LA CUEVA, 2008: 43-58.

81. Son datos personales toda información sobre una persona física identificada o identificable, art. 4.1 RGPD (UE) 2016/679 DOUE núm. 119, de 4 de mayo de 2016.

82. STC núm. 76/2019, de 22-05-2019, FJ 5: «bastará recordar que "el contenido del derecho fundamental a la protección de datos consiste en un poder de disposición y de control sobre los datos personales que faculta a la persona para decidir cuáles de esos datos proporcionar a un tercero, sea el Estado o un particular, o cuáles puede este tercero recabar, y que también permite al individuo saber quién posee esos datos personales y para qué, pudiendo oponerse a esa posesión o uso", y que estos poderes de disposición y control sobre los datos personales, que constituyen parte del contenido del derecho fundamental a la protección de datos, "se concretan jurídicamente en la facultad de consentir la recogida, la obtención y el acceso a los datos personales, su posterior almacenamiento y tratamiento, así como su uso

el consentimiento para el tratamiento de los datos sea libre, específico, informado y otorgado de manera voluntaria[83].

c) Limitación de la recopilación y el uso de datos: El derecho a la protección de datos implica que la recopilación y el uso de datos personales deben estar limitados a fines específicos y legítimos. Los datos deben ser relevantes, proporcionados y utilizados únicamente para los propósitos consentidos[84].

d) Seguridad y confidencialidad: El derecho incluye la obligación de garantizar medidas de seguridad adecuadas para proteger los datos personales contra el acceso no autorizado, la divulgación, la destrucción o la alteración[85].

e) Derecho de acceso y rectificación: Las personas tienen derecho a acceder a sus datos personales y a solicitar su rectificación, modificación o

o usos posibles, por un tercero, sea el Estado o un particular". A su vez, "ese derecho a consentir el conocimiento y el tratamiento, informático o no, de los datos personales, requiere como complementos indispensables, por un lado, la facultad de saber en todo momento quién dispone de esos datos personales y a qué uso los está sometiendo, y, por otro lado, el poder oponerse a esa posesión y usos", "exigiendo del titular del fichero que le informe de qué datos posee sobre su persona, accediendo a sus oportunos registros y asientos, y qué destino han tenido, lo que alcanza también a posibles cesionarios; y, en su caso, requerirle para que los rectifique o los cancele" (STC 292/2000, FJ 7)».

83. STC núm. 58/2018, de 04-06-2018: «artículo 17 del Reglamento (UE) 2016/679 del Parlamento Europeo y del Consejo de 27 de abril de 2016, relativo a la protección de las personas físicas en lo que respecta al tratamiento de datos personales y a la libre circulación de estos datos y por el que se deroga la Directiva 95/46/CE (Reglamento General de protección de datos), norma europea que entró en vigor el 25 de mayo de 2018. Se concreta como el derecho a obtener, sin dilación indebida, del responsable del tratamiento de los datos personales relativos a una persona, la supresión de esos datos, cuando ya no sean necesarios en relación con los fines para los que fueron recogidos o tratados; cuando se retire el consentimiento en que se basó el tratamiento; cuando la persona interesada se oponga al tratamiento; cuando los datos se hayan tratado de forma ilícita; cuando se deba dar cumplimiento a una obligación legal establecida en el Derecho de la Unión o de los Estados miembros; o cuando los datos se hayan obtenido en relación con la oferta de servicios de la sociedad de la información».

84. STC núm. 27/2020, de 24-02-2020, FJ 4: «El consentimiento solo ampara aquello que constituye el objeto de la declaración de voluntad. El titular del derecho fundamental debe autorizar el concreto acto de utilización de su imagen y los fines para los que la otorga. El consentimiento prestado, por ejemplo, para la captación de la imagen no se extiende a otros actos posteriores, como por ejemplo su publicación o difusión».

85. STC núm. 292/2000, de 30-11-2000, FJ 6: «El derecho a la protección de datos garantiza a los individuos un poder de disposición sobre esos datos. Esta garantía impone a los poderes públicos la prohibición de que se conviertan en fuentes de esa información sin las debidas garantías; y también el deber de prevenir los riesgos que puedan derivarse del acceso o divulgación indebidas de dicha información. Pero ese poder de disposición sobre los propios datos personales nada vale si el afectado desconoce qué datos son los que se poseen por terceros, quiénes los poseen, y con qué fin».

eliminación en caso de inexactitudes o incumplimiento de los principios de protección de datos[86].

f) Transferencia internacional de datos: El derecho a la protección de datos también aborda la transferencia de datos personales fuera del país de origen, estableciendo requisitos y salvaguardias para garantizar un nivel adecuado de protección[87].

g) Supervisión y control: Las autoridades de protección de datos desempeñan un papel fundamental en la supervisión y control del cumplimiento de la legislación de protección de datos, investigando denuncias e imponiendo sanciones en caso de incumplimiento.

El derecho fundamental a la protección de datos personales comprende, pues, el control sobre los datos personales, la transparencia, el consentimiento informado, la limitación de la recopilación y el uso de datos, la seguridad y confidencialidad, el derecho de acceso y rectificación, la regulación de la transferencia internacional de datos, y la supervisión y control por parte de las autoridades competentes.

De entre todos los datos de la persona, los datos relativos a la salud física o mental, incluida la información sobre la prestación de servicios de atención sanitaria que revelen información sobre su estado, requieren de un especial tratamiento y protección y han respondido a la garantía del derecho a la intimidad personal[88]. Merecen una consideración especial los datos genéticos, datos personales relativos a las características genéticas heredadas o adquiridas por una persona, que proporciona una información única sobre su fisiología o la salud, obtenidos en particular del análisis de una muestra biológica propia[89]. Estos datos genéticos tienen su importancia si se acepta legalmente una gestación subrogada nacional que no sea anónima.

86. STC núm. 89/2022, de 29-06-2022: «El objeto del derecho fundamental a la protección de datos personales "no se reduce solo a los datos íntimos de la persona, sino a cualquier tipo de dato personal, sea o no íntimo, cuyo conocimiento o empleo por terceros pueda afectar a sus derechos, sean o no fundamentales" (STC 292/2000, de 30 de noviembre, FJ 6) y, en cuanto a su contenido, atribuye a su titular "un haz de facultades consistente en diversos poderes jurídicos cuyo ejercicio impone a terceros deberes jurídicos, que no se contienen en el derecho fundamental a la intimidad, y que sirven a la capital función que desempeña este derecho fundamental: garantizar a la persona un poder de control sobre sus datos personales, lo que solo es posible y efectivo imponiendo a terceros los mencionados deberes de hacer" (SSTC 292/2000, FJ 6, y 96/2012, de 7 de mayo, FJ 7)».
87. STC núm. 42/2022, de 21-03-2022: «En lo que ahora interesa, una transferencia internacional de datos solo era lícita en dos supuestos: si el país de destino proporcionaba garantías de protección equiparables a las europeas o si se obtenía autorización de la AEPD».
88. Considerando 35 del RGPD y art. 4.15 RGPD.
89. Considerando 34 RGPD y art. 4.13 RGPD.

Respecto a los datos genéticos propios[90] hay que tener presente lo dispuesto por los arts. 13 a 15 de la Declaración Internacional sobre los Datos Genéticos Humanos[91] que expresan que el acceso debe realizarse sin privación por parte del interesado, aunque con excepciones tales como la posibilidad de que el derecho interno imponga límites a dicho acceso por razones de salud, orden público o seguridad nacional (art. 14).

Una vez sea una realidad la gestación por otros en España, el legislador debe salvaguardar el derecho a la protección de datos de, ante todo, la madre gestante[92] y prever qué tratamiento se le debe dar a los datos personales que se van a recoger en los expedientes administrativos, en el Registro Civil o en el específico Registro relativo a la gestación por sustitución que se cree al efecto, en las historias clínicas o en los autos judiciales, donde los responsables del tratamiento deberán poder acreditar la base de legitimación para el manejo de tales datos.

Ocurría lo mismo con los datos de identidad de los donantes manejados por los bancos de gametos y registros de donantes (art. 5.5 LTRH)[93], de los que sólo se les permite a los nacidos de las TRHA heterólogas conocer la información general de los donantes, sin incluir su identidad, planteándose como el momento adecuado para levantar el anonimato cuando se legalice la gestación altruista. Además, como sucede en la adopción[94], se deberá permitir que el nacido tras una gestación solidaria pueda conocer los datos de la mujer gestante como una forma de asegurar la protección de su derecho a conocer sus orígenes biológicos. Datos que deberán tener un tratamiento específico por lo delicado de su manejo fuera del entorno clínico, jurídico y administrativo.

En la futura regulación de la gestación por sustitución será fundamental que la potencial gestante dé expresamente su consentimiento[95] al tratamiento de todos sus datos personales y de salud[96], una vez que los proporcione para acreditar que cumple todos los requisitos que se le exigirán para ser gestante y así estar debidamente protegida, pudiendo controlar el destino final de sus datos y

90. La Ley 14/2007, de 3 de julio, de Investigación biomédica define el dato genético de carácter personal en su art. 3, y se considera como tal la información referente a las características hereditarias de una persona, identificada o identificable obtenida por análisis de ácidos nucleicos u otros análisis científicos.
91. Declaración de la Unesco de 16 de octubre de 2003.
92. GARCÍA SAN JOSÉ, 2018:133-159.
93. CBE, 2020: 50. El Comité de Bioética de España recomienda que se modifique este artículo.
94. Arts. 77 y 307 RRC.
95. El art. 4.11 RGPD define el consentimiento del interesado como toda manifestación de voluntad libre, específica, informada e inequívoca por la que el interesado acepta, ya sea mediante una declaración o una clara acción afirmativa, el tratamiento de datos personales que le conciernen y este concepto de consentimiento se reproduce por el art. 6 LOPD.
96. Una definición de los datos personales y de salud se encuentra en la Guía para pacientes y usuarios de la sanidad, noviembre de 2019. Disponible en: https://www.aepd.es/documento/guia-pacientes-usuarios-sanidad.pdf

conocer de forma clara e inequívoca para qué se procederá al tratamiento de los mismos[97]. De igual manera deberá prestar su consentimiento para el tratamiento de sus datos tanto en sede notarial como judicial.

Hay que tener presente que el art. 5 de la LOPD dispone que los responsables y encargados del tratamiento de datos, así como todas las personas que intervengan en cualquier fase de éste, estarán sujetas al deber de confidencialidad[98] (art. 5.1. letra f del RGPD) siendo esta obligación general complementaria de los deberes de secreto profesional de conformidad con su normativa aplicable. En la necesidad de proteger la confidencialidad de los datos médicos, los centros sanitarios vienen adoptando medidas para garantizar dicho derecho y elaboran normas y procedimientos protocolizados que garantizan el acceso legal a los datos de los pacientes (art. 7 de la Ley 41/2002, de 14 de noviembre de Autonomía del Paciente). El Sistema de Historia Clínica Digital desarrollado por el Ministerio de Sanidad permite que sea el paciente el que decida qué datos que afectan especialmente a su intimidad sólo sean vistos por los profesionales que intervienen en un determinado proceso clínico, mediante unos módulos en los que consten la información que el interesado considere más sensible (como los datos relativos a áreas tales como genética, sexualidad y reproducción, psiquiatría...) preservando, a su instancia, todo lo posible su intimidad.

En concordancia con lo anterior, el personal sanitario debe abstenerse de revelar cualquier información relativa al paciente, ya sea comunicada directamente por él o haya sido conocida por otras fuentes durante el proceso de diagnóstico y tratamiento[99] y esa confidencialidad debe regir también en el acceso a los datos del futuro «Registro Nacional de Gestación por Subrogación»[100], o como finalmente se denomine. Por ello, sería conveniente que la ley de gestación solidaria fijara las reglas de cómo deberían ser tratados los datos de la mujer que gesta, así como qué información podrá ser facilitará a los padres intencionales o a terceros, que bien pueden ser las autoridades judiciales. Por tanto, habría que implementar medidas de seguridad adecuadas para protegerlos y garantizar su confidencialidad. Esto incluye proteger los datos contra el acceso no autorizado, la divulgación o el uso indebido.

97. Si se prevé un tratamiento de los datos para una pluralidad de finalidades deberá además constar de manera específica e inequívoca que dicho consentimiento se otorga para todas ellas, o para unas sí y otras no.
98. La Ley Orgánica 3/2018, de 5 de diciembre, de Protección de Datos Personales y garantía de los derechos digitales regula la confidencialidad en su art. 5 como un deber.
99. El Código Deontológico de la Medicina Española en su art. 27 recoge el secreto médico.
100. Llamado así en el art. 15 de la Proposición del Grupo Ciudadanos de Ley 122/000117 reguladora del derecho a la gestación por subrogación. Disponible en: https://www.congreso.es/public_oficiales/L12/CONG/BOCG/B/BOCG-12-B-145-1.PDF. En esta obra se propone, sin embargo, su denominación como «Registro de Gestación por Sustitución», también de ámbito nacional.

En definitiva, los datos personales de la mujer gestante sólo debieran utilizarse para los fines legítimos y específicos relacionados con el proceso de maternidad subrogada. Habría que delimitar nítidamente los propósitos y restricciones en el uso de esos datos. Debiera quedar asegurado el derecho de la mujer gestante a sus datos personales y solicitar su rectificación en caso de inexactitudes. Debe poder ejercer este derecho de manera efectiva y sin obstáculos. De modo que, las autoridades competentes en protección de datos han de tener un papel activo en la supervisión y control del cumplimiento de las normas de protección de datos en el marco de la maternidad subrogada, en investigar denuncias y en garantizar el cumplimiento de las disposiciones legales[101].

4. DE LOS MENORES

4.1 EL INTERÉS SUPERIOR DEL MENOR

El interés superior del menor, reconocido en el art. 39 CE y en el art. 2 de la Ley Orgánica 1/1996, de 15 de enero, de Protección Jurídica del Menor, es un principio jurídico que se utiliza como guía para la toma de decisiones que afectan a los niños[102].

Con la reforma del art. 2 por la Ley Orgánica 8/2015 de 22 de julio, el interés superior del menor dejaba de ser un concepto jurídico indeterminado (como afirmó el TS en su Sentencia de 6 de febrero de 2014) para concretarse hasta el punto de ser considerado en sí mismo un derecho fundamental (art. 2.1) que debe ser valorado como primordial en todas las decisiones y acciones que les conciernan a los menores (art. 2.4). El interés superior del menor además pasa a ser un principio jurídico de interpretación (art. 2.2 y 2.3), dinámico, flexible, debiéndose perfilar caso por caso para llegar a una solución justa, razonable y ajustada a las circunstancias reales de los niños y niñas, a la vez que una norma de procedimiento (art. 2.5) ya que las medidas que afectan a los hijos menores de edad deben ser imperativamente acordadas por el juez o tribunal, incluso de oficio y sin necesidad de someterse estrictamente al principio dispositivo o de rogación del proceso judicial.

Aunque no existe una definición única del interés superior del menor en la jurisprudencia constitucional[103], viene siendo identificado con aquello que le beneficia en todos los órdenes, material, social, afectivo, concepto que no se

101. BARTOLOMÉ TUTOR, 2018: 1-13.
102. BARTOLOMÉ CENZANO, 2012: 46-60.
103. Así, STC 154/2002. La STC 64/2019 ha definido el interés superior del menor como «la consideración primordial a la que deben atender todas las medidas concernientes a los menores que tomen las instituciones públicas o privadas de bienestar social, los tribunales, las autoridades administrativas o los órganos legislativos, según el art. 3.1 de la Convención sobre los Derechos del Niño ratificada por España mediante instrumento de 30 de noviembre de 1990».

puede manejar en términos generales, sino que se debe concretar en cada supuesto planteado[104] y donde, en caso de conflicto, deberá ser fijado por los tribunales ordinarios. Algunos de los elementos jurídicos que comprende el interés superior del menor son los siguientes:

a) Protección y seguridad: El interés superior del menor implica garantizar la protección y seguridad física, emocional y psicológica del niño. Esto incluye prevenir el abuso, la violencia, la explotación y cualquier forma de daño o peligro para su bienestar[105].

b) Desarrollo integral: Se debe asegurar el desarrollo integral del niño, incluyendo su crecimiento físico, salud[106], educación, desarrollo emocional, social y cultural. Esto implica brindar oportunidades adecuadas para su desarrollo y maximizar su potencial.

c) Participación y opinión: El interés superior del menor también incorpora el derecho del niño a participar en los asuntos que le conciernen de acuerdo con su madurez y capacidad. Se debe tener en cuenta su opinión de acuerdo con su edad y nivel de desarrollo, otorgándole la oportunidad de expresar sus puntos de vista y ser escuchado en los procesos y decisiones que le afectan[107].

d) Mantenimiento de las relaciones familiares: El menor tiene derecho a mantener relaciones familiares, incluyendo su relación con los padres, hermanos u otros miembros de su familia extendida, siempre que sea

104. Como certifica la jurisprudencia, constitucional y ordinaria, la determinación del interés superior del menor se realiza caso por caso, considerando las circunstancias particulares. Entre otras, SAP MA núm. 105/2016, de 17-02-2016 (JUR 2016, 69277) y SAP V núm. 29/2017, de 16-01-2017 (JUR 2017, 40869) y la STC núm. 64/2019, de 09-05-2019.

105. STC núm. 113/2021, de 31-05-2021: «Citando la STC 64/2019, de 9 de mayo, FJ 4, se subraya que "el interés superior del menor es la consideración primordial a la que deben atender todas las medidas concernientes a los menores 'que tomen las instituciones públicas o privadas de bienestar social, los tribunales, las autoridades administrativas o los órganos legislativos', según el art. 3.1 de la Convención sobre los derechos del niño ratificada por España mediante instrumento de 30 de noviembre de 1990. [...] no hay jerarquía de derechos en la Convención: todos responden al 'interés superior del niño' y ningún derecho debería verse perjudicado por una interpretación negativa del interés superior del menor. [...] En caso de que no puedan respetarse todos los intereses legítimos concurrentes, deberá primar el interés superior del menor sobre cualquier otro interés legítimo que pudiera concurrir"».

106. La STC núm. 99/2019, de 18-07-2019, hace alusión a la salud de la persona (art. 43.1 CE), entendida en sentido amplio como estado completo de bienestar físico, mental y social, derechos de los cuales los menores son titulares plenos (SSTC 186/2013, de 4 de noviembre, FJ 5; 154/2002, de 18 de julio, FJ 9, y 141/2000, de 29 de mayo, FJ 5).

107. STC núm. 64/2019, de 09-05-2019, FJ 4: «El derecho del menor a ser "oído y escuchado" forma así parte del estatuto jurídico indisponible de los menores de edad, como norma de orden público, de inexcusable observancia para todos los poderes públicos (STC 141/2000, de 29 de mayo, FJ 5)».

coherente con su interés superior y no existan situaciones de riesgo o perjuicio.

e) Prioridad sobre otros intereses: El interés superior del menor tiene primacía sobre cualquier otro interés individual o colectivo, incluyendo los intereses de los padres, las instituciones o el Estado. Las decisiones deben tomarse considerando principalmente el beneficio del niño y no se deben privilegiar otros intereses en detrimento de su bienestar.

Por todo lo anterior, la protección y promoción del interés superior del menor debiera ser un principio rector en la eventual elaboración de cualquier marco legal sobre la maternidad subrogada o por sustitución, asegurando que el bienestar y los derechos del niño sean tomados en consideración en todas las decisiones que pudieran adoptarse [108], ya sea en el ámbito judicial, administrativo o legislativo, desde el reconocimiento de su filiación, la atribución de un nombre y apellidos, de una ciudadanía, a que se respete su entorno familiar e íntimo si es beneficioso para él.

Hay que prever salvaguardias legales y reglamentarias que protejan al menor de cualquier forma de explotación, abuso o tráfico, lo que exige asegurar que los procesos de «selección» y verificación de los padres de intención y de la gestante cumplan con los estándares adecuados para garantizar de algún modo el bienestar físico y emocional del niño que va a nacer, y las garantías de un ambiente adecuado para su desarrollo.

Igualmente, hay que establecer un marco normativo sólido que permita la supervisión y el control efectivo de los procesos de maternidad subrogada. Las autoridades competentes deben contar con los recursos y la capacidad para verificar el cumplimiento de las disposiciones legales, investigar posibles infracciones y tomar medidas cuando sea necesario.

Y dado que la maternidad subrogada puede implicar aspectos transfronterizos, hay que garantizar que los derechos del menor sean protegidos de manera consistente en estos supuestos donde se realice en un país diferente al que será la residencia del menor, pudiendo participar, una vez nacido, y si tienen suficiente edad y juicio, una vez se produzca el paso de frontera, en el proceso judicial en el que haya de reconocerse o establecerse su filiación, donde se deberá verificar que el procedimiento de gestación subrogada ha sido conforme a nuestra ley interna.

108. NANCLARES VALLE, 2020.

4.2 LA PROTECCIÓN DEL *NASCITURUS* Y EL DERECHO A LA INTEGRIDAD DEL MENOR

En materia de reproducción humana asistida el legislador ha venido prestando poca atención a los hijos engendrados o nacidos tras estas prácticas, como es de ver en las Exposiciones de Motivos de nuestras dos leyes, la derogada Ley 35/1988 sobre técnicas de reproducción asistida y la actual Ley 14/2006, de 26 de mayo, ya que se han centrado principalmente en las usuarias de las mismas.

No obstante, el legislador ha tenido presente que cuando se va a engendrar un nuevo ser mediante las TRHA hay que minimizar el riesgo de que su uso pueda ocasionar daños al embrión que se forme. El uso de las técnicas de fecundación, generalmente *in vitro* (FIV), pueden influir en la salud de los nacidos[109] por la exposición del embrión en los primeros días a un entorno adverso y/o por la estimulación ovárica previa empleando medicamentos, por la prematuridad o por los riesgos inherentes a una probable gestación múltiple[110]. La legislación intenta combatir esos efectos adversos reglando las condiciones para que la gestante no sufra perjuicios físicos ni anímicos y que el desarrollo embrionario tenga lugar en las mejores condiciones (art. 3.2 y 6.2 LTRH).

Pese a todo, en nuestro ordenamiento se echa en falta un concepto jurídico diferente al de protección del interés superior del menor en esta primera fase embrionaria, tal y como ocurre en otras legislaciones donde se ha acuñado un término distinto al del interés del menor cuando aún no ha nacido[111]. Se habla entonces de la protección del «Best Interest of the Resulting Child», como ocurre en Islandia[112] que en su Ley 55/1996 determina que la fertilización artificial sólo se le facilitará si se garantiza que el niño que va a ser concebido por este procedimiento va a tener buenas condiciones para crecer (art. 3, letra b), o en

109. A efectos ilustrativos: «Riesgos para la salud de los nacidos por las técnicas de fecundación asistida. La punta de un iceberg». Cuad. Bioét. XXIII, 2012/2.ª. Disponible en: http://arvo.net/uploads/file/ACRE/07_%20Riesgos%20ni%C3%B1os%20FIV.pdf.

110. La Ley 45/2003 autorizaba la transferencia de un máximo de tres preembriones por intento, como así lo recoge la LTRH. La Sociedad Americana de Medicina Reproductiva (2022), aboga por la transferencia de un único embrión en todos los ciclos de gestación por sustitución. Disponible en: https://www.asrm.org/practice-guidance/practice-committee-documents/recommendations-for-practices-using-gestational-carriers-a-committee-opinion-2022/

111. COHEN, 2011: 423 y DE TORRES PEREA, 2013:648.

112. Act on Artificial Fertilisation and use of Human Gametes and Embryos for Stem-Cell Research. Disponible en: https://www.government.is/publications/legislation/$LisasticSearch/Search/?SearchQuery=Act+on+Artificial+Fertilisation+and+use+of+Human+Gametes+and+Embryos+for+Stem-Cell+Research&Ministries=&Themes=&ContentTypes=

la Ley de Fertilización Humana de 1990 del Reino Unido[113] donde refería la existencia de un necesario Código de Conducta y especificaba que ninguna mujer podía recibir servicios o tratamientos a menos que se hubiera tenido en cuenta el bien del futuro niño o niña, dejando ver la importancia de que el Estado asegurara el bienestar de los niños que iban a nacer como resultado de estos tratamientos (art. 25).

En la gestación por sustitución, sea o no considerada en sí misma una técnica de reproducción humana asistida, necesariamente se ha de hacer uso de una técnica de reproducción asistida, generalmente una FIV. Sin embargo, el rechazo para su implantación no se centra en lo anteriormente expuesto, sino principalmente en cuestiones derivadas de la llamada conexión epigenética[114] o comunicación de la gestante y el embrión, tan significativa que incluso la mujer embarazada puede alterar la expresión genética de cada embrión y a la inversa[115].

No obstante lo anterior, y sin olvidar esta cuestión, en una futura regulación de la gestación por otros se debería hacer un esfuerzo en introducir en nuestro Derecho una nueva visión de protección del que va a nacer[116], más allá de centrarnos fundamentalmente en el ya nacido con los requisitos del art. 30 CC[117], y se podría prever lo necesario para proteger al concepturus y al *nasciturus*, fijándose unas condiciones a cumplir con carácter previo a su concepción, y en su beneficio, tales como una edad mínima y máxima en la mujer gestante o ase-

113. Human Fertilisation and Embryology Act 1990, modificada por la Human Fertilisation and Embryology Act 2008 (Disponible en: https://www.legislation.gov.uk/ukpga/2008/22/contents). La Ley es complementada por la Fertilisation and Embryology (Parental Order) 2010.

114. El TC luso se detiene en su Acuerdo 225/2018 en el Informe sobre Procreación Medicamente Asistida y Embarazo de Sustitución elaborado por el Consejero-Presidente Miguel Oliveira da Silva (Dictamen n.º63/CNECV/2012) y concluye que hay una relación biológica y afectiva entre la gestante y el feto que no hay que pasar por alto (punto 3.4).

115. Existen estudios sobre epigenética y la posibilidad de que la madre modifique la información genética de su hijo, aun cuando el óvulo sea donado. Disponible en: https://ivi.es/blog/epigenetica-un-nuevo-hallazgo-que-demuestra-la-comunicacion-entre-la-futura-madre-y-su-embrion/ y https://www.agenciasinc.es/Noticias/Las-embarazadas-varian-la-genetica-de-su-futuro-hijo-incluso-si-el-ovulo-es-donado

116. El punto de vista tanto la Comisión Europea de Derechos Humanos como del Tribunal Europeo de Derechos Humanos no es garantizar la protección de la vida prenatal, en el contexto del aborto y de los tratamientos médicos relacionados con la FIV —*Asunto Paton c. Reino Unido*, de 13 de mayo de 1980, Application n.º. 8416/78; *Asunto Evans c. Reino Unido*; *Asunto S.H. y otros c. Austria* y *Asunto Costa y Pavan c. Italia* de 28 de agosto de 2012— por lo que se debe hacer un esfuerzo en introducir esta nueva visión de protección del no nacido en nuestro ordenamiento.

117. No obstante, en determinadas circunstancias, sí protegemos al nasciturus en los efectos que le sean favorables (arts. 29 y 1101 CC) reconociéndole indemnizaciones (arts. 116, 157 y 158 CP), alimentos (SAP Madrid, Sección 24, de 17-12-2009, SAP M 20290/2009, o SAP de Murcia de 26-04-2012 [JUR 2012, 180445], FJ 3.º) o la nacionalidad (Resolución de la DGRN de 18 de junio de 2008 —21—).

gurar unas condiciones físicas y psicológicas que garanticen que no sufrirá daño por su participación en esta práctica clínica. De modo que sería conveniente que se incluyera en los acuerdos determinados pactos que coadyuven al bienestar de la mujer en todos los momentos o niveles: médico, psicológico y asistencial, responsabilizándose los padres de intención de que ello sea así, por ejemplo, abonando compensaciones por los gastos necesarios y razonables[118] que garanticen su bienestar, en un compromiso con la mujer que va a gestar por ellos[119], que será igualmente la manifestación de una preocupación por el niño que va a nacer y de que será cuidado por los mejores padres, pues ya lo vienen haciendo desde antes incluso de su implantación uterina.

Estos cuidados prenatales en los nueve meses de gestación redundarán en el correcto desarrollo del embrión y en la salud futura del neonato, sobre todo en los últimos meses del embarazo o inmediatamente tras dar a luz[120], momentos en los que tanto la mujer como el nacido se muestran como las partes más vulnerables y necesitadas de protección[121].

Y, sin duda, el legislador deberá también velar en una futura norma por una correcta protección del menor en sus primeros años de vida[122], que es cuando se engarzan los patrones emocionales de la persona,donde la estructura del hogar donde crecerán los niños afecta enormemente al diseño de su arquitectura emocional[123]. De ahí la importancia de que los progenitores de intención superen los correspondientes «controles» administrativos y/o judiciales, postulándose como los idóneos, *a priori*, para su crianza, de forma similar a lo que acon-

118. Los ordenamientos jurídicos de los Estados que se han estudiado para este trabajo y que admiten la gestación por sustitución altruista reconocen la compensación económica por los gastos razonables que soporta la mujer gestante, sin que por ello pierdan esa condición (entre otros, Portugal, Grecia, República Sudafricana, Reino Unido, Uruguay, Israel o Cuba).
119. Principio de Verona 4, que viene referido al derecho del niño a la salud y a que los Estados que permitan la subrogación deben garantizar la existencia de un seguro de salud disponible para el niño nacido; de igual modo, que los acuerdos previos a la gestación subrogada aseguren que los futuros padres posibilitarán una atención médica, prenatal y posnatal, adecuada y sin costo alguno para la madre sustituta.
120. JADVA, et al, 2014.
121. DÍAZ CREGO, 2020:26.
122. La literatura científica determina que el niño desde el nacimiento hasta los 6 meses tiene una total dependencia de su figura de apego. Entre los 6-12 meses el apego ya está establecido y es al final del segundo año de edad cuando el niño empezará reconocer a otras personas. El proceso de formación de su personalidad comienza a forjarse en torno a los 2 años de edad, cuando toma conciencia de sí mismo como entidad diferente a todas las demás que le rodean, siendo consciente de la configuración de la relación familiar en la que se haya inserto. Véase, Programas de Salud Infantil y Adolescente de Andalucía. Consejería de Igualdad, Salud y Políticas Sociales (2014), elaborado por los profesionales del Departamento de Psicología evolutiva y de la educación de la Universidad de Sevilla. Disponible en: https://www.juntadeandalucia.es/educacion/portals/delegate/content/e84541cc-306c-4f01-8d68-19aadc05fc57
123. PUNSET, 2014: 22-23.

tece en la adopción[124], obteniendo una especie de certificado de idoneidad[125], que no trataría de ser un mero control estatal sino una condición establecida legalmente desde la perspectiva del que va a nacer[126], y en protección de su interés superior.

4.3 EL DERECHO A LA VIDA PRIVADA Y FAMILIAR

En consonancia con otros textos constitucionales europeos (art. 6 de la Constitución alemana, art. 29 de la Constitución italiana y art. 67 de la Constitución portuguesa), el art. 18.1 CE no ampara explícitamente la vida familiar. La vida familiar, en el texto español, entra más bien en el ámbito constitucionalmente declarado del art. 39 CE —protección de la familia— y, en menor medida, aunque también, del 10.1 CE —libre desarrollo de la personalidad— y 32 CE —matrimonio—.

Existe obviamente una estrecha conexión entre el derecho a la vida familiar y el derecho a la intimidad familiar, aunque, como puntualiza la jurisprudencia constitucional, presentan algunas diferencias. El derecho a la vida familiar comprende una serie de facultades y libertades relacionadas con la formación y el desarrollo de la vida en familia. Incluye, desde luego, el derecho a contraer matrimonio, el derecho a fundar una familia, el derecho a mantener relaciones familiares y el derecho a vivir juntos como familia. Estas facultades incorporan la posibilidad de establecer relaciones afectivas, compartir la vida en común, cuidar y educar a los hijos, entre otros aspectos[127].

El derecho a la vida privada protege el ámbito personal y la esfera íntima de cada individuo. Comprende el derecho a mantener reservada información personal, el derecho a la autodeterminación, el derecho al control de la propia imagen[128], entre

124. Aspecto previsto en los art. 8 de las proposiciones de ley del Grupo Ciudadanos (art. 8.2 d): «Acreditar, mediante certificado de idoneidad emitido conforme al apartado 4 del presente artículo, que cuenta con la capacidad, aptitud y motivación adecuadas para ejercer la responsabilidad parental asociada a la familia que pretende constituir».

125. Otros autores, como SPOTORNO (2020), consideran que lo normal sería concederse esa licencia parental incluso a los padres naturales, es decir, condicionarse el derecho a criar a un hijo biológico a la aprobación de una serie de tests y controles orientados a establecer si un adulto, o un grupo de adultos, es capaz de criar adecuadamente un niño. Esta tesis no se comparte. En el supuesto de los padres biológicos están previstos los procedimientos administrativos y judiciales de declaración de desamparo y retirada de la patria potestad.

126. En Grecia, Israel o Sudáfrica, los órganos administrativos y judiciales participan en las evaluaciones de la elegibilidad de los futuros padres previas a la concepción. Con ello se pretende proteger de manera indirecta el interés superior del niño garantizando que los padres sean adecuados. Informe de la Relatora de Naciones Unidas, 2019:13.

127. STC núm. 186/2013, de 04-11-2013.

128. STC núm. 27/2020, de 24-02-2020, FJ 2: «es doctrina de este Tribunal la de que el derecho a la propia imagen (art. 18.1 CE), como concreción del más amplio derecho a la dignidad de la persona, está dirigido a proteger su vida privada y familiar, lo que engloba su dimensión moral y también social».

otros aspectos. Este derecho se extiende tanto a la esfera pública como a la privada, abarcando aspectos como la privacidad del domicilio, las comunicaciones privadas y la protección de datos personales. Como especie del género vida privada, la intimidad familiar se refiere específicamente a la esfera privada de la vida familiar.

Ambos derechos, vida e intimidad familiares, están interrelacionados y se complementan mutuamente. El derecho a la vida privada se extiende a la esfera familiar, garantizando el mantenimiento de esas relaciones familiares. Por otro lado, el derecho a la intimidad familiar se centra específicamente en las relaciones y decisiones propias de la vida familiar que se desea mantener al margen del conocimiento de los demás, garantizando un ámbito reservado frente a injerencias externas.

A este respecto, la doctrina constitucional no admite que el ámbito material de protección del derecho a la intimidad personal y familiar reconocido en la Constitución (art. 18.1 CE) se corresponda de forma mimética con el contenido del derecho a la vida privada y familiar que reconoce el Convenio de Roma en su art. 8.1. Nuestra Constitución no reconoce un «derecho a la vida familiar» en los mismos términos en que la jurisprudencia del Tribunal Europeo de Derechos Humanos ha interpretado el art. 8.1 CEDH[129], como tampoco un derecho a la reagrupación familiar[130].

Lo que la Constitución protege (art. 18.1) es «la intimidad misma, no las acciones privadas e íntimas de los hombres»[131]; el derecho a la vida familiar que deriva del art. 8.1 CEDH «se encuentra en los principios de nuestra Carta Magna que garantizan el libre desarrollo de la personalidad (art. 10.1 CE) y que aseguran la protección social, económica y jurídica de la familia (art. 39.1 CE)»[132], principios que los jueces ordinarios deben preservar al no constituir el objeto de un recurso de amparo ante la jurisdicción constitucional.

En materia de gestación subrogada, el art. 8 CEDH no ampara una obligación de los Estados de reconocer desde el principio el vínculo de filiación derivado de una gestación por sustitución internacional. Se deja a los Estados un margen

129. En la STC n.º 11/2016, de 01-02-2016, en el voto particular discrepante de la Magistrada Sra. Roca Trías expresa que el Tribunal Europeo de Derechos Humanos — en los *asuntos Hadri-Vionnet* c. *Suiza* y *Maric* c. *Croacia*— constata la vulneración del art. 8 CEDH, derecho a la vida privada y familiar por el incumplimiento de la normativa suiza y la croata, respectivamente y añade que a diferencia de la española, las Constituciones de los citados Estados reconocen, expresamente el derecho al respeto a la vida familiar (arts. 13 y 35, respectivamente). Dice la magistrada que echaba de menos una construcción sobre el encaje constitucional de este nuevo derecho derivado del artículo 8 del CEDH, pero no incluido en el artículo 18.1 de la CE.

130. SSTC núm. 42/2020, de 09-03-2020 y núm. 56/2023, de 22/05/2023.

131. STC núm. 89/1987, de 03-06-1987.

132. STC núm. 222/1992, de 11-12-1992.

de apreciación[133], al tratarse de cuestiones que afectan a la autonomía reproductiva de sus ciudadanos y a la filiación derivada de ello. Es decir, el TEDH admite que los Estados pueden negar una filiación establecida en otro Estado defendiendo sus valores propios e irrenunciables[134], activando la cláusula del orden público internacional, si se cumplen unos requisitos: que sea por una causa razonada, persiga un objetivo legítimo, y que sea proporcionada[135]. Esos son los límites dentro de los cuales las autoridades deben moverse (*ex* art. 8.2 CEDH), lo que trasladado a la gestación por sustitución sería con el fin de proteger la salud de los niños y mujeres gestantes y sus derechos y libertades fundamentales[136].

El *Asunto Paradiso y Campanelli c. Italia*[137] puso de manifiesto el riesgo muy real de separación de un hijo nacido por gestación por sustitución de sus «padres» tras una decisión judicial interna que, sin duda, debió resultar muy difícil[138]. Este caso ejemplifica el temor de los Estados prohibicionistas a tener que dar el visto bueno a contratos de gestación por sustitución establecidos en el extranjero, la mayoría de las veces pese a no haber respetado los derechos fundamentales de las partes[139] y más aún si, debido a estas circunstancias, se ven obligados a rechazar el reconocimiento de sus efectos.

Por tanto, no es descartable que determinadas decisiones de los poderes públicos puedan llegar a ser impeditivas de la vida familiar y que se dicten resoluciones judiciales que pueden llegar a no ajustarse a la razonabilidad de la interpretación y aplicación del ordenamiento jurídico y del mandato constitu-

133. La postura del TEDH respecto a la gestación por sustitución y sus efectos filiatorios no está definida. De hecho, no se ha pronunciado directamente sobre la legitimidad de los contratos de gestación por sustitución, muchas de las veces de carácter comercial, dejando a cada Estado un margen de apreciación para regular, prohibir o no esta forma de reproducción (*Mennesson c. Francia*, § 79 y *A.M. c. Noruega*, § 131). Eso sí, si la admiten, la norma debe ser respetuosa con los derechos fundamentales inherentes a la dignidad personal y velar por proteger el interés superior del nacido.
134. STEDH, *Negrepontis-Giannisis c. Grecia*, de 3 mayo 2011.
135. Esta injerencia de los poderes públicos es procedente ya que las autoridades nacionales no sólo deben atender a intereses privados (art. 8.1 CEDH) sino también al interés público (art. 8.2 CEDH y STEDH de 24 de enero de 2017 —Paradiso II—), ponderándose ambos.
136. STEDH *Labassee c. Francia*, de 26 de junio de 2014, FJ 54.
137. Sentencia de la Gran Sala, de 24 de enero de 2017.
138. Para PINO ÁVILA, 2023, lo que nos dice la Gran Sala es que entra dentro del margen de apreciación de los Estados otorgar mayor importancia a la protección de los menores en abstracto, los que pueden ser objeto de compraventa o de trata, que a la protección de los menores en concreto. La protección de los menores en general frente a la protección de un menor en concreto sólo puede plantearse en aquellos supuestos en los que no exista vínculo genético ni vida familiar, y en los que, además, pueda afirmarse que el daño producido al menor nacido de la gestación es de poca entidad y fácilmente superable por el menor. Es decir, en estos supuestos el Tribunal permite a los Estados otorgar mayor peso a la protección de los menores en general que a la protección de un menor concreto.
139. Véase, Informe de la Relatora (2019) NU Doc. A/74/162, párrafos 44 y 45.

cional de proscripción de la arbitrariedad (art. 24.1 CE)[140]. De igual modo, en nuestro ordenamiento se encuentran resoluciones judiciales tanto que han aceptado el vínculo de filiación establecido en otro Estado[141], aunque pasando el filtro de la Instrucción de 2010[142], como que lo han rechazado[143], disparidad de criterios que crea una inseguridad jurídica a la que poca solución se le ha dado hasta el momento en pro de la defensa del derecho a la vida familiar del menor nacido.

En Derecho comparado también encontramos ejemplos de resoluciones judiciales de tribunales de familia que han reconocido el vínculo de filiación establecido en el extranjero, incluso tal cual se emitió, justificando que era necesario para garantizar el interés superior del niño[144].

---

140. STC núm. 42/2022, de 21-03-2022: «el canon de enjuiciamiento constitucional del derecho a la tutela judicial efectiva implica un juicio externo o de razonabilidad, que no puede sustituir a los órganos administrativos y judiciales competentes para la interpretación y aplicación de la normativa». Y es que «ese juicio consiste en una doble verificación: por un lado, que se haya ofrecido una respuesta motivada, es decir, que las resoluciones hayan expuesto los elementos que se han tenido en cuenta para resolver la pretensión planteada; y por otro, que la respuesta esté fundada en Derecho, es decir, que esté basada en una exégesis de la norma que no sea irracional, arbitraria o incursa en error patente».
141. Juzgado de Primera Instancia e Instrucción n.º 1 de Pozuelo de Alarcón, Exequátur núm. 285/2012, de 25-06-2012 (AC 2013, 281), facilitó el reconocimiento en interés de los nacidos accediendo al Registro Civil su filiación, así como el AAP B núm. 57/2020, de 11-02-2020 (JUR 2020, 86062) o el AAP B núm. 104/2021, de 17-03-2021 (JUR 2021, 169793).
142. Instrucción de 5 de octubre de 2010, BOE 243, de 7 de octubre de 2010.
143. Existen procesos de exequátur que lo han desestimado, sobre todo cuando el criterio judicial se mueve en la doctrina marcada por la STS de 6 de febrero de 2014 —entre otros, AAP O núm. 37/2020, de 26 de mayo (JUR 2020, 277786)— considerando que todo el contenido de la resolución judicial es contrario al orden público, para sin tan siquiera reconocer la filiación biológica paterna.
144. Se ha dado prioridad al interés superior del menor nacido de una gestación subrogada pese a la invocación de que el reconocimiento de la filiación establecida vulneraba el orden público internacional, reconociéndose incluso el certificado de nacimiento, sin derivar a una adopción (entre otras, la sentencia belga de la Court d`appel de Lieja de 6 de septiembre de 2010, *Asunto* Maia y Maureen; sentencias del Tribunal Constitucional Austriaco (VfGH) de 14 de diciembre de 2011 y 11 de octubre de 2012, o la sentencia del Tribunal Federal de Justicia de Alemania de 10 de diciembre de 2014). En el Auto de la AP de Barcelona, de 17-03-2021 se resaltan varias sentencias, entre ellas, dos sentencias francesas: «La Cour de Cassation, que venía admitiendo la adopción a favor de la madre de intención (en cuatro Sentencias de la misma fecha, 15 de julio de 2017), supera esta doctrina en la Sentencia n.º 648 de 4 de octubre de 2019 (10-19.053) (10-19.053) — ECLI:FR:CCASS:2019:AP00648— también para un caso de California, y en la Sentencia n.º 1112 de 18 de diciembre de 2019 (18-12.327) —ECLI:FR:CCASS:2019:C101112—, para un caso de Nevada, ha acogido finalmente la doctrina de que el nacimiento de un niño en el extranjero con origen en un contrato de gestación subrogada, aun prohibido por el Código Civil francés, no puede, por sí solo, sin infringir desproporcionadamente el derecho al respeto de la vida privada del niño, impedir la transcripción del acta de nacimiento emitida por las autoridades del estado extranjero, respecto del padre biológico del niño, ni el reconocimiento de la filiación respecto a la futura madre mencionada en el documento extranjero, que debe ocurrir a más tardar cuando este

A efectos ilustrativos, traemos a colación la Sentencia del BGH alemán de 10 diciembre 2014[145] donde se afirma (párrafo 42) que el art. 8 del CEDH dispone que el niño tiene derecho al respeto de su vida privada y ello incluye el respeto a la identidad[146]. De modo que la determinación por el tribunal, basada en el derecho extranjero, de que entre un niño y los padres de intención existe una relación legal de padres e hijo, no contradecía los principios esenciales del derecho alemán, ni el reconocimiento de la decisión correspondiente parecería intolerable a su ordenamiento. Sin embargo, en una posterior sentencia, en el que tanto la madre como el padre comitentes habían aportado su material genético, el tribunal alemán reconoció la paternidad biológica del hombre, pero no así la de la mujer al entenderlo contrario a su art. 1591 CC que establece la maternidad por parto, invitando a aquella a que procediera, dado el caso, a adoptar al menor, ya que la madre gestante debía ser inscrita en el Registro de nacimiento como la madre legal[147]. Es la misma solución ofrecida por nuestros tribunales desde la Instrucción de la DGRN de 2010 y posterior STS de 6 de febrero de 2014.

Ello evidencia que, aunque en términos generales no cabe duda de que los menores nacidos mediante la gestación por sustitución internacional tienen todo el derecho a tener la misma identidad tanto en el país en el que nacen como en el que van a vivir[148], la solución que dan los Estados y los tribunales internos puede ser variable en base al margen de apreciación que admite el TEDH, con el riesgo más que evidente de que no puedan garantizar debidamente su derecho a la vida privada y familiar.

Como ya se dijo al hilo del derecho a la reproducción, la legalización de la gestación por sustitución podría argumentarse como una forma de garantizar el derecho a la vida privada y familiar de los menores en casos en los que exista una imposibilidad médica o biológica de los padres de intención para concebir

---

enlace entre el niño y la futura madre se ha materializado. Admite, en vista de los imperativos antes mencionados y las circunstancias del caso, la transcripción de partidas de nacimiento extranjeras de hijos nacidos al término de un contrato de gestación subrogada, que designaba al padre biológico y a la madre de intención».

145. *Asunto* XII ZB 463/13. Es más, expone el tribunal alemán que la protección de los derechos fundamentales de la gestante y del niño no impiden ese reconocimiento y el bienestar del niño exige que no se vaya en contra de ese reconocimiento (párrafos 44 y 45).

146. SSTEDH *Mennesson*, § 96, y *Labassee*, § 75.

147. Sala 12 del TS alemán, BGH, *Beschluss vom 20. März 2019 — XII ZB 530/17 — OLG Hamm AG Dortmund*, § 28.

148. Todos somos titulares del derecho a disponer de una filiación única y, por tanto, de un nombre y apellidos únicos y válidos en varios países (STJUE de 02-10-2003, Asunto C-148/02, *García Avello* [TJCE 2003, 314], o la Sentencia del TJUE de 14-10-2008, Asunto C-353/06, *Grunkin-Paul* [TJCE 2008, 235], esta última seguida de la STJUE Asunto C-208/09, *Ilonka Sayun-Wittgenstein*, de 22-12-2010 y STJUE Asunto C-391/09, *Malgožata Runevič-Vardyn y Łukasz Wardyn*, de 12-05-2011 [TJCE 2011, 132]).

un hijo de manera natural. La gestación por otros podría permitir a parejas o personas individuales formar una familia y ejercer su derecho a la vida familiar, brindando a los niños la oportunidad de crecer en un entorno familiar donde los padres de intención les aporten amor y estabilidad.

Su legalización bajo un marco legal razonable y adecuado podría proporcionar una mayor protección y garantías para los derechos de los menores concebidos por esta vía, a la vez que salvaguarde los derechos y el bienestar de las partes involucradas, evitando la clandestinidad, el abuso, la desigualdad, otorgando seguridad jurídica, y una inscripción del nacimiento acorde a la voluntad procreacional debidamente expresada.

Aunque el TEDH sigue insistiendo en el margen de apreciación que en materia de gestación subrogada ostentan los Estados[149], parece evidente que el establecimiento de un estatuto jurídico que regule y preste seguridad, previsibilidad y certidumbre a los nacidos y a sus progenitores de intención, debe terminar imponiéndose como una solución necesaria de forma irrenunciable para cada Estado firmante del Convenio[150].

4.4 EL DERECHO A LA VERDAD BIOLÓGICA

Se puede definir la identidad de una persona como aquello que la identifica, que la hace diferenciarse del resto, como ser único e irrepetible, catalogándose el derecho a la identidad como el derecho de cada cual, a conocer sus orígenes, a investigar de donde viene, quienes fueron sus padres y ascendientes, sus raíces y en última instancia el poder determinar su filiación[151].

Hoy en día se puede afirmar que el derecho a conocer los propios orígenes genéticos es un derecho fundamental, ya que es esencial para el ser humano saber la verdad sobre sus orígenes y, en coherencia con ello, los jueces vienen

---

149. El hijo nacido tras una gestación por sustitución tiene interés en crear tanto vínculos afectivos como jurídicos con las personas que han tenido la voluntad de ser sus padres, así como de no ser separado de la única familia de facto que conoce. A tenor de la jurisprudencia del Tribunal Europeo de Derechos Humanos, el no reconocimiento en un país de la filiación obtenida legalmente en otro por gestación subrogada tiene consecuencias sobre los padres, pero tiene sobre todo consecuencias sobre el menor al resultar afectado significativamente el derecho a que se respete su vida familiar garantizada por el art. 8 de la Convención. Cierto es que cada país puede definir la «sustancia de su identidad, comprendida en ella su filiación», pero la negativa de un país a reconocer la filiación obtenida en otro origina «un grave problema de compatibilidad con el interés superior del niño, interés que debe guiar cualquier decisión que le concierna», y que debe resolverse en favor de este último y su derecho a mantener su vida privada y familiar (SSTEDH, *Mennesson c. Francia* y *Labassee c. Francia*, ambas de 26 de junio de 2014, y *D. c. Francia*, de 16 de julio de 2020).
150. FLORES RODRÍGUEZ, 2014: 71-89.
151. Sentencia del Juzgado de Familia Segundo de Santiago de Chile de 8 de enero de 2018. Disponible en: https://www.chvnoticias.cl/trending/abuela-chilena-dio-a-luz-a-sus-propias-nietas_20180413/

a considerar que revelar la identidad genética es beneficioso para el bienestar y el interés superior del menor[152].

En nuestro ordenamiento el derecho al conocimiento de los orígenes biológicos está presente desde principios del siglo XX. La CE de 1931 en su art. 43 ya recogía que las leyes civiles regularían la investigación de la paternidad[153], pese a que fue entre los años 1940 y 1970 cuando tuvieron lugar los avances científicos que lo facilitaban (gracias a los estudios de Levine y Stetson en 1940 y lo único que se podía saber con un 100% de certeza era quien no podía considerarse padre biológico)[154].Hasta entonces la filiación materna se fijaba en el momento del parto (*mater semper certa est*). Respecto al padre, como esa certeza no se daba, el CC optó por la presunción de la paternidad dentro del matrimonio, admitiendo dos clases de filiaciones, la legítima y la ilegítima o extramatrimonial.

La Constitución del 78 ordena al legislador que «posibilite» la investigación de la paternidad (art. 39.2 CE), lo que «no significa la existencia de un derecho incondicionado de los ciudadanos que tenga por objeto la averiguación, al margen de la concurrencia de causas justificativas que lo desaconsejen, de la identidad de su progenitor» (STC 116/1999).

La acción de reclamación o de investigación de la paternidad se orienta a constituir, entre los sujetos afectados, un vínculo jurídico comprensivo de derechos y obligaciones recíprocos, integrante de la denominada relación paterno-filial. Pues bien, la revelación de la identidad de quién es progenitor a través de las técnicas de procreación artificial no se ordena en modo alguno a la constitución de tal vínculo jurídico, sino a una mera determinación identificativa del sujeto donante de los gametos origen de la generación, lo que sitúa la eventual reclamación en un ámbito distinto al de la acción investigadora que trae causa de lo dispuesto en el último inciso del art. 39.2 CE, artículo que no ampara, pues, cualquier reclamación orientada a conocer la identidad del padre biológico[155], sino que es un derecho para descubrir quién está obligado a prestarle la protección que le es debida en el marco de la relación paterno-filial, tal y como especifica el art. 39.3 CE.

152. IGAREDA GONZÁLEZ: 2014:244.

153. Disponible en: http://www.congreso.es/docu/constituciones/1931/1931_cd.pdf

154. Las Pruebas de Paternidad en la Historia. Disponible en: http://biogenomica.com/historia.htm

155. La finalidad del art. 39.2 CE, último inciso, que permite la práctica de las pruebas biológicas, no es otra que la defensa en primer lugar y ante todo de los intereses del hijo, tanto en el orden material como en el moral. El derecho del hijo a que se declare su filiación biológica es primario y la interpretación de las leyes que rigen esta materia debe realizarse en el sentido que mejor procure el cumplimiento por los padres de sus deberes respecto a sus hijos menores, para lo cual aparece como instrumento imprescindible la investigación de la paternidad, cuando ésta es desconocida (SSTC núm. 273/2005, de 27-10-2005 y núm. 82/2022, de 27-06-2022).

Por ello, las leyes españolas de reproducción médicamente asistida no se han inspirado en el beneficio al hijo o hija en cuanto a las reglas de determinación de su filiación, ni en que éste conociera su verdad biológica (art. 5.5 LTRA/1988 y arts. 5.5, 6.5 y 8.3 LTRH) teniendo el respaldo del TC que lo considera compatible con el art. 39.2 CE[156], dándosele prioridad a la protección del derecho a la intimidad de los donantes[157] frente al derecho al conocimiento del origen biológico, lo que un sector de la doctrina no comparte[158]. Y es que en los supuestos de fecundación heteróloga o con donación de gametos, el legislador considera que se trata de un mero acto de altruismo sin ninguna vinculación emocional, ni sujeto a obligaciones patrimoniales propias de la patria potestad, por lo que se ampara el anonimato de los donantes para favorecerla, ya que sin óvulos o esperma no podría realizarse la mayoría de las técnicas de reproducción asistida[159].

En efecto, la reproducción asistida heteróloga se basa, por ahora, en el postulado esencial del anonimato del donante de material reproductor[160]. No obstante, de lo que no cabe duda es que no tiene por qué ser así, y menos en un

156. STC núm. 116/1999, de 17-06-1999, FJ 15. Esta sentencia formuló algunos matices de interés que conviene no perder de vista a la hora de delimitar el llamado derecho a conocer los orígenes biológicos o «a la verdad biológica» y que, en el caso de los menores, se infiere del art. 7 de la Convención de Naciones Unidas sobre los Derechos del Niño de 1989. Un derecho que en nuestro ordenamiento tiene, sin duda, anclaje constitucional, pero anclaje relativo, de ningún modo equiparable a ninguno de los derechos del Capítulo Segundo del Título I CE y, en cualquier caso, sujeto a los límites y cautelas que, con base racional, pueda establecer el legislador.

157. En cuestión de donación de gametos (espermatozoides u óvulos), la legislación española establece que los donantes deben ser anónimos (art. 5), lo que significa que los hijos nacidos mediante técnicas de reproducción asistida no tienen derecho a conocer la identidad de los donantes. La STC núm. 116/1999, de 17-06-1999 avaló la constitucionalidad del anonimato. Sin embargo, existe un intenso debate ético y jurídico al respecto y se han planteado propuestas para permitir el acceso a información no identificativa sobre los donantes a medida que el hijo alcanza la mayoría de edad (ALBA FERRER, 2022: 949-964). Y es que, aunque la STC 116/1999 indica que las causas que limitan la verdad biológica deben justificarse en el *favor filii*, la prohibición de la investigación de la identidad biológica por la LTRH no está inspirada en el beneficio del hijo, sino en el beneficio de los progenitores, en su voluntad y deseo, así como en incentivar las técnicas de reproducción humana.

158. Entre otros, DE TORRES SOTO, 2018: 24. De modo que no debe olvidarse de que son dos las partes implicadas en estos procesos, los adultos y los nacidos de estas técnicas, a los que el poder público tiene que dar respuesta de manera satisfactoria desde el punto de vista de los derechos fundamentales.

159. PANTALEÓN PRIETO, 1993: 135 y 144

160. Aunque desde el año 2007 la legislación en materia de adopción se modificó (artículo 180.6 del CC introducido por la Ley 54/2007, de 28 de diciembre), en materia de reproducción artificial no se ha avanzado en este sentido. Existe una discriminación entre hijos en su derecho a conocer los orígenes biológicos dependiendo de la filiación otorgada. El que el art. 5.5 LTRH únicamente permita, salvo supuestos excepcionales, acceder a una simple información sobre datos generales del donante, resulta hoy en día insuficiente. A pesar del pronunciamiento del Tribunal Constitucional, la protección del anonimato del donante resulta incluso contraria a determinados preceptos constitucionales (art. 10, 14, 15 y 39.2 CE). PANTALEÓN PRIETO, 1993: 138.

convenio de gestación por sustitución[161] por las implicaciones jurídicas que el anonimato conllevaría para el menor. De hecho, el Comité de Bioética de España ha planteado el levantamiento del anonimato en las técnicas médicas de reproducción humana, en general, pues el derecho a conocer el origen biológico, como expresión del derecho a la identidad, puede ser proclamado como un derecho fundamental de los hijos nacidos de la reproducción asistida[162].

En la actualidad hay una tendencia a nivel europeo a retirar el anonimato en los tratamientos con donantes a favor del nacido (entre otros, Reino Unido[163], Holanda[164], Bélgica[165], Portugal[166] o Francia[167]) principalmente por considerarse que es incompatible con el libre desarrollo de la personalidad del menor y que la imposibilidad de conocer el propio origen lesiona su dignidad. Mas el legislador español no proyecta, por ahora, levantar ese anonimato y nuestros

161. VELA SÁNCHEZ, 2017:6.

162. CBE, 2020:43. Según la STEDH *Gayvin Fournis y Sillia c. Francia*, de 07-09-2023 (JUR 2023, 387564), § 72, «Los Estados que otorgan el derecho de acceso a la identidad del donante a menudo también permiten la comunicación de información no identificable. No existe consenso entre estos estados sobre la presentación de información médica de los donantes. Algunos Estados que no consagran este derecho permiten, sin embargo, la comunicación de información no identificable (Bélgica, República Checa, Grecia, Letonia, Polonia, Serbia, Eslovenia, España y Ucrania). En este caso, la información no identificable se refiere a información médica, comunicada al niño y a sus representantes legales (Grecia, Serbia, España, Eslovenia) o únicamente al destinatario o a la pareja destinataria, así como al médico del niño en cuestión (Bélgica). En Polonia, la información sobre el estado de salud del donante, así como el año y lugar de su nacimiento, se comunica al niño una vez que alcanza la mayoría de edad. La edad, profesión y estado de salud del donante se comunican a la pareja candidata a la donación de gametos en el momento de la donación en la República Checa, Letonia y Ucrania; también puede tratarse de sus características físicas (Bélgica). Finalmente, algunos Estados no permiten el acceso a datos no identificativos (Austria, Croacia, Alemania, Lituania, Montenegro, Macedonia del Norte, Noruega y Suecia, ídem, pp. 32 a 34)».

163. La *Human Fertilisation and Embriology Act* 2008 del Reino Unido permite a los concebidos a partir de 1 de abril de 2005 mediante embriones donados, solicitar información identificativa sobre los donantes cuando cumplan 18 años, es decir, a partir de 2023.

164. La Ley de 25 de abril de 2002 (Wet donorgegevens kunstmatige bevruchting), en vigor el 1 de junio de 2004, prohíbe a las clínicas hacer uso de gametos anónimos y también permite a los mayores de 16 años concebidos a partir de 2004 con gametos donados, ya se trate de semen u óvulos, solicitar información sobre la identidad del donante (https://wetten.overheid.nl/BWBR0013642/2021-07-01).

165. La Loi relative à la procreation médicalement assistée et à la destination des embryons surnuméraires et de gametes, de 6 de julio de 2007 permite excepcionar la regla general del anonimato si existe acuerdo directo entre el donante y la parte receptora (art. 57.I). Disponible en: https://igvm-iefh.belgium.be/sites/default/files/downloads/6_juillet_2007.pdf

166. En Portugal, se decidió que el anonimato de los donantes de material genético era inconstitucional ya que violaba la identidad personal y el desarrollo de la personalidad de las personas nacidas mediante contratos de gestación por sustitución. Véase, Informe de la Relatora Especial sobre la venta y la explotación sexual de niños (2019) párrafo 62 y Acórdão N.º 225/2018 del TC portugués (Disponible en: https://www.tribunalconstitucional.pt/tc/acordaos/20180225.html).

tribunales no han hecho una interpretación extensiva de los supuestos extraordinarios en los que cabe conocer el origen biológico[168].

Por otro lado, como recoge el Observatorio de Bioética de la Universidad de Valencia, la extensión de las gestaciones subrogadas ha incrementado el número de casos en los que los hijos reclaman acceder a la identidad de sus progenitores genéticos[169]. La doctrina también se ha pronunciado al respecto. Así LAMM entiende que «no debe haber secreto en cuanto al modo de concepción, ni anonimato en cuanto a la identidad de la gestante. Consecuentemente, el principio es que el niño nace en virtud de un acuerdo de gestación por sustitución, por ser parte de su identidad, tiene derecho a saber que ha nacido gracias al uso de esa técnica y tienen también derecho a conocer la identidad de la gestante»[170], cuestión que, entendemos, corresponde garantizar al legislador[171].

Se da la circunstancia, además, de que existen estudios científicos que avalan que la gran mayoría de las gestantes (madres biológicas no genéticas) querían o estarían felices si el menor las contactase si así fuera su deseo[172]. Evidentemente, la transparencia en los procesos reproductivos sería lo más garantista en términos generales, así como el proporcionar toda la información sobre sus

167. Ley de Bioética aprobada por la Asamblea Nacional el 29 de junio de 2021, (Ley n.º 2021-1017 de 2 de agosto de 2021 relativa a la Bioética) introduce modificaciones en diversos apartados del artículo 2143 de la Ley n.º 2011-814 de 7 de julio de 2011. Disponible en: https://www.legifrance.gouv.fr/jorf/id/JORFTEXT000043884384. Con los últimos cambios legislativos introducidos en Francia en 2021, el donante ya no puede permanecer en el anonimato y el niño engendrado mediante estas técnicas tiene derecho, si lo desea, al alcanzar la mayoría de edad, a conocer la identidad del donante y, en cierto modo, su propio origen. Por tanto, la nueva ley eliminó el anonimato de los donantes y así lo recoge la STEDH *Gauvin-Fournis y Silliau* (JUR 2023, 387564), § 50.

168. Véase, entre otros, QUESADA GONZÁLEZ, 1994: 295.

169. Observatorio de Bioética de la Universidad Católica de Valencia (UCV), 14 de septiembre de 2022. Disponible en: https://www.observatoriobioetica.org/2022/09/los-ninos-concebidos-mediante-donaciones-de-gametos-en-francia-tendran-mas-posibilidades-de-conocer-a-su-origen/39954

170. LAMM, 2013: 300.

171. *MR and DR v An tArd Chlaraitheoir and Others [2013] IEHC 91,* Sentencia de 5 de marzo de 2013 y *MR v An t-Árd-Chláraitheoir [2014] 3 IR 533*, Sentencia de 7 de noviembre de 2014. En este asunto una pareja tuvo gemelos gracias a la hermana de la madre de intención. El embrión se formó con material genético de ambos comitentes y fue implantado en la gestante. En un primer momento la Corte estimó que la regla *mater semper certa est* es inaplicable ante los avances de la FIV y la gestación por sustitución, ordenándose la inscripción de los gemelos a nombre de la comitente, también madre genética. La decisión fue anulada por el Tribunal Supremo irlandés, que sostuvo que en el acta de nacimiento de los menores no se podía registrar a la comitente como la madre legal. Tal y como expresó el TS irlandés, el derecho a conocer los orígenes genéticos no es un derecho absoluto o incondicional: su ejercicio puede estar restringido por los derechos constitucionales de otros y por la exigencia del bien común, por lo que la ley sería la que debiera garantizar expresamente ese conocimiento.

172. Véase, JADVA, et al, 2014.

orígenes a los nacidos de las TRHA, aunque sean de corta edad[173]. De hecho, el Consejo de Bioética de Nuffield recomienda que se anime a los padres a informar a sus hijos de que han sido gestados mediante el uso de las TRHA[174] pues está en juego intereses como la necesidad de establecer relaciones familiares fuertes, la protección de la salud y la formación de una identidad saludable[175].

Sin haber suficientes estudios que hayan hecho un seguimiento a largo plazo de los niños nacidos por maternidad subrogada, de sus eventuales problemas psicológicos o de otro tipo asociados a este origen, se ha constatado que la gestación por sustitución no había provocado trastornos psicológicos a los menores cuando tuvieron conocimiento sobre la forma en la que fueron concebidos[176], sintiéndose neutrales o indiferentes respecto al origen de su nacimiento. Lógicamente, esto ocurre en entornos donde la práctica está normalizada y correctamente implantada en la esfera social, para lo que, entendemos, es fundamental tener una base solidaria en su configuración.

Quizá el punto de inflexión para levantar el anonimato del origen genético de los nacidos tras una técnica médica de reproducción se dé como propicio cuando se regule la gestación por sustitución en nuestro país, donde necesariamente la ley se habrá de pronunciar sobre el derecho del nacido a conocer sus orígenes biológicos y ser incuestionable la importancia de la mujer que lleva a cabo el embarazo en la vida del menor[177].

Tenemos, por un lado, el deber de amparar el derecho del hijo a conocer todo lo concerniente a las circunstancias e intervinientes en su nacimiento[178] y por otro el derecho de quien lo ha gestado a ser anónima, con un derecho a

173. GALLEGO RIESTRA y RIAÑO GALÁN, 2018:77. Estadísticamente, quienes han sido informados a edades tempranas (hacia los 3-4 años) lo asumen bien, mientras que la información durante la adolescencia o en la edad adulta suele ser traumática y difícil de aceptar.
174. *Nuffield Council on Bioethics. Donor conception: ethical aspects of information sharing*. London, 2013. Disponible en: http://nuffieldbioethics.org/wp-content/uploads/2014/06/Donor_conception_report_2013.pdf
175. GALLEGO RIESTRA y RIAÑO GALÁN, 2018:76: «Estos intereses quedarían protegidos por los diferentes aspectos del derecho a conocer sus orígenes genéticos: conocer el propio modo de la concepción, el acceso a la información médica relevante y el acceso a la información de identificación de los padres genéticos», lo que entendemos que sería trasladable a los nacidos por gestación por sustitución tras el empleo de alguna de las TRHA.
176. JADVA, *et al.*, 2014.
177. Es además la línea marcada por las Observaciones finales sobre los Informes periódicos Quinto y Sexto combinados de España del Comité de los Derechos del Niño de Naciones Unidas (5 de marzo de 2018).
178. De lo que se trata es de proteger un derecho a la identidad englobado en el art. 8 del CEDH, declarado también por el Convenio de Oviedo de 4 de abril de 1997 (art. 2) o por la Declaración Universal sobre Bioética y Derechos Humanos de la ONU de 19 de octubre de 2005 (art. 3.2) siendo fundamental para el bienestar de la persona y sus intereses el conocer sus orígenes biológicos (DGRN, Instrucción de 5 de octubre de 2010, Directriz Segunda), por ejemplo, a partir de los 12 años (art. 9.2 Ley Orgánica 1/1996 de 15 de enero de Protección Jurídica del Menor).

preservar su intimidad (art. 18 CE) y el respeto a su dignidad y libre desarrollo de su personalidad (art. 10 CE). En estas circunstancias, cuando dos derechos se manifiestan *a priori* como incompatibles, habrá que ponderarse en función de los demás derechos e intereses legítimos presentes, labor que deberá corresponder al legislador ordinario ante el silencio del constituyente.

De modo que, para ayudar a conjugar los derechos de las partes se podría disponer en la futura norma que la mujer gestante, al igual que en el caso de que se trate del donante de gametos o preembriones, pueda ocultar sus datos o mantener en secreto su identidad, pero sólo a modo de veto temporal, quizá hasta que el neonato cumpla los 18 años, o antes en caso de grave riesgo para su salud, salvo que por la propia voluntad de la gestante o del donante no haya oposición a que se muestre su identidad desde el primer momento.

Así lo apuntó el Instituto de la Mujer a la Comisión Palacios, lo reclaman las encuestasy se recoge en los Principios de Verona[179], siendo un derecho del menor nacido de una TRHA el que conozca tanto sus orígenes genéticos como gestacionales, aconsejándose que los acuerdos de subrogación sólo involucren a madres sustitutas que brinden información verificada y precisa sobre ellas, y que acepten que sus datos indentificativos puedan ser transmitidos a las personas a quienes dieron a luz.

Por tanto, el aseguramiento del derecho a conocer la verdad biológica de los menores es un tema delicado que hay que sopesar con ocasión de una posible legalización de la maternidad subrogada[180]. Y es que, siendo en el contexto de las TRHA especialmente complejo garantizar los derechos a la identidad y al acceso a los orígenes, no cabe duda de que en todos los casos de gestación por sustitución será necesario garantizar el acceso a la información sobre los orígenes genéticos[181] y sobre la madre subrogante[182].

179. Principio 11.3.

180. Entendemos como necesario el reconocer constitucionalmente el derecho al conocimiento íntegro de la filiación de todos los hijos e hijas, sin distinguirse según la manera en la que fueron concebidos, para de esta forma ser plenamente respetuosos con lo establecido en normas internacionales, entre otros el Convenio de Oviedo, relativo a los derechos humanos y la biomedicina de 4 de abril de 1997, que dispone que no se debe permitir que el interés de la sociedad o de la ciencia prevalezca sobre el bienestar y el interés del ser humano (art. 2). Ello propiciaría una reforma del art. 39 de la CE, habiendo sido GÓMEZ SÁNCHEZ (1992: 217) la precursora en esta idea.

181. En los casos de adopción, se reconoce el derecho del adoptado a conocer la identidad de sus progenitores biológicos (arts. 180.5 y 6 CC), siempre y cuando no existan circunstancias excepcionales que justifiquen la protección de los intereses de terceros involucrados, como en situaciones de adopciones cerradas o en las que la privacidad de los progenitores biológicos está protegida.

182. Informe de la Relatora (2019), UN, Doc. A/74/162, §§ 58 y 62.

5. OTROS POSIBLES DERECHOS CONCERNIDOS: LA OBJECIÓN DE CONCIENCIA

El estatus constitucional del derecho a la objeción de conciencia no es claro ni evidente. La jurisprudencia constitucional más reciente tampoco ha contribuido precisamente a despejar dudas en relación a su contenido constitucionalmente declarado. Nuestro Tribunal Constitucional no deduce un derecho general a la objeción de conciencia del art. 16 CE[183], pero algún pronunciamiento reciente no descarta que, en algún supuesto excepcional de conflicto especialmente grave entre norma jurídica y norma de conciencia, quepa esa deducción del contenido esencial de las libertades ideológica y religiosa.

Dos son las posiciones doctrinales mantenidas al hilo de la consideración constitucional de la objeción de conciencia[184]. Por un lado, la de quienes conciben el derecho a la objeción de conciencia como un derecho fundamental que se infiere de las libertades ideológica y religiosa (art. 16.1 CE). Las libertades ideológica y religiosa garantizan no sólo el derecho a tener o no tener las creencias que cada uno estime convenientes, sino también el derecho a comportarse con arreglo a las propias creencias. No es necesaria la *interpositio legislatoris* para que el derecho fundamental pueda ejercerse. La objeción de conciencia tiene eficacia directa.

Con todo, aun siendo la objeción de conciencia un derecho fundamental, no lo es con un alcance ilimitado. Es preciso ponderarlo con otros derechos, bienes y valores constitucionalmente protegidos. En principio, será el legislador el encargado de hacerlo, sin perjuicio de que tal labor la lleve a cabo, a falta de regulación legal, el órgano judicial competente.

Por otro lado, están quienes definen la objeción de conciencia como una manifestación concreta y legitimada de las libertades ideológica y religiosa. Del reconocimiento de las libertades ideológica y religiosa no se desprende un derecho general a la objeción de conciencia. La invocación de la libertad ideológica o religiosa no puede servir sin más para incumplir un mandato normativo que se estima contrario a la propia conciencia. La idea, en sí misma, resulta contradictoria con los postulados básicos del Estado de Derecho: la voluntad general, la ley, está por encima de la opción individual.

Otra cosa es que el legislador detecte algún supuesto, especialmente relevante y serio, entre conciencia y ley y lo legitime. Ello redundaría en una protección más real y efectiva de las libertades ideológica y religiosa. La objeción de conciencia se erige así en una «técnica de protección» de las libertades ideológica o religiosa cuyo fundamento constitucional residiría en los artículos 9.3 y

183. SSTC núm. 160/1987, de 27-10-1987 y núm. 151/2014, de 25-09-2014.
184. BARRERO ORTEGA, 2006: 418.

16.3 CE. No es admisible la objeción de conciencia *contra legem*; sí la *secundum legem*.

El art. 10.2 de la Carta de Derechos Fundamentales de la Unión Europea, al reconocer la objeción de conciencia «de acuerdo con las leyes nacionales que regulen su ejercicio», se alinea nítidamente en favor de la opción legalista o de legitimación por el legislador democrático. La apreciación de la mayor o menor conveniencia para legitimar una pretensión de dispensa corresponde al legislador de acuerdo con criterios de oportunidad dentro del margen de actuación, amplio, que suele concederle su Constitución[185].

La conciencia, por lo demás, es un universo inabarcable y no todo conflicto de conciencia puede legitimarse. De ahí la conveniencia de sistematizar las pautas orientadoras que podrían conducir a la legalización de unas objeciones y no otras. En tal sentido, no parece que deba reconocerse la objeción a quien no es persona física o es poder público; la objeción es una opción personal o individual. Se debe valorar, asimismo, que la oposición al deber sea coherente con unos estándares elementales de dignidad humana, se refiera a problemas importantes y no a cuestiones triviales, y revista un cierto grado de solidez y seriedad.

Sobre tal base, el legislador habría de considerar: a) la conducta que reivindica el objetor, una conducta abstencionista o activa —con una mayor peligrosidad social en principio—; b) si se está ante un conflicto directo o no entre conciencia y ley; c) si el deber jurídico ha sido voluntariamente asumido; d) la gravedad objetiva del conflicto; e) si se objeta frente a deberes en interés público o de cumplimiento final colectivo o no individualizado —el deber no tiene que ser cumplido por una concreta persona— o cuya satisfacción exija pequeñas contribuciones individuales-cada una insignificante *per se* para la satisfacción del interés último—; f) si la exoneración del cumplimiento del deber pueda ser sencillamente solventada con la sustitución del objetor —no debe aceptarse la objeción en el supuesto de que sea imposible la sustitución, con merma del interés general o de derechos de terceros—; y g) el carácter excepcional de la pretensión de dispensa —sólo si es excepcional la objeción no pondrá en peligro la satisfacción del interés perseguido por la norma—. El legislador, a la luz de estas pautas, podría hacer un esfuerzo flexibilizador y buscar soluciones normativas menos lesivas para la conciencia disidente[186].

Teniendo en cuenta que amplios sectores de la ciudadanía rechazan la maternidad por sustitución al considerar que viola los derechos fundamentales de la madre gestante y del niño, la posible objeción de conciencia de los llamados a intervenir en el proceso es una cuestión que merece alguna reflexión[187].

185. BARRERO ORTEGA, 2023: 515-526.
186. GÓMEZ ABEJA, 2016: 432-434.
187. ALES URÍAS, 2020: 39-65.

Entre los posibles intervinientes en el proceso de la gestación subrogada que podrían suscitar la objeción cabría pensar en los profesionales sanitarios, abogados, notarios y funcionarios encargados de registros o de la tramitación de expedientes.

En el caso de los profesionales de la salud, piénsese en médicos, enfermeras y otros profesionales involucrados directamente (exámenes médicos y atención médica general y, más claramente, tratamientos invasivos), podrían acogerse a la objeción de conciencia[188] en términos similares términos a los recogidos en la Ley Orgánica 2/2010, art. 19.2, pudiendo manifestar anticipadamente, por escrito y públicamente su objeción (STC 151/2014)[189] o como dispone la Ley Orgánica 3/2021, de 24 de marzo, de regulación de la eutanasia (art. 16).

Los abogados podrían plantear objeciones a la hora de prestar servicios legales para la formalización de contratos o representar a las partes involucradas en la gestación por sustitución (art. 12, apartado 4 a 6 del Código Deontológico[190] y el art. 26.1 del Estatuto General de la Abogacía Española[191]).

En cuanto a los notarios, el Código de Deontología Notarial español, aprobado el 8 de mayo de 2014, establece en su número I.b. que este profesional no podrá denegar sus funciones por razones de conciencia o moral individual cuando el acto o contrato cuya formalización se solicite esté permitido o se encuentre amparado por el ordenamiento jurídico, y tan sólo cabe en el supuesto del art. 2 de la Ley del Notariado.

La objeción de los funcionarios públicos suscita más dudas tomando en cuenta el tenor literal del art. 9.1 CE —sujeción de los poderes públicos a la Constitución y al resto del ordenamiento jurídico— y, sobre todo, la naturaleza individual de la objeción de conciencia. Si uno de los rasgos distintivos de la posición de los poderes públicos es su sumisión única a la legalidad (art. 117.4 CE en el caso de los jueces), es claro que no pueden dejar de cumplir los deberes

188. El Código de Deontología Médica (diciembre de 2022) dispone en su art. 65.1 que la gestación por sustitución con contraprestación económica es contraria a la Deontología Médica pues la comercialización del cuerpo de la mujer vulnera su dignidad. En el art. 65.2 se añade que la gestación por sustitución altruista no es contraria a la Deontología Médica siempre que se preserve la dignidad de la mujer y el interés superior del menor, con la regulación oportuna y el control de la Comisión Nacional de Reproducción Humana Asistida. Disponible en: https://www.cgcom.es/sites/main/files/minisite/static/828cd1f8-2109-4fe3-acba-1a778abd89b7/codigo_deontologia/2/index.html
189. STC núm. 151/2014, de 25-09-2014.
190. De 6 de marzo de 2019.
191. Real Decreto 658/2001, de 22 de junio, por el que se aprueba el Estatuto General de la Abogacía Española, BOE n.º 164, de 10/07/2001.

que emanan de la misma[192], a no ser que cuenten para ello con la expresa habilitación del legislador.

Y, en fin, de darse esa posible habilitación, tampoco es descartable que puedan preverse posibles restricciones al ejercicio del derecho a la objeción de conciencia cuando, a la luz de determinadas circunstancias de algún supuesto concreto, el legislador estime que deben prevalecer los derechos e intereses de las partes de un acuerdo de gestación por sustitución.

192. Se concluye que el personal al servicio de la Administración de Justicia, desde el juez al personal de auxilio no podría ampararse en este derecho para excusarse de tramitar lo concerniente a la gestación por sustitución en el ámbito del proceso judicial. STS de 11-05-2009 (RJ 2009, 4279), FJ 9, en relación con los jueces y STSJ de Madrid, núm. 20310/2008 de 28-10-2008 (RJCA 2009, 275), FJ 4, respecto a la figura del LAJ.

Segunda Parte

La gestación por sustitución en el Derecho comparado y en el ordenamiento jurídico español

Capítulo III

La gestación por sustitución en el Derecho comparado

1. PLANTEAMIENTO DE LA CUESTIÓN

La utilización del método comparado en el ámbito del Derecho Constitucional es esencial cuando nos movemos en la esfera de la tutela de los derechos fundamentales. El Derecho comparado es una ciencia cuya finalidad es la de sistematizar los materiales jurídicos de un ordenamiento particular, utilizando para este fin el conocimiento de otros ordenamientos con la idea de ofrecer una comparación, de verificar las analogías y las diferencias, de clasificar institutos y sistemas, dando orden al conocimiento y creando modelos dotados de prescriptividad[1]. Con el Derecho comparado se encuentran analogías, se entienden otros marcos normativos y se generan soluciones jurídicas en un contexto determinado.

La gestación por sustitución es una materia difícil de regular de manera uniforme a nivel europeo e internacional, aunque parte de la doctrina considera que ello sería lo procedente si lo que se pretende es amparar debidamente los derechos fundamentales implicados en esta TRHA. Hasta entonces algunos

1. PEGORARO, L., 2001, 14.

Estados están intentando encontrar a nivel interno la mejor manera de regularla de una forma respetuosa con su sistema de valores y extrapolable a nivel global.

La importancia de hacer una exposición comparativa en esta materia, sobre todo de los Estados que las admiten de alguna forma, se pone de manifiesto en el hecho de que la propia Eurocámara encargó en el año 2013 un estudio completo sobre los regímenes de subrogación en los veintiocho países miembros —y otros como Canadá, Sudáfrica o Australia—, con intención de valorar la posibilidad de adoptar en la Unión Europea reglas uniformes relativas a la gestación subrogada[2]. Tras analizar la legislación vigente de la Unión Europea y el Convenio Europeo de Derechos Humanos, el trabajo concluyó que era imposible indicar una clara tendencia legal en la UE. Sin embargo, en lo que todos los Estados miembros parecían estar de acuerdo era en la necesidad de que un niño nacido tras esta técnica tuviera unos padres legales y un estado civil claramente determinado.

El TEDH, en sus sentencias *Mennesson c. Francia*[3] y *Labassee c. Francia*[4], también hizo un análisis de la regulación en diferentes Estados, concluyendo que no existe consenso en Europa ni sobre la legalidad de la gestación por subrogación ni sobre el reconocimiento legal del vínculo de filiación entre los padres de intención y los hijos así concebidos en el extranjero. Se comprobó que la gestación por sustitución se encontraba prohibida de manera expresa en un total de catorce de los treinta y cinco Estados parte de la Convención (tales como Alemania, Italia o España); que en otros diez Estados no existía una regulación sobre el tema o la cuestión de su legalidad era incierta (como en Andorra, Irlanda o Rumanía); que la gestación por sustitución estaba permitida en siete de los treinta y cinco Estados indagados (Albania, Georgia, Grecia, Países Bajos, Reino Unido, Rusia y Ucrania), primando en la mayoría de ellos la llamada gestación por sustitución altruista con posibilidad de compensación, siendo posible la gestación onerosa en países como Georgia, Rusia o Ucrania.

A nivel interno destacamos dos sentencias que se detienen a hacer un análisis de Derecho comparado[5] en esta cuestión, una argentina y otra portuguesa. En la Sentencia del Juzgado civil n.º 7 de Buenos Aires, de fecha 15 de junio de 2016, el tribunal, citando a la Dra. Mónica Graeiewski, concluye que el Derecho es mucho más que la ley y está también integrado por las sentencias de los jueces, las costumbres de la sociedad y la legislación extranjera e internacional, y en sus fundamentos jurídicos (cuando se pregunta en el apartado VII «¿Qué

2. *A Comparative Study on the Regime of Surrogacy in EU Member States*. Disponible en: http://www.europarl.europa.eu/RegData/etudes/STUD/2013/474403/IPOLJAURI_ET(2013)474403_EN.pdf
3. § 78.
4. Hecho VI, «Éléments de droit comparé», §§ 31 a 33.
5. En España la STS de 6 de febrero de 2014, en su voto particular segundo, punto 3, sólo hace referencia al Derecho comparado para afirmar la tendencia hacia la regularización y la flexibilización de estos supuestos, pero no se hace un estudio al respecto.

ha ocurrido en el mundo respecto a la gestación por sustitución?») se detiene a elaborar un listado de Estados según admitan o no esta técnica en su Derecho, desarrollando el juzgador la idea de que es posible la admisión de la gestación por sustitución en el ordenamiento jurídico argentino fundamentándose en sentencias del TEDH y de otros juzgados argentinos, así como en una prolija recopilación de la doctrina sobre la gestación por otros cuando se pregunta (apartado X de la sentencia) «¿Qué sostiene la doctrina argentina?»[6].

El Tribunal Constitucional portugués también se detuvo en estudiar los diferentes ordenamientos jurídicos de los Estados miembros de la UE (*Acórdão n.º 225/2018*, punto B.3) clasificándolos en tres grupos:

a) Los que prohíben la práctica de la gestación por sustitución, con o sin elemento punitivo o penal, y dentro de este grupo de Estados se puede dar la circunstancia de que pese a la prohibición se reconozca la atribución de paternidad establecida en un país extranjero donde sí está permitida, siempre que se verifique el cumplimiento de determinados requisitos[7];

b) Los que la gestación por sustitución ha sido regulada internamente por ley y la permiten a título gratuito y/o lucrativo. De entre ellos se distingue entre los países que reconocen un vínculo inicial entre la gestante y el hijo, exigiéndose un proceso judicial para la atribución de la relación de parentalidad a la pareja comitente (por ejemplo, el Reino Unido), y los que establecen desde el principio vínculos de parentalidad entre los beneficiarios y el nacido (el caso de Grecia);

c) Los que carecen de previsiones normativas sobre la gestación por sustitución, ni aceptándola ni prohibiéndola, como acontece en Irlanda.

Y concluye que la prohibición es, por regla general, la solución típica de los ordenamientos jurídicos romano-germánicos, como Alemania[8], Austria[9], España[10], Francia[11] e Italia[12], llegando Suiza a prohibirla en su Constitución junto con la donación de embriones (art. 119, apartado 2, letra d)[13].

6. Asunto «A. R., C. y otros c/ C., M. J. s/ Impugnación de Filiación», Juzgado Nacional Civil N.º 7, Ciudad de Buenos Aires, de 15/6/2016.
7. El Acórdão do Tribunal Constitucional n.º 225/2018 refiere nuestra STS núm. 835/2013 de 6 de febrero de 2014.
8. Art. 1591 BGB: «La madre de un niño es la mujer que lo dio a luz», §§ 1.7, Ley de Protección del embrión (ESchG) (1990) y §§ 13c), 13d) y 14b) Ley sobre la Ordenación y Seguimiento de la Adopción y la Prohibición de la Ordenación de Madres Subrogadas (AdVermiG) (1976).
9. Art. 2.3 de la Ley Federal austriaca, de 1 de julio de 1992, sobre Reproducción Asistida.
10. Art. 10 LTRH.
11. Arts. 16-1 y 16-7 CC francés.
12. Arts. 4.3 y 12.6 *Legge 19 febbraio 2004, n. 40, Norme in materia di procreazione medicalmente assistita*. Sin embargo, el 17 de febrero de 2000 una jueza del Tribunal Civil de Roma autorizó

En los países nórdicos la práctica tampoco es legal, mas en Noruega se prevén unas reglas de reconocimiento de la paternidad de los niños nacidos a través de gestación por sustitución en el extranjero; en Dinamarca y Finlandia se prohibió expresamente en 2007 y en Suecia un Informe independiente solicitado por el Gobierno en 2016 concluyó la necesidad de su prohibición debido al riesgo de presiones para la gestante y a la falta de conocimiento de las consecuencias para los nacidos[14].

La mayoría de los países europeos que prohíben la gestación subrogada en su propio territorio es porque consideran que la práctica, especialmente cuando se comercializa, es contraria a los derechos humanos de la mujer que gesta para otros. Este postulado los lleva lógicamente a intentar impedir que sus nacionales incurran en esta práctica saliendo al extranjero para regresar luego al territorio nacional con un niño para el que solicitan la inscripción de la filiación. Sin embargo, al no poderse impedir esta conducta[15], la posición de los países que prohíben la gestación subrogada ha tenido que evolucionar, ante la necesidad de proteger a esos menores que regresan junto a sus padres legales a su Estado de origen, por buscar soluciones que les permita a los padres biológicos y de intención de estos menores la inscripción en el Registro Civil, como tales o al menos como padres adoptivos, con el fin de preservar el derecho del niño a tener una familia[16]. Ello es lo que ha ocurrido en España, incluso antes de que se pronunciase el Tribunal de Estrasburgo[17].

---

a una pareja el utilizar un vientre de una amiga, de forma altruista, para implantar los embriones que llevaban cuatro años congelados. Luego siendo madre quien dio a luz al hijo, si no lo reconociera de este modo los padres genéticos podrían adoptarlo. VELA SÁNCHEZ, 2012:37 y LAMM, 2013:127. Sentencia también referida en la sentencia venezolana, Asunto AP51-V-2012-021791. Disponible en: http://apure.tsj.gob.ve/DECISIONES/2013/ENERO/2459-31-AP51-V-2012-021791-PJ0532013000042.HTML. En marzo de 2017, el Tribunal de Menores de Florencia ordenó por primera vez la transcripción de las disposiciones emitidas por un tribunal británico y reconoció la adopción de dos niños por una pareja homosexual. «Il tribunale di Livorno riconosce una famiglia con due papà». Disponible en: https://firenze.repubblica.it/cronaca/2018/02/05/news/livorno_famiglia_con_due_papa_-188098884/?refresh_ce

13. En el mismo sentido, art. 4 de la Ley federal suiza sobre Reproducción Médicamente Asistida de 1998.

14. En el «Informe Wendel» (2016) se defendía por la viceministra de justicia sueca, Heléne Fritzon, que no debería legalizarse en Suecia la gestación por sustitución en ninguna de sus modalidades. Disponible en: https://stopvientresdealquiler.wordpress.com/tag/informe-wendel/ y https://drive.google.com/file/d/1SUyq6Zj4nd3BSe5KdazwEQXbIiz6njB5/view

15. CAÑIZARES LASO, 2019: 649-661 «la falta de regulación no va a hacer que los ciudadanos que pretenden ser padres excluyan esta forma de paternidad o maternidad por el hecho de que en su país no esté regulado el procedimiento».

16. STEDH, *Asunto DB y Otros c. Suiza*, de 22 de noviembre de 2022, § 19 del voto parcialmente disidente del juez Elósegui.

17. En las gestaciones internacionales, se ha avanzado hacia el reconocimiento de los efectos filiatorios, pese a rechazarse el acuerdo (España a partir de 2010, con la Instrucción de la antigua DGRN y en Francia después de las sentencias del TEDH en los asuntos Mennesson y Labassee de 2014).

Y como paso siguiente en la evolución jurídica de esta materia, en los últimos años la tendencia en Europa, en cuanto a la gestación por otros de carácter nacional, es virar hacia su admisión con carácter altruista, modificándose la legislación interna en los Estados en los que se prohibía en orden a abrir la vía de la legalización (Portugal[18] o Bélgica[19]).

Es fuera de Europa donde se dan los supuestos de regulación de la gestación de carácter comercial —entre otros, Rusia, la India, Tailandia o Tabasco (México)— siendo a su vez la tendencia en estos Estados que acabamos de referir el pasar de una regulación muy deficiente, donde no se protegen los derechos fundamentales de las gestantes, incluso comercializándose con su cuerpo a bajos precios para captar a un turismo reproductivo, hacia una regulación más seria, protectora y basada en la solidaridad, o al menos con una predisposición a que así sea.

En la búsqueda de soluciones jurídicas que permitan superar tanto las debilidades o carencias de nuestra legislación en materia de reproducción asistida, como la nulidad de l0s acuerdos de gestación por sustitución, se han consultado diversas legislaciones, recogiéndose en esta monografía las que han resultado más interesantes o ilustrativas al objeto de este estudio, para extraer las cuestiones básicas que debe, ineludiblemente, tener presente nuestro legislador en la futura norma que admita la gestación por otros de carácter solidaria en España. Adelantamos que el marco legal de Canadá sería el paradigma, junto a otros aspectos de otras legislaciones que ayudarían a perfilar el modelo que se propone en esta investigación.

2. ESTADOS QUE HAN ESTABLECIDO UN MODELO DE GESTACIÓN POR SUSTITUCIÓN SOLIDARIA

2.1 PORTUGAL

La Constitución portuguesa reconoce el derecho a fundar una familia en su art. 36, inciso 1, y en su art. 67.2, letras d) y e) recoge expresamente que incumbe al Estado, en aras a la protección de la familia, regular la reproducción asistida en términos que salvaguarden la dignidad de la persona[20]. Este mandato

18. Lei n.º 90/2021, de 16 de dezembro: Altera o regime jurídico aplicável à gestação de substituição, alterando a Lei n.º 32/2006, de 26 de julho, que regula a procriação medicamente assistida.
19. QUIÑONES ESCÁMEZ, 2019: 8. La Ley belga de 6 de julio de 2007 relativa a la procreación asistida no trata la cuestión, pero es parcialmente tolerada, practicándose en algunos centros médicos belgas, como algo excepcional, siendo los Comités éticos de los hospitales los que fijan los requisitos de acceso. El hospital universitario de Saint Pierre cuenta con un equipo multidisciplinar de médicos que atiende las demandas de los futuros padres intencionales que presentan a una «madre portadora con la que guardan vínculos afectivos». Muchas de estas parejas proceden de Francia y de países vecinos.
20. Ninguna mención hace nuestra CE a la salud reproductiva ni a las técnicas de reproducción asistida (art. 39 CE).

se cumplió con la aprobación de la Lei n.º 32/2006 de Procriação Medicamente Asistida de 26 de julio (LPMA), siendo esta la equivalente a nuestra Ley 14/2006, y de manera similar incluía la nulidad de la gestación por sustitución en su art. 8 considerándose siempre a la gestante, a todos los efectos, como la madre del nacido, aunque con la circunstancia de que no posibilitaba que el hombre que hubiera aportado los gametos pudiera reivindicar la paternidad.

Esta norma sufrió dos modificaciones en 2016 (Ley 17/2016, de 20 de junio y Ley 25/2016, de 22 de agosto[21]). La primera de ellas supuso la introducción en Portugal del acceso a las prácticas de reproducción asistida a toda mujer, con independencia de si estaba casada o no, de su orientación sexual o de si tenía o no un diagnóstico de infertilidad (Exposición de Motivos). La segunda, la Ley 25/2016[22], y a diferencia de lo que sucede en ordenamiento español, se centraba en la regulación de la gestación por sustitución[23], con carácter excepcional[24] y limitada en su acceso únicamente a las mujeres, o parejas de mujeres, incapaces de gestar[25]. Y como técnica de carácter subsidiario y alternativo, debía en primer lugar informarse a las beneficiarias sobre las condiciones en que les sería posible recurrir a la adopción y sobre la relevancia social de dicha institución. De modo que no era accesible para los hombres solos o una pareja de hombres[26].

No había un límite de edad ni para ser gestante ni padres de intención, bastando la mayoría de edad (18 años) como edad mínima, algo que no estuvo exento de crítica.

La gestante no tenía que haber sido madre con anterioridad ni podría aportar su material genético[27] para minimizar los problemas emocionales y la conflicti-

21. Estas leyes fueron desarrolladas por el Decreto Regulamentar n.º 6/2016, publicado en el Diário da República n.º 249/2016, Serie I de 2016-12-29 y el Decreto Regulamentar n.º 6/2017, publicado en el Diário da República n.º 146/2017, Série I de 2017-07-31, respectivamente.
22. Lei n.º 25/2016, Diário da República n.º 160/2016, Série I de 2016-08-22, desarrollada por el Decreto Regulamentar n.º 6/2017, de 31 de julho.
23. Su art. 8 define a la gestação de substituição como cualquier situación en la que la mujer se disponga a soportar un embarazo por cuenta de otros y a entregar al niño después del alumbramiento, renunciando a las facultades y deberes propios de la maternidad.
24. Excepción al principio de filiación *mater semper certa est* del art. 1796 CC.
25. Arts. 1, 8, 12, 14 y 15. Al ser una forma de reproducción excepcional, sólo era posible en los casos de ausencia de útero, de lesión o de enfermedad de este órgano que impidiese de forma absoluta y definitiva el embarazo de la mujer, o en situaciones clínicas que lo justificasen.
26. VELA SÁNCHEZ, 2016: 5. Es una condición criticada por discriminatoria en un país donde se permite el matrimonio entre personas de mismo sexo desde 2010.
27. La subrogación «tradicional» es aquella en la que la mujer además de gestar al niño aporta su propio ovocito para la fecundación, el cual será fecundado con los gametos del padre intencional o los de un donante contratado a dichos efectos; la «gestacional» es aquella en la que la mujer acepta tan sólo llevar a cabo la gestación del niño por cuenta de los comitentes, careciendo de cualquier tipo de vinculación genética con el mismo. CBE, 2017: 6-9.

vidad judicial. Podría ser extranjera y residir en otro país, siempre que el tratamiento se realizara en su totalidad en Portugal y hasta el parto.

Sólo se autorizaría mediante una técnica de procreación médicamente asistida y con recurso a los gametos de, al menos, uno de los beneficiarios, por lo que necesariamente si una mujer sola quería ser madre por este medio debía aportar sus óvulos.

Debería ser gratuita, salvo la compensación que pudiera efectuarse en favor de la gestante por valor de los gastos necesarios derivados de la asistencia sanitaria que hubiera recibido o por los gastos de transporte, siempre que fueran acreditados documentalmente.

No podían imponerse restricciones de comportamiento a la gestante ni normas que atentaren contra sus derechos, su libertad o su dignidad, ni se permitiría en un contexto de subordinación económica, laboral o de prestación de servicios entre las partes implicadas, siendo en cambio posible si hubiera una relación de parentesco entre los comitentes y la mujer gestante.

Se exigía un consentimiento previo, libre, autónomo e informado de los interesados, es decir, tanto de la gestante como de los beneficiarios. La gestante debería presentar su consentimiento, de forma expresa, por escrito y ante el médico que llevase a cabo el procedimiento, y podía retirarlo o revocarlo en cualquier momento hasta el inicio del procedimiento terapéutico. También se debía renunciar expresamente a los derechos y obligaciones asociados a la relación maternofilial.

Se requería la autorización previa del Conselho Nacional de Procriação Medicamente Assistida (CNPMA), una vez verificado un control de legalidad del acto y la intervención del Colegio de Médicos, que debía emitir un dictamen no vinculante. El contrato que se firmara sería un modelo básico estandarizado, facilitado y supervisado por el CNPMA[28], y se debía dejar constancia, obligatoriamente, de las disposiciones a observar en caso de malformaciones o enfermedades fetales, o de una eventual interrupción voluntaria del embarazo.

Todos aquellos que de alguna forma tuvieran conocimiento del recurso a estas técnicas de reproducción asistida estaban obligados a mantener sigilo sobre los datos manejados. Del mismo modo, el asiento de nacimiento no podía, en ningún caso, contener indicación de que el niño nació tras una gestación por sustitución.

Resultó que a mediados de noviembre de 2017 el CNPMA ya había recibido un total de noventa y nueve peticiones para celebrar un contrato de gestación

28. El procedimiento de autorización está recogido en el art. 2.4 del Decreto 6/2017, y en la Deliberação n.º 18-II/2017, elaborada por la propia CNPMA. Se podía conseguir un modelo de contrato tipo en http://www.cnpma.org.pt

subrogada, de las cuales cincuenta y ocho procedían de mujeres portuguesas y cuarenta y una de mujeres de otros países. De España, en particular, provenían treinta y nueve peticiones.

El primer caso de gestación por sustitución autorizado por el CNPMA fue el de una mujer de 49 años que interesó el gestar a su propio nieto[29], aunque no tuvo éxito en el tratamiento médico, y la primera vez que se autorizó el acceso a la gestación por sustitución a extranjeros fue a una pareja española[30].

La reforma de la Ley 32/2006, de 26 de julio (LPMA) fue declarada parcialmente inconstitucional mediante el Acuerdo del TC n.º 225/2018, de 24 de abril. El Alto Tribunal condicionaría la constitucionalidad de la norma a que se permitiese la revocación del consentimiento inicial por la gestante hasta después de nacido el bebé y antes de entregar voluntariamente al niño a la pareja beneficiaria y se le permitiera al nacido conocer su origen genético y la identidad de la gestante. Aunque la gestante no es considerada como la madre (art. 8, apartado 7, LPMA), el Tribunal Constitucional tiene presente la naturaleza de la relación intrauterina y su importancia en el itinerario biográfico del menor[31].

Tras pronunciarse el constitucional, el Parlamento debatió un nuevo texto para cumplir con sus exigencias. En el paso por la Cámara, el Bloque de Izquierda propuso que se ampliara el período de arrepentimiento de la gestante hasta el mismo día del acceso al Registro Civil, pero la enmienda no salió adelante al imponerse la disciplina de voto de cada partido.

El texto volvió a ser aprobado en los mismos términos, enviándose al Presidente de la República para su promulgación[32]. Éste, viendo que se mantenía el régimen declarado inconstitucional[33], tuvo que solicitar la supervisión preventiva de la norma enviándolo al Tribunal Constitucional[34], que en su Sesión

29. Diario 20 Minutos «El Colegio de Médicos de Portugal autoriza el primer caso de gestación subrogada del país», 14 de noviembre de 2017. Disponible en: https://www.20minutos.es/noticia/3186459/0/portugal-autoriza-primer-caso-gestacion-subrogada/#xtor=AD-15&xts=467263

30. Noticia disponible en: https://www.20minutos.es/noticia/3245960/0/pareja-espanola-primera-extranjera-usara-vientre-alquiler-portugal/

31. Este aspecto ya se ha regulado en Portugal por ley, aunque con cautelas para los que ya donaron con anterioridad a su entrada en vigor (Norma transitoria): Lei n.º 48/2019 de 8 de julho Regime de confidencialidade nas técnicas de procriação medicamente assistida, procedendo à sexta alteração à Lei n.º 32/2006, de 26 de julho (procriação medicamente assistida). Diario Oficial de la República n.º 128/2019, Serie I, de 8 de julio.

32. «Presidente da República requereu ao Tribunal Constitucional a fiscalização preventiva do diploma sobre procriação medicamente assistida». Disponible en: http://www.presidencia.pt/?idc=10&idi=168227

33. «La Ley, aprobada por tercera vez, ignora la exigencia del Constitucional de que la gestante pueda arrepentirse de la donación después del parto». Disponible en: https://elpais.com/sociedad/2019/07/23/actualidad/1563833372_164102.html

34. Comunicado de 18 de septiembre de 2019 — Acórdão n.º 465/19. Processo n.º 829/19. Disponible en: https://www.tribunalconstitucional.pt/tc/imprensa0200-bd5315.html

plenaria del 18 de septiembre de 2019 consideró, por segunda vez, que se mantenía la falta de protección del derecho al arrepentimiento de la madre gestante, devolviéndose el texto a la Asamblea de la República, sin promulgarse (art. 279.1 de la Constitución)[35].

La Ley 90/2021, de 16 de diciembre por la que se altera el régimen jurídico aplicable a la gestación por sustitución[36] ha admitido definitivamente el acceso a esta técnica tanto a nacionales como a extranjeros con residencia permanente en Portugal (art. 2)[37]. Debe celebrarse para ello un contrato escrito que será supervisado por el CNPMA[38] y que obligatoriamente establecerá, entre otras cuestiones: los derechos de la gestante a participar en las decisiones relativas a la elección del obstetra, el tipo de parto y el lugar donde se realizará; su derecho a negarse a someterse a pruebas diagnósticas, como la amniocentesis; el tener un apoyo psicológico antes, durante y después del parto; la posibilidad de interrupción voluntaria del embarazo de conformidad con la legislación vigente; las condiciones de revocación del consentimiento o del contrato de conformidad con la ley[39]; la gratuidad del negocio jurídico, así como la ausencia de cualquier tipo de imposición, pago o donación por parte de la pareja beneficiaria a la gestante con motivo del embarazo[40].

A nuestro entender sigue siendo una norma con importantes carencias. La modificación más llamativa de la nueva regulación es que la gestante, debiendo ser preferentemente madre con anterioridad, tendrá un plazo de veinte días para arrepentirse y no entregar al bebé, es decir, este plazo máximo de reflexión es un período muy breve si se compara con el plazo de seis semanas para darlo en adopción (art. 8). De modo que el derecho de revocación se mantiene como posible hasta el vigésimo día, fecha en la que se produce la consiguiente extinción de este derecho. A partir de entonces, los comitentes podrán registrar al nacido como suyo, debiéndose acreditar que el material genético pertenece a uno de los progenitores biológicos[41]. La filiación materna se establece a favor

35. «Presidente da República vetou alteração à Lei da Procriação Medicamente Assistida». Disponible en: http://www.presidencia.pt/?idc=10&idi=169021
36. Lei n.º 90/2021, de 16 de dezembro: Altera o regime jurídico aplicável à gestação de substituição, alterando a Lei n.º 32/2006, de 26 de julho, que regula a procriação medicamente assistida. Diário da República n.º 242/2021, Série I de 2021-12-16, pp. 13-16.
37. La Ley n.º 90/2021 sólo puede aplicarse cuando se desarrolle reglamentariamente.
38. Siempre iba precedido de audiencia por el Colegio de Médicos y tras la nueva Ley requiere de la opinión del Colegio de Psicólogos.
39. Art. 8.10 LPMA.
40. Gestação de Substituição-Deliberação n.º 18-II/2017. Disponible en: https://www.cnpma.org.pt/Documents/Delibera%C3%A7%C3%B5es/Deliberacao18-II.pdf y Deliberación N.º 22/II, de 15 de diciembre de 2017 — Aspectos técnicos relacionados con la celebración y ejecución del contrato de gestación subrogada. Disponible en: https://www.cnpma.org.pt/Documents/Delibera%C3%A7%C3%B5es/Deliberacao22-II.pdf
41. Es obligatorio que el material genético provenga de uno de los llamados en la ley «beneficiarios», en el supuesto de que se trate de una pareja. Disponible en: https://irn.justicia.gov.pt/Servicos/Cidadao/Nascimento/Maternidade-de-substituicao-Registo-de-nascimento

de la gestante, aunque la madre de intención aporte su óvulo, debiendo solicitar la adopción para establecer su vínculo filiatorio, sin que haya quedado claro en la ley qué ocurre cuanto el padre comitente no aporta su material genético o cuando son dos las madres de intención y el material biológico del hombre lo ha aportado un donante anónimo.

2.2 GRECIA

La gestación por otros está reconocida en el art. 1458 del Código Civil Griego (CCG), tal y como se introdujo por el art. 8 de Ley 3089/2002 y los arts. 13 y 26 de la Ley 3305/2005, ya que su Constitución reconoce el derecho a procrear[42] (art. 5, § 1 CG), entendido como el derecho a tener un hijo o hija, incluso a través de las técnicas médicas, potenciándose así que el individuo logre la realización personal a través de la paternidad. En consecuencia, el recurso a métodos médicos para tener hijos está incluido en el campo protector de la Constitución, siempre y cuando el ejercicio del derecho a la reproducción no afecte los derechos de otros y no sea contrario a la Constitución y la moral.

Se admite sólo para mujeres solteras y matrimonios o parejas civiles heterosexuales. Legalmente no hay una previsión de que haya sólo un padre de intención soltero pero los tribunales pueden aceptarlo[43] (entre otras, la Decisión n.º 13707/2009 del Tribunal de Primera Instancia de Salónica y la Decisión n.º 2728/2009 del Tribunal de Primera Instancia de Atenas[44]).

En cuanto a la nacionalidad, se permite que los padres de intención sean griegos o extranjeros, ya que la Ley 4272/2014 eliminó el requisito previo de la residencia permanente en Grecia de las partes contratantes. De modo que el art. 17 dispone que, para redactar y ejecutar un acuerdo de subrogación en Grecia, así como solicitar que el tribunal lo autorice, es suficiente que una de las dos partes contratantes (padres de intención o mujer gestante) resida en Grecia, de forma permanente o temporal.

Respecto a la edad, se requiere que la mujer comitente tenga una edad inferior a 50 años (art. 1455 CCG y art. 4, § 1, de la Ley 3305/2005) y la gestante debe tener entre 25 y 45 años, debiendo haber dado antes a luz, al menos, un hijo propio[45].

42. Derecho vinculado al derecho al desarrollo personal, el derecho a la autonomía y a la autodeterminación.
43. VASTAROUCHA, 2019.
44. Esta segunda decisión judicial fue, sin embargo, impugnada por el Fiscal y el Tribunal de Apelación de Atenas (Decisión n.º 3357/2010) desestimó la solicitud presentada por el hombre soltero.
45. Código de conducta para la reproducción asistida médica (ART), Decisión n.º 73/ 24.01.2017 de la autoridad griega. Boletín Oficial 293 / 07.02.2107, que se aplica en paralelo a la Ley 3305/2005 así como al Código de Ética Médica.

El contrato se firma antes de la inseminación entre los padres o madre de intención y la madre sustituta y su esposo, si está casada, o su pareja civil, si la tiene. Se requiere además que tras la firma del acuerdo se produzca una autorización por parte de un tribunal, también de carácter previo a la concepción, donde se comprobará entre otros aspectos que todas las partes involucradas han consentido libremente en el procedimiento tras ser informados de los riesgos que comprende esta actividad, sus derechos y obligaciones.

Pese a ser, en principio, un acuerdo altruista, el art. 13, § 4, de la Ley 3305/2005 dispone que se podrá abonar a la mujer gestante la cobertura de los denominados «gastos razonables» que están expresamente recogidos en la ley, tales como el pago de lo necesario para el procedimiento de inseminación artificial, los del embarazo, el transporte hacia y desde la clínica, los costes del parto, o su evaluación médica y psicológica. Estas cantidades están reguladas por la Autoridad Nacional Independiente para la Reproducción con Asistencia Médica[46] de modo que cualquier otro pago no recogido expresamente queda prohibido[47].

Los tribunales comprobarán los documentos que se le presenten para dar la autorización previa y que incluyen: un examen médico reciente de los padres o madre de intención y la madre sustituta para excluir enfermedades infecciosas; una evaluación psicológica para garantizar que la madre gestante está capacitada mentalmente para llevar a cabo la gestación; un informe médico de la madre de intención donde se indique la razón médica por la que no puede gestar; el acuerdo de subrogación con firmas autenticadas notarialmente, o la documentación que pruebe que los padres de intención y/o la gestante tienen residencia, permanente o temporal, en Grecia[48].

El juzgado competente será el Tribunal Único de Primera Instancia (art. 470 CPCG) de la residencia de cualquiera de las partes (art. 499, § 1 CPCG) y se sigue un procedimiento de jurisdicción voluntaria a puerta cerrada (art. 799 § 2 CPCG) donde se fija una audiencia aproximadamente en el plazo de un mes desde la presentación de la solicitud. En la práctica, tanto la madre gestante como los padres de intención tienen que comparecer en la fecha de la audiencia con su propia dirección letrada. La decisión se dicta en un período de dos a cuatro meses a partir de la fecha de la audiencia, dependiendo lógicamente de la carga de trabajo del juzgado.

Por tanto, para que se permita la fecundación de la madre sustituta basta con la firma de un acuerdo y con la pertinente autorización judicial, aunque no sea aún firme y quepa apelación contra ella (art. 763 § 1 CPCG). El poder del juez

46. Se fijó para el año 2018 en unos 10.000 euros.
47. VASTAROUCHA, 2019, *op. cit.*
48. Por ejemplo, un contrato de arrendamiento.

es muy limitado, pues sólo revisa la validez del acuerdo y comprueba si se han cumplido las condiciones legales[49].

Siendo la decisión judicial la que establece la filiación, el niño que nace después de la autorización judicial se considera desde ese momento hijo de los progenitores de intención (arts. 1458 y 1464 CCG) y el hospital emitirá el certificado de nacimiento en este sentido, debiendo los comitentes presentarlo, junto con la decisión del tribunal, en el Registro Civil dentro de los diez días siguientes. En el certificado de nacimiento sólo se menciona el nombre de los comitentes y no se hace referencia al procedimiento mediante el que ha nacido ni a la decisión del tribunal. Sin embargo, la resolución judicial filiatoria se mantiene en los archivos del Registro Civil[50].

La mujer gestante no puede cambiar de opinión y convertirse en la madre legal[51], salvo que, excepcionalmente y a pesar de las disposiciones y prohibiciones de la ley, el nacido estuviere relacionado genéticamente con ella por haberse empleado una subrogación tradicional. En tal supuesto, dentro de los seis meses posteriores al nacimiento del menor, la madre gestante o la madre comitente pueden impugnar el establecimiento de la filiación legal (art. 1464. 2 CCG) y, tras la decisión final e irrevocable de la Corte, la gestante y madre genética puede llegar a convertirse en la madre legal del menor con efectos retroactivos desde el nacimiento[52].

Si se diera la circunstancia de que tuviera lugar la fertilización de la mujer gestante sin la aprobación judicial, será ella la madre legal del menor (art. 1463 CCG). La no existencia del permiso del juzgado también permitiría una responsabilidad penal de las partes involucradas, de acuerdo con el art. 26, § 8, de la Ley 3305/2005, sanción que incluye la posibilidad de cárcel, así como el pago de los correspondientes daños y perjuicios ocasionados.

En España, entre los años 2015 a 2020 constan nueve solicitudes de inscripción en el Registro Civil Consular de Atenas, de las cuales tres fueron instadas por parejas de diferente sexo y seis por familias monoparentales, habiéndose concedido la totalidad de las solicitudes de inscripción. Desde el 2020 al 2022 constan ocho solicitudes, todas inscritas[53].

49. BRUNET *et al.*, 2013.
50. No existe ninguna disposición legal que requiera que el nombre de la madre gestante se incluya en el Registro, siendo bastante la resolución judicial de aprobación del convenio firmado (art. 7 Ley 3089/2002) que debe ser definitiva y firme.
51. Para PINO ÁVILA, 2023, por esta imposibilidad de revocar su consentimiento, es un modelo insatisfactorio al incidir en el derecho fundamental al desarrollo de la personalidad de la madre gestante.
52. VASTAROUCHA, 2019, *op. cit.*
53. Portal de Transparencia del Ministerio de Asuntos Exteriores, Unión Europea y Cooperación.

En el estudio realizado por el Parlamento Europeo (2013)[54], al analizar la legislación de Grecia en relación con la de Sudáfrica, y ver sus similitudes pese a las diferencias sociopolíticas y la distancia geográfica existente entre ambos países, se concluyó que quizás algún día podría llegar a existir una regulación uniforme a nivel internacional en esta materia.

2.3 REPÚBLICA DE SUDÁFRICA

En Sudáfrica se han documentado casos de gestación por sustitución incluso antes de que ésta fuera regulada. Así, el Diario New York Times publicó el 2 de octubre de 1987 el caso de Pat Anthony que con 48 años gestó a los trillizos de su hija[55]. Siendo la madre legal de los tres niños en base al principio de *mater semper certa est* (según la derogada *Children´s Act* n.º 38 en 2005, *Chapter* 19, arts. 292 a 303) tuvo que ceder la patria potestad en favor de su hija y yerno, padres biológicos, dentro de un procedimiento de adopción[56].

La Constitución sudafricana facilita la gestación por sustitución en base al reconocimiento del derecho a tener un hijo, regulándose en la *Children´s Act como* una técnica legalizada de reproducción asistida —arts. 295, letra (e) y 296 (1) letra a)— y para que tenga lugar debe firmarse un acuerdo por todas las partes (art. 293), que tiene que ser revisado y confirmado por un tribunal antes de que tenga lugar la fertilización (art. 295). Sin embargo, debido a la importancia del interés superior del niño, es difícil imaginar que un juez no autorizase el acuerdo de subrogación retroactivamente si las partes no solicitaron el permiso del tribunal antes de que se realizase el tratamiento de fertilidad[57].

El art. 295 recoge los datos del contrato de gestación que debe verificar el tribunal antes de autorizar una gestación por sustitución, tales como que el padre o los padres de intención, que pueden ser pareja del mismo sexo o una persona sola, no pueden tener hijos, con carácter permanente e irreversible (art. 295, a); que al menos uno ha aportado su material genético (art. 294) y es residente permanente en Sudáfrica; y respecto de la madre gestante que ésta comprende y acepta las consecuencias legales del acuerdo y sus derechos y obligaciones (art. 295, c, apartado iii), que no está utilizando la subrogación como fuente de ingresos (art. 295, c, apartado iv), que es ciudadana sudafricana (aunque la ley permite que un juez pueda autorizar que una mujer pueda ser gestante incluso si no está domiciliada en Sudáfrica *ex* art. 292.2) o que tiene un historial documentado de, al menos, un embarazo (art. 295, c, apartado vi) y un hijo vivo propio (art. 295, c, apartado vii).

54. *A comparative study on regime of surrogacy in EU Members States*, pp. 40-41.
55. «South Africa Woman Gives Birth To 3 Grandchildren, and History». Disponible en: https://www.nytimes.com/1987/10/02/world/south-africa-woman-gives-birth-to-3-grandchildren-and-history.html
56. Disponible en: http//:www. surrogacy.ru/es/history.php
57. BRUNET *et al.*, 2013.

Otro aspecto a controlar por el tribunal, de acuerdo con el art. 295 letras (d) y (e) es que el acuerdo incluya disposiciones adecuadas en beneficio del niño, de modo que se garantice que los padres de intención pueden criarlo, dándole un bienestar económico que cubra sus necesidades, protegiéndolo en caso de muerte de los padres comitentes o uno de ellos, o por causa de divorcio o separación antes del nacimiento.

Siendo un convenio altruista, es posible que se abonen determinados gastos tales como los relacionados directamente con la fecundación artificial, el embarazo y el nacimiento, la pérdida de ingresos sufrida por la gestante como resultado del acuerdo, o el coste del seguro que cubrirá a la madre sustituta en cuestiones derivadas del embarazo, el fallecimiento o la incapacidad (art. 301.2), entre otras.

La competencia territorial será del tribunal dentro de cuya jurisdicción estén domiciliados o residan habitualmente los comitentes (art. 292), lo que en principio excluye a este país como uno de los destinos donde los extranjeros intenten ser padres. El papel del tribunal no es meramente burocrático sino que debe controlar el cumplimiento de la ley y el respeto de los intereses y derechos de todas las partes involucradas en la subrogación, por lo que investigará y confirmará la falta de lucro, el cumplimiento de todos los requisitos previos legales y la idoneidad del o de los padres de intención y de la gestante, e incluso podrá indagar sobre los verdaderos motivos para elegir este método de reproducción o si existe o no una relación de mutuo respeto y aprecio entre las partes. Si el juzgador entendiera que no se cumple con lo previsto legalmente, dictaminará que el nacido es hijo o hija de la mujer que lo gestó.

La ley sudafricana establece que la fecundación de la mujer debe tener lugar antes de transcurrido un período de dieciocho meses a partir de la autorización judicial (art. 296 [1] letra b). En cuanto a la posibilidad de aborto se reconoce este derecho a la mujer gestante (art. 300) en los términos de la *Choice on Termination of Pregnancy Act*, 92/1996, debiendo tanto informar sobre su decisión a los comitentes como compensarlos por cualquier pago realizado si la decisión de finalizar el embarazo se toma por motivos que no sean meras razones médicas.

La Ley Nacional de Salud n.º 61 de 2003 permite que la gestante sea también la madre genética (arts. 296 y 298) por lo que, en ese supuesto, es posible que en cualquier momento, antes de haber transcurrido sesenta días después del nacimiento del niño o niña, pueda dar por finalizado el acuerdo de gestación presentando una notificación ante el tribunal, que lo aceptará en interés del menor (punto 2) tras la celebración de una audiencia. La madre que ha gestado por sustitución no incurriría en responsabilidad alguna con los padres de intención por ejercer su derecho de rescisión (art. 298.3) a excepción de la compensación por cualquier pago realizado por los padres comitentes (art. 301).

En España, desde el año 2015 hasta el 2020 consta una solicitud de inscripción en el Registro Civil Consular de Ciudad del Cabo previo reconocimiento de la filiación, instada por una familia monoparental que curiosamente fue denegada. En el año 2020 hubo otra solicitud que fue suspendida, desconociéndose los motivos. En el año 2022 se presentaron tres solicitudes, todas inscritas[58].

2.4 CANADÁ

La gestación por sustitución está regulada por la *Assisted Human Reproduction Act, S.C.* 2004, c.2, ley federal[59] que permite el acceso a la subrogación a todo tipo de familias, matrimonios heterosexuales y homosexuales, parejas o personas solteras, ya que la discriminación por motivos de orientación sexual o estado civil está prohibida. También incluye entre los posibles usuarios a los extranjeros.

La edad mínima de la mujer gestante deberá ser de 21 años (art. 6.4) y debe haber sido madre con anterioridad, es decir, salvo excepciones debe haber tenido al menos un embarazo y parto previo. No debe tener antecedentes de complicaciones graves durante el embarazo, el parto o el posparto, y contar con buena salud física, emocional y mental.

Su participación debe ser altruista (art. 5.2), aunque en el contrato se puede fijar el abono por los comitentes de un importe máximo para cubrir los gastos necesarios o razonables en los que incurra la gestante. Estos importes están fijados por el Ministerio de Salud y para su reembolso se deben presentar las facturas y comprobantes que justifiquen esos pagos junto con un informe médico (art. 12.2). En el reglamento que desarrolla la ley se determinan los conceptos por los que se recibirá el pago, tales como gastos de viaje; por servicios de asesoramiento; gastos para obtener medicamentos; gastos en ropa de maternidad; gastos de clases de ejercicios prenatales; o de cobertura de seguro de salud, etc., es decir, deben ser gastos razonables relacionados con el proceso de gestación subrogada y embarazo. Para el reembolso se han de cumplir unos requisitos previos (art. 8 SOR/2019-193) y quien costee estos gastos deberá mantener un registro de todos los documentos durante un período de seis años después de la fecha del abono (art. 11 SOR/2019-193).

No se admiten los intermediarios que pongan en contacto a los padres de intención con las mujeres, siendo considerada esta actividad como delictiva (art. 6.3).

58. Portal de Transparencia del Ministerio de Asuntos Exteriores, Unión Europea y Cooperación.
59. Ley federal desarrollada por el Reglamento SOR /2019-193 en cuanto a los abonos permitidos.Disponible en: https://www.canlii.org/en/ca/laws/regu/sor-2019-193/latest/sor-2019-193.html

La filiación se regula de forma diferente según la provincia. Así, en Ontario, el 1 de enero de 2017 entró en vigor la *All Families Are Equal Act (Parentage and Related Registrations Statute Law Amendment), 2016, S.O. 2016, c. 23-Bill 28,* que reformó la *Children's Law Reform Act, RSO 1990, c C.12* (CLRAO)[60] que establece un proceso simplificado para el reconocimiento legal de los padres de intención[61]. Para ello se requiere que se haya firmado un acuerdo de subrogación antes de la concepción, normalmente mediante fecundación *in vitro*, y que la madre gestante y los padres de intención hayan recibido un asesoramiento legal independiente antes de firmar el acuerdo.

En esta provincia se debe prestar un consentimiento por escrito de la gestante renunciando a ser la madre del menor que nazca, nunca antes de que el niño o niña tenga siete días de edad —art. 10 (4) Ley de 2016 de Ontario—. Si se cumplen los requisitos legales, cualquiera de las partes del acuerdo de subrogación puede solicitar al tribunal una declaración de filiación con respecto al menor ya nacido y antes del primer cumpleaños —art. 11(2) de la Ley de 2016—.

Como el contrato de gestación por otro no puede hacerse cumplir si la madre gestante se niega a renunciar a sus derechos una vez nazca el niño, en el proceso judicial es prueba de la intención de las partes los pactos previos, en orden a que el juez dictamine finalmente quiénes deben ser declarados los padres legales[62]. En Ontario además se da la circunstancia de que desde 2017 se admite la multiparentalidad y hasta cuatro personas pueden acordar, por escrito y mediante un convenio de subrogación, el ser los padres del nacido, siendo necesaria la intervención o verificación judicial una vez ha tenido lugar el alumbramiento (Sentencia de 2 de enero de 2007 del Tribunal de Apelación de Ontario[63]) y siempre que sea oportuno en interés del menor.

British Columbia es la segunda provincia donde si las partes así lo desean puedan plantear ser todos los progenitores legales (*Family Law Act*, 23 de noviembre de 2011-FLACB[64]), permitiéndose la inscripción de hasta tres personas[65] en el certificado de nacimiento en un contexto de subrogación o de concepción mediante donante (Sección 30, 1). En esta provincia, a diferencia de

60. Disponible en: https://www.ontario.ca/laws/statute/90c12
61. Esta ley reforma la *Children's Law Reform Act*, RSO 1990, c C.12 (CLRAO).
62. La *All Families Are Equal Act* ha introducido la posibilidad de suscribirse un acuerdo previo a la concepción como medio para eliminar los derechos y responsabilidades de los padres biológicos, incluso aquellos que conciben un hijo a través de las relaciones sexuales —§9(1) All Families Are Equal Act—. Corte Superior de Justicia de Ontario, Sentencia MRR v. JM 2017 CarswellOnt 6290 (Ont.SC).
63. A.A. v. B.B., 2007 ONCA 2 DATE: 20070102 DOCKET: C39998 y §10 (2) punto 3 de la All Families Are Equal Act que reformó la Children´s Law Reform Act, RSO 1990, chapter C. 12.
64. En vigor en marzo de 2013.
65. En la provincia de British Columbia la Ley limita la multiparentalidad a tres progenitores legales, pactado previamente y donde siempre una debe ser la mujer gestante (§30 de la FLACB).

Ontario, no se exige la intervención posterior de un juez para constituir la multiparentalidad legalmente.

Quebec es la única excepción. En esta provincia legalmente es absolutamente nulo todo pacto por el cual una mujer se obliga a procrear y dar a luz un hijo por cuenta de otra persona (art. 541 CCQ), de modo que la gestante va a ser legalmente la madre y así va a figurar en el certificado de nacimiento. Para tener cualquier derecho de filiación legal sobre el menor, los progenitores de intención tienen que pasar por un proceso de adopción formal o bien reclamar la paternidad quien haya aportado su material genético. Actualmente existe un debate público y político en esta provincia sobre el reconocimiento de los contratos de subrogación[66] con la idea de llegar a legalizarlos siempre que se trate de un acuerdo solidario y en pro de establecer un marco normativo en beneficio del interés del menor y que evite la comercialización del cuerpo de la mujer[67].

Según constan en las estadísticas del Ministerio de Asuntos Exteriores de España, en el Registro Consular de Montreal se han presentado desde el año 2018 al 2022 tres solicitudes de inscripción de nacimiento por gestación subrogada y se han inscrito todas. En Toronto, en el período del año 2012 al 2022 se han presentado ciento trece solicitudes de las que sólo catorce se han denegado y dos se han suspendido[68].

2.5 REINO UNIDO

El Reino Unido (Inglaterra, Irlanda del Norte, Escocia y Gales) es de los pocos Estados del área europea que ha establecido un cuerpo normativo de dicha técnica reproductiva.

El primer caso de gestación comercial, conocido como el *Asunto* A *c.* *C*, tuvo lugar en 1976. En él, la Sra. C, inseminada con el esperma del Sr. A por unas tres mil libras, se negó a entregar el niño tras el parto. El acuerdo fue calificado como un procedimiento totalmente inhumano y un sórdido acuerdo comercial[69].

Otro asunto mediático, del que se hizo eco el periódico español ABC[70] el 20 de enero de 1985, fue el de una mujer casada y madre de dos hijos que, a través de la sucursal inglesa del estadounidense *National Centre for Surrogate Parenting*, había suscrito un acuerdo comercial con un matrimonio americano para la aportación de sus óvulos y la gestación de un bebé, engendrado mediante inse-

66. FINKELSTEIN, *et al.*, 2016.
67. Disponible en: https://www.lapresse.ca/actualites/politique/2021-08-30/quebec-s-attaque-a-la-reforme-du-droit-de-la-famille.php
68. Portal de Transparencia del Ministerio de Asuntos Exteriores, Unión Europea y Cooperación.
69. ALGHRANI y GRIFFITHS, 2017: 168.
70. Diario ABC. Disponible en: http://hemeroteca.abc.es/nav/Navigate.exe/hemeroteca/madrid/abc/1985/01/20/055.html

minación artificial con semen del esposo de la pareja comitente. En enero de 1985 nació una niña cuya custodia, en atención a su interés superior, fue asignada judicialmente a los padres americanos por la vía de la adopción[71]. Se trataba de «*Baby Cotton*», el primer caso de gestación por sustitución transfronteriza en Europa.

El revuelo social y mediático del proceso[72], junto al contenido del Informe Warnock de 1984[73], hizo que el Parlamento británico prohibiera la gestación subrogada y, por supuesto, la de carácter comercial (*Surrogacy Arrangement Act* 1985[74]) sin poderse exigir su cumplimiento en caso de celebrarse el acuerdo (punto 1A, insertado por la *Human Fertilisation and Embryology Act* 1990) y permitiendo luego únicamente la de carácter altruista al modificarse la ley por la *Human Fertilisation and Embryology Act* 2008 (arts. 54 y 54 A, HFEA)[75].

En el Reino Unido desde el nacimiento es considerada la madre quien alumbra (art. 33) y el acuerdo de gestación no tendrá efectos vinculantes para las partes. En principio, si la mujer gestante opta por quedarse con el nacido los comitentes verán muy difícil exigir el cumplimiento del acuerdo en los tribunales[76].

Los efectos de la filiación se producen una vez que los padres de intención inicien un procedimiento judicial y presenten una solicitud de una *parental order que* les conceda la filiación del menor (art. 54.1 HFEA), extinguiendo los derechos parentales de la gestante y otorgándolos a los comitentes, de un modo similar a la *adoption order*. El plazo de presentación de la solicitud judicial se cuenta transcurridas seis semanas desde el nacimiento del menor, que es el

71. FARNÓS AMORÓS, 2010:20.
72. Diario The Independent, «Uk's first surrogate mother on carrying someone else's baby and how the law must change». Disponible en: https://www.independent.co.uk/life-style/health-and-families/uk-first-surrogate-mother-kim-cotton-carry-someone-else-baby-law-change-a7645831.html
73. En el Reino Unido el Parlamento encargó la confección de un Informe sobre reproducción asistida. El informe buscaba determinar el estatus de los embriones concebidos artificialmente y hallar la justificación que permitiera su manipulación durante un periodo de tiempo. En 1984, la Comisión de Investigación sobre Fecundación y Embriología Humana, presidida por la filósofa Mary Warnock entregó el denominado «Informe Warnock». En este Informe se hablaba de una práctica mediante la cual una mujer gesta o lleva en su vientre un niño para otra mujer, con la intención de entregárselo después de que nazca («surrogate mother»).
74. *Surrogacy Arrangements Act 1985*, Chapter 49. Disponible en: https://www.legislation.gov.uk/ukpga/1985/49
75. Disponible en: https://www.legislation.gov.uk/ukpga/2008/22/contents. La ley es complementada por la *Fertilisation and Embryology (Parental Order) Regulations*, en vigor desde el 6 de abril de 2010. Este reglamento modificó la legislación que regulaba el procedimiento de otorgamiento de las órdenes parentales, tales como la *Adoption & Children Act 2002* (en Inglaterra y Gales), la *Adoption & Children (Scotland) Act 2007* y la *Adoption (Northern Ireland) Order 1987.*
76. FINKELSTEIN, *et al.*, 2016.

plazo de reflexión que se da a la gestante para desistir y, en términos generales, debe plantearse antes de seis meses después del nacimiento, plazo de caducidad de la acción filiatoria (art. 54.3). Sin embargo, en la práctica los tribunales han venido permitiendo el inicio del proceso más allá de este plazo (*Asunto Re-X (A Child) (Surrogacy: Time limit*[77]).

En el proceso judicial se comprobará, entre otros aspectos, que en el momento de la solicitud de la orden parental el hogar del niño está establecido con los solicitantes, que deben residir[78] en Gran Bretaña, Islas del Canal o en la Isla de Man, en una clara intención de evitar el turismo reproductivo. Este aspecto también se ha interpretado con generosidad por los tribunales británicos debido a la influencia de la doctrina del Tribunal de Estrasburgo, concretamente la STEDH, *Kroon y otros c. Países Bajos*[79]. Así, la Sentencia *In the matter of X (A Child)*, de 28 de febrero de 2018, afirmó que se da esa circunstancia, aunque los padres vivan en hogares diferentes si el menor no convive con nadie más[80].

Como el juez inglés es el que establece la filiación del niño o niña respecto de los padres intencionales mediante la llamada *parental order* (art. 45 HFEA 2008), se emiten dos actas o certificados de nacimiento. En el primero, la mujer que da a luz es la que consta como madre, teniendo un plazo para renunciar a esa condición. Entonces, si otorga su consentimiento en tiempo y forma, se dicta o elabora otra nueva acta de nacimiento a favor de los padres intencionales[81].

Por tanto, es un sistema que se basa en la regla tradicional de establecimiento de la maternidad por el parto y que protege el derecho de la gestante a cambiar de parecer, debiéndose esperar a la decisión final de un tribunal que procede a la transferencia de la paternidad. Es un riesgo que deben asumir los comitentes, pues el juzgador puede que tenga en cuenta el vínculo que se establezca durante el período de embarazo entre el feto y la gestante para denegar la orden[82].

No siendo el acuerdo de subrogación ejecutable automáticamente, sí puede ser considerado una prueba de la intención de las partes en los términos en los que se suscribió el contrato. Por ello, ha habido ocasiones en las que un juez ha decidido que había de entregarse el bebé a los padres de intención pese al arrepentimiento de la gestante, analizando previamente qué es lo que más le convenía al menor nacido y, en función de ello, decidir quiénes iban a ser sus padres legales (ocurrió así en un proceso judicial del que se hizo eco *The Guardian*[83]).

77. [2014] EWHC 3135 (Fam). Case N.º: BM13P08884.
78. La Ley habla de «domicile».
79. STEDH, KROON y otros c. PAÍSES BAJOS, de 27-10-1994 (TEDH 1994, 37).
80. [2018] EWFC 15.
81. LAMM, 2012:16.
82. Asunto CW v NT & Anor [2011] EWHC 33 (Fam).
83. Damien Gayle and Press Association (mayo de 2015). Disponible en: https://www.theguardian.com/law/2015/may/06/high-court-orders-surrogate-mother-baby-gay-couple

También ayuda a fijar la filiación el que el tribunal compruebe, por ejemplo, que durante el embarazo hubo una buena relación entre la gestante y los padres comitentes, o que estos no han intentado defraudar a las autoridades británicas, hechos que facilitan la admisión de estos contratos celebrados sobre todo en el extranjero[84].

Las órdenes parentales podrán otorgarse por el tribunal siempre que el neonato sea el descendiente genético de, al menos, uno de los solicitantes. Si no es así, el procedimiento a seguir es la adopción.

El problema surge cuando el progenitor biológico fallece antes del nacimiento. Fue el caso de un bebé que nació en 2019 tras el fallecimiento del padre de intención genético, quedando tras su nacimiento la madre gestante y su esposo como sus padres legales. La madre de intención planteó la solicitud de esa orden parental en nombre de ella y de su difunto esposo, pero ella no tenía ninguna relación biológica con el menor, incumpliéndose ese requisito de la acción. Tras una ardua lucha judicial[85], finalmente se reconoció la paternidad legal del padre biológico para proteger el interés superior del menor.

Situaciones como éstas han puesto sobre la mesa la necesidad de revisión del art. 54 para que se declaren a los padres de intención como los padres legales inmediatamente después del nacimiento, a menos que la mujer gestante se oponga[86]. La gestante conservaría el derecho a oponerse en un plazo determinado, manteniéndose la vía judicial sólo para el caso de que haya un conflicto entre las partes que deba solucionarse judicialmente.

Con relación a las parejas del mismo sexo, tras *The Marriage (Same Sex Couples) Act 2013* y *The Marriage and Civil Partnership (Scotland) Act 2014*, y gracias también a la *Civil Partnership Act 2004*, se modificó la HFEA de 2008 incluyéndose a las parejas del mismo sexo, casadas o no, aunque sin permitir el acceso a personas solas o solteras. La *High Court of Justice* británica, sin embargo, se mostró en desacuerdo con esta exigencia de la ley, habiendo dictado sentencias autorizando el acceso a los solteros por considerarse discriminatorio —*Asunto In the matter of Z (A Child)* de julio de 2015 y *Asunto In the matter of Z (A Child) (No 2)* de mayo de 2016—. Fue esta última sentencia la que posibilitó la modificación de la HFEA de 2008 (norma 54.ª) mediante una Orden de 2018, admitiendo desde el 3 de enero de 2019 que pudieran ser padres a través de subrogación los solteros con residencia legal en Reino Unido. Igualmente es un requisito por cumplir el que sus gametos se hubieran utilizado para lograr el embrión, pues deben solicitar igualmente la correspondiente orden parental.

84. Asunto Re ST (A child) Surrogacy: Iran [2018] EWHC 3439 (Fam).
85. [2020] EWFC 39, número de caso: ZC19P00834. Royal Courts of Justice Strand, London, WC2A 2LL20/05/2020.
86. Disponible en: https://www.bionews.org.uk/page_143228

Estamos, en términos generales, ante una regulación tan restrictiva que no se cubre la demanda de gestación para otros, por lo que la mayor parte de los nacionales que realizan este tipo de pactos lo hacen en el extranjero, buscando unos acuerdos más amables que los permitidos por su legislación. Sin embargo, ello no obsta a que la validez de lo acordado y realizado en el extranjero al final se enjuicie y se verifique de conformidad con la legislación del Reino Unido.

Ello aconteció en el *Asunto C (A Child) [2013] EWHC 2413 (Fam)*[87]. Se trataba de la solicitud en el Reino Unido de una orden parental instada ante *The High Court of Justice Family Division, Royal Courts of Justice (Strand, London)* tras el nacimiento en 2012 de un niño concebido a través de un tratamiento de fecundación *in vitro* en Moscú, con el esperma de uno de los solicitantes y los óvulos de una donante. La gestante fue una mujer rusa que se ofreció a ello a través de una agencia intermediaria también rusa.

Son aspectos destacables de este procedimiento judicial el que el menor nació en Moscú en 2012 y fue registrado allí como ciudadano británico donde estuvo residiendo con los padres de intención durante meses. Cuando regresaron al Reino Unido los padres de intención solicitaron la orden parental ante el tribunal inglés y éste comenzó a verificar los diferentes extremos del acuerdo firmado en el extranjero.

Mediante una pericial de un abogado ruso comprobó que los solicitantes eran tratados como padres legales del menor de acuerdo con la ley rusa, habiendo sido registrados como tales en el certificado de nacimiento ruso. Se verificó el cumplimiento de los criterios del art. 54 de la HFEA 2008. Como la madre sustituta estaba casada, el juez comprobó también que ésta y su marido, en calidad de demandados, aceptaban que los progenitores de intención iban a ser los padres legales. Existía un consentimiento por escrito firmado por cada uno de los demandados y, aunque no era el formulario británico 101.ª, el tribunal lo consideró incluso más detallado[88]. También verificó el consentimiento de la gestante prestado más de seis semanas después del nacimiento (s54 [6] y [7]).

Se comprobó también que no había existido ningún pago más allá de los gastos razonables que la gestante había tenido (norma 54.ª, punto 8). Según los términos del acuerdo de subrogación, la mujer recibió unas 4.324 £ por los gastos reales incurridos por ella (viajes, medicamentos, ropa, costes de cuidado de niños, etc.), una pequeña cantidad de 22 £ detallada como comisión que no era referible a ningún gasto y una compensación de 8.812 £. También aparecían otros pagos a terceros tales como 7.127£ para facturas de hospital y alojamiento de la mujer gestante y 211 £ para medicamentos y FIV. El tribunal concluyó que los abonos realizados no fueron tan desproporcionados como para constituir una

87. Case n.º: IL12P00153.

88. La Regla 13.11 (1) —Reglas de Procedimientos Familiares 2010 (FPR)— establece que el consentimiento puede estar en el Formulario 101A o en uno de efecto similar.

vulneración del orden público inglés y que todas las evidencias apuntaban a que la suma estaba dentro del rango de acuerdos similares realizados en Rusia, enmarcándose en una gestación altruista.

En otro asunto, *L (A Minor), [2010] EWHC 3146,* el contrato de gestación se había celebrado en Illinois y, pese a ser totalmente legal en aquella jurisdicción, se consideró ilegal en el Reino Unido porque los pagos efectuados por los demandantes iban más allá de lo que se entendía por gastos razonables y, por tanto, atentatorio a su orden público. No obstante, el juez sostuvo que el bienestar del menor era la principal cuestión que se debía tener presente, de modo que cuando entra en conflicto con el orden público debe siempre prevalecer el interés superior del menor, lo que en el supuesto concreto se entendía que era el establecer su filiación respecto de los comitentes tal y como se fijó en Illinois.

Por tanto, aunque los jueces británicos tengan dudas de que en realidad los pagos se disfrazan de gastos necesarios o se trate de una gestación comercial, acaban autorizando estos contratos ya que cuando les llega la cuestión el menor ya vive con los que se consideran sus padres, siendo preferible, en protección de su interés, entender que los pagos no son tan desproporcionados o que se han efectuado de buena fe y sin vulnerarse la capacidad de decisión de la mujer gestante, en vez de rechazarse de plano la filiación ya establecida en el extranjero.

Al final, para los jueces ingleses lo razonable depende de cada circunstancia y caso concreto, de modo que un tribunal de familia actualmente rara vez cuestiona el nivel de pagos en casos de subrogación, ya que prima el bienestar del menor, el bienestar de toda su vida —*Asunto RE: L (A Minor)*[89] de 8 de diciembre de 2010 y *Asunto Re, X e Y, 2008 EWHC 3030 (Fam)*[90]— conforme al art. 1 (punto 2) de la *Adoption and Children Act 2002*.

Esta discordancia entre el texto de la ley y su aplicación práctica por los tribunales ha hecho que se abogue por la regulación de la gestación por sustitución «compensada», que se considera a juicio de algún sector doctrinal como más ética que la altruista de doble moral que funciona en la actualidad. Efectivamente, hay algún que otro informe que pone de manifiesto que muchos padres comitentes se muestran frustrados al no poder compensar adecuadamente a la gestante y, además, destacan que algunos acuerdos de subrogación altruistas

89. [2010] EWHC 3146 (Fam).
90. En 2008 con la sentencia *Re X and Y* (Foreign Surrogacy) [2008] EWHC 3030 (Fam) los tribunales ingleses se pronunciaron al respecto de una gestación llevada a cabo en Ucrania mediante un contrato comercial suscrito por británicos, dándole validez a la misma pese a estar prohibida en Reino Unido la gestación por sustitución comercial y determinó que el interés superior del menor nacido debería prevalecer frente al orden público y la posible ilegalidad de los pagos efectuados, entendiendo que la ley inglesa realmente no fija expresamente cuales son esos gastos necesarios y que en todo caso se hicieron conforme a otro ordenamiento como es el ucraniano.

terminan finalmente con un coste general para los padres procreacionales que son más o menos similares al que se pagaría en un acuerdo de subrogación comercial en el extranjero[91].

Se puede afirmar que la mayoría del movimiento feminista y los partidos políticos de izquierda del Reino Unido apoyan la gestación por sustitución. Las gestantes británicas expresan, en coherencia con el pensamiento dominante de aceptación de la gestación por sustitución, que el principal motor de su colaboración en estos acuerdos es el altruismo, y que lo hacen, en la mayoría de los casos, inspiradas por casos familiares o cercanos donde han visto sufrir a personas por no poder gestar sus propios hijos.

La posibilidad de admitir la gestación por sustitución de carácter altruista, que el feminismo mayoritario en el Reino Unido apoya, parece casi imposible en España, donde la corriente feminista mayoritaria identifica cualquier modalidad de gestación por sustitución ineludiblemente con la explotación de las gestantes[92].

Pese a lo anterior, nuestras autoridades vienen entendiendo que esta regulación de la gestación por sustitución es respetuosa con los derechos de las partes implicadas, fundamentalmente del menor y de la mujer gestante (a efectos ilustrativos, la Resolución de la DGRN de 27 de octubre de 2017 —1.ª—, que trata sobre la aceptación de la inscripción de un nacimiento de un menor acontecido en el Reino Unido[93] —resolución del Juzgado de Familia de Londres, de 26 de abril de 2013—).

De hecho, en España se constata entre los años 2013 a 2022 una solicitud de inscripción en el Registro Civil Consular de Edimburgo por una pareja del mismo sexo (en el 2019) que fue aceptada. En Manchester dos solicitudes en el año 2022, inscritas las dos. Entre 2013 a 2019 se presentaron diez solicitudes ante el Registro Civil Consular de Londres, presentadas por parejas del mismo sexo, aceptándose todas las peticiones de inscripción, y en el período 2020 a 2023 se presentaron ocho solicitudes de inscripción, también aceptadas todas, desconociéndose el perfil de los solicitantes al no recogerse ese dato desde el año 2020[94].

91. E. Jackson, J. Millbank, I. Karpin and A. Stuhmcke, «Learning from Cross-Border Reproduction» (2017) 25(1) Medical Law Review 23. Disponible en: https://www.ncbi.nlm.nih.gov/pmc/articles/PMC5387889/
92. IGAREDA GONZÁLEZ,2020: 898.
93. Dispone que la ruptura del vínculo de los nacidos con la madre gestante garantiza el derecho de los menores a disponer de una filiación única, válida para todos los países, asegurando el derecho a gozar también de una identidad única, en la línea de la STJUE de 2 de octubre de 2003 y 14 de octubre de 2008 (FJ 10).
94. Portal de Transparencia del Ministerio de Asuntos Exteriores, Unión Europea y Cooperación.

2.6 AUSTRALIA

La gestación por sustitución comercial está prohibida por ley[95], en todos los Estados salvo en Northern Territory, donde ni siquiera está legislada. Los que la han regulado y la Ley federal (*The Parentage Act 2004*)[96] permiten sólo la gestación altruista con reembolso de algunos de los gastos, debiéndose acudir a la ley de cada Estado para saber qué tipo de gasto es admitido.

A modo de ejemplo, la *Assisted Reproductive Treatment Act 2008 (Victoria)*[97] establece que serán reembolsables los gastos en los que haya incurrido la madre gestante como consecuencia de este contrato. Otras legislaciones relacionan, incluso proporcionando ejemplos, de qué gastos se estaría hablando. Es el caso de la *The Surrogacy Act 2010* (Queensland)[98], para la que serían costes razonables a abonarse los asociados a quedar o intentar quedar embarazada; los relativos al embarazo o el parto; el necesario para tener un asesoramiento jurídico; el seguro de salud o los gastos de viaje y alojamiento que necesite sufragar si no vive en Queensland y viaja allí para iniciar el proceso de fecundación.

En términos generales se permite el acceso a la misma por las parejas heterosexuales, mas en algunos Estados es accesible para las parejas homosexuales (Queensland, Tasmania[99] y Nueva Gales del Sur[100]), y en otros su uso por personas solteras (Victoria).

Otro aspecto importante es que al menos uno de los progenitores de intención debe ser padre genético, aunque en algunos Estados, como Queensland, se permita también la gestación tradicional, estableciéndose la filiación tras un procedimiento judicial.

Todos los Estados que han legislado, así como la legislación federal (*Parentage Act 2004)*, determinan que la madre gestante y su pareja, si la tiene, son los progenitores legales del neonato y los progenitores de intención deben solicitar en un juzgado el traslado de la paternidad en un determinado período de tiempo después del nacimiento. Aunque la *Parentage Act 2004* creó un proceso formal para permitir esa transferencia de la paternidad, cada Estado establece unos requisitos previos de admisión que se deben cumplir, exigiéndose habitual-

95. *Surrogacy Act 2010 (Qld)* s 56; *Surrogacy Act 2010 (NSW)* s 8; *Parentage Act 2004 (ACT)* s 41; *Assisted Reproductive Treatment Act 2008 (Vic)*, s 44; *Surrogacy Act 2012 (Tas)* s 40; *Family Relationships Act 1975 (SA)* s 10H; *Surrogacy Act 2008 (WA)* s 8.
96. Disponible en: https://www.legislation.act.gov.au/a/2004-1
97. Disponible en: https://www.legislation.vic.gov.au/in-force/acts/assisted-reproductive-treatment-act-2008/024
98. Disponible en: https://www.legislation.qld.gov.au/view/pdf/2016-03-22/act-2010-002 y https://www.legislation.qld.gov.au/view/whole/html/inforce/current/act-2010-002
99. *The Surrogacy Act 2012*. Disponible en: https://www.legislation.tas.gov.au/view/whole/html/inforce/current/act-2012-034
100. *Surrogacy Act 2010*. Disponible en: https://legislation.nsw.gov.au/view/pdf/asmade/act-2010-102

mente que no sea un acuerdo comercial y que los padres de intención vivan en el Estado en cuestión.

Por lo tanto, llevado a cabo el acuerdo de gestación por sustitución en Australia o en el extranjero, éste se debe legalizar mediante un procedimiento ante los tribunales de familia (*Children Court*) donde se les reconozcan como padres mediante el dictado de las llamadas *parentage orders*, que deberá solicitarse entre las seis semanas y los seis meses del nacimiento. Siguiendo con el ejemplo de Queensland, la solicitud de una orden de paternidad debe hacerse no antes de los veintiocho días del nacimiento ni más allá de los seis meses de edad del niño o niña, salvo que el tribunal dé permiso para que se solicite con posterioridad[101].

Ello implica el riesgo de que cada tribunal haga su propia interpretación de las leyes y una desigual aplicación de las normas al caso objeto de enjuiciamiento. Fue lo sucedido en el *Asunto de Dudley y Chedi*[102] y de *Dennis y Pradchaphet*[103]. Estos procedimientos estaban referidos a la misma pareja heterosexual de Queensland que concertaron dos gestaciones en el extranjero de carácter comercial, tras las que nacieron tres hijos el mismo día, pero de dos madres diferentes. Los tres niños fueron concebidos usando el semen del Sr. D y los óvulos de una donante anónima[104]. Se presentaron dos solicitudes separadas de órdenes de paternidad, de modo que en un proceso se acordó la filiación sin mayor incidencia, comprobándose que uno de los comitentes era el padre biológico, y en el otro proceso se llegó a plantear si se procesaba penalmente a los padres de intención, debido principalmente al carácter comercial del contrato suscrito fuera de Australia.

Las restricciones legales hacen que los nacionales acudan a la gestación subrogada internacional, aunque sea con carácter comercial. El caso más mediático fue el del bebé Gammy[105], con síndrome de Down y problemas cardiacos, cuyos padres de intención (David J. Rarnell y Wenyu Li) lo dejaron con la madre gestante (Pattaramon Chanbua) en Tailandia y regresaron a Australia sólo con su hermana melliza (Pipah) que no tenía ningún problema de salud ni discapacidad. La madre tailandesa reclamó la maternidad, sin embargo, el juez Stephen Thackray decidió que la niña debería seguir viviendo con los padres de intenciónporque, entre otras cuestiones, se probó judicialmente que realmente no tuvieron la intención de abandonar al bebé en Tailandia y que los niños estaban en buenas condiciones, Gammy en Tailandia, al cuidado de la Sra. Chanbua y su

101. *Surrogacy Act 2010 (Qld)* s21.
102. *Asunto Dudley and Chedi* [2011] FamCA 502.
103. *Asunto Dennis and Pradchaphet* [2011] FamCA 123.
104. En ambas sentencias se habla de «Sr. D» para referirse al Sr. Dudley y al Sr. Dennis, siendo realmente la misma persona.
105. «Baby Gammy: Surrogacy row family cleared of abandoning child with Down syndrome in Thailand». Disponible en: https://www.abc.net.au/news/2016-04-14/baby-gammy-twin-must-remain-with-family-wa-court-rules/7326196

familia, y Pipah con la única familia que había conocido (*Sentencia PTW 3718 de 2014, de 14 de abril de 2016*).

A partir de entonces Australia se reafirmó en la negativa de aceptar la gestación por sustitución de carácter comercial, y tanto la Ley de Nueva Gales del Sur y Queensland, junto a la *Parentage Act 2004*, estipulan que la prohibición de la subrogación comercial opera incluso extraterritorialmente[106]. Como ejemplo, en Queensland *la Surrogacy Act 2010 (Qld)* se aplicará a quien realice actos contrarios a la norma incluso fuera del Estado, penalizándoles con hasta tres años de prisión (Disposición 56).

2.7 URUGUAY

La Ley n.º 19.167 de regulación de las técnicas de reproducción humana asistida[107] de 22 de noviembre de 2013 define las técnicas de reproducción humana asistida e incluye a la gestación subrogada como una práctica excepcional, que debe cumplir determinados requisitos para no considerarse una conducta penada[108].

Se trata de una norma aprobada, pese a las presiones de diversos sectores que la rechazaban, atendiendo al hecho de que los avances de la ciencia en el campo de la medicina no se podían frenar y que prohibiendo la gestación por sustitución provocaría un mayor número de casos que se llevarían en la clandestinidad, violentando los derechos fundamentales de las mujeres y de los nacidos por dicha técnica[109].

El Capítulo IV de la ley, titulado «De la gestación subrogada», declara en su artículo 25 que estos contratos resultan nulos. La excepción por la cual resulta permisible la gestación subrogada se prevé para el caso de que la mujer esté impedida para gestar por enfermedad genética u otra que haya contraído. Entonces se podrá acordar con un familiar en segundo grado de consanguinidad o de su pareja la implantación y gestación del embrión propio (si es una pareja con los gametos de ambos y si es una mujer sola, únicamente con su óvulo).

Es decir, serán requisitos mínimos el que la mujer gestante sea familiar directo del que quiere formar una familia biológica; que sólo las parejas heterosexuales uruguayas accedan a este proceso y que no haya una previa donación de gametos.

---

106. *Surrogacy Act 2010 (NSW)* s 11; *Surrogacy Act 2010 (Qld)* s 54(b) y *Parentage Act 2004 (ACT)* s 45.
107. Ley n.º 19.167 de regulación de las técnicas de reproducción humana asistida. Disponible en: https://www.impo.com.uy/bases/leyes/19167-2013
108. La ley es desarrollada mediante el Decreto n.º 84/015. Disponible en: https://www.impo.com.uy/bases/decretos/84-2015
109. ROJAS VENEGAS y CIENFUEGOS SALGADO, 2021: 143.

La imposibilidad de gestar en la mujer debe constar en un diagnóstico médico y tal informe se someterá a la Comisión Honoraria de Reproducción Humana Asistida[110] que, conforme a sus facultades, lo considerará o desechará. Aprobado el informe, el acuerdo deberá celebrarse a título gratuito, con el consentimiento por escrito de todas las personas que intervendrán (art. 26) y se remitirá a una de las clínicas habilitadas por el Ministerio de Salud para llevar a cabo el tratamiento.

Las TRHA están contenidas en el Sistema Nacional Integrado de Salud (Decreto n.º 313/014, del Incremento de la cuota mutual de sociedades médicas), de modo que el Estado permite que la población en general acceda a estos procedimientos de reproducción compartiendo gastos con el Fondo Nacional de Recursos, facilitando a todos sus ciudadanos el ejercicio del derecho a formar una familia y tener un hijo.

La filiación del nacido se establecerá a favor de quienes hayan solicitado y acordado la subrogación de la gestación (art. 27) como excepción a la regla general que establece que la filiación materna estará determinada por el parto o la cesárea de la madre biológica (art. 28).

2.8 ISRAEL

La gestación por sustitución se reguló en el año 1996 mediante la Ley 5756-1996 —*The Surrogacy Agreements (approval of the agreement and the newborn's status) Law*[111]—, tras el proceso judicial del *Asunto Nahmani c. Nahmani*[112] que autorizó el acuerdo mediante el cual una mujer aceptó quedar embarazada por medio de un trasplante de óvulos de la madre de intención, fertilizado por el esperma del padre de intención, para, una vez diera a luz al recién nacido, entregarlo a los comitentes.

Se permite el acceso a la gestación por otros a las parejas infértiles heterosexuales, incluso si no están casadas, que deben residir en Israel. También se permite a una mujer soltera si se usan sus óvulos (Ley 5778-2018).

Es el Gobierno el que autoriza esta práctica pues existe un Comité dependiente del Ministerio de Sanidad, *Committee for approving agreements for carr-*

110. Comisión creada por la Resolución Ministerial n.º 462/2014 de 26/8/2014. Está presidida por un representante del Ministerio de Salud Pública y la conforman delegados del Instituto Nacional de Donación y Trasplante de Células, Tejidos y Órganos; las facultades de Medicina y Derecho, la Sociedad Uruguaya de Reproducción Humana y el Colegio de Médicos de Uruguay.
111. Disponible en: https://www.gov.il/he/Departments/legalInfo/poriut05
112. La Corte Suprema autorizó que los preembriones generados con los gametos del cónyuge masculino, tras el divorcio, pudieran ser implantados en una gestante en el extranjero, pese a su oposición, ya que a su exmujer se le había extirpado el útero como consecuencia de padecer cáncer. Disponible en: https://versa.cardozo.yu.edu/sites/default/files/upload/opinions/Nahmani%20v.%20Nahmani.pdf

ying embryos[113], que es el que debe aprobar cada contrato de gestación subrogada. La función del Comité es verificar, entre otros extremos y con carácter previo a autorizar la gestación, que los comitentes son ciudadanos israelíes y han aportado su material genético, así como que las mujeres gestantes no han aportado sus óvulos; que todas las partes han prestado su libre consentimiento al acuerdo, habiendo entendido los términos del mismo; que la madre gestante no es pariente de uno de los futuros padres; que los futuros padres han recibido asesoramiento profesional adecuado, incluso con respecto a otras opciones distintas de la gestación por otros; que la edad del progenitor de intención en el momento de la aprobación del acuerdo es de al menos 18 años y al menos uno de los comitentes no haya cumplido los 54 años, así como que la futura gestante tenga una edad comprendida entre los 22 y 38 años.

No se descarta que haya pagos a la gestante, por lo que el proceso puede tener carácter altruista o comercial, siempre que las sumas consten en el acuerdo y se ingresen en una cuenta bancaria controlada por un administrador.

En Israel, la sanidad pública asume el coste de fertilidad y otros gastos relacionados con la gestación por sustitución, debiendo los comitentes sufragar otros gastos, como son el seguro médico, el asesoramiento legal, así como la compensación por el sufrimiento, la pérdida de ingresos o cualquier otra compensación calificada de gastos razonables[114]. Será entonces el Comité el que apruebe los pagos mensuales a la gestante para cubrir los gastos generados en la ejecución del acuerdo.

En la página del Ministerio de Sanidad de Israel[115] se relaciona toda la documentación que hay que preparar para iniciar administrativamente la autorización, desde la solicitud de aprobación de un acuerdo de subrogación, la declaración jurada de la futura madre, la declaración jurada del ginecólo-obstreta especialista, o la declaración jurada del abogado de la madre subrogada, entre otros. Una vez cumplimentados los formularios se presentan ante el Comité, que examinará el cumplimiento de los requisitos legales y la documentación presentada, escuchará a las partes a través de entrevistas personales —cuyo propósito es verificar el consentimiento prestado y la comprensión del proceso— e incluso podrá requerir cualquier documento adicional para constatar que se ha respetado lo dispuesto en la ley (art. 2 a 5). Verificado lo anterior, el Comité autorizará el acuerdo.

113. Compuesto por dos médicos con título de especialista en obstetricia y ginecología, un médico especialista en medicina interna, un psicólogo clínico, un trabajador social, un jurista y un clérigo, todos designados por el Ministerio (pundekaut@moh.gov.il).

114. Disponible en: https://www.gov.il/he/service/embryo-carrying

115. Disponible en: https://www.health.gov.il/English/Services/Committees/Embryo_Carrying_Agreements/Pages/default.aspx

La firma por las partes del acuerdo, con carácter previo al inicio de la gestación por sustitución, se hace en presencia de los miembros del Comité. Las situaciones o motivos por los que no se aprobará la candidatura a madre gestante será, entre otras, el que haya tenido cuatro o más partos, o dos o más mediante cesárea; que el último nacimiento fuera prematuro (antes de la semana treinta y cinco) o que el recién nacido hubiera tenido un peso inferior al normal para el período gestacional.

Los futuros padres y la madre sustituta deben informar obligatoriamente al final del quinto mes de embarazo el lugar del nacimiento y la fecha estimada de parto a la trabajadora social designada, para poder organizarse el traslado de la custodia del recién nacido a los futuros padres. Y es que después de nacer el menor en el hospital público designado será entregado temporalmente a los comitentes (Sección 10 B de la Ley 5756-1996) considerándose sus padres tanto el padre biológico como la gestante.

Antes de transcurrir siete días desde el nacimiento, los padres de intención deben iniciar un proceso judicial para la obtención de una orden parental que atribuya *ex post* la filiación del menor.

Según obra en la web del Ministerio de Sanidad israelí, desde 1996 hasta el año 2017 tuvieron lugar en el país ciento noventa y tres partos en los que han nacido doscientos treinta y un niños gracias a la gestación por sustitución. El perfil de la madre gestante era en su mayoría de una edad comprendida entre 31 y 35 años (47%); tenía un título académico superior (32%) y estaban casadas (65%).

En febrero de 2020, una sentencia del Alto Tribunal calificó la redacción de la ley de maternidad subrogada como discriminatoria e ilegal y consideró que el derecho a intentar ser padre o madre es un proceso que debería estar al alcance de todos. La consecuencia fue la declaración de inconstitucionalidad por excluir a determinadas personas por su orientación sexual, dando doce meses al Estado para que garantizara el derecho a la igualdad y a la paternidad a los hombres solteros y a las parejas de un mismo sexo. Si los parlamentarios no lo hicieran, el tribunal simplemente eliminaría las restricciones de la ley en su texto original.

Al no intervenir el legislador, el tribunal dictaminó finalmente que toda legislación que negare los derechos de subrogación a parejas del mismo sexo y hombres solteros sería nula y sin efecto dentro de seis meses posteriores al fallo. De modo que, a partir del 11 de enero de 2022, de conformidad con la Sentencia de la Corte Suprema de Justicia 781/15, de 11 de julio de 2021, se les incluyen entre los posibles usuarios de la gestación por sustitución[116].

116. Disponible en: https://www.elmundo.es/internacional/2021/07/11/60eb12f2fc6c83d80b8b45e0.html

2.9 CUBA

El 25 de septiembre de 2022 un referéndum popular aprobó para Cuba un nuevo Código de las Familias que derogó el vigente desde 1975. Se trata de la Ley n.º 156 «Código de las Familias», de 22 de julio de 2022 (DdFC) publicada en la Gaceta el 27 de septiembre de 2022.

Su artículo 4 regula algunos de los derechos tales como el derecho a constituir una familia; a la igualdad plena en materia filiatoria; a que se respete el derecho de las parejas a decidir si desean tener descendencia y el número y el momento para hacerlo, preservando, en todo caso, el derecho de las mujeres a decidir sobre sus cuerpos; o el derecho al desarrollo pleno de los derechos sexuales y reproductivos en el entorno familiar, independientemente de su sexo, orientación sexual e identidad de género o cualquier otra circunstancia personal.

La norma distingue varios tipos de filiación (art. 50 CdFC): a) por la procreación natural, que da lugar a la «filiación consanguínea»; b) por el acto jurídico de la adopción, que da lugar a la «filiación adoptiva»; c) por la voluntad expresada para construir la maternidad o la paternidad de las personas comitentes a través del uso de cualquier técnica de reproducción asistida, que da lugar a la llamada «filiación asistida»; y d) por el reconocimiento judicial de los vínculos filiales socioafectivos que se construyen a partir de la posesión de estado de hija o hijo respecto de madres y padres, que da lugar a la «filiación socioafectiva».

Uno de los contenidos más polémicos de la norma fue el reconocimiento de la gestación por sustitución, que es regulada de forma prolija en el Capítulo IV, Sección Cuarta.

Antes de abordar este tema, en la Sección Primera se regula la llamada «filiación asistida». Es la filiación de las personas nacidas por técnicas de reproducción asistida y resulta de la voluntad de procrear manifestada a través del consentimiento de quien o quienes intervienen en el proceso (comitentes) con independencia de quién haya aportado los gametos. Eso sí, cuando se trate de los gametos de las personas comitentes, rigen las mismas reglas para la determinación de la filiación por procreación natural (art. 117 CdFC).

La voluntad de las personas que intervienen en el proceso se entiende exteriorizada mediante el consentimiento libre, informado, expreso y previamente otorgado en escritura pública notarial. El consentimiento puede ser revocado en cualquier momento mientras no se haya iniciado el procedimiento o se haya producido la transferencia embrionaria, y debe renovarse cumpliendo los mismos requisitos para su emisión, cada vez que se proceda a la utilización de gametos o embriones (art. 120 CdFC). Cuando se utilicen gametos de tercera persona obtenidos por dación anónima no se genera vínculo jurídico alguno con ésta (art. 121 CdFC).

La regulación que se hace de la gestación por otros se recoge en el art. 130 y siguientes. Se denomina «gestación solidaria» el acto que favorece el ejercicio del derecho de toda persona a tener una familia y se sustenta en el respeto a la dignidad humana como valor supremo. Únicamente tiene lugar: a) por motivos altruistas y de solidaridad humana; b) entre personas unidas por vínculos familiares o afectivamente cercanos; c) siempre que no se ponga en peligro la salud de quienes intervienen en el proceder médico; y d) en beneficio de quien o quienes quieren asumir la maternidad o la paternidad y se ven impedidos de hacerlo por alguna causa médica que les imposibilite la gestación, o cuando se trate de hombres solos o parejas de hombres.

El art. 130.3 CdFC prohíbe cualquier tipo de remuneración, dádiva u otro beneficio, salvo la obligación legal de dar alimentos en favor del concebido y la compensación de los gastos que se generen por el embarazo y el parto.

En todo caso se requiere autorización judicial para la gestación solidaria (art. 131 CdFC). La o las personas comitentes y la futura gestante tienen que obtener la autorización judicial, previa al inicio de la asistencia médica, conforme a los requerimientos establecidos por el Ministerio de Salud Pública, mediante el procedimiento de jurisdicción voluntaria que regula el Código de Procesos. La autorización judicial implica la homologación del consentimiento otorgado tanto por la o las personas comitentes como por la futura gestante, cumpliendo los requisitos de la norma.

Para otorgar la autorización judicial deben tenerse en cuenta, además de lo previsto en el art. 130 del CdFC, los elementos siguientes: a) que tanto la o las personas comitentes como la futura gestante tengan 25 años cumplidos; b) que, en los casos que corresponda, se ha agotado o ha fracasado el uso de otras técnicas de reproducción asistida; c) que se ha tenido en cuenta el interés superior de la niña o el niño que pueda nacer, valorado en correspondencia con las pautas que establece el art. 7, incisos b) y c) del art. 100 y los incisos c) y d) del art.102 del Código; d) el pleno discernimiento, la buena salud física, psíquica y edad de la futura gestante para llevar a término con éxito el embarazo; e) que la futura gestante no se haya sometido a un proceso de gestación solidaria anterior; f) que la futura gestante no aporta su óvulo; y g) la ausencia de retribución en los términos a que aluden los apartados 2 y 3 del art. 130 del Código (art. 132 CdFC).

Como los centros de salud no pueden proceder a la transferencia embrionaria en la futura gestante sin la autorización judicial previa (art. 133 CdFC), si se carece de ella se determina la filiación por las reglas de la procreación natural (art. 134 CdFC).

La filiación de las personas nacidas mediante el uso de una técnica de reproducción asistida, que involucra la gestación solidaria, se determina por la voluntad de procrear de la o las personas comitentes (Art. 135 CdFC).

En Cuba también se reconoce la multiparentalidad (art.56 CdFC). La regla general es que los hijos tengan dos vínculos filiatorios, pero puede ocurrir que sólo tengan uno (monoparentalidad) o varios (multiparentalidad) sea por causas originarias o por causas sobrevenidas. Serían causas originarias de la multiparentalidad (art. 57): a) los supuestos de filiación asistida donde, además de la pareja, la tercera persona dadora de los gametos o la gestante, que puede aportar el óvulo o no, según el caso, también quiere asumir la maternidad o la paternidad, de común acuerdo con aquella; y b) cualquier otro supuesto en el que, sobre la base del proyecto de vida en común, se prevea concebir una hija o un hijo por más de dos personas. En todo caso, las personas que asumen este proyecto de vida en común para tener un hijo o hija con otra pareja, si son casadas o tienen constituida una unión de hecho afectiva inscrita, necesitan el asentimiento de su respectivo cónyuge o pareja de hecho afectiva.

3. LA IMPREVISIÓN NORMATIVA

3.1 BRASIL

El ordenamiento brasileño considera a la familia como la base de la sociedad (art. 226 CB), fundada en los principios de la dignidad humana y paternidad responsable, donde la planificación familiar es una libre decisión de la pareja y el Estado es responsable de brindar recursos educativos y científicos para el ejercicio de este derecho (art. 226.7 CB).

Sobre esta base constitucional hay tres normas importantes para tener en cuenta. Por una parte, la Ley (Federal) n.º 9263/1996, que en su art. 9 desarrolla ese derecho a la planificación familiar como una decisión libre de la pareja, ofreciéndose todas las técnicas y métodos de concepción científicamente aceptados[117]; el Código Civil[118], que recoge el principio *mater semper certa est*, probándose la filiación con el certificado de nacimiento registrado (art. 1603 CC), y la Ley Federal de Registros Públicos n.º 6015/1973, que en su art. 54 obliga a la madre gestante a ser inscrita en la «declaración de nacimiento en vivo», aunque cabe prueba en contrario de esa filiación (art. 1608 CC), pues en Brasil es posible la investigación tanto de la paternidad como de la maternidad (art. 1615 CC).

En el CC no se contempla el caso de nacimiento por gestación subrogada, pero la «asignación temporal del útero» se admite de hecho, al relacionarse con el derecho a la salud y a la reproducción, aunque no puede ser de carácter comercial ya que el art. 199.4 CB declara que el cuerpo humano, tejidos o sangre, quedan fuera del comercio[119].

117. La ley se reformó con la publicación de la Ley n.º 14.443, del 2 de septiembre de 2022.
118. Ley n.º 10.406 de 10 de enero de 2002.
119. Desarrollado por los arts. 11-21 CC brasileño. La Ley n.º. 9.434/1997, también prevé la extracción de órganos, tejidos y partes del cuerpo humano con fines de trasplante y tratamiento médico.

A falta de una legislación específica sobre las formas de reproducción asistida, el Consejo Federal de Medicina[120] ha emitido varias resoluciones para guiar a los médicos sobre las conductas a adoptar ante los problemas que surgen en la práctica, una especie de *soft law* donde se estandariza unas conductas éticas en esta materia. De ellas se destaca la Resolución sobre TRHA n.º 2168/2017[121] que en su punto VII referido a la gestación por sustitución recomienda que:

- Las clínicas, centros o servicios de reproducción asistida pueden usar técnicas de reproducción asistida para conseguir un embarazo de sustitución, siempre que haya un problema médico que impida o contraindique el embarazo en el donante genético, en una unión del mismo sexo o en una persona sola.
- La madre de intención puede acceder a este método reproductivo por alguna condición médica que impida o contraindique el embarazo y en casos de uniones homosexuales. Por eso, las mujeres solteras, las parejas de lesbianas y las parejas heterosexuales podrían acceder a esta técnica por incapacidad médica para gestar.
- Con respecto al número de embriones a transferir habrá que tener en cuenta la edad. De modo que: a) mujeres de hasta 35 años: hasta dos embriones; b) mujeres entre 36 y 39 años: hasta tres embriones; c) mujeres de 40 años o más: hasta cuatro embriones; d) en situaciones de donación de ovocitos y embriones, se considera la edad del donante al momento de la recolección de los ovocitos. En fin, el número de embriones a transferir no puede exceder de cuatro.
- La gestante que se insemina, siempre con material genético diferente al suyo, debe ser un familiar de primer, segundo, tercer o cuarto grado de uno de los padres de intención. Con ello se trata de garantizar el carácter altruista de la técnica y que no haya riesgo de instrumentalización del ser humano. Para otros supuestos se requerirá la autorización del Consejo Regional de Medicina de cada Estado.
- Los padres intencionales deberán cubrir los gastos ocasionados por el tratamiento de reproducción asistida, el embarazo y el parto. En caso de no hacerse cargo de estos gastos, la gestante puede reclamar y obtener una sentencia judicial de manutención durante el embarazo a cargo de los padres intencionales.

120. Los Consejos Profesionales tienen la naturaleza jurídica de autarquía en Brasil, siendo dotados de personalidad jurídica de derecho público, con autonomía financiera y administrativa. El CFM es el encargado de establecer las normas profesionales para el ejercicio de la medicina, además de otorgar licencias y aplicar el Código de Ética Médica.

121. Resolução CFM n.º 2168 de 21/09/2017 publicada en el Diario Oficial de la Unión el 10 de noviembre de 2017, Sección I, p. 73.

– Ni la madre de intención ni la gestante subrogada pueden superar los 50 años, para evitar las complicaciones propias del embarazo.

La anterior Resolución fue revocada por la n.º 2.294/2021[122], aunque trata la cuestión de forma similar. Se descarta que la cesión temporal del útero tenga fines lucrativos o comerciales y que la clínica de reproducción medie en la elección del cesionario. Además, se dispone que en la historia del paciente se deberá incluir una determinada documentación que relaciona, tales como un informe médico que acredite el estado clínico y emocional de las partes o la aprobación del cónyuge o pareja de hecho, por escrito, si la cedente temporal del útero está casada o bien en una unión estable de pareja.

En Brasil se permite la publicidad de las clínicas y sobre esta base los despachos de abogados conciertan los contratos. Por ello, se puede decir que la gestación por sustitución está en manos de los médicos que llegan a facilitarla incluso entre quienes sólo tienen vínculos de amistad y no de parentesco, una vez concedida la oportuna autorización de transferencia tras cumplir unos determinados requisitos[123].

Los tribunales tienen una importante función en esta materia. Cuando un bebé nace como resultado de este proceso, la madre intencional debe previamente obtener una sentencia judicial que certifique que el bebé es su hijo para poder registrarlo[124]. De no ser así incurriría en un delito, ya que no puede registrar como suyo un bebé que ha dado a luz otra mujer[125].

Es de resaltar un procedimiento seguido ante el Tribunal de Justicia de Pernambuco, donde la mujer gestante era la prima de uno de los hombres (casados), el óvulo fue donado y el semen pertenecía a uno de los padres de intención. La hija que nació fue declarada judicialmente como hija biológica de uno de los

122. Resolução CFM n.º 2.294/2021 (Publicada en D.O.U. de 15 de junio de 2021, Seção I, p. 60).

123. El Conselho regional de medicina do estado de São Paulo recoge en su Resolução Cremesp n.º 232, de 4 de outubro de 2011 (Diário Oficial do Estado; Poder executivo, São Paulo, SP. 11 out. 2011. Seção I, p. 224) los requisitos que deben cumplir los interesados en el uso de técnicas de reproducción asistida de «donantes temporales de útero» que no pertenecen a la familia de donantes genéticos. Disponible en: https://sistemas.cfm.org.br/normas/visualizar/resolucoes/SP/2011/232

124. El Conselho Nacional de Justiça en su Disposición n.º 63 de 14 de noviembre de 2017 relativa a las normas de registro de los nacidos recoge en su art. 17 algunos aspectos relacionados con esta materia, tales como que el nacido tras una gestación por sustitución no tendrá incluida en su acta de nacimiento el nombre de la mujer que, como donante temporal del útero, lo haya alumbrado. El CNJ es un órgano del Poder Judicial brasileño, con un amplio papel normativo a través de actos como su Reglamento Interior, Resoluciones, Instrucciones Normativas, Ordenanzas, Disposiciones, Recomendaciones y Declaraciones. Disponible en: https://www.cnj.jus.br

125. Disponible en: https://www.babygest.es/brasil/#bibliografia

hombres e hija afectiva del otro[126], permitiéndose inscribir a la menor a nombre de dos padres. Además, también han reconocido la posibilidad jurídica de la pluriparentalidad[127] aplicando la tesis 622 del Supremo Tribunal Federal (STF), al reconocer la paternidad socioafectiva[128]. Como expresa el Tribunal de Rio Grande do Sul[129], la familia moderna no consanguínea, por ejemplo, la que deriva de la posesión de estado (art. 1593 CC) se basa en el afecto y en los principios de dignidad humana y solidaridad[130], sin que haya jerarquía entre las paternidades biológica y socioafectiva[131].

Ha habido más de quince proyectos para que la llamada en Brasil «barriga solidaria» o «cesión temporal de útero» fuera regulada en el país. Entre otros, el Proyecto de Ley n.º 5768/2019 sobre agregación de disposiciones a la Ley n.º 10.406, de 10 de enero de 2002 (CC) que pretendía establecer la presunción de maternidad en el uso de técnicas de reproducción asistida y autorizaba la gestación por sustitución como técnica de cesión de útero con fines terapéuticos de carácter gratuito, determinándose como madre a quien fuera la propietaria del material genético o, si se usare de persona anónima sería madre quien planeare así la gestación[132].

Mientras se regula o no legalmente, el estado de la cuestión es que, al existir unos lazos familiares entre la gestante y los comitentes, al tratarse de un acuerdo gratuito y no existir riesgo de instrumentalización del cuerpo de la mujer, se entiende que es una técnica compatible con la dignidad de la persona y por tanto no es contraria al orden público y a las buenas costumbres de Brasil. Sería un contrato atípico, de carácter no patrimonial, donde el parto es el mero agotamiento del acuerdo, pues es a partir de entonces cuando se establece la filiación del menor con los padres de intención. Supone el ejercicio legítimo del derecho general al desarrollo de la personalidad de todos los participantes[133].

Según constan en las estadísticas del Ministerio de Asuntos Exteriores de España, en el Registro Consular de Sao Paulo se han presentado desde el año

126. El Juez de 1.ª Vara de Familia de Recife, Clicério Bezerra, autorizó la inscripción en la Sentencia del Processo de indicação de paternidade. Requirientes «M.A.A. e W.A.A.» del 28 de febrero de 2012. LAMM, 2012: 1-49.
127. CHAVES y VARSI-ROSPIGLIOSI, 2018:133-157.
128. Juiz de Direito Rafael Pagnon Cunha, Processo n.º 027/1.14.0013023-9 (CNJ: 0031506-63.2014.8.21.0027), Comarca de Santa Maria, 11/09/2014.
129. TJRS, AC 70062692876, 8.ª C. Cív., Rel. Des. José Pedro de Oliveira Eckert, j. 12/02/2015.
130. Esta idea ya se apuntaba en la Apelación Civil 0006422-26.2011.8.26.0286, Relator Alcides Leopoldo e Silva Júnior, Distrito de Itu, TJSP, Primera Cámara de Derecho Privado, sentencia de fecha 14/08/2012.
131. *Asunto* RE 898.060-SC del Supremo Tribunal Federal de Brasil de 01/07/2015.
132. El Proyecto en su art. 2 propone modificar el art. 1597 CC. Disponible en: https://www.camara.leg.br/proposicoesWeb/prop_mostrarintegra;jsessionid=630782C12DADC658E195A583CAEDAA94.proposicoesWebExterno1?codteor=1832321&filename=Avulso+-PL+5768/2019
133. SOUSA BARBOSA, 2021:17.

2019 a 2022 cinco solicitudes de inscripción de nacimiento por gestación subrogada y se han denegado cuatro y suspendido una[134], lo que era previsible ante la falta de regulación del sistema brasileño.

3.2 IRLANDA

En Irlanda tampoco existe una ley que regule la gestación por sustitución, pero ello no impide que tenga lugar dentro del país con la ayuda de amigos y familiares[135]. Tan pronto como nace el bebé, la gestante es la madre, estableciéndose la filiación junto con el varón que ha aportado el material genético, mientras que el marido puede ser el tutor legal. Se trata, por tanto, de una especie de custodia compartida (*Children and Family Relationships Act, 2015*)[136], pudiendo la madre y su cónyuge después de dos años renunciar a sus derechos legales sobre el menor[137].

También es posible que un comitente sin pareja solicite la tutela del nacido si ha cuidado del mismo todos los días durante más de doce meses y no hay un padre o tutor que ejerza las responsabilidades paternofiliales.

Sin embargo, al regir la presunción legal de *mater semper certa est si* ese comitente individual es la madre de intención, ésta tiene verdaderamente difícil el ser considerada la madre legal, aunque exista vinculación genética con el menor y la gestante no quiera la patria potestad. Así lo dispuso el TS irlandés en el *Asunto MR v. An t-Ard Chlaraitheoir* [2014] 3 IR 533, de 7 de noviembre de 2014[138]. En ese procedimiento se trató de una gestación altruista donde ambos comitentes habían aportado su material genético y gracias a la gestación de hermana de la mujer nacieron unos gemelos. El tribunal resolvió finalmente que las actas de nacimiento no se podían registrar a nombre la comitente, madre genética, como madre legal, revocando una sentencia anterior que lo admitía.

---

134. Portal de Transparencia del Ministerio de Asuntos Exteriores, Unión Europea y Cooperación.
135. «Surrogacy in Westmeath: "I had no bond with the baby, which was fantastic"». Disponible en: https://www.irishtimes.com/news/ireland/irish-news/surrogacy-in-westmeath-i-had-no-bond-with-the-baby-which-was-fantastic-1.3899860
136. Los requisitos son que a la fecha de la solicitud se esté casada, sea pareja de hecho o haya convivido durante al menos 3 años con el padre del menor y que haya compartido con él la responsabilidad parental con respecto al hijo durante más de dos años. Disponible en: http://www.irishstatutebook.ie/eli/2015/act/9/section/49/enacted/en/html
137. «The woman who proves Ireland needs a new law on surrogacy». Disponible en: https://extra.ie/2019/04/02/news/real-life/becky-loftus-dore-surrogacy-laws
138. Los tribunales han llegado a anular la inscripción de una filiación en el Registro Civil a favor de la madre comitente, pues sólo puede ser madre legal la gestante y sin que ello vulnere principios constitucionales de igualdad derivados del artículo 40.1 de la Constitución. Sentencia del TS que resuelve el recurso de apelación del Asunto *MR v. An t-Ard Chlaraitheoir*.Disponible en: https://www.casemine.com/judgement/uk/5da02b0f4653d058440f9871

El tribunal razonó que estaba sometido a la ley y por tanto era el legislador quien debía determinar tales derechos de la comitente.

Los tribunales, además, tienen mucho cuidado en controlar que no haya adopciones privadas ni pagos, por lo que, si hay algún abono en materia de subrogación, interna o internacional, tal actividad sería considerada delictiva al encubrir una adopción remunerada (art. 42.4 *Adoption Act, 1952*).

En Irlanda existe la segunda tasa más alta de utilización de la subrogación internacional en el mundo, habiendo informado su Departamento de Asuntos Exteriores en el año 2019 que ciento cincuenta y nueve bebés habían nacido mediante esta técnica en el extranjero en la última década y se estimaba que de todas esas subrogaciones alrededor del 68% tuvieron lugar en Ucrania. En estos casos, cuando la familia entra por frontera, el padre genético deberá ser reconocido como el padre y tutor *de facto* del bebé tras el correspondiente proceso judicial y el otro cónyuge o pareja sólo puede ser designado por el tribunal irlandés como progenitor legal como mínimo dos años después del nacimiento[139].

Se ha redactado algún proyecto de ley de reproducción humana asistida[140] que pretendía regular la gestación por sustitución altruista, pero hasta tanto se apruebe los profesionales de la medicina que intervienen en esta técnica siguen lo dispuesto en una guía orientadora, denominada *Guide to profesional Conducta and Ethics for Registered Medical Practitioners,*[141] donde se tratan, entre otros aspectos, la objeción de conciencia (apartado 42), el bienestar del menor, la protección de las personas vulnerables, o la reproducción humana asistida.

3.3 ARGENTINA

Pese a no existir una regulación en la materia, los tribunales argentinos autorizan la gestación por sustitución altruista y reconocen sus efectos[142]. La determinación de la filiación se vincula de forma directa con la llamada voluntad

139. TOBIN, B. «Long-awaited surrogacy laws still won't recognise many parents». Disponible en: https://www.thejournal.ie/readme/opinion-long-awaited-surrogacy-laws-still-wont-recognise-many-parents-4513551-Mar2019/
140. RETASSIE, R. «New Assisted Reproduction Bill in Ireland gathers pace». Disponible en: https://www.bionews.org.uk/page_96327
141. 9th Edition 2024. Disponible en: https://www.medicalcouncil.ie/news-and-publications/publications/guide-to-professional-conduct-and-ethics-for-registered-medical-practitioners-2024.pdf
142. Ante el silencio del legislador, existen muchos y diversos pronunciamientos judiciales argentinos que han venido admitiendo en la práctica la gestación por sustitución. J. Civil n.º 86, «N.N. o D.G, M.BM. s/ inscripción de nacimiento, 18/06/2013», JCivil n.º 8, «Barrios, Beatriz Mariana y otro c. González, Yanina Alicia s/ impugnación de la filiación» de 20/09/2016; J.Familia Nº 1 Mendoza, «C.M.E. y J.R.M. s/ inscripción nacimiento», 15/12/2015; Familia n.º 7 Lomas de Zamora, 30/12/2015, «H. M. y otros/ medidas precautorias art. 232 del CPCC»; Juzgado de Familia n.º 2 de Moreno del 4/07/2016, entre otros.

procreacional, definida como el querer engendrar un hijo, darle afecto y asumir la responsabilidad de su educación y crianza[143].

La gestación por sustitución sería además una técnica cubierta por el principio de legalidad del art. 19 de la Constitución[144], y por el art. 7 de la Ley 26.862 de Acceso Integral a los Procedimientos, que dispone que tiene derecho a acceder a las técnicas de reproducción médicamente asistida toda persona mayor de edad que, de plena conformidad con lo previsto en la Ley 26.529 de Derechos del Paciente, haya explicitado su consentimiento informado y revocable hasta el momento antes de producirse la implantación del embrión en la mujer.

De los intentos de reformar el Código Civil y Comercial resalta uno del año 2012 que pretendía contemplar esta forma de reproducción y sus efectos en su art. 562, quedando la filiación establecida entre el nacido y el o los comitentes mediante la prueba del nacimiento, la identidad del o los comitentes y el consentimiento debidamente homologado por autoridad judicial[145]. El juez debía homologar sólo si, además de los requisitos que contemplara una ley especial, se acreditara que: a) se había tenido en miras el interés superior del neonato; b) la gestante tenía plena capacidad, buena salud física y psíquica; c) al menos uno de los comitentes había aportado sus gametos; d) el o los comitentes no podían concebir o llevar un embarazo a término; e) la gestante no hubiera aportado sus gametos, ni recibido retribución; no se hubiera sometido a un proceso de gestación por sustitución más de dos veces y hubiera dado a luz, al menos, un hijo propio.

La justificación de tales exigencias, según los redactores del proyecto, era que con ellas se daba certeza del hecho de que la mujer actuaba libremente y que el proceso no era usado como un mero capricho sino como la última alternativa[146]. También se contempló que los centros de salud no podrían realizar la transferencia embrionaria sin la autorización judicial. Si se careciere de autorización judicial previa, la filiación se determinaría por las reglas de la filiación por naturaleza.

143. Sentencia del Juzgado Civil, Comercial y de Familia de Villa María de 21 de mayo de 2020.
144. Sentencia del Juzgado de Lomas de Zamora de 30 de noviembre de 2016. Exp. N.º LZ-52635-2016. «B. J. D. y otros s/ materia a categorizar» (Jueza M.ª Silvia Villaverde). Por otro lado, el artículo 19 de la Constitución establece: «Las acciones privadas de los hombres que de ningún modo ofendan al orden y a la moral pública, ni perjudiquen a un tercero, están sólo reservadas a Dios, y exentas de la autoridad de los magistrados. Ningún habitante de la Nación será obligado a hacer lo que no manda la ley, ni privado de lo que ella no prohíbe». Disponible en: http://servicios.infoleg.gob.ar/infolegInternet/anexos/0-4999/804/norma.htm
145. Proyecto de CCCN del Poder Ejecutivo de la Nación, elevado al Congreso Nacional a través del Mensaje 884/2012; en base al anteproyecto elaborado por la Comisión de Juristas designada por Decreto 191/2011.
146. Proyecto de Código Civil y Comercial, Zavalía, Buenos Aires, 2012, p. 662.

Sin embargo, la modificación no prosperó por cuanto el Dictamen presentado al Congreso de la Nación por la Comisión Bicameral (apartado VI, ítem 62) estimó que encerraba dilemas y jurídicos de gran envergadura que merecían un debate más profundo de carácter interdisciplinario.

Al no reformarse el art. 562 quedó, sin embargo, la estructura que facilitaba su implementación, con lo cual esta falta de regulación de la gestación por sustitución no equivale a una prohibición, sino que se ha transformado en una admisión de la técnica por la jurisprudencia nacional, quedando todo sujeto a la discrecionalidad judicial[147].

Los jueces reconocen la voluntad procreacional, inclinándose por darle más valor incluso que al hecho del parto, otorgando el visto bueno si se cumplen unos parámetros mínimos, tales como que haya existido un consentimiento libre y voluntariamente prestado por quien da a luz[148] y que resulte de mayor beneficio para el menor[149], acorde con los principios convencionales y constitucionales de respeto a la diversidad, a la no discriminación y a la protección de la familia desde una visión amplia.

En la Sentencia del Juzgado Civil n.º 7 de Buenos Aires de 15 de junio de 2016 el juez afirmó que la maternidad por sustitución en la Argentina era una realidad, aunque ocurriese de una forma no regulada, donde la gestante sólo ofrece su capacidad gestacional y no hay una disposición del propio cuerpo, sino sólo de una parte de él y durante el tiempo del embarazo, de modo que el acto extrapatrimonial consistente en la dación del útero debiera ser encuadrado dentro de los actos de disposición del propio cuerpo, en los cuales, por regla general, el consentimiento del sujeto que lo permite priva de ilicitud al acto.

Lo normal es que el o los comitentes requieran la autorización judicial con carácter previo a la realización del procedimiento de gestación por otros[150]. En la mayoría de las autorizaciones emitidas por los tribunales la gestante era fami-

147. TEITELBAUM, 2016.

148. Para evitar la posible cosificación de la mujer gestante es fundamental que el juzgador constate que ha existido un consentimiento libre y voluntario de la mujer —Sentencia del Juzgado Nacional de Primera Instancia en lo Civil n.º 102 (JNCiv) (n.º 102), de 18 de mayo de 2015—. Para ello ha de analizar el contrato privado de maternidad subrogada acompañado por las partes, en especial la cláusula que recoge la voluntad procreacional y que el acuerdo tiene su base en el vínculo afectivo de las partes. Todo ello evita que sea tachado de inmoral y que atente contra el orden público.

149. Principio que, desde la reforma de la Constitución Argentina de 1994, goza de respaldo constitucional (art. 75 inc. 22°, CN- y Ley 26.061 de Protección Integral de los Derechos de los Niños, Niñas y Adolescentes) y Sentencia de 18 de junio de 2013, Juzgado Nacional en lo civil. Capital federal, Ciudad Autónoma de Buenos Aires, Magistrados: María Bacigalupo de Girard, (Id SAIJ: FA13020016).

150. Sentencia del Tribunal de Familia de Rosario n.º 7 de 2 de diciembre de 2014 «F. M. L. y otra s/Autorización judicial», AR/JUR/90178/2014; Sentencia del Juzgado de Familia n.º 9 de San Carlos de Bariloche 29 de diciembre de 2015, Dato Reservado. Expte. Nro. 10178

liar de los comitentes, hermana o cuñada (Sentencia del Juzgado de Familia n .º 7 de Lomas de Zamora 30 de diciembre de 2015 «H. M. y otro/a s/Medida s precautorias»[151]; Sentencia del Juzgado Nacional en lo Civil n .º 4 de 30 de junio de 2016 «S. T., A y otros/Inscripción de nacimiento» o la del Juzgado de Familia de Córdoba, de fecha 22 de noviembre de 2017[152]), o bien una amiga (Sentencia del Tribunal Colegiado de Familia n .º 5 de Rosario 27 de mayo de 2016 «S. G. G. y otros s/Filiación» o del Juzgado Civil, Comercial y de Familia de Villa María, de 21 de mayo de 2020).

Se ha llegado incluso a declarar judicialmente la inconstitucionalidad del art. 562 CCC actualmente vigente[153] y por ende a ordenar la inscripción de un niño concebido mediante ovodonación anónima y por gestación por sustitución como hijo de los padres de intención[154].

En protección del interés superior del menor se ampara la vinculación genética de éste con respecto a los progenitores comitentes, en coherencia con uno de los pilares básicos sobre los que se asienta el derecho filial argentino, la correspondencia de la persona con su identidad biológica[155].

En la Sentencia del Juzgado de Lomas de Zamora de 30 de noviembre de 2016 (Exp. n.º LZ-52635-2016), la juez Sra. Villaverde resuelve además que los progenitores de intención tienen la obligación de informar a su hijo, a partir del momento en que adquiera edad y madurez suficiente para entender, de su origen gestacional, incluso con la ayuda psicológica pertinente[156].

---

14. Infojus: NV13851; Sentencia del Juzgado de Familia n.º 3 de Gral. San Martín 22 de agosto de 2016 «M., I. M. y otros/autorización judicial»; Sentencia del Juzgado de Familia n.º 7 de Viedma 6 de julio de 2017 «Reservado s/ Autorización Judicial» La Ley 22/08/2017, 7; Sentencia del Juzgado de Familia n.º 3 Córdoba 22 de noviembre de 2017 «R., L. S. y otros — solicita homologación», Expte. n.º 3447358; Sentencia del Tribunal Colegiado de Familia n.º 7 Rosario 5 de diciembre de 2017 «H., M.E. y otros S/Venias y dispensas»; Sentencia del Juzgado de Familia n.º 1 de Mendoza en autos «S. M. S.; T. C. J.; B. P. V. por medidas autosatisfactivas» de 15/02/2018, Expte. n.º 3360/16; Sentencia del Juzgado de Familia n.º 6 del Dpto. Judicial de San Isidro, autos «S., M. J y otros s/ Autorización judicial» de 2/03/2018, Expte. SI —47948— 2016.

151. Art.232 CPCC. Microjuris on-line, MJ-JU-M-97208-AR.
152. MJ-JU-M-108546-AR | MJJ108546 | MJJ108546.
153. Juzgado de Familia n.º 7 de Lomas de Zamora 30 de diciembre de 2015, *Asunto* «H. M. y otro/a s/Medidas precautorias» —Microjuris on-line, MJ-JU-M-97208-AR— y Juzgado Unipersonal de Familia n.º 2 de Moreno 4 de julio de 2016, *Asunto* «S. P., B. B. c/S. P., R. F. s/ materia a categorizar».
154. Sentencia de la Cámara Nacional de Apelaciones en lo Civil, Sala/Juzgado: H, de 15 de marzo de 2018 (MJ-JU-M-110359-AR | MJJ110359 | MJJ110359).
155. Sentencia de 25 de junio de 2015 del Juzgado Nacional de Primera Instancia en lo civil n.º 83, Capital Federal, Ciudad Autónoma de Buenos Aires (ID SAIJ: FA15020008).
156. En el mismo sentido la Sentencia del Tribunal Colegiado de Familia N.º 5 de Rosario, «S G G. y otros s/ filiación», de 27 de mayo de 2016 y la Sentencia del Juzgado Civil, Comercial y de Familia de Villa María de 21 de mayo de 2020.

Es de recordar que el Código Civil y Comercial argentino permite el matrimonio entre personas del mismo sexo y expresamente indica que ninguna norma puede ser interpretada ni aplicada en el sentido de limitar, restringir, excluir o suprimir la igualdad de derechos y obligaciones de los integrantes del matrimonio, y los efectos que éste produce, sea constituido por dos personas de distinto o igual sexo (art. 402). Por ello, el poder judicial es el que viene reconociendo *de facto* como beneficiarios de estos procedimientos médico-asistenciales a los homosexuales[157], al no verse la necesidad de que se deba relegar a la adopción a un matrimonio de hombres con voluntad procreacional mientras que si son mujeres pueden disfrutar de la TRHA[158], existiendo la posibilidad de hacer uso de la técnica de gestación por sustitución y una tercera vía de filiación derivada del uso de las técnicas de reproducción médicamente asistida (art. 558.1 CCC).

En algunas sentencias la gratuidad no está reñida con la remuneración del servicio de gestación (Sentencia del Juzgado n.º 1 de Familia de Mendoza, de 29 de julio de 2015) considerándose que es incongruente que el centro de salud interviniente perciba una ganancia, los comitentes reciban al niño, los abogados cobran sus honorarios, pero la mujer portadora no perciba ninguna contraprestación. Sin embargo, los proyectos de ley en esta materia tienen como denominador común el carácter no lucrativo del procedimiento (por ejemplo, el Proyecto presentado ante la Cámara de Senadores, el n.º 2754/15 de la Senadora Montero[159], el Proyecto de ley n.º 1374-D-2018 de fecha 22 de marzo de 2018, o el Proyecto n.º 5700-D-2016, presentado igualmente ante la Cámara de Diputados[160]) con independencia de que se compensen los gastos médicos, de traslado y de asesoramiento de la gestante.

Uno de los más resaltables intentos de introducción de la gestación solidaria fue el Proyecto sobre incorporación de la gestación por sustitución al Código Civil y Comercial de la Nación (2020), que cita el Informe de la Relatora Especial de Naciones Unidas sobre la venta y explotación sexual de niños cuando incide en que en esta cuestión gran parte los abusos tienen lugar en contextos no regulados. Y es que Argentina también ve necesario acometer de una vez la reforma de su CCC, pues ha comprobado que la falta de regulación ocasiona una indeseable desprotección, fundamentalmente para las mujeres gestantes.

157. KRASNOW y PITASNY, 2015.
158. Sentencia del Tribunal Colegiado de Familia n.º 5 de Rosario, «S G G. y otros S/ filiación», de 27 de mayo de 2016.
159. La senadora Sra. Montero presentó un proyecto de ley de gestación subrogada que consta de veintitrés artículos, basado en gran parte de las fuentes legales, doctrinarias y jurisprudenciales a nivel internacional y nacional: Expediente S-2574/15. Disponible en: http://www.senado.gov.ar/parlamentario/comisiones/verExp/2574.15/S/PL, aunque caducó el 28-02-2017.
160. A estos proyectos se refieren el voto particular de la Sentencia de la Cámara Nacional de Apelaciones en lo Civil – SALA H, S. T., V. s/inscripción de nacimiento de 15 de marzo de 2018, Expediente n.º: CIV 014153/2017/CA002.

La gestación subrogada internacional también se admite en Argentina pues no hay inconveniente en inscribir a un hijo nacido en el extranjero con la paternidad que consta en la partida de nacimiento de origen. El Derecho argentino lo reputa válido sin necesidad de prueba del Derecho extranjero (Sentencia del Juzgado Civil, Comercial y de Familia de Villa María de 21 de mayo de 2020) ya que el art. 2634 CCC establece que todo emplazamiento filial constituido de acuerdo con el Derecho extranjero debe ser reconocido en la República.

En cuanto a la multiparentalidad, aunque se ha llegado a registrar la filiación de un menor con tres progenitores (hijo de dos mujeres casadas que aceptaron que el donante de la fertilización asistida fuera el padre legal[161]), los tribunales argentinos han venido desestimando el reconocimiento de la triple filiación[162] ya que se entiende que el reconocimiento de sólo dos vínculos parentales del menor obedece al respeto del orden público vigente (art. 558 CCC)[163].

En Buenos Aires, desde el año 2017, la Disposición 93/DGRC/17 de 13 de octubre también autoriza la inscripción de los menores nacidos directamente a nombre de los comitentes. El Registro Civil emitirá la partida de nacimiento del neonato sin necesidad de ningún trámite judicial previo o posterior, si se cumplen unos requisitos: a) que se trate de menores nacidos en la Ciudad Autónoma por el método de gestación solidaria realizada en el país; b) que la voluntad procreacional de los progenitores haya sido expresada en forma previa, libre e informada.; c) que la gestante previa y fehacientemente hubiera expresado no tener voluntad procreacional y d) que la inscripción deberá hacerse en términos preventivos y los datos de la gestante asentarse en el legajo (art. 1). El Tribunal n.º 7 de Buenos Aires también ha admitido la multiparentalidad[164], concretamente de tres progenitores de intención, aunque fuera de un contexto de gestación por sustitución, en la idea de que para garantizar el interés superior de un menor concreto se debe tutelar el derecho a una filiación acorde a la realidad volitiva expresada por todos los participantes de ese proyecto familiar no binario.

161. El Diario.es «Antonio, el primer bebé de Latinoamérica con tres padres». Disponible en: https://www.eldiario.es/internacional/Antonio-bebe-padres-vida-documento_0_380762909.html
162. ZABALETA, 2019:35.
163. Sentencia de la Cámara de Apelaciones en lo Civil y Comercial de Mar del Plata recaída en los autos «C., M. F. y otro» de 20 de diciembre de 2018.
164. Sentencia del Juzgado Civil n.º 7 de Buenos Aires, *Asunto* «K, D V y otros» s/Información Sumaria, Buenos Aires, 2022, por la que se admite la triple coparentalidad. Disponible en: https://www.mpf.gob.ar/direccion-general-de-politicas-de-genero/files/2023/02/3%E2%80%9CK.D.V.—y-otros-sInformaci%C3%B3n-Sumaria%E2%80%9D-220622-Juzgado-Nacional-en-lo-Civil-N%C2%B0-7-Cataldi-Expte.—211752022.pdf

3.4 CHILE

Para el Derecho chileno la maternidad trasciende más allá del hecho biológico de dar a luz, siendo posible la investigación de la maternidad y la paternidad. En base a los arts. 182 y ss. CC[165] se le permite al concebido mediante TRHA, incluso con utilización de gametos de terceros, ejercer las acciones tendentes a establecer judicialmente quién es su padre o madre biológica, del mismo modo que la mujer que ha aportado sus óvulos para una gestación por sustitución (madre genética) puede judicialmente ejercer la acción de impugnación de la maternidad determinada por el parto (art. 183 CC)[166]y reclamar el establecimiento de su maternidad, si bien es cierto que para que prospere esta acción es necesario que no se produzca la oposición de la mujer que da a luz, que es a quien la ley en principio expresamente protege.

Esta disgregación de la maternidad es el supuesto conocido por la Sentencia de 8 de enero de 2018 del Juzgado Segundo de Familia de Santiago de Chile, con una importante repercusión mediática en el país[167] y que demuestra cómo los tribunales chilenos[168] amparan la gestación por sustitución altruista pese al vacío legal. Fue un proceso judicial en el que la madre gestante era legalmente la abuela de las menores, siendo el óvulo de su hija fecundado por su pareja. La jueza titular acudió a las normas de filiación establecidas en el CC chileno (arts. 195 y ss. de la Ley 19.585) y los relacionó con los principios consagrados en la Convención Internacional de los Derechos del Niño, en especial el interés superior del menor. En una interpretación conjunta e integradora rescató de ellos tanto el derecho a procrear de los progenitores de intención como el derecho a la identidad de las menores, de modo que, probado mediante informes médicos que las niñas tenían la carga genética de la madre de intención, acordó su filiación reconociéndoles a los padres de intención y genéticos su voluntad procreacional, pues era ilógico atribuir la maternidad a quien no tuvo jamás el deseo de engendrar un hijo para sí.

En 2018 se presentó ante el Parlamento chileno el Proyecto de ley sobre gestación subrogada de 10 de enero con la finalidad de regular el derecho de las

165. CORRAL TALCIANI, H. «Reproducción humana asistida y filiación, un análisis del nuevo artículo 182 del código civil». Disponible en: https://corraltalciani.files.wordpress.com/2010/04/art-182cc.pdf
166. El art. 183 CC dispone que la maternidad queda determinada legalmente por el parto, cuando el nacimiento y las identidades del hijo y de la mujer que lo ha dado a luz constan en las partidas del Registro Civil. En los demás supuestos la maternidad se determina por reconocimiento o sentencia firme, siendo posible que una mujer que haya dado a luz un hijo que no es genéticamente suyo pueda ver impugnada la filiación.
167. De esta noticia se hizo eco la web del Colegio De Matronas y Matrones de Chile con el siguiente titular: «Inédito: A falta de ley, jueza reconoce por primera vez la gestación subrogada en Chile», Disponible en: https://www.chvnoticias.cl/nacional/abuela-chilena-dio-a-luz-a-sus-propias-nietas_20180413/
168. Es muy complicado acceder a jurisprudencia sobre la materia porque los procedimientos de familia son reservados.

personas a optar, como técnica o mecanismo de reproducción humana asistida, a la gestación por subrogación. El proyecto estaba inspirado en los principios de dignidad, libertad, solidaridad, igualdad ante la ley o de trato y pretendía que las personas que desearen someterse a procedimientos de reproducción humana asistida no fueran discriminadas, ni siquiera debido a su orientación sexual o género, ni por su condición de matrimonio o de unión civil, todo ello sin desatender al interés superior del nacido.

Este proyecto, guarda importantes similitudes con la primera proposición de ley presentada en España por el Grupo parlamentario Ciudadanos. Así, desarrollaba un derecho a la gestación por subrogación, recogiéndose en su art. 4 los requisitos de la gestación altruista, y en el art. 8 los que debe cumplir la mujer gestante (entre ellos, tener más de 25 años y menos de 45; que hubiera gestado al menos un hijo con anterioridad y que no hubiera sido gestante por subrogación en más de dos ocasiones, de forma similar a lo previsto en el art. 7.1 de la primera proposición de Ciudadanos). El art. 11 del proyecto fijaba los requisitos del contrato de gestación por subrogación, debiéndose otorgar ante notario como preveía el art. 9 de la mencionada proposición de ley española, siendo la diferencia más significativa de la propuesta legislativa chilena, con respecto a la española, la admisión de la gestación por sustitución tradicional (art. 7.1).

3.5 PERÚ

Al igual que Chile y Argentina, ante el vacío legal en esta materia, se ha permitido por vía judicial el establecimiento de una filiación derivada de la gestación por sustitución mediante la interposición de una acción de impugnación de la maternidad. De hecho, hasta mediados de 2018 había al menos tres sentencias que reconocían la legalidad de la maternidad subrogada y, en algunas de ellas, la inaplicabilidad del art. 7 de la Ley General de Salud n.º 26.842 que dispone que toda persona tiene derecho a recurrir al tratamiento de su infertilidad, así como a procrear mediante el uso de técnicas de reproducción asistida, siempre que la condición de madre genética y de madre gestante recaiga sobre la misma persona.

Uno de los primeros casos judicializados tras una gestación por sustitución fue el Expediente n.º 183515-2006-00113 seguido ante el Décimo Quinto Juzgado Civil de Lima[169]. Era un proceso de impugnación de maternidad e identidad genética de una abuela que había gestado en su vientre a un embrión formado por los gametos de su hija y su cónyuge, ya que ésta no podía gestar, pero sí ovular. Cuando nació el niño la abuela gestante lo entregó a su hija. El problema se planteó cuando se debía inscribir al niño como hijo de la gestante, originando el proceso de impugnación de maternidad. El juez admitió que las nuevas tecnologías suponían nuevas maneras de procreación y, por tanto, era de justicia

169. De fecha 6 de enero de 2009.

material declarar fundada la demanda de impugnación de maternidad y acceder a otorgar la maternidad legal a la hija en base a su voluntad procreacional.

Otra sentencia de interés fue la dictada en el Expediente n.º 06374-2016-0-1801-JR-CI-05, de 21 de febrero de 2017, del Quinto Juzgado Constitucional de Lima donde el juez se apoya en el criterio de la Corte Suprema de Justicia, concretamente en su Sentencia de Casación n.º 563-2011-Lima (Considerando Noveno) y entiende el acceso a las técnicas de reproducción asistida, incluida la gestación por sustitución, como un mecanismo que coadyuva al ejercicio del derecho a la formación de una familia (arts. 4 y 6 de la Constitución peruana) que es, a su vez, una manifestación del derecho al libre desarrollo de la personalidad (Considerando Décimo y Decimoprimero). Expresa además que el derecho a la familia, en tanto instituto natural, está inevitablemente a merced de los nuevos contextos sociales y como consecuencia de ello se han generado las llamadas «familias ensambladas» que tienen estructuras distintas a las tradicionales pero que, sin embargo, merecen toda la protección y reconocimiento (STC 09332-2006-AA, de 30-11-2007, FJ 8)[170].

Existen tres modos legales de establecer la filiación: por la naturaleza o parto, por adopción y por la voluntad procreacional expresada en el consentimiento informado de las TRHA[171]. Además, contra la maternidad establecida por el parto cabe prueba en contrario, concretamente el que se haya suscrito un contrato de maternidad subrogada.

En cuanto a los intentos por regular legalmente esta figura, siempre se han inspirado en su carácter solidario. Tal fue el Proyecto de ley n.º 3404/2018, de maternidad subrogada de Perú[172]. Éste además recogía, entre los requisitos que se debían cumplir para su admisión, los siguientes: por parte de los padres de intención, ser peruanos de nacimiento o poseer la nacionalidad y/o residir legalmente en el Perú; ser mayores de 24 años y menores de 47 años; contar con un certificado médico que acreditase su capacidad física, mental y emocional (conforme a los arts. 43, 44 y el 140 CC); ser pareja casada o en unión de hecho certificada por notario y al menos uno de ellos debería aportar sus genes para la fecundación. En el caso de que ambos padres de intención fueran infértiles se podría recurrir a donantes voluntarios del material genético.

El proyecto exigía que la mujer gestante fuera peruana de nacimiento o poseer la nacionalidad y/o residir legalmente en el Perú; tener más de 25 años; acreditar buena salud física, mental y emocional, mediante certificado médico, y haber sido madre de, al menos, un hijo sano antes de someterse voluntaria-

170. Disponible en: https://www.tc.gob.pe/jurisprudencia/2008/09332-2006-AA.pdf
171. SIVERINO BAVIO, 2018:3.
172. ESTELITA S. BUSTOS, «Proyecto de ley que regula los requisitos y procedimientos de la maternidad solidaria mediante el uso de técnicas de reproducción asistida como derecho humano a ser madre», presentada en el Congreso el 25 de septiembre de 2018.

mente a este procedimiento de reproducción. También planteaba en su art. 6 que los padres de intención y la gestante debían suscribir un acuerdo con las obligaciones que deberían cumplir, refrendado ante notario público (art. 7), quedando viciado todo el proceso si la gestante se encontrare en estado de vulnerabilidad económica o de necesidad, de modo que había que probar que se encontraba en una situación socioeconómica estable, acreditándose, por ejemplo, el no encontrarse registrada en el Sistema de Focalización de Hogares (art. 4).

Esta propuesta sobre la maternidad solidaria surgió a raíz de la judicialización de un caso muy mediático referido a una pareja chilena que pactó con una mujer peruana la gestación de unos niños y, al llegar al Perú para llevárselos, se consideró que se estaba ante un supuesto de trata de personas, sufriendo incluso prisión de manera preventiva, pese a ser ellos, o al menos uno, el progenitor genético[173]. Disuelto el Congreso, sin embargo, el proyecto se archivó automáticamente[174] sin tramitarse en sede parlamentaria.

El Ministerio de Justicia y Derechos Humanos elaboró otro Proyecto de ley[175] que intentaba modificar el art. 7 de la Ley General de Salud peruana n.º 26842, e incorporaba disposiciones para el uso de las TRHA, reconociéndose entre ellas la gestación subrogada, definida como una técnica de reproducción que se sirve de otras, la inseminación artificial o la fecundación *in vitro*, principalmente[176]. El art. 7, en la modificación que se proponía en su apartado E, incidía en que el acuerdo no podría generar ningún tipo de subordinación, debería ser altruista[177], voluntario, excepcional y confidencial para terceros. Entre el embrión y al menos uno de los progenitores debería existir correspondencia genética y en ningún caso la gestante podría ceder los óvulos para la fecundación, por lo que no se le daba la opción de arrepentirse del acuerdo.

3.6 COLOMBIA

La Corte Constitucional en su Sentencia n.º 968/09 reconoce que en el ordenamiento colombiano no hay una prohibición expresa para la realización de este tipo de contratos y que, por tanto, esta técnica se encuentra legitimada por

173. «Caso vientre de alquiler: 15 congresistas respaldan a esposos chilenos». Disponible en: https://elcomercio.pe/lima/judiciales/caso-vientre-alquiler-15-congresistas-respaldan-esposos-chilenos-noticia-554627-noticia/
174. Disponible en: https://www.facebook.com/EstelitaBustosOficial/posts/1625735664197156/
175. Presentada por el MINJUS. Mediante Resolución Ministerial n.º 416-2018-JUS de fecha 05 de octubre de 2018.
176. Se la define como el procedimiento médico autorizado a fin de que en un establecimiento de salud se efectúe la transferencia embrionaria en una mujer distinta a la progenitora (Exposición de Motivos, punto 2).
177. Se trata de una propuesta que sólo aceptaba la gratuidad tanto de la cesión de gametos como de la técnica de gestación solidaria (art. 7, letra G), aunque cabría la compensación de los gastos que se ocasionaren.

su Constitución que reconoce en su art. 42 el derecho a conformar de manera responsable una familia y de las parejas a decidir libre y responsablemente el número de sus hijos. Este derecho es, a su vez, una de las expresiones de los derechos sexuales y reproductivos[178].

Es la jurisprudencia constitucional la que reconoce que, aunque no se ha recogido explícitamente un derecho a procrear ni en la ley ni en la Constitución, éste existe en tanto que los convenios internacionales en materia de derechos humanos ratificados por Colombia han entendido que entre los derechos reproductivos de la mujer se encuentra comprendida su autonomía para determinar libremente el número de hijos o para acceder a una adecuada planificación familiar.

Incluso la Sentencia de la Corte Constitucional T-968/09 recoge que la doctrina ha llegado a considerar la maternidad sustituta o subrogada como un mecanismo positivo para resolver los problemas de infertilidad de las parejas, y ha puesto de manifiesto la necesidad urgente de regular la materia para evitar, por ejemplo, la mediación lucrativa entre las partes que llegan a un acuerdo o convenio de este tipo; la desprotección de los derechos e intereses del recién nacido; los actos de disposición del propio cuerpo contrarios a la ley; y los grandes conflictos que se originan cuando surgen desacuerdos entre las partes involucradas.

Ciertamente, evidenció la necesidad de una regulación exhaustiva y del cumplimiento de una serie de requisitos y condiciones[179], como mínimo: a) Que la mujer tenga problemas fisiológicos para concebir; b) Que los gametos que se requieren para la concepción no sean aportados por la mujer gestante; c) Que ésta no tenga como móvil un fin lucrativo, sino el de ayudar a otras personas; cumpla una serie de requisitos como mayoría de edad, salud psicofísica, haber tenido hijos, etc.; que se obligue a someterse a los exámenes pertinentes antes, durante y después del embarazo, así como a valoraciones psicológicas; que una vez firmado el consentimiento informado, e implantado el material reproductor o gametos, no pueda retractarse de la entrega del menor; y sólo podría interrumpir el embarazo por prescripción médica; d) Que se preserve la identidad de las partes; e) Que los padres biológicos no pueden rechazar al hijo en ninguna circunstancia; o que su muerte acontecida antes del nacimiento no deje desprotegido al menor. Estos requisitos reducirían el riesgo de lesión a la dignidad de

178. Corte Constitucional de Colombia. (2015). Sentencia T-274 de 2015, M. P. Jorge Iván Palacio.

179. Sentencia T-968/09. Disponible en: https://www.corteconstitucional.gov.co/relatoria/2009/T-968-09.htm#_ftnref97. Se recoge los requisitos y condiciones que indica Aitziber Emaldi Cirión en su obra «El Consejo Genético y sus implicaciones jurídicas». Cátedra Interuniversitaria. Fundación BBVA-Diputación Foral de Bizkaia de Derecho y Genoma Humano. Bilbao, Granada, 2001, pp. 409-413.

la persona y a los derechos fundamentales de los menores que se ven involucrados en esta práctica[180].

Si se diera la gestación por sustitución tradicional se trataría de un contrato de alquiler de vientre y sería nulo, declarándose a la gestante como la madre legal del menor al que no podría ni tan siquiera dar en adopción (art. 66 Código de Infancia y Adolescencia).

En Colombia se entiende que los acuerdos de maternidad subrogada no son ilícitos al no estar expresamente prohibidos por ley[181], y que cualquier clínica puede realizar esta técnica sin restricción. El nacido será hijo de la mujer que lo alumbre, pero cabe presentar una demanda de impugnación de la maternidad donde, con asentimiento de la mujer gestante, se declare que ella no es la madre. Legalmente no se reconoce a la voluntad procreacional como fuente para determinar la filiación en caso de aplicarse las TRHA, pero la jurisprudencia de la Sala Civil de la Corte Suprema de Justicia sí la tienen en cuenta ya que la determinación de la paternidad no sólo depende de la verdad biológica sino del consentimiento en la realización de la técnica reproductiva, cuestión trasladable a la gestación por otros. Es decir, la Corte Suprema permite el reconocimiento de la filiación derivada de la gestación por sustitución[182].

En España el Auto de la AP de Barcelona (Sección 8.ª) de 17 de marzo de 2021[183] resolvió una solicitud de exequátur de una sentencia del Juzgado de Familia n.º 10 de Bogotá en relación a una menor nacida por gestación subrogada. El Ministerio Fiscal se opuso por cuanto entendía que la sentencia colombiana era contraria al orden público español y no debía reconocerse. Se da la circunstancia de que la madre de intención española acudió a este acuerdo de gestación mediante una donación anónima de óvulo y no tenía vinculación genética con el neonato. La AP de Barcelona, tras un análisis de la evolución jurisprudencial de países de nuestro entorno, reconoce y homologa la sentencia colombiana, afirmando que, con una interpretación atenuada del orden público, la situación jurídica creada en Colombia se puede reconocer en España, ya que no se vulneraría la organización axiológica, social y económica de la sociedad española por otorgarse determinados efectos colaterales o periféricos derivados de la maternidad subrogada. En definitiva, se otorgó confianza a los tribunales colombianos pues, siendo Colombia un país democrático y de tradición jurídica

180. Punto 8.1 de la Sentencia T-968/09 de la Corte Constitucional, Sala Segunda de Revisión. (18 de diciembre de 2009) [M. P. María Victoria Calle Correa] (https://www.corteconstitucional.gov.co/relatoria/2009/T-968-09.htm).

181. BEETAR BECHARA, 2019.

182. Sentencia de la Corte Suprema de Justicia de 2017, radicación n.º 54001311000920090058501, M. P. Ariel Salazar Ramírez. Disponible en: https://www.icbf.gov.co/cargues/avance/docs/csj_scc_sc6359-2017_[2009-00585-01]_2017.htm

183. AAP B núm. 104/2021, de 17-03-2021 (JUR 2021, 169793).

similar a la española, la AP no duda de que aquellos habían velado por la dignidad de la gestante en un proceso llevado con todas las garantías[184].

3.7 VENEZUELA

La Constitución de la República Bolivariana de Venezuela, tras disponer en su art. 20 que toda persona tiene derecho al libre desenvolvimiento de su personalidad, sin más limitaciones que las que derivan del derecho de las demás y del orden público y social, recoge el derecho a la procreación como derecho a decidir libre y responsablemente el número de hijos o hijas que se desee concebir y a disponer de la información y de los medios que aseguren el ejercicio del derecho a la libre planificación de la familia (art. 76).

Igualmente declara en su art. 22 que la enunciación de los derechos y garantías contenidos en la Constitución y en los instrumentos internacionales sobre derechos humanos no debe entenderse como negación de otros que, siendo inherentes a la persona, no figuren expresamente en ellos, de modo que la falta de ley que los regule no menoscaba el ejercicio de los mismos.

Por su parte, el art. 197 CC[185] expresamente dispone que la filiación materna resulta del parto y se prueba con el acta de la declaración de nacimiento inscrita en los libros del Registro Civil donde se identifica a la madre por la regla *mater semper certa est*. Sin embargo, cabe la prueba en contrario (art. 200) y tal posibilidad favorece el reconocimiento judicial de la gestación por sustitución si se acredita la verdad biológica de la madre de intención certificada mediante la prueba de ADN, puesto que la Constitución en su art. 56 privilegia la verdad genética[186].

Los tribunales son también proclives a aplicar, a falta de regulación expresa de la gestación por sustitución, la teoría de la voluntad. Así, la Sentencia n.º 1456 de la Sala Constitucional del Tribunal Supremo de Justicia[187], tras hacer mención a nuestra LTRH del año 2006 y a su art. 10, afirmaba que lo importante en todo caso es que en materia de filiación se otorgue la paternidad y maternidad a quienes hayan manifestado y realmente tenido la voluntad y el afecto para tener

184. En el Registro consular de Bogotá se presentaron dos solicitudes de inscripción de nacimiento de nacidos tras una gestación por sustitución, una en el año 2018 y otra en el año 2021. La primera se encuentra suspendida y la segunda denegada. Portal de Transparencia del Ministerio de Asuntos Exteriores, Unión Europea y Cooperación.

185. Gaceta n.º 2.990 Extraordinaria del 26 de julio de 1982.

186. Art. 56: «Toda persona tiene derecho a un nombre propio, al apellido del padre y al de la madre y a conocer la identidad de los mismos. El Estado garantizará el derecho a investigar la maternidad y la paternidad. Toda persona tiene derecho a ser inscrita gratuitamente en el registro civil después de su nacimiento y a obtener documentos públicos que comprueben su identidad biológica, de conformidad con la ley. Éstos no contendrán mención alguna que califique la filiación».

187. Sentencia n.º 1456 de Tribunal Supremo de Justicia de Venezuela —Sala Constitucional— de 27 de julio de 2006.

descendencia, y no a quienes han prestado un servicio para que esa reproducción asistida tenga éxito.

Es imprescindible para que los tribunales declaren a favor de una pareja comitente la existencia del vínculo filiatorio, que se dé en situaciones internas de gestación entre familiares, y que se verifique que se ha intervenido con carácter gratuito o solidario.

La Decisión n.º PJ0552013000004 del Tribunal Tercero de Primera Instancia de Juicio de Protección de Niños, Niñas y Adolescentes de Caracas, de 9 de enero de 2013, trató el asunto de una mujer que gestó a un niño para su cuñada y su esposo. Los padres biológicos presentaron una demanda de impugnación de la partida de nacimiento del menor junto con la impugnación de la maternidad. La juez Betilde Araque, tras hacer mención a nuestra LTRA 35/1988, concretamente al art. 10.2, entendía que el problema no podía ser resuelto alegando únicamente que madre es la que pare porque por imperativo constitucional la filiación es más que eso. En conclusión, resuelve que en este supuesto la maternidad subrogada era válida, en la medida en que su objetivo había sido ayudar a otros a cumplir sus expectativas y les brindaba la posibilidad de concebir y criar un hijo genéticamente suyo, aunque fuera gestado en otro vientre, atendiendo a la teoría de la voluntad procreacional y el principio de protección del interés superior del menor.

Por tanto, en Venezuela existen también tres criterios para atribuir filiación materna: por nacimiento, por el vínculo genético y mediante la teoría de la intención en conjunción con el interés superior del niño[188], esta última concedida por vía judicial.

4. ESTADOS QUE HAN INSTITUIDO LA GESTACIÓN POR SUSTITUCIÓN COMERCIAL

4.1 UCRANIA

La gestación por sustitución en Ucrania está recogida en el art. 123.2 de su Código de Familia[189], que dispone que en el caso de transferir al cuerpo de otra mujer el embrión concebido por dos cónyuges (hombres y mujeres) como resultado del uso de tecnologías auxiliares de reproducción, los padres del niño son los comitentes[190] desde la misma transferencia al útero de la gestante.

La Orden del Ministerio de Sanidad n.º 771 añade una serie de requisitos a cumplir por las partes, entre otros, el que la madre sustituta debe tener de entre

188. SISCO RICCIARDI, 2013: 15.
189. Modificado por la Ley n.º 3760-VI (3760-17) de 20 de septiembre de 2011.
190. Es una regulación parecida a la de Rusia, aunque el Código de Familia ucraniano es algo más estricto por cuanto únicamente pueden acceder a esta técnica las parejas heterosexuales casadas.

los 20 y los 35 años, debiendo estar física y mentalmente sana. De acuerdo con la Orden 787 de 9 de septiembre de 2013 la futura gestante, y su cónyuge si está casada, deben firmar ante notario, y antes de la trasferencia embrionaria, un contrato donde presten su consentimiento y la renuncia de la filiación a favor de los comitentes. El notario dará fe de que el contrato se ha firmado de forma libre y voluntaria por las partes.

El art. 139.2 del Código de Familia de Ucrania establece que la gestante tiene prohibido reclamar la maternidad y no tiene ningún derecho ni obligación para con el bebé, primando el vínculo genético sobre el obstétrico[191] y, por tanto, la gestante podrá desistirse del contrato sólo con anterioridad a la transferencia embrionaria. Sus datos no se inscriben, aunque sí se deja constancia del hecho de que el nacimiento ha tenido lugar mediante esta técnica. Al establecerse la filiación tras el parto, los padres de intención reciben dos documentos para poder registrarlo: un certificado de nacimiento con el nombre del padre biológico y la gestante y otro con la renuncia al bebé por parte de la gestante, de manera que con estos documentos el menor puede ser registrado a nombre de los padres de intención sin que aparezca el nombre de la gestante en el Registro.

El nacido venía siendo registrado en el Consulado español a nombre de la gestante[192] y a nombre del padre de intención, tras demostrarse que era el padre biológico mediante una prueba de ADN[193]. Entonces se le expedía el pasaporte español (entre otras, Resolución de la DGRN de 3 de marzo de 2017 —49.ª—). De esta forma, se registraba al niño como hijo de una relación extramatrimonial y una vez en España se iniciaban los trámites para la adopción por quien no era el progenitor biológico (STSJ con sede en Barcelona[194], Sala de lo Social, de 6 de julio de 2018) e incluso aunque ambos progenitores de intención aportaran su material genético (STSJ del País Vasco, Sala de lo Social, Sección 1.ª, Recurso 2119/2018, de 30 de octubre de 2018[195] y Sentencia de la AP de Murcia, Sección 4.ª, Recurso 91/2019, de 31 de enero[196]) protegiéndose cuando regresaba a España[197], en interés del menor, el núcleo familiar *de facto* en el que estaba integrado.

Desde finales del año 2018 y principios de 2019 la Sección Consular de España en Kiev venía en cierto modo obstaculizando la expedición de la documentación que permitía a los menores viajar a España con sus padres «legales», justificándose ese cambio de criterio en el hecho de que se estaban produciendo

191. SÁNCHEZ ARISTI, 2010:20.
192. La gestante debe prestar el consentimiento para la adopción por la madre de intención (STSJ M núm. 529/2018, 08-06-2018 [AS 2019, 6]).
193. O Certificado de un centro de reproducción humana ucraniano de haberse utilizado su material genético para la fecundación.
194. STSJ CAT núm. 4028/2018, de 06-07-2018 (AS 2019, 657).
195. STSJ PV núm. 2119/2018, de 30-10-2018 (JUR 2019, 58484).
196. SAP MU núm. 91/2019, de 31-01-2019 (JUR 2019, 71777).
197. AAP BA núm. 144/2018, de 29-10-2018 (JUR 2019, 69596).

estafas y engaños por parte de las clínicas de reproducción asistida y de las personas vinculadas a este tipo de negocios, tales como irregularidades en el proceso, falta de transparencia y principalmente mala *praxis* médica[198]. Es entonces cuando se empieza a aplicar la literalidad de la Instrucción de la DGRN de 5 de octubre de 2010, advirtiéndose a los potenciales usuarios españoles del contenido de los arts. 220 y 221 de nuestro Código Penal[199], claramente con efectos disuasorios, enviándose los expedientes a la Fiscalía del Registro Civil Central de conformidad con el art. 124 del RRC[200].

Nuestras autoridades pretenden evitar que se produzcan circunstancias como las relatadas en la STEDH, *D. y otros c. Bélgica*[201], de 8 de julio de 2014. Se trataba de un matrimonio belga que fue a Ucrania para tener un hijo mediante gestación por sustitución y, una vez que el niño nació, solicitaron a su Embajada que les expidiera un pasaporte con el fin de llevarlo de regreso a Bélgica. Pero ello se les negó, de modo que la pareja tuvo que regresar a Bélgica una vez que expiró la visa y el bebé fue entregado a un orfanato. El tribunal avaló por unanimidad que el Estado belga tuviera derecho a bloquear la entrada del bebé en el territorio, rechazando darle cualquier documento que le permitiera viajar, al tener derecho a un margen de apreciación para controlar la efectividad de la prohibición de este tipo de contratos (tampoco quedó probado que el hombre fuera el padre biológico).

En el período entre el 2011 al año 2022 se presentaron mil doscientas noventa y ocho solicitudes de inscripción en nuestro Registro Civil Consular en Kiev. El año que más solicitudes se presentaron fue en el 2018, un total de trescientas tres, todas por parejas de diferente sexo y todas fueron inscritas. En el año 2019 se presentaron doscientas cuarenta y cuatro, igualmente todas por parejas de diferente sexo, pero sólo se inscribieron noventa y cinco y se sus-

198. En la web de la Embajada de España en Kiev se desaconsejaba iniciar un proceso de maternidad subrogada en Ucrania, recordando que en España este tipo de contratos son nulos y que no es posible hacer una inscripción de nacimiento por transcripción de la certificación local cuando hay dudas de su legalidad conforme a la ley española, dudas que se convierten en un obstáculo si no hay un proceso judicial que determine en el Estado de origen la filiación del nacido y donde no consten los datos de la madre gestante.

199. La reforma de la ley del aborto dejó fuera la propuesta de perseguir penalmente en España a quienes recurrieran a esta práctica en otros países, reconociendo a los tribunales españoles la competencia para conocer de los delitos de gestación por sustitución previstos en el art. 221.2 del Código Penal cometidos fuera de España, cuando el comitente sea español o resida habitualmente en España. La medida no fue incluida por las reservas del Ministerio de Justicia. Noticia de prensa disponible en: https://www.elsaltodiario.com/gestacion-subrogada/gestacion-subrogada-claves-psoe-podemos-pp-ciudadanos?&utm_medium=social&utm_campaign=web&utm_source=whatsapp

200. Fiscalía de la Comunidad de Madrid, Memoria 2020 (Ejercicio 2019). Disponible en: https://www.fiscal.es/documents/20142/143255/Memoria+2020+del+Fiscal+Superior+de+la+Comunidad+de+Madrid.pdf/ee239c91-590e-8b1a-bee8-b1c228d5b171?version=1.1&t=1601025487221

201. Décision Requête n.º 29176/13.

pendieron ciento cuarenta y nueve. En el año 2020 se presentaron ciento siete solicitudes de inscripción, igualmente todas por parejas heterosexuales, estando todas ellas denegadas. En el año 2021 se presentaron sesenta solicitudes, año de la guerra iniciada por Rusia[202], y cuatro en el año 2022, todas ellas denegadas. Es decir, desde el año 2020 no se ha accedido a ninguna inscripción[203], lo que da una idea del cambio de actuación de la actual DGSJFP.

El Parlamento Europeo, a raíz de la guerra, aprobó la Resolución de 5 de mayo de 2022 sobre el impacto de la guerra contra Ucrania en las mujeres 2022/2633 (RSP). En ella destacaba que la trata de seres humanos con fines de explotación sexual sigue representando uno de los mayores riesgos para las mujeres y los niños que huyen de Ucrania y que se encuentran en una situación especialmente vulnerable, resaltando que las madres de alquiler se encontraban en una situación de particular vulnerabilidad y precariedad en ese contexto de guerra y pidió a la Unión y a sus Estados miembros que prestasen especial atención a la protección de las madres de alquiler durante el embarazo, el parto y el puerperio, y que respetasen todos sus derechos, así como los de los recién nacidos. La Resolución subraya el grave impacto de la gestación por sustitución en las mujeres, sus derechos y su salud, las consecuencias negativas de cara a la igualdad de género y los retos derivados de las implicaciones transfronterizas de esta práctica, pidiendo a la Unión y a sus Estados miembros que investiguen las dimensiones de esta industria, el contexto socioeconómico y la situación de las mujeres embarazadas, así como las consecuencias para su salud física y mental y para el bienestar de los bebés; se solicitó también la introducción de medidas vinculantes para abordar la gestación por sustitución protegiendo los derechos de las mujeres y los recién nacidos[204].

4.2 RUSIA

Las bases de los procesos de gestación subrogada que se lleven a cabo en el país están fijadas en la Ley Básica de Protección de la Salud de los Ciudadanos de la Federación de Rusia, de 21 de noviembre de 2011, aunque el primer caso documentado data de 1995 cuando una joven, cuyo hijo murió a los pocos días de nacer, tuvo otro bebé con la ayuda de una madre sustituta[205].

Desde su regulación mediante esta Ley Federal (art.55) sólo se permite la subrogación gestacional, estando prohibido utilizar los óvulos de la propia madre

202. Disponible en: https://www.newtral.es/datos-gestacion-subrogada/20230329/
203. Portal de Transparencia del Ministerio de Asuntos Exteriores, Unión Europea y Cooperación.
204. §§ 12 a 14. Disponible en: https://www.europarl.europa.eu/doceo/document/TA-9-2022-0206_ES.html
205. Disponible en: https://www.themoscowtimes.com/2012/09/25/russian-surrogate-moms-attract-foreigners-a18051

subrogada en el marco de una fecundación *in vitro*, y al igual que en Ucrania, en Rusia se permite que la gestación por sustitución sea a título gratuito u oneroso.

Dado que el recurso a la gestación subrogada es legal para las parejas, casadas o no, y para las mujeres solteras, los hombres solteros tienen el mismo derecho a recurrir a ella, aunque nada refiere específicamente la ley sobre ese derecho. Sin embargo, cuando una ley en Rusia no regula directamente un aspecto concreto, según la cláusula 5 de su Código de Familia, se debe aplicar la analogía. En cuanto a la mujer comitente, ésta debe contar con documentación médica que acredite que le es imposible gestar y llevar el embarazo a término, debiendo el padre aportar su material genético (arts. 51-52 Código de Familia y art. 16 Ley del Estado Civil).

Desde la entrada en vigor de la Instrucción de 18 de febrero de 2019 sobre actualización del régimen registral de la filiación de los nacidos mediante gestación por sustitución[206], ha quedado claro que las solicitudes de inscripción de la filiación en el Registro Civil Consular sólo se estimarán si existe una sentencia de las autoridades judiciales del país correspondiente, que sea firme y dotada de exequátur, o pueda ser objeto del debido control incidental, pero en Rusia no se sigue la tramitación de un procedimiento judicial[207] ni hay una sentencia que determine la filiación. De modo que si no existe ese procedimiento judicial en el país de origen, la solución pasa porque el solicitante obtenga de las autoridades locales, si procede, el pasaporte y permisos del menor para viajar a España y, una vez aquí, deberán interponerse las acciones judiciales de reclamación de la filiación, con intervención del Ministerio Fiscal[208] donde se acredite mediante ADN la paternidad biológica (Resolución de la DGRN de 6 de abril de 2018, 27.ª), o de adopción (Resolución de 3 de noviembre de 2017 —4.ª— de la DGRN), con el riesgo de que si ninguno de los comitentes es el progenitor biológico se pueda iniciar un proceso administrativo de desamparo.

En nuestro país constan desde el año 2015 al 2020 catorce solicitudes de inscripción, entre el Registro Civil Consular de Moscú y el Registro Civil Central, de las cuales ocho fueron instadas por parejas de diferente sexo, dos por parejas de igual sexo y cuatro por monoparentales, habiéndose concedido nueve solicitudes de inscripción. No obstante, también se iniciaron otros trámites derivados de la gestación por sustitución, habiéndose pedido y concedido en este período siete salvoconductos, un visado y dos pasaportes. En total, según constan en las estadísticas del Ministerio, de las veintitrés solicitudes presentadas hasta el año 2022 tan sólo se han denegado tres[209]. En San Petersburgo, sin embargo, en el período que va desde el año 2019 a 2022 constan diecisiete soli-

206. BOE n.º 45 de 21 de febrero de 2019.
207. Arts. 51-52 del Código de Familia y art. 16 de la Ley del Estado Civil.
208. Art. 120.3 CC y arts. 764 y ss. LECiv/2000.
209. Un ejemplo de denegación del salvoconducto lo encontramos en la STSJ M núm. 209/2017, de 13-03-2017 (JUR 2017, 79536).

citudes de inscripción, de las que sólo se ha denegado una y las otras dieciséis fueron suspendidas[210].

La SAP de Islas Baleares de 27 de abril de 2021[211] conoció de un asunto referido a una española soltera que no aportó su material genético en la concepción de su hija, nacida en Rusia mediante gestación subrogada. El M.º Fiscal se opuso a reconocer dicha filiación por posesión de estado, ya que ésta ya estaba determinada por el parto y la actora carecía de ligamen biológico con la niña. El tribunal analizó que no se podían aplicar las vías alternativas de la STS de 6 de febrero de 2014 para establecer la filiación de los padres de intención: la reclamación por el padre biológico, la adopción o el acogimiento familiar si no existe vínculo, por lo que en interés de la menor acordó preservar la situación familiar en la que la niña vivía desde su nacimiento, haciendo una aplicación atenuada del orden público para que pudiera acceder al Registro Civil la filiación válidamente determinada en Rusia (art. 96.2, letra d, LRC). Esta sentencia de 2021 fue novedosa por cuanto el juzgador atendió expresamente a la situación de la concreta menor y priorizó su permanencia en el ámbito de la que era su familia actual, dotando a la menor de la seguridad y estabilidad que necesitaba mediante la vía de la posesión de estado, pero no es una sentencia cuya fundamentación se haya reiterado en otras posteriores[212]. De hecho, la STS de 31 de marzo de 2022 viene a descartar que pueda protegerse al interés superior del menor mediante la determinación de la filiación respecto a los padres comitentes por la constante posesión de estado (art. 131 CC) si es posible la adopción.

Desde el 24 de mayo de 2022, Rusia ha prohibido la gestación subrogada a ciudadanos extranjeros, por lo que no se pueden realizar más procesos en ese país por quienes no son sus ciudadanos.

4.3 LA INDIA

La India suele exponerse como el paradigma de la explotación que se produce en el ámbito de la gestación subrogada, por tratarse de un país con una fuerte impronta machista y con una sociedad profundamente desigual que genera frecuentes cuestiones éticas.

Desde 2002 la gestación subrogada era una práctica permitida legalmente tanto para nacionales como extranjeros, aunque se inició como una forma de negocio en 2004, cuando la doctora Nayna Patel, propietaria de la clínica Akanksha en el pueblo de Anand (Gujarat), puso en marcha la subrogación comercial en el país. El país fue considerado desde entonces como un destino

210. Portal de Transparencia del Ministerio de Asuntos Exteriores, Unión Europea y Cooperación.
211. (JUR 2021, 163294).
212. Se rechaza la filiación por la vía de la posesión de estado de una niña nacida en Rusia sin mediar vínculo biológico en la AAP OU núm. 143/2021, de 21-10-2021 (JUR 2021, 25912).

del turismo reproductivo, tanto por su bajo coste como porque el personal sanitario que intervenía en esta técnica solía estar formado en EEUU y en el Reino Unido[213].

The Guardianrecogió el 5 de junio de 2012 la noticia de que se estimaba que nacían en la India mediante esta técnica aproximadamente veinticinco mil bebés al año, de los cuales al menos el 50% eran comisionados por parejas extranjeras, principalmente occidentales[214]. En dicho artículo se exponía cómo se llevaban a cabo malas prácticas médicas, tales como implantar en las gestantes más de cuatro embriones o someterlas a cesáreas para ajustar los tiempos a las necesidades de los comitentes.

En España se ha venido rechazando las inscripciones de filiación determinadas en la India porque los certificados locales de nacimiento omitían a la mujer gestante y no se seguía un procedimiento judicial de homologación del contrato, no existiendo una sentencia que facilitara la inscripción del nacido en nuestro Registro Civil. La solución que ofrecía la DGRN era obtener la determinación de la filiación paterna biológica en un proceso judicial ya en España (arts. 120.3 CC, 764 y ss. LECiv/2000 y 10.3 LTRH)[215].

De todas formas, en la actualidad no se permite el acceso a la maternidad subrogada a los extranjeros, suponiendo un paso importante en esta dirección la sentencia del*Asunto Baby Manji Yamada c. Union Of India & Anr*[216], donde una gestación por sustitución contratada por un matrimonio japonés supuso un conflicto diplomático y provocó que se limitara el acceso a estas técnicas tan sólo a los matrimonios nacionales heterosexuales con problemas de fertilidad. Este asunto resaltó las dificultades de determinación de la nacionalidad que acarreaba la subrogación en la India cuando había un componente extranjero. Al año siguiente algo similar volvió a acontecer en el Asunto *Jan Balaz c. Anand Municipality*[217].

En 2009, la Comisión de Derecho de la India se percató de que los ciudadanos extranjeros, ante la falta de un marco legal amplio que abordara la subrogación, podían estar explotando a mujeres pobres que actuaban como madres sustitutas por necesidad, de modo que recomendó prohibir la subrogación comercial y sólo permitir la altruista, lo que finalmente tuvo lugar con la *Surrogacy (Regulation)*

213. Disponible en: https://www.babygest.es/india/
214. «India's surrogate mothers are risking their lives. They urgently need protection». Disponible en: https://www.theguardian.com/commentisfree/2012/jun/05/india-surrogates-impoverished-die
215. Entre otras la Resolución de la DGRN 6 de mayo de 2011 (5.ª), pp. 17 y 18. Boletín del Ministerio de Justicia. Año LXVI, de 7 de marzo de 2012.
216. Supreme Court of India, *Baby Manji Yamada vs Union of India & Anr on,* 29 de septiembre de 2008.
217. *Asunto Jan Balaz vs. Anand Municipality & Ors.Letters Patent Appeal,* No. 2151 de 11 de noviembre de 2009.

Bill[218], 2016, art. 4 (ii) letra b) y c). Con esta ley se establecieron nuevas condiciones para que la mujer gestante pudiera participar en el proceso de gestación subrogada, algunas tan discutibles como que necesita el consentimiento expreso de su marido, en caso de tenerlo, o que firmado el contrato la mujer renunciaba al derecho de interrumpir de forma voluntaria el embarazo (salvo situaciones concretas).

Por tanto, la India se suma al grupo de países asiáticos que han abandonado la práctica comercial de esta técnica dejando de prestar este servicio a los extranjeros. Según constan en las estadísticas del Ministerio, en el Consulado de Mumbai se solicitaron noventa y siete solicitudes de inscripción de nacimiento entre los años 2010 a 2014, todas inscritas. Desde entonces no se ha presentado ninguna solicitud más. Lo mismo ocurre con Nueva Delhi, que en el período que va desde el año 2010 a 2013 se presentaron noventa solicitudes, y sólo siete en el año 2016, todas inscritas, mas a partir del año 2016 no se han presentado ninguna solicitud de inscripción de nacimiento por gestación subrogada[219].

Esta restrictiva regulación no ha sido capaz de evitar situaciones tan lamentables como aquella de la que se hicieron eco los periódicos en el año 2019, cuando una mujer sustituta de 42 años, embarazada de diecisiete semanas de gemelos, murió en el hospital de Nueva Delhi. La investigación descubrió que tenía antecedentes de múltiples enfermedades, como tuberculosis, hidrocefalia y depresión, así como que no se había seguido el proceso médico adecuado antes de quedar embarazada, pues si así hubiera sido se habría comprobado que no cumplía los requisitos para ser gestante sin riesgo. El Dr. Sudhir Gupta manifestó al Times of India[220] que este asunto reflejaba las carencias de la regulación de la subrogación en el país y su impacto en la vida de las mujeres pobres que arriesgan sus vidas por dinero. Los médicos del hospital donde falleció la gestante llegaron a publicar un documento donde pedían leyes estatales mucho más estrictas en torno a la subrogación para evitar futuros casos como éste.

En ese mismo año se aprobó un proyecto de ley de subrogación, *The Surrogacy (Regulation) Bill 2019,* en el que se implantaban medidas en orden a proteger más a las mujeres gestantes en su salud e integridad[221]. El Ministro de Salud de la Unión, Harsh Vardhan, dijo entonces al Times of India que esta nueva legislación se necesitaba con urgencia, pues se estimaba que aproximadamente

218. Cabinet approves introduction of the «Surrogacy (Regulation) Bill, 2016». Disponible en: https://pib.gov.in/newsite/PrintRelease.aspx?relid=149186
219. Portal de Transparencia del Ministerio de Asuntos Exteriores, Unión Europea y Cooperación.
220. «Indian surrogate's death raises concern over exploitation». Disponible en: https://www.bionews.org.uk/page_145411
221. *Bill No. 156-C of 2019.* Disponible en: http://164.100.47.5/committee_web/BillFile/Bill/70/137/156-C%20of%202019_2019_12_12.pdf

había entre dos mil y tres mil clínicas de subrogación que operaban ilegalmente en el país[222].

En la India no se ha dejado de trabajar sobre esta materia en un intento de regular una gestación subrogada cada vez más detallada y garantista, dándose los pasos necesarios para acabar con la gestación comercial en la India, las llamadas «granjas de bebés» que toda la comunidad internacional rechaza, al fijar las autoridades los costes que se podían abonar a la mujer gestante, a modo de compensación dentro de una gestación altruista[223].

The Surrogacy (Regulation) Bill, 2021 (NO. 47 OF 2021), publicado en la Gaceta de la India el 25 de diciembre de 2021, sigue la línea de prohibir la explotación de las madres subrogadas y de proteger los derechos de los niños nacidos a través de la subrogación, de modo que permite que la madre sustituta tenga la opción de retirar su consentimiento para la subrogación con anterioridad a la implantación del embrión en su útero y prohíbe el que los comitentes abandonen al nacido por cualquier motivo, incluido por tener un defecto de nacimiento u otra condición, considerándose al neonato como hijo biológico de los comitentes desde el alumbramiento, con todos los derechos y privilegios propios de un hijo natural.

Con la promulgación de la *Assisted Reproductive Technology (Regulation) Act, 2021*, y *The Surrogacy (Regulation) Act, 2021*, Sección 4 (ii) (b) se prohíbe definitivamente todas las formas de subrogación comercial en la India y tan sólo se permite la de carácter altruista.

Para ser madre subrogada se debe estar casada y tener al menos un hijo propio, así como no puede serlo más de una vez. Debe a su vez poseer un certificado de aptitud médica y psicológica, ser pariente cercano de la pareja comitente y no recibir pagos, recompensas, o cualquier otro beneficio económico, excepto el coste de los gastos médicos y de la cobertura del seguro (Chapter III).

Como las TRHA no están permitidas para las mujeres solteras ni para homosexuales, la gestación por otros no se facilita a estos colectivos. La futura pareja de progenitores debe obtener con carácter previo un *certificate of essentiality* y un *eligibility certificate* emitido por la autoridad correspondiente. Se emitirá un certificado de «esencialidad» cuando cumplan las siguientes condiciones: contar con un certificado de infertilidad de uno o ambos miembros de la

222. El Proyecto de Ley de Subrogación de 2019 fue aprobado por el Lok Sabha (Cámara Baja) el 5 de agosto de 2019. El Rajya Sabha, en su reunión celebrada el 21 de noviembre de 2019, aprobó una moción para remitirlo a un Comité de especialistas que introdujo algunos cambios.

223. Diario El País. «Paternidad 2.0, El precio de un bebé en USA anda por los 90.000; en la India se pueden conseguir por 12.000». Disponible en: https://clpais.com/elpais/2015/07/27/eps/1438008645_417941.html

pareja, comprobado por una Junta Médica del Distrito; obtener una orden de paternidad y custodia del niño aprobada por un tribunal de primera instancia y ofrecer una cobertura de seguro a favor de la madre subrogada por un período de treinta y seis meses cubriendo las complicaciones del parto y posparto. El certificado de «elegibilidad» para la futura pareja se expide al cumplir con las siguientes condiciones: ser ciudadanos indios casados; tener una edad entre 23 a 50 años (esposa) y 26 a 55 años (esposo); y no tener ningún hijo vivo (biológico, adoptado o sustituto); entre otras condiciones que se determinen reglamentariamente.

La norma también ha creado las llamadas «Juntas Nacionales de Subrogación» y las «Juntas Estatales de Subrogación» que van a asesoran al Gobierno en el establecimiento de un código de conducta de las clínicas de gestación subrogada y revisarán la implementación de las disposiciones legales. En cuanto a las clínicas, deben estar registradas y legalizadas para realizar el procedimiento (Chapter IV).

5. EEUU COMO MICROCOSMOS MUNDIAL

5.1 CONSIDERACIONES GENERALES

Se puede afirmar que a finales de los años ochenta del siglo pasado se produjo en EEUU el primer supuesto de gestación por sustitución referido como el caso «Baby M»[224] por el nombre de una niña nacida el 27 de mayo de 1986 tras firmar William Stern y la Sra. Mary Beth Whitehead y su marido, en febrero de 1985, un acuerdo de gestación subrogada comercial. El tribunal invalidó el contrato de gestación subrogada porque entraba en conflicto con la ley y el orden público de aquel Estado al mediar un pago, y otorgó la custodia al padre biológico en interés de la menor, anulando tanto la retirada de la patria potestad de la madre sustituta como la adopción del bebé por parte de la esposa. Fue además uno de los primeros asuntos judicializados en esta materia.

El tribunal también reconocía que, pese a todo, en las leyes del Estado de New Jersey no se encontraba ninguna prohibición de la subrogación cuando la madre sustituta se ofrecía voluntariamente, sin pago alguno y se le daba el derecho de cambiar de opinión para hacer valer sus derechos de maternidad. Aquella decisión judicial dejaba en manos del legislador el que, dentro de los límites constitucionales, permitiera esos contratos de subrogación, como así lo hizo en el año 2018 cuando lo reguló con carácter altruista (*New Jersey Gestational Carrier Agreement Act —NJ Rev Stat § 9: 17-65).*

Esta sentencia pone en evidencia que en Estados Unidos se reconoce el derecho a la reproducción y dentro de este derecho enmarcan a la gestación

224. In re Baby M, 537 A.2d 1227, 1246-47 (NJ 1988). Disponible en: https://law.justia.com/cases/new-jersey/supreme-court/1988/109-n-j-396-1.html

subrogada[225], pero al no existir una legislación federal en esta materia cada Estado la afronta de forma diferente[226]. Se trata de un país plurilegislativo[227] donde los cincuenta Estados tienen diferentes enfoques ante la subrogación y, siguiendo a la doctrina, se pueden agrupar los Estados americanos en cuatro grandes bloques, dependiendo de si han legislado y cómo sobre la gestación subrogada[228].

Hay Estados favorables con ley explícita. Entre ellos se clasifican dos grupos de Estados: los que legalmente permiten los convenios de gestación por sustitución, restrictivamente y con carácter altruista (entre otros, Florida, Illinois, Texas, Washington o New Jersey) y los que la admiten de un modo abierto y tolerante aceptándose los contratos de carácter comercial, por ejemplo, California o New York. Otro grupo son los Estados que han legislado para declarar la prohibición o nulidad de estos contratos, sobre todo los de carácter comercial: Michigan, Nebraska, Louisiana o Arizona, aunque los tribunales pueden dictar órdenes de paternidad. Y existe finalmente un grupo de Estados en los que, sin contar con una ley que la admita o la prohíba, los tribunales muestran normalmente su conformidad a esta forma de reproducción, entre otros, Idaho, Pensilvania o Kentucky.

5.2 ESTADOS QUE HAN REGULADO LA GESTACIÓN POR SUSTITUCIÓN ALTRUISTA

Entre los Estados que permiten por ley, aunque restrictivamente, la gestación por sustitución altruista, destaca Florida que tiene una colección permanente de leyes estatales (*Florida Statutes*[229]) organizadas por área temática, a modo de un código, donde su apartado 742.15 regula lo referente al contrato de gestación subrogada[230].

Para participar en esta técnica las partes deben firmar un contrato que será vinculante y ejecutable entre la mujer que va a llevar a cabo la gestación, que como mínimo deberá tener 18 años, y la pareja que debe estar casada, con una

225. STORROW, R. F., «Surrogacy: American Style» (August 31, 2015). «Surrogacy, Law and Human Rights», Paula Gerber and Katie O'Byrne, eds., Ashgate Publishing, 2015. Disponible en: https://ssrn.com/abstract=2652835
226. Mapa de Estados: Disponible en: https://www.creativefamilyconnections.com/us-surrogacy-law-map/; Is Surrogacy Legal in Your State? US Surrogacy Law Map (familyinceptions.com).
227. VILAR GONZÁLEZ, 2018:170.
228. LAMM, 2013:186.
229. Disponible en: https://law.justia.com/codes/florida/2022/ y Statutes & Constitution: View Statutes: Online Sunshine (state.fl.us).
230. Según constan en las estadísticas del Ministerio de Asuntos Exteriores de España, en el Registro Consular de Miami se han presentado desde el año 2015 a 2022 setenta y seis solicitudes de inscripción de nacimiento por gestación subrogada y se aceptaron todas. Portal de Transparencia del M.º de Asuntos Exteriores, Unión Europea y Cooperación.

edad de 18 años o más y que cuente con un informe médico que certifique que el embarazo es imposible.

En Florida el contrato de sustitución gestacional deberá incluir entre sus disposiciones que los comitentes aceptan que la sustituta gestacional sea la única que preste el consentimiento con respecto a la intervención clínica y el embarazo, y demás cuestiones relativas a su salud prenatal. Ésta deberá renunciar a cualquier derecho o responsabilidad sobre el niño, salvo que se determine que ninguno de los miembros de la pareja comitente es su progenitor genético, supuesto en el que la mujer gestante debe asumir los derechos y responsabilidades respecto del neonato.

Los comitentes sólo pagarán los llamados gastos razonables legales, médicos, psicológicos y psiquiátricos que estén directamente relacionados con los períodos correspondientes a la fase prenatal, de intraparto y posparto.

En el plazo de tres días después del nacimiento del menor la pareja comitente deberá plantear al tribunal competente una petición de filiación siguiéndose entonces un proceso judicial que se celebrará a puerta cerrada y al que deberá acudir la mujer gestante y el médico que ha llevado a cabo el programa de gestación, entre otros[231]. Una vez que el juez ha hecho las comprobaciones correspondientes, si el contrato celebrado es conforme a la ley[232] y al menos uno de los miembros de la pareja comitente es el progenitor genético del nacido, el tribunal emitirá una orden parental estableciendo la filiación a favor de la pareja comitente. Es decir, sólo se determina la paternidad después del parto si el menor está de algún modo vinculado genéticamente con alguno de los padres de intención.

En algunas ocasiones se conceden órdenes «pre-nacimiento» provisionales, en caso de que los padres de intención tengan que tomar necesariamente decisiones médicas respecto del *nasciturus*.

La subrogación tradicional está permitida, aunque en estos supuestos la gestante puede durante las 48 horas posteriores al nacimiento optar por reclamar los derechos sobre el neonato. Para este tipo de gestación por sustitución, el Capítulo 63, Sección 213, del *Florida Statutes* regula la *Preplanned adoption agreement*, de modo que ante el hecho de que la gestante esté genéticamente relacionada con el bebé se debe proceder a tramitar este tipo de adopción planificada.

También es la vía que encuentran quienes no cumplan los requisitos legales para ser padres o madres mediante gestación por sustitución en Florida, tales como las personas solteras o parejas no casadas, las cuales pueden acceder a la

231. Sección 742.16.
232. Sección 742.15.

subrogación a través de la ejecución de este tipo de acuerdo de adopción preplanificada (Capítulo 63, Sección 213, número 6, letra e). En la norma se regula que la madre intencional podrá ser una mujer que en el acuerdo de adopción planificado previamente tiene la intención de hacer valer los derechos y responsabilidades parentales de un niño concebido mediante una técnica de fertilidad, independientemente de si el niño está o no biológicamente relacionado con ella.

En estos «acuerdos de adopción» se permiten el abono de honorarios y otros importes determinados legalmente, pero el pago de dichos gastos no puede estar condicionado a la transferencia de los derechos parentales. Cada petición de adopción que se presente en relación con un acuerdo de adopción planificado debe incluir una copia del acuerdo para su revisión por un tribunal[233].

En Illinois desde 2005 se exige el cumplimiento de una serie de circunstancias para suscribir estos contratos de subrogación gestacional (*750 ILCS 47/ Gestational Surrogacy Act.*), tales como que la futura gestante tenga al menos un hijo biológico y que haya pasado un completo examen de salud física y psicológica. También los comitentes deben someterse a una valoración psíquica y acreditar la necesidad de acudir a la subrogación, debiendo aportar al menos uno sus gametos. Se permite el abono de una compensación razonable a la gestante, debiendo contar ambas partes del contrato con una asistencia legal independiente[234].

En este Estado se judicializó un caso de gestación subrogada referida por la doctrina como el *Asunto de Elizabeth Kane*, pseudónimo de una mujer que aceptó convertirse en gestante a cambio de una contraprestación económica de diez mil dólares. Sin embargo, tras dar a luz no quiso entregar al bebé, lo que generó un amplio debate social, ético y jurídico en torno a esta técnica de reproducción[235]. Se considera que éste es el primer acuerdo de subrogación tradicional pues la gestante también aportó su material genético, ya que la parcial o gestacional sólo pudo ser posible a partir de la aparición y desarrollo de la FIV.

Para los españoles, Illinois es uno de los destinos más habituales, constando que en el período de 2010 a 2020 se presentaron ciento treinta y tres solicitudes de inscripción en el Registro Civil Consular de Chicago, de las cuales setenta y una fueron instadas por parejas del mismo sexo, cincuenta por parejas de diferente sexo, y doce por monoparentales, habiéndose concedido todas las solici-

233. El capítulo 63.213, 1, letra f, dispone que el padre y la madre intencionales pueden acordar pagar todos los gastos legales, médicos, psicológicos o psiquiátricos razonables de la madre gestante relacionados con el acuerdo de adopción planificado previamente, así como los salarios perdidos debido al embarazo y nacimiento y una compensación razonable por inconvenientes, malestar y riesgo médico. No se hará ninguna otra compensación, ya sea en efectivo o en especie.

234. CREVILLENT VERDET, 2017:200.

235. VILAR GONZÁLEZ, 2014: 903.

tudes de inscripción[236]. Desde el año 2020 las estadísticas no distinguen por el perfil de los solicitantes de la inscripción, mas consta que la totalidad de solicitudes de inscripción supusieron trescientos dieciséis hasta el año 2022, de las que sólo se han denegado cuatro de ellas.

En Texas se ha autorizado la subrogación gestacional para los padres de intención que estén casados y siempre que la mujer comitente no pueda llevar un embarazo a término y dar a luz al niño, o al menos sin riesgo para su salud, física o mental, o del feto (*Tex. Fam. Code § 160-751 a § 160-763).*

En el acuerdo gestacional se recogerá expresamente que el médico que realizará el procedimiento de reproducción asistida ha informado convenientemente a las partes sobre los riesgos asociados con la implantación de múltiples embriones (partos múltiples) o con los medicamentos que van a ser utilizados, prohibiéndose que el acuerdo limite el derecho de la madre gestacional a tomar sus propias decisiones para salvaguardar su salud o la salud del embrión (Sec. 160.754). Eso sí, deberán renunciar a todos los derechos y deberes como padres respecto al concebido tanto la mujer que quedará embarazada mediante la TRHA como su cónyuge (si está casada) y todo donante que no sea el comitente.

El acuerdo deberá ser validado judicialmente. Para ello el juez comprobará, entre otras cuestiones, que la futura madre gestacional o los padres de intención han residido en Texas durante los noventa días anteriores a la fecha en que se inicia el proceso; que las partes han entendido y aceptado voluntariamente el acuerdo celebrado; que una agencia o quien esté habilitado para ello ha determinado que los padres de intención cumplen con los estándares de idoneidad aplicables a los padres adoptivos; que la futura madre gestacional ha tenido al menos un embarazo y parto previo y que las partes han previsto adecuadamente quién debe abonar todos los gastos razonables de atención médica asociados con el embarazo, incluidos los gastos que supongan la rescisión del acuerdo. Tras esta comprobación, el juez, si así lo estima oportuno, dictará una orden de filiación que validará el acuerdo gestacional y declarará que los padres de intención serán los padres del *nasciturus*, es decir, es una orden de filiación previa al nacimiento del menor (Sección 160.756, subsección b). Si de lo que se trata es de una gestación por sustitución tradicional, que no se admite, se tramitará el procedimiento como si de una adopción se tratara.

En Washington[237] se considera la gestación por sustitución comercial nula y está sujeta incluso a sanciones penales, pero se permite la altruista o «com-

236. Portal de Transparencia del Ministerio de Asuntos Exteriores, Unión Europea y Cooperación.

237. Según constan en las estadísticas del Ministerio de Asuntos Exteriores de España, en el Registro Consular de Washington se han presentado desde el año 2012 a 2022 veintidós solicitudes de inscripción de nacimiento por gestación subrogada y se aceptaron todas. Portal de Transparencia del Ministerio de Asuntos Exteriores, Unión Europea y Cooperación.

pasiva» donde sólo se pueden pagar los llamados gastos razonables (*Washington Revised Code)*. Es de destacar de esta legislación que se le permite a la gestante que tome todas las decisiones respecto de su salud y bienestar, incluida la decisión de interrumpir el embarazo, siendo consideradas nulas e inaplicables las disposiciones del acuerdo contrarias a esta norma[238]. La filiación se establece tras el parto, bien judicialmente, bien mediante una declaración jurada junto a un formulario médico sin intervención judicial o bien mediante la adopción. Si tiene lugar una subrogación tradicional se requiere que se emita una orden de paternidad posterior al parto o que se siga el correspondiente procedimiento de adopción (*Uniform Parentage Act*).

En New Jersey no se permitía la gestación por sustitución comercial ni tampoco la tradicional, por lo que celebrado ese contrato sus cláusulas no podían ser exigibles judicialmente (sentencias, entre otras, *In re T.J.S.,* de 24 de octubre de 2012). Un procedimiento complicado fue el *Asunto In Re Baby M.*[239] donde el juez Wilentz tuvo que comprobar las voluntades de las partes expresadas en el contrato comercial para determinar la filiación. El pacto consistía en que la madre natural del niño, engendrado mediante inseminación artificial, se separaría para siempre de su hijo una vez naciera. La esposa del contratante debía adoptar al niño, y ella y el padre natural debían ser considerados como sus padres a todos los efectos, por lo que el Tribunal Supremo de New Jersey anuló el contrato por ser contrario al orden público al mediar pago y aplicársele por analogía la regulación que prohíbe la venta de niños[240]. Aunque el juzgador consideró el contrato de gestación como ineficaz e ilícito, trató el caso como un mero proceso de custodia, y teniendo en cuenta el interés superior del menor, concedió la custodia al Sr. Stern (que, como se ha expuesto, era además el padre biológico) y a la mujer gestante se le otorgó un derecho de visitas, protegiéndose así su derecho a procrear de forma similar al del padre.

Con la *New Jersey Gestational Carrier Agreement Act —NJ Rev Stat § 9: 17-65 (2018)* se permite la gestación de carácter altruista, de modo que si el acuerdo se ajusta a la ley será vinculante para todas las partes. Se permite además que los futuros padres abonen los gastos razonables de médicos y hospitalarios, de honorarios de abogados y de servicios de asesoramiento del embarazo y posparto, así como de alimentos, vestuario y vivienda, siendo el padre de intención el que deberá asumir la responsabilidad exclusiva de la manutención del niño inmediatamente después de su nacimiento. En caso de que no se cumpla alguno

238. WA Rev Code § 26.26A.715 (2018). RCW 26.26A.715 Requirements of gestational or genetic surrogacy agreement-Content.
239. *In re Baby M, 537 A.2d 1227, 1246-47 (NJ 1988)*. HABERMAN, «Baby M. and the Question of Surrogate Motherhood». The New York Times, 23 de marzo de 2014. Disponible en: https://www.nytimes.com/2014/03/24/us/baby-m-and-the-question-of-surrogate-motherhood.html
240. SILVA-RUIZ, 1988:3902.

de los requisitos de la legislación será un tribunal el que finalmente determine la filiación en función de la intención de las partes.

5.3 ESTADOS QUE PROHÍBEN LA GESTACIÓN POR SUSTITUCIÓN

Existe un grupo de Estados en los que la ley expresamente declara la nulidad de estos contratos por oponerse a su orden público[241]. En términos generales, se viene a considerar que es madre la mujer gestante y si está casada se presume que el marido es el padre, pudiendo llegar a imponerse sanciones y penas de prisión a los que intermedien, ayuden o participen en este tipo de contrato.

En Michigan, la *Michigan Compiled Laws, Sección 722.851*, considera todos los contratos de gestación por sustitución inaplicables, además de que los comerciales están sujetos a sanciones penales. Los tribunales podrán otorgar una orden parental antes del nacimiento sólo si se trata de las llamadas gestaciones solidarias y al menos uno de los progenitores tiene un vínculo genético con el menor, los padres de intención están casados y ambas partes del contrato han tenido una representación legal independiente.

En el año 1976 tuvo lugar en el Estado de Michigan el primer contrato formal de gestación completa utilizándose la técnica de la inseminación artificial, con un acuerdo celebrado bajo la dirección jurídica de Noel Keane[242]. Este abogado comenzó a gestionar peticiones de parejas para que les encontrara madres de «alquiler» poniendo anuncios en periódicos y creando la primera agencia de maternidad subrogada (*Surrogate Family Service Inc*)[243]. Sin embargo, ante la amenaza de acciones penales en este Estado, donde la venta de bebés era ilegal, ideó un modelo altruista que tuvo poco éxito[244], por lo poco motivador que resultó ser para las potenciales mujeres gestantes que sólo podían ser compensadas con ciertos gastos, tales como transporte, hospitalización, etc. De hecho, en uno de los primeros casos judiciales en los que se abordaba el cumplimiento de un acuerdo de gestación por sustitución, el *Asunto Doe c. Kelley*, el tribunal desestimó el cumplimiento de la prestación económica solicitada por la madre gestante como contraprestación por el uso de su útero, a excepción de los gastos derivados de la gestación, aplicando las leyes de adopción que prohíben cualquier retribución a cambio de tener un hijo o hija.

Otra sentencia de interés en este Estado fue la del *Asunto Syrkowski c. Appleyard*, donde se abordó el hecho de que, tras un acuerdo de gestación subrogada, el padre de intención biológico presentó una demanda, cinco meses antes

241. SÁNCHEZ ARISTI, 2010:22.
242. CREVILLEN, 2017:433.
243. Disponible en: http//:www.surrogacy.ru/es/history.php
244. Se ha documentado que el Sr. Keane se trasladó a Florida donde la ley era más permisiva y no prohibía la retribución económica, estando implicado en los problemáticos casos Kane (1980) o Baby M. (1986).

de que naciera la niña, por la que pretendía que se declarara que era el progenitor. En primera instancia se denegó por cuanto el juez Gribbs argumentó que la ley facilitaba el reconocimiento de los hijos biológicos nacidos fuera del matrimonio, pero sin contemplar a los nacidos previa transacción monetaria, por lo que citando la sentencia *Doe c. Kelley* estimó que los acuerdos de subrogación eran contrarios al orden público. Sin embargo, apelada la sentencia, se dictó otra en la que se declaró que el demandante buscaba sólo una orden de filiación que estableciera lo que nadie discutía y es que era el padre biológico de la menor. Los tribunales, por tanto, reconocen la filiación del progenitor de intención biológico. Esto no implica, claro está, que, si la relación contractual se torna conflictiva, los tribunales vayan a exigir su cumplimiento.

En Nebraska la *R.R.S. Neb. 25-21, 200 (2007)* dispone que todo contrato de maternidad subrogada celebrado será nulo e inaplicable, pero el padre biológico del nacido en virtud de dicho contrato tendrá todos los derechos y obligaciones con respecto al mismo. Los tribunales de Nebraska vienen a conceder órdenes posteriores al nacimiento al padre biológico siempre que se trate de una gestación por sustitución altruista. Por tanto, la filiación requiere un proceso de dos fases: primero la gestante figura inicialmente en el certificado de nacimiento junto con el padre biológico como los progenitores legales y a continuación, los comitentes —que deben estar casados— deben solicitar la adopción por quien no sea el progenitor biológico. Entonces el Estado permitirá que se modifique el certificado de nacimiento.

En Louisiana, bajo la *Rev. Stat.* § 9:2713 los contratos que compensan la gestación por sustitución y la subrogación tradicional son nulos e inaplicables por ser también contrarios al orden público. La *Surrogacy Bill HB 1102*, en vigor desde el 1 de agosto de 2016, legalizó los contratos de gestación por sustitución sólo en supuestos muy excepcionales. Los comitentes deben ser un matrimonio heterosexual genéticamente relacionados con el *nasciturus*, debiendo usar su propio óvulo y esperma; ser residentes en este Estado durante al menos seis meses y reconocer que la gestante subrogada tiene la autoridad exclusiva para tomar todas las decisiones médicas durante el embarazo. Se requiere la aprobación judicial del contrato antes de la transferencia de embriones.

En Arizona estos contratos están prohibidos, ya que ninguna persona puede celebrar, inducir, organizar, procurar o de otra manera ayudar en la elaboración de un contrato de maternidad subrogada (*Arizona Revised Statute*, Sección 25-218). La gestante es la madre legal. Sin embargo, estos contratos se celebran porque los tribunales tienen la posibilidad de conocer acciones de impugnación de la maternidad, como ocurrió en el *Asunto Soos c. Superior Court* (1994). En este proceso se comprobó que los óvulos los aportó la madre de intención y se fertilizaron *in vitro* con el esperma del marido, quedando la gestante embarazada de trillizos. Durante el embarazo la madre de intención presentó una solicitud de divorcio y pidió la custodia compartida de los aún no nacidos. El comitente contestó a la demanda alegando que él era el padre biológico y que de conformidad con el art. 2, Sección 25-218 (1991) del ARS[245], la gestante era la madre legal cuando estos nacieran, por lo que su cónyuge no tenía derecho a solicitar la custodia. El tribunal en primera instancia consideró que la Sección 25-218 (B) era inconstitucional (control difuso) pues permitía a un hombre impugnar la presunción de paternidad legal a favor del marido de la mujer gestante, demostrando que él es el padre genético, pero no brindaba la misma oportunidad a la madre genética, accediendo a la pretensión de la madre de intención.

5.4 ESTADOS SIN LEY EXPLÍCITA

Hay otro bloque de Estados donde, aunque no hay ninguna ley o normativa que admita o prohíba expresamente la gestación por sustitución, son los tribunales los que dan soluciones al respecto. Son los llamados «surrogacy-friendly» sin ley explícita.

Tal es el caso de Idaho donde el *Idaho Code. §32-1001, et seq. West* 2016 no regula estos contratos, pero donde los jueces son generalmente favorables a reconocerlos dictando una *post-birth order*.

Hasta el año 2014 en el certificado de nacimiento aparecían los nombres del padre biológico y de la gestante por lo que posteriormente la madre de intención debía proceder a la adopción del bebé de su pareja. Desde 2014 se permite que en el certificado posterior al nacimiento no aparezca el nombre de la gestante, pero para ello es necesario que un juez determine la filiación basándose principalmente en la vinculación genética de, al menos, uno de los padres de intención.

En el procedimiento seguido ante los tribunales de Idaho se da cumplimiento a los principios de defensa, audiencia y contradicción, pues comparecen tanto el padre de intención como la madre subrogada y su cónyuge si lo tiene, todos con su propia dirección letrada, donde se solicita el establecimiento de la relación parental a favor del comitente si se cumple la condición de que se haya empleado su material biológico y un óvulo de una donante anónima[246]. Si se recurre a la donación de gametos y no hay ninguna vinculación genética con el nacido no se podrá obtener la aprobación judicial para que sean ellos los que aparezcan direc-

245. Disponible en: https://www.azleg.gov/viewdocument/?docName=https://www.asleg.gov/ars/25/00218.htm

246. Un ejemplo de en qué consiste este proceso de filiación llevado a cabo *a posteriori* en Idaho lo encontramos referido en la STSJ M núm. 288/2017, de 27-03-2017 (JUR 2017, 119140), Antecedentes de Hecho Segundo, y también en la Sentencia del Tribunal Superior de Justicia de Andorra, Sala Civil, de 30 de noviembre del 2020, Exequátur n.º 89/2020, esta última donde además se resuelve otorgar el exequátur o ejecutividad de la resolución americana cuando se comprueba en el proceso andorrano el vínculo genético del padre de intención. Luego en España, podrá iniciarse un expediente de adopción por parte del comitente no

tamente en el certificado post nacimiento, de modo que hay que iniciar un complicado procedimiento de adopción.

En Pensilvania, existe una gran discrecionalidad judicial que aboca a una gran inseguridad en materia de gestación por sustitución, pues dependiendo del juez se otorgan o no las *orders*, dándose el caso de que los jueces más conservadores no las conceden mientras que hay otros, como se recoge en el *Asunto J.F. v. D.B., 897 A.2d1261 (Sup. Ct. Penn. 2006)*, que admiten este tipo de contratos.

Otro ejemplo es el Estado de Kentucky donde también se permite la gestación por otros porque ninguna ley la ha prohibido. Los tribunales conceden órdenes de paternidad antes del parto cuando al menos uno de los progenitores de intención está genéticamente relacionado con el niño o niña y, si ningún progenitor de intención lo estuviera, habría que estar a la decisión del tribunal ante el que se plantee la solicitud de la orden previa al nacimiento. Lo que está terminantemente prohibida es la gestación tradicional (*Ky.Rev.Stat.§ 199.590)*.

5.5 LA LIBERTAD DE COMERCIO

De los Estados que permiten la gestación subrogada comercial[247] el más significativo es el Estado de California, tanto por el número de contratos que

biológico, una vez inscrita la filiación del padre biológico español (SAP M núm. 968/2021, de 11-10-2021 [JUR 2022, 12783]). En esta última sentencia se fundamenta que «no pudiendo dudarse de la validez de la renuncia de la madre biológica, que, de hecho, fue aceptada en la inscripción en el Registro Civil de acuerdo con la Instrucción de la Dirección General de los Registros y del Notariado, de 5 de octubre de 2010, partiendo de una sentencia dictada en el país de nacimiento de los menores que ordenaba la extinción de la relación maternofilial, sentencia aportada con la demanda, toda vez que tal renuncia por la madre está permitida en España en el momento mismo del parto, de acuerdo con el art. 45.3 de la Ley 20/2011, de 21 de julio (RCL 2011, 1432), del Registro Civil (*cfr.* SAP Islas Baleares, sección 4.ª, de 27 de abril de 2021 [JUR 2021, 163294]), y en este caso consta en la sentencia aportada la renuncia ante el Juzgado de Distrito del Cuarto Distrito Judicial del Estado de Idaho en el Condado de Ada producida ante el mismo Juzgado el 25 de abril de 2018, habiendo nacido los menores el NUM000. Por tanto, no puede requerirse el consentimiento de quien no figura como madre ni se puede exigir que, para ello, la renuncia se haya producido al menos treinta días después del parto, y ello sin olvidar que el art. 177 del Código Civil (LEG 1889, 27) exceptúa la exigencia de asentimiento de los progenitores privados de la patria potestad por sentencia firme».

247. En New Hampshire (N.H.Rev.Stat.Ann. 168-B 2014) se conceden órdenes de paternidad antes del parto, tanto si el menor está como si no está genéticamente vinculado con los comitentes. En el único supuesto donde no se permite emitir órdenes parentales previas al nacimiento es cuando se firman los acuerdos de subrogación tradicional. Otro Estado que regula la gestación por sustitución comercial de manera detallada es Nevada (apartados 126.500 a 126.810 de los Nevada Revised Statutes) y permite la gestación subrogada para parejas heterosexuales y homosexuales (estén casadas o no) y personas solas y otorga una pre-birth order para contratos de gestación subrogada, incluso si ninguna de las partes reside en el territorio.

realiza al año[248], como por la mayor seguridad jurídica que otorga a los padres de intención, lo que suele ser directamente proporcional al coste de este modo de reproducción.

Varias son las notas destacadas de este sistema. La primera es que se conceden órdenes de paternidad antes del parto, tras un proceso judicial, aunque no se hagan efectivas hasta que el menor nace. La segunda es que es posible la gestación por sustitución tradicional, pues, al no estar prohibida por ley, se entiende que está permitida.

California ha sido un Estado pionero en autorizar este tipo de técnicas de gestación por sustitución, ya que desde los años noventa los tribunales de California utilizaron la *State's Uniform Parentage Act* para resolver varios casos relacionados con acuerdos de gestación. Así, entre los años 1990 y 1998 se judicializaron algunos que llegaron hasta el Tribunal Supremo con una enorme repercusión mediática.

De los primeros de ellos destaca el *Asunto Adoption of Matthew B. a minor* (1991) relativo a una gestación por sustitución tradicional en la que tres días después del parto la gestante cedió su custodia a los comitentes para luego arrepentirse. El tribunal de apelación confirmó la filiación a favor del padre biológico y la comitente como madre adoptiva en base al interés superior del menor, sin considerar que el niño estuviera siendo tratado como objeto de comercio. Sin embargo, tras esta resolución judicial y ante el temor de que estos acuerdos gestacionales pudieran afectar a derechos constitucionales se conminó al legislador a regular dicha materia en pro de la defensa de los derechos implicados, y a su vez otorgara mayor seguridad jurídica entre las partes.

En el llamado *Asunto Johnson c. Calvert* (1993)[249], el embarazo se llevó a cabo con los óvulos de la Sra. Calvert y la gestación de la Sra. Johnson. En el Derecho californiano ambas mujeres podrían reclamar la maternidad pero el niño no podía tener dos madres y un padre por lo que, surgido el conflicto entre las partes, el Tribunal Supremo de California elaboró y aplicó la llamada «teoría de la intención», según la cual la custodia del nacido mediante esta técnica se debe adjudicar a quien tenga el verdadero propósito de tener un hijo, valorándose si la madre gestante se habría quedado embarazada de no haber mediado la oferta contractual de los comitentes[250], e hizo prevalecer el derecho de la madre genética y no el de la portadora[251]. Esta sentencia del TS, de observancia obligatoria

248. XIMÉNEZ DE SANDOVAL, P. Diario El País, 23 de febrero de 2017: «Por qué California es la meca de la gestación subrogada. Los vientres de alquiler se han convertido en una industria en el estado gracias a una legislación que ha abrazado completamente esta práctica». Disponible en: https://elpais.com/internacional/2017/02/23/actualidad/1487854048_748059.html
249. Disponible en: https://law.justia.com/cases/california/supreme-court/4th/5/84.html
250. VILAR GONZÁLEZ, 2014: 924.
251. SÁNCHEZ ARISTI, 2010: 21.

para todos los tribunales californianos, concluyó que los acuerdos deben cumplirse, además de que tal acuerdo no era contrario a la Constitución federal y tampoco al orden público.

El 10 de junio de 1994 un tribunal de apelaciones de California abordó la cuestión de cómo determinar la paternidad cuando un hijo se concibe a través de la llamada subrogación tradicional, donde la gestante también aporta su óvulo (*Asunto In re marriage of Moschetta*[252]). Se trataba del matrimonio Moschetta, ya separados cuando nació el menor. El tribunal sostuvo que, en este caso, el padre de intención y la madre gestante eran los padres legales del niño, dejando a la madre de intención sin ningún derecho[253] ya que la condición de gestante y de madre genética coincidían en la misma persona.

Otro caso de gran interés jurídico fue el referido como *Buzzanca c. Buzzanca* (1998)[254], en el que habían intervenido para hacer realidad el embarazo hasta seis personas entre comitentes, donantes (de óvulos y semen) la gestante y su cónyuge. Estando la mujer todavía embarazada se produce la ruptura del matrimonio comitente, considerando el marido que no quería seguir adelante ni aceptar las obligaciones que conllevaba el cuidado del futuro bebé. La gestante tampoco quería hacerse cargo del neonato. El Tribunal Supremo, al igual que el caso anterior, acude a un *test* de intención en base al cual consideró que el niño no habría nacido si el matrimonio Buzzanca no hubiera contratado la transferencia del embrión a una mujer subrogada[255]. Esta sentencia repara en un aspecto de gran importancia y a veces descuidado: no se puede ignorar a un niño. Es decir, incluso si todos los medios de reproducción artificial fueran prohibidos con sanciones penales para los médicos y las partes involucradas, una vez producido el parto los tribunales deberán decidir quiénes son realmente los padres legítimos y lo habrán de hacer en interés superior del menor[256]. La sentencia atribuyó la filiación al matrimonio, teniendo la custodia la comitente y el padre debía abonar una pensión y ejercer el derecho de visitas, como ocurre normalmente entre padres divorciados.

Así es como mediante la jurisprudencia se abrió paso en California esta forma de reproducción, siendo en 2013 cuando se reguló legalmente la gestación comercial mediante el *Family Code* de California (Secciones 7960-7962). Desde entonces puede acceder a esta técnica de reproducción asistida toda persona, hombre o mujer, independientemente de su edad, nacionalidad, si es infértil o no, su estado civil y/o de su orientación sexual.

---

252. Disponible en: http://law.justia.com/cases/california/court-of-appeal/4th/25/1218.html
253. «Surrogacy laws can be complicated as different US states have different surrogacy laws». Disponible en: http://www.britishsurrogacycentre.com/surrogacy-laws/#1517935152117-0e37cdf2-a027
254. Disponible en: https://law.justia.com/cases/california/court-of-appeal/4th/61/1410.html
255. CREVILLEN VERDET, 2017:201.
256. *Buzzanca c. Buzzanca* § 80.

La Sección 7601 engloba dentro de la filiación natural a todos los progenitores que tengan descendencia mediante TRHA, incluida la gestación por sustitución, tanto si han aportado sus propios gametos para la fecundación como si no lo han hecho[257]. En cuanto a la gestante, no se establece ningún requisito concreto de selección o evaluación, tan sólo que resida y tenga lugar el parto en California.

Sin embargo, la Sociedad Americana para la Medicina Reproductiva (ASRM) redactó un informe en el año 2015, sustituido por otros posteriores, que contiene diversas directrices que se recomienda cumplir en todo el territorio estadounidense[258]. Entre ellas, por ejemplo, se indica que las gestantes deben tener una edad comprendida entre los 21 y los 45 años; que sean informadas sobre los potenciales riesgos que conlleva la práctica; que hayan llevado a término al menos un embarazo previo saludable; no hayan tenido más de cinco partos naturales o dos por cesárea, debiendo ser sometidas a evaluaciones tanto psicosociales como físicas, incluyendo pruebas médicas dirigidas a determinar si existe algún riesgo que desaconseje el embarazo; así como se debe comprobar que tengan un buen entorno familiar y una situación económica acomodada.

En la Sección 7962, parte séptima de la división 12, se regula que tanto la gestante como el o los progenitores intencionales deben contar con un asesoramiento independiente y por separado antes de suscribir del acuerdo de subrogación y en el procedimiento judicial donde finalmente se establecerán las relaciones paternofiliales. Es decir, cada parte tendrá su propio abogado o abogada que le asesore, aspecto muy presente en el Comité de Ética de la Sociedad Americana de Reproducción en sus diversos informes, sobre todo para las gestantes, garantizándoles la autonomía necesaria para tomar sus propias decisiones, libres de influencias indebidas.

California es para la mayoría de la doctrina un Estado de los más respetuosos en cuanto al control de que la prestación de los consentimientos es libres e informados, para lo que se exige que estos se den por escrito y ante un *Notary Public* que verifique el contrato y adjunte a la última página del mencionado

257. El Informe de la ASRM incluye recomendaciones respecto a los padres intencionales, como es el efectuarles estudios psicosociales y criterios dirigidos a su rechazo en caso de que se detecte su imposibilidad de mantener una relación respetuosa y amigable con la gestante. American Society for Reproductive Medicine, 2018. «Consideration of the gestational carrier: an Ethics Committee opinion Ethics Committee of the American Society for Reproductive Medicine» (9 de agosto de 2018).

258. No obstante, las agencias intermediarias pueden establecer sus propios criterios, siendo lo normal que lo hagan dentro del margen recomendado por la ASRM. Así, la compañía Circle Surrogacy, Ltd. establece el rango de edad entre los 21 y los 41 años, que no deberán abusar del alcohol o consumir drogas ilegales, y que su índice de masa corporal no deberá superar los 33 puntos, entre otros requisitos. Disponible en: https://www.circlesurrogacy.com/surrogates/surrogacy-qualifications

acuerdo el *Certificate of Acknowledgement of Execution of an Instrument*[259], o de un modo equivalente y firmado ante testigos (Secc. 7962, letra c).

A partir del año 2015 se añadió el número 4.º a la Sección 7962 (a) del CFC donde se establecía que el contrato debía contener la información de cómo se iban a cubrir por los padres de intención los gastos médicos, incluyéndose los específicos seguros que aquellos debían contratar y la compensación que los padres de intención habrán de pagar a la gestante, con independencia de que aquella renuncie o no a sus derechos como madre, e incluso si el menor no naciere.

Ciertamente, las beneficiarias principales de este negocio reproductivo o biomédico son las agencias de intermediación, empresas con ánimo de lucro responsables en gran medida del rechazo social y moral de esta técnica porque, por regla general, en ningún caso las mujeres gestantes perciben por parte de los padres de intención una retribución que se asimile realmente a un salario laboral[260], presentándose la compensación por su participación en el proceso como una asignación mensual que le permita asumir el día a día del embarazo.

Los comitentes depositan con carácter previo al inicio del proceso de subrogación los importes pactados con la agencia en una cuenta del fideicomiso que mantiene y gestiona la agencia (Secciones 7960 y 7961 del Código de Familia de California). Esa cantidad se destinará, entre otros, a los costes derivados de las pruebas psicológicas y médicas a las que sea sometida la gestante; al seguro sanitario; el pago de honorarios legales y cualquier otro gasto necesario para llevar a cabo los términos estipulados en el contrato de gestación subrogada[261].

El contrato también debe incluir qué ocurrirá en caso de divorcio o muerte de los padres de intención respecto al establecimiento de los derechos paternales en favor de ellos. Al efecto, tendrán que comprometerse a hacer testamento y nombrar un tutor. Asimismo, habrán de pactar cómo será la relación entre las partes antes y después del parto y qué ocurrirá si alguna de ellas incumple el contrato[262].

Se trata de unos contratos muy minuciosos con los que se pretende evitar cualquier tipo de conflicto, pactando soluciones para las más diversas situaciones, por lo que, una vez cumplidos todos los requisitos exigidos por la ley, el acuerdo se presume válido, y no puede revocarse ni modificarse sin una orden judicial, o salvo que se haga de mutuo acuerdo. De todas formas, si alguna cláu-

259. CABEZUDO BAJO, 2020:2799.
260. Un ejemplo de presupuesto del coste de la gestación por sustitución en California se puede consultar en: https://babygest.com/es/presupuesto-detallado-gestacion-subrogada/
261. Un modelo de contrato de agencia suscrito en California está disponible en: https://babygest.com/es/contrato-de-gestacion-subrogada/
262. CABEZUDO BAJO, 2020:2798.

sula no es observada por las partes, normalmente se pacta que la interpretación o aplicación del contrato se regirá conforme a las leyes del Estado de California y la posibilidad de acudir a mediación.

No cabe duda de que el objetivo del Código de Familia es beneficiar en mayor medida a los padres intencionales, pues sería muy difícil que la filiación no se determinase a su favor en caso de que la gestante cambiase de idea después del parto y desease litigar por la custodia del nacido. Los tribunales entonces resolverán teniendo en cuenta la voluntad inicialmente expresada por las partes previa a la concepción, atendiendo siempre al interés superior del nacido, en un contexto de suscripción del contrato de forma libre y voluntaria.

Es el supuesto que conoció el Tribunal de Apelación de California en enero de 2017, *Asunto Cook v. Harding et al*[263]. Los padres de intención y la gestante, Sra. Melissa Cook, acordaron la transferencia de tres embriones y la posibilidad de que, si existiera riesgo médico, la gestante debía acceder a la reducción de uno de ellos. A lo largo de la gestación, los médicos acreditaron riesgo médico pero la gestante incumplió el contrato y se negó a la reducción por convicciones éticas. Finalmente, nacieron trillizos y la gestante solicitó la custodia de uno de los niños alegando que los padres de intención querían la reducción de uno de ellos porque, según le habían dicho, no podían permitirse el lujo de criar a los tres.

Se trata del primer caso en el que se cuestionó la constitucionalidad de estos procesos de gestación ya que la Sra. Cook consideraba que la legislación californiana en esta materia era inconstitucional. La sentencia concluyó que los padres de intención eran los padres legales y que si se permitiese el cambio caprichoso de parecer de la gestante se socavaría la previsibilidad del contrato[264]. Por tanto, la aplicación por parte del tribunal de las directrices del artículo 7962 era compatible con los derechos constitucionales de la gestante y de los nacidos.

Tras la firma de cualquier contrato de gestación, la parte interesada debe instar un procedimiento judicial —Sección 7630 (f) y 7650 (a) del Código de Familia de California— para la determinación de la filiación entre el o los comitentes y el niño que nacerá del acuerdo (Sección 7633). Se trata de un procedimiento de jurisdicción voluntaria, según han afirmado diversas Resoluciones de la DGRN (entre otras, la de fecha 19 de diciembre de 2014[265]) y está dirigido a

263. Disponible en: https://dockets.justia.com/docket/california/cacdce/2:2016cv00742/639176
264. CABEZUDO BAJO, 2020:2805.
265. Resolución de la DGRN de 19 de diciembre de 2014 (12.ª), pp. 48 y ss. (JUR 2015, 256866). La certificación local de nacimiento sin la correspondiente sentencia no es suficiente para practicar la inscripción.

determinar la filiación acorde con la voluntad de las partes, hayan o no aportado su material genético[266], y sin límite de progenitores[267] por hijo.

En general el proceso judicial es considerado garantista, minucioso y preocupado por desactivar las consecuencias perversas que supongan la vulneración de derechos tanto de los comitentes como de la gestante[268], lo que hace que se incrementen los costes derivados de los honorarios de abogados, de la agencia mediadora, del tratamiento reproductivo y los del seguro médico, pues no se debe olvidar que en EEUU la sanidad es privada.

La principal crítica que recibe el proceso es que la autoridad judicial interviene antes de que nazca el menor. Los comitentes cuentan desde el principio con una sentencia de filiación que extingue los derechos de la mujer gestante respecto del nacido, obligando a hacer constar los nombres de los comitentes en el certificado original de nacimiento, que se inscribe después en el *California Office of Vital Records*, sin referencia alguna a la madre gestante, como tampoco la hay en el acta de nacimiento del hospital.

También resulta un tanto dudoso por cuanto es un procedimiento judicial sin contradicción y, salvo que el tribunal albergue dudas razonables sobre si el acuerdo de subrogación o las manifestaciones efectuadas por los abogados de las partes no se ajustan a la ley, no podrá dar audiencias ni solicitar ninguna otra prueba en relación con el procedimiento, tan sólo se comprueban los documentos[269] y que se ha respetado objetivamente la ley.

En la actualidad se tiene por aceptado que el proceso judicial de filiación en California no vulnera nuestro orden público. Según consta en la respuesta del Gobierno a la pregunta escrita n.º 184/24222 de 30 de noviembre de 2017, en relación a los expedientes tramitados en el Registro Civil Consular de Los Ángeles en materia de gestación subrogada[270], desde el año 2008 hasta la Instrucción de la DGRN de 2010, fueron ocho las denegadas, mientras que desde la Instrucción del 2010 tuvieron lugar cuatrocientos seis inscripciones de naci-

---

266. Dentro del California Family Code, encontramos la «Division 12. Parent and child relationship» [7500-7961] y la Parte Séptima (7.ª) que data de 2015 se refiere a «Surrogacy and donor facilitators, assisted reproduction agreements for gestational carriers, and oocyte donations» [7960-7962].
267. El Family Code se reformó para permitir el registro legal de más de dos progenitores (§ 7612 c), incluso sin vínculo genético con el hijo, mediante la vía judicial. Esta reforma tuvo lugar a raíz del *Asunto In Re M.C. 195 Cal.App.4th 197 (2011), de 6 de mayo de 2011*, Court of Appeals of California, Second District, Division One.
268. CERVILLA GARZÓN, 2018: 19.
269. Toda la documentación archivada en el juzgado relacionada con el procedimiento tiene carácter confidencial, no pudiendo ser facilitada a ninguna persona para su inspección, salvo a las partes del proceso, sus abogados, al Departamento estatal de Servicios Sociales o que se disponga de una autorización judicial expedida por motivos excepcionales y necesarios.
270. Fecha de entrada en el Registro del Congreso de los Diputados el 19 de febrero de 2018.

miento[271]. En estadísticas más recientes constan que en España tuvieron lugar seiscientas veintitrés solicitudes de inscripción en el Registro Civil Consular de Los Ángeles desde el año 2011 a 2022, habiéndose concedido la totalidad de las mismas, y otras trescientas noventa y una solicitudes ante el Registro Consular de San Francisco que también se admitieron en su totalidad, salvo una que está suspendida[272].

En esa libertad de comercio se mueve en la actualidad New York[273]. Este Estado declaraba en la Sección 8-122 de su Código que los contratos de subrogación en general eran nulos e inaplicables y cualquier persona que firmara un acuerdo de subrogación compensada o comercial podría ser sancionada con una multa de hasta diez mil dólares. Los intermediarios, por ejemplo, los abogados y las agencias, eran multados la primera vez, pero en una segunda ocasión ya eran condenados por un delito grave. Los contratos de carácter altruista, en los que no hubiera más pago que los reembolsos permitidos en materia de adopciones, por ejemplo, los gastos médicos y hospitalarios directamente relacionados con el embarazo, eran inaplicables y se consideraba a la gestante como la madre biológica. El contrato era más bien una declaración de intenciones jurídicamente no vinculante, y si la filiación era establecida en Estados como California era preciso iniciar un procedimiento de adopción (*Asunto In re Adoption of Sebastian, New York Court,* de 9 de abril de 2009).

Posteriormente New York evolucionó hacia la legalización de la gestación remunerada o comercial en virtud de la *Child Parent Security Act* (CPSA)[274] que entró en vigor el 15 de febrero de 2021 y la *Family Court Act* que contiene, entre otros aspectos, los requisitos que se deben cumplir para la firma del acuerdo[275] como es el entregar a la futura gestante una copia de la «Declaración de derechos de la gestante subrogada»[276], entre ellos, el derecho a tomar sus propias decisiones de atención médica, incluso a interrumpir el embarazo, además de una serie de hojas informativas y todo lo necesario para garantizar que todas las partes prestan un consentimiento informado en cada paso del proceso[277].

271. Disponible en: https://www.congreso.es/entradap/l12p/e7/e_0075817_n_000.pdf
272. Portal de Transparencia del Ministerio de Asuntos Exteriores, Unión Europea y Cooperación.
273. Según constan en las estadísticas del Ministerio de Asuntos Exteriores de España, en el Registro consular de New York se han presentado desde el año 2012 a 2022 veintitrés solicitudes de inscripción de nacimiento por gestación subrogada y se aceptaron todas. Portal de Transparencia del Ministerio de Asuntos Exteriores, Unión Europea y Cooperación.
274. Disponible en: https://www.nycourts.gov/LegacyPDFS/forms/familycourt/pdfs/Child-Parent-SecurityAct-Summary.pdf
275. Part 4, *Surrogacy Agreement, Family Court Act (FCT)* Chapter 686, Article 5-C, (§ 581-403).
276. Part 6, *Surrogates' Bill of Rights, Family Court Act (FCT)* Chapter 686, Article 5-C (§ 581-602). Y es que para facilitar esta técnica el Departamento de Salud publicó una guía que contiene la declaración de derechos de las madres sustitutas. Disponible en: https://health.ny.gov/community/pregnancy/surrogacy/surrogate_bill_of_rights.htm
277. Disponible en: https://health.ny.gov/community/pregnancy/surrogacy/

Los comitentes deben sufragar una compensación a la gestante, que debe ser negociada de buena fe, no debe depender de ninguna característica del niño nacido y no debe exceder de la duración del embarazo y el período de recuperación, fijado en un máximo de ocho semanas después del nacimiento[278]. Otros gastos a cargo de los comitentes son los de un seguro médico integral que debe cubrir a la madre sustituta durante todo el proceso, desde la fase preconcepcional y durante los doce meses posteriores a la finalización el embarazo[279]; una póliza de seguro de vida que cubra el período del embarazo y doce meses posteriores al nacimiento del niño, la muerte fetal, el aborto espontáneo o la interrupción del embarazo y los abonos a un asesor legal independiente de su elección[280].

Además, el progenitor o progenitores de intención deben testar, antes de la transferencia del embrión, debiendo designar un tutor para el neonato y autorizar a un albacea para cumplir las obligaciones derivadas del contrato de gestación subrogada en el supuesto de tener lugar su fallecimiento.

La subrogación tradicional altruista está permitida en New York, aunque los contratos no serían ejecutables y la madre biológica sería la madre legal, por lo que habría de iniciarse un proceso de adopción para trasladar la filiación. La subrogación tradicional compensada económicamente está totalmente prohibida, por lo que quienes celebren dichos acuerdos están sujetos a sanciones tanto penales como civiles.

278. Section 581-502, Chapter 686, Article 5-C, Part 5, Family Court Act (FCT).
279. Section 581-604, Chapter 686, Article 5-C, Part 6, Family Court Act (FCT).
280. Section 581-603, Chapter 686, Article 5-C, Part 6, Family Court Act (FCT).

Capítulo IV

La gestación por sustitución en el ordenamiento constitucional español

SUMARIO: 1. EL ART. 10 DE LAS LEYES ESPAÑOLAS DE REPRODUCCIÓN MÉDICAMENTE ASISTIDA. 2. EL RECONOCIMIENTO EN ESPAÑA DE LA FILIACIÓN DERIVADA DE LA GESTACIÓN POR SUSTITUCIÓN INTERNACIONAL. *2.1 La Instrucción de 5 de octubre de 2010 de la DGRN sobre régimen registral de la filiación de los nacidos mediante gestación por sustitución. 2.2 El intento de actualización de la Instrucción de 5 de octubre de 2010. 2.3 La respuesta jurisprudencial frente a la inactividad del legislador.*

1. EL ART. 10 DE LAS LEYES ESPAÑOLAS DE REPRODUCCIÓN MÉDICAMENTE ASISTIDA

El legislador de los años ochenta priorizó la maternidad biológica de gestación frente a la genética[1] manteniendo los principios romanos de *pars viscerum matris* o *mater semper certa est* que tenían como objeto el que el hijo tuviera desde el nacimiento al menos un progenitor que se ocupara de él, axiomas que han quedado arcaicos justamente por el uso de las técnicas de reproducción asistida.

Partiendo de esos principios, se asumía en los trabajos previos a la LTRA/1988 que se diera cobertura legal a cierta maternidad y paternidad de deseo (Exposición de Motivos II) gracias a la solidaridad de los donantes de gametos, mas no se entendía conveniente ampliar el abanico de esas paternidades/maternidades basadas en la solidaridad ajena para dar cabida a la gestación por otros si no se sabía de qué manera afrontarla legalmente. Y es que las reticencias a la llamada «gestación de suplencia»[2] no se sustentaban tanto en motivos morales, que también, como en las dificultades que el legislador preveía que le supondría

1. Exposición de Motivos II de la LTRA/1988: «En cualquier caso, y sin cuestionar el alcance de las otras variantes, se atribuye a la maternidad de gestación el mayor rango, por la estrecha relación psicofísica con el futuro descendiente durante los nueve meses de embarazo».
2. Sesión celebrada el miércoles 23 de octubre de 1985.

la regulación de los contratos entre los comitentes y la madre gestante, así como los eventuales conflictos de intereses que pudieran producirse entre ellos (Exposición de Motivos III) no considerando conveniente que se pudiera disponer libremente en los negocios jurídicos del Derecho de Familia[3].

Con el artículo 10 de la LTRA/1988, mantenido en la posterior LTRH del año 2006, se intentaba disuadir a los ciudadanos de incurrir en estas «prácticas complicadas»[4] y poner al neonato al abrigo del tráfico mercantil[5]. En cambio, la realidad ha sido otra y es evidente que declarando nulo el contrato no se ha impedido que se contratase este modo de reproducción fuera de nuestras fronteras.

El art. 10.1 de ambas leyes de TRHA contiene la definición del contrato de gestación por sustitución[6], dejando claro que es ineficaz por nulo el traspaso filiatorio[7] previa renuncia de una mujer a la filiación materna a favor del contratante o de un tercero[8], aunque la gestante estuviera conforme con ello y se convenga la gestación sin precio ni compensación económica[9], aspecto éste que en teoría descartaría la mercantilización de la maternidad y su penalización[10].

Se puede plantear que no se trata realmente de una práctica prohibida[11]. Todo lo más, como afirma la Asociación por la gestación subrogada en España (2014), sería una actuación «alegal». De hecho, la prohibición sí se recogía expresamente en la Proposición de ley publicada el 9 de mayo de 1987 (Dispo-

3. En la Exposición de Motivos IV de la LTRA/1988 se expresa que no pretendía la Ley abarcar todas y cada una de las múltiples implicaciones a que pudiera dar lugar la utilización de estas técnicas, de modo que «la evaluación de las demandas de uso por parte de la población, y las situaciones que se vayan produciendo con el inevitable dinamismo de la ciencia, la tecnología y la misma sociedad, abrirán caminos a nuevas respuestas éticas y jurídicas».
4. Se las consideraba así en la Comisión Palacios. Entre otras, véase la Sesión de 23 de octubre de 1985. Disponible en: https://www.congreso.es/public_oficiales/L2/CONG/DS/CO/CO_346.PDF
5. Juzgado de Primera Instancia e Instrucción n.º 3 de Tudela, Sentencia núm. 134/2021, de 23 de julio (JUR 2021, 308527).
6. En la jurisprudencia se recogen definiciones, como ocurre con la SAP V núm. 826/2011, de 23-11-2011 (AC 2011, 1561). Similar definición se hace en la Sentencia dictada por el Juzgado de Familia n.º 7 de Viedma, Río Negro (Argentina) de 6 de julio de 2017 (Id SAIJ: FA17050000).
7. Si tuviera lugar el contrato y luego la gestante se arrepintiera podría reclamar al menor (arts. 1305 y 1306 CC).
8. Resulta curiosa la expresión «renuncia a favor de tercero». Quizá el legislador se refería a cuando quien contrata con la mujer que renuncia es una Agencia o Clínica de fertilidad que lo hace en nombre de un tercero, el progenitor comitente o de intención.
9. VELA SÁNCHEZ, 2014: 3 y4 y SÁNCHEZ HERNÁNDEZ, 2018:4.
10. El Acuerdo del TC portugués n.º 225/2018 refiere que el artículo 221 del CP español tipifica varias conductas practicadas en cumplimiento de contratos onerosos de gestación de sustitución: la entrega del niño por la gestante (n.º 1) la recepción del niño por los beneficiarios y las conductas practicadas por los intermediarios en este tipo de contratos (apartado 2), de modo que el delito de tráfico de menores está tipificado en este artículo.
11. FARNÓS AMORÓS, 2015:36.

sición Adicional Segunda)[12] pero luego no se trasladó al texto definitivo en ninguno de sus artículos y el texto de la vigente LTRH dispone que el destinatario de las sanciones en ningún supuesto es la mujer gestante ni los padres de intención[13]. Estando penada la intención de alterar el estado civil, la filiación, eludiendo la entrega mediante los procedimientos legales (como es la adopción) y mediando una compensación económica, se podría defender que no es punible si tiene lugar con carácter gratuito (*ex* arts. 220 a 222 CP)[14].

No obstante, nuestro TS en su Sentencia de 31 de marzo de 2022 alude a la posibilidad de incardinar esta técnica en el artículo 221 del CP, como de hecho alguna vez ha acontecido. Así, el Juzgado Central de lo Penal n.º 1 condenó por un delito de alteración de la paternidad (art. 221 CP)[15] a quien acudió al extranjero para conseguir un hijo, procedimiento judicial en el que también se condenó como cooperador al abogado que lo acompañó y se encargó de todas las gestiones y del pago a la madre. Otra sentencia tuvo que ver con intentos de gestación por sustitución ilegal en nuestro país, SAP de Murcia (Sección 2.ª)[16] que fue un caso mediático de venta por 5.000 euros de un bebé por parte de sus padres[17]. Y en alguna ocasión se han incoado Diligencias Previas cuando se ha trasladado a la mujer contratada en el extranjero para que tuviera lugar el parto en nuestro país[18].

Otro de los asuntos de gran repercusión en relación a la gestación por sustitución dentro de nuestras fronteras fue el denominado «Operación Prince-

12. Proyecto publicado en BOCG n.º 74-1, serie B, III Legislatura, de 9 de mayo de 1987.
13. Arts. 2 y 26.2.c.2.ª LTRH. Como dispone el AAP B núm. 104/2021, de 17-03-2021 (JUR 2021, 169793): «El que el art. 10.1 LTRAH establezca que es nulo de pleno derecho el contrato por el que se convenga la gestación (...) no supone exactamente que este contrato esté prohibido, pues no hay previstas sanciones para quienes participan en ese tipo de prácticas. Como norma imperativa prohibitiva no se refiere a la anulabilidad por ausencia de alguno de los elementos esenciales del contrato previstos en el art. 1.261 C.c., en relación con el art. 1300 C.c. El fundamento del art. 10 LTRAH no parece estar tanto en plasmar una práctica inadmisible en nuestro ordenamiento jurídico como en ordenar y clarificar las filiaciones de los hijos que, a pesar de nacer de un contrato prohibido, acceden a este mundo».
14. Esta posibilidad de incurrir en delito fue apuntada por nuestro TS en su Sentencia de 6 de febrero de 2014 (FJ 3.º, punto 7 *in fine*) pues es delito el entregar a terceros un menor para alterar o modificar su filiación (art. 220.2 CP).
15. Juzgado Central de lo Penal n.º 1, Sentencia núm. 60/2008, de 23-10-2008 (ARP 2019, 1587).
16. SAP de Murcia núm. 372/2011, de 30-09-2011 (ARP 2011, 1222).
17. Disponible en: https://www.ultimahora.es/sucesos/ultimas/2017/05/26/269850/detienen-mujer-por-quedarse-embarazada-cunado-vender-bebe-hermana.html También en agosto de 2018 el Diario «20minutos.es» publicó el siguiente titular: «Detenidas dos mujeres en Jaca (Huesca) por tramar una suposición de parto». Disponible en: https://www.20minutos.es/noticia/3419455/0/detenidas-dos-mujeres-jaca-huesca-por-tramar-suposicion-parto/#xtor=AD-15&xts=467263
18. AAP MA núm. 962/2018, de 16-11-2018 (JUR 2021, 376371).

sita»[19] que llevó a que el Ministro de Justicia hiciera a finales de 2016 unas declaraciones afirmando que la regulación de la gestación por otros se encontraba en las agendas de los Ministerios de Sanidad y de Justicia para aquella legislatura, considerando necesario que, antes o después, se legislara en torno a esta figura con la finalidad de establecer algunos límites para evitar que se convirtiera en un negocio el encargo de una gestación[20] y, en definitiva, con el objeto de impedir la venta de niños.

Es precisamente para no tener que incurrir en ilegalidades penales por lo que normalmente los comitentes españoles acuden a países donde su Derecho admite el convenio gestacional[21] y, aunque pudiera encajar la gestación por sustitución en el tipo del art. 221 del CP, podría argumentarse también que no sería subsumible cuando el material reproductor lo aporta el progenitor de intención[22].

Sea como fuere, si la gestación tiene lugar fuera de nuestras fronteras gran parte de la doctrina considera que no sería aplicable la ley penal española (art. 23.2 LOPJ) pues en materia penal rige el principio de territorialidad (art. 8.1 CC). Luego, tras el nacimiento del menor que viene a residir a España, el art. 10 hace de filtro provocando que aquellos procesos de gestación subrogada de dudosa licitud se transformen en procesos filiatorios españoles en su paso de frontera, sin necesidad de llegarse a su penalización[23].

Más complicado es entender la gestación por sustitución, sea de carácter altruista o comercial, como una forma de violencia de género por el daño o sufrimiento que en todo caso el proceso de gestación por otros le supondría a quien gesta[24]. Sin embargo, la Ley Orgánica 1/2023, de 28 de febrero, por la que se modifica la Ley Orgánica 2/2010, de 3 de marzo, de salud sexual y reproductiva y de la interrupción voluntaria del embarazo indica que sería una forma de violencia sobre la mujer (Preámbulo, punto II y III), mas no ha desarrollado este aspecto y sólo ha incluido en el art. 33 la prohibición de la promoción comercial de la gestación por sustitución.

19. VILAR GONZÁLEZ, 2018:258 y https://www.ondacero.es/programas/julia-en-la-onda/audios-podcast/territorios/negro/operacion-princesita-el-precio-de-un-bebe_20161212584edd7a0cf2554e8b46cab4.html
20. Disponible en: https://www.europapress.es/sociedad/noticia-catala-afirma-maternidad-subrogada-agenda-ningun-caso-cambio-pago-20161201111824.html
21. VELA SÁNCHEZ, 2017:5.
22. MUÑOZ DE DIOS SÁEZ, 2014:297.
23. AAP B núm. 178/2019, de 18-01-2019 (ARP 2019, 819).
24. Una parte de la doctrina, minoritaria por ahora, entiende que encajaría en lo dispuesto en el art. 3 a) del Convenio de Estambul de 11 de mayo de 2011 (Véase, LARA AGUADO, 2022:14). El Convenio del Consejo de Europa sobre Prevención y Lucha contra la Violencia contra las Mujeres y la Violencia Doméstica (conocido como Convenio de Estambul) ha entrado en vigor en la Unión Europea el 1 de octubre de 2023. Disponible en: https://rm.coe.int/1680462543

Aunque en ningún caso ha estado permitida la publicidad de este tipo de actividad[25], pocas sanciones conocemos que se hayan impuesto a las diversas empresas españolas que se publicitan en internet, mediando y prestando sus servicios como conseguidores de gestaciones para otros[26], pese a los intentos de la Fiscalía General del Estado en este sentido[27], queja de la que se hizo eco la STS de 31 de marzo de 2022 (Punto 6 del FD 4.º)y la Ley Orgánica 1/2023, de 28 de febrero.

En el ámbito civil sí se han pronunciado más los tribunales. Ha ocurrido así con la entidad española Subrogalia S.L. que ha sido condenada en diversas ocasiones por incumplimiento de contrato a abonar indemnizaciones a sus clientes[28], declarándose la resolución de esos contratos encaminados a conseguir hijos gestados en otros Estados, pero sin entrar, en general, en otras consideraciones, como sería el hecho indiscutible de que estamos ante contratos nulos.

La causa o razón de la nulidad del art. 10.1 la ofrece la Exposición de Motivos (III) de la LTRA/1988, cuando desechó la posibilidad de regulación de la gestación por sustitución como una forma más de reproducción asistida porque las partes no pueden disponer libremente en los negocios jurídicos del Derecho de Familia. De esta idea, de que hay nulidad, pero no prohibición absoluta[29], se deriva también la posibilidad de que esa filiación pueda servir de base a una adopción. De hecho, el voto particular de la Sentencia del TS de 6 de febrero de 2014 afirma que el art. 10.1 de la Ley 14/2006 es una norma sustantiva que anula el contrato, pero no elimina sus consecuencias una vez producidas.

Fuera de nuestras fronteras sí que se puede disponer de estos negocios jurídicos, motivo por el que se exige la comprobación por el juez encargado del

25. Se ha sancionado a la empresa Subrogalia SL por la comisión, entre otras, de una infracción grave tipificada en el art. 35.b.2 de la Llei 14/1986, de 25 de abril, General de Sanitat por publicidad de actividad sanitaria no autorizada (AAP B núm 180/2017, de 17-05-2017 [JUR 2017, 267636]).
26. Respecto a las empresas mediadoras se incoó en su día unos autos ante el Juzgado de Instrucción n.º 10 de Barcelona contra la entidad Subrogalia S.L., pero se estimó por el juzgador que los hechos denunciados trataban más de un incumplimiento contractual que de un ilícito penal (AAP B núm. 854/2018 de 17-12-2018 [JUR 2019, 92245]).
27. Disponible en: https://confilegal.com/20190813-segarra-encomienda-a-la-fiscalia-de-la-an-la-investigacion-a-las-agencias-intermediarias-de-vientres-de-alquiler/
28. SAP B núm.10/2019, de 15-01-2019 (JUR 2019, 25547); SAP B núm. 618/2019, de 28-11-2019 (JUR 2019, 335488), o SAP M núm. 494/2019, de 18-11-2019 (JUR 2020, 72818). La SAP B núm. 418/2022, de 08-09-2022 (JUR 2022, 328502) expresa: «Lo que ofertaban las demandadas era el asesoramiento legal en los dos países para solventar las dificultades de todo tipo que este tema planteaba. Por ello, no se comparte el criterio de la resolución recurrida respecto a la aplicación de la regla primera del art. 1.306 del Código Civil, que aplica las consecuencias previstas para cuando la culpa esté de parte de ambos contratantes. Por el contrario, debe entenderse que la culpa estuvo solo de parte de las demandadas, por lo que debe aplicarse a la nulidad por vicio del consentimiento, al tener los contratos un objeto ilícito, la regla del 1.306.2 del Código Civil».
29. Véase, ATIENZA, 2009.

Registro Civil de que esa ley extranjera no contraviene nuestro orden público, exigiendo que en la inscripción primera de nacimiento se haga constar, tal y como ocurriría en España, a la mujer gestante como la madre legal, debiendo prestar su asentimiento a la renuncia de la filiación, del mismo modo que para la adopción se exige una renuncia posparto transcurridas al menos seis semanas, sin que quepa validar, sin más, un consentimiento prenatal de renuncia a la filiación del conceptus o del *nasciturus*[30].

El apartado 2.º del art. 10 determina que la filiación de los nacidos por gestación de sustitución será establecida por el parto. Se liga su celebración, dentro y fuera de nuestras fronteras, a unas consecuencias filiatorias que se presupone lo es en beneficio del interés superior del menor[31]. De hecho, la mujer gestante no podrá impugnar su maternidad legal alegando, por ejemplo, que no quiere ser la madre, ni el hijo podrá luego impugnar la filiación biológica, ni tampoco la comitente que sea madre genética podrá reclamar para sí la maternidad que ya consta fijada por ley, pues no cabe prueba en contrario.

Nuestra ley fue influenciada por el Informe Warnock[32] que en el Reino Unido rechazaba la maternidad por sustitución por el hecho de que una madre no podía desprenderse de sus hijos. Es una idea que recuerda a aquellos contratos de nutrición que eran admitidos en las sociedades cristianas europeas hasta el siglo XVIII[33] cuando la lactancia pasó a considerarse como una parte fundamental de la reproducción humana, repugnando a partir de entonces, por antinatural, el hecho de que criaran a los hijos otras mujeres distintas a las gestantes[34]. Lo perturbador era, y parece que sigue siendo en la actualidad, el desplazamiento de una relación biológica a una social. Así, en el caso de la gestante por otros lo que se considera inmoral es la actitud de renunciar al bebé, como cuando la madre lo «entregaba» para que lo amamantara otra mujer.

Sin embargo, la regla pauliana *mater semper certa est* limita el reconocimiento de la diversidad familiar contemporánea, más aún cuando se admite el matrimonio igualitario. En la actualidad el legislador sigue manteniendo la creencia de que siempre, y en todo caso, la maternidad de gestación tiene mayor rango que la genética, justificándose en la Exposición de Motivos de la LTRA/1988 en la estrecha relación psicofísica de la mujer con el futuro descendiente durante

30. Art. 177 CC y art. 37 de la Ley de Jurisdicción Voluntaria, así como en Sentencias como la SAP MU núm. 91/2019, de 31-01-2019 (JUR 2019, 71777).
31. BENEDITO MORANT, 2018:326.
32. Disponible en: https://www.bioeticaweb.com/warnock-report/
33. El contrato de nutrición se celebraba entre el padre y el «nutricio» u hombre responsable sobre la nodriza, quedando la madre y la nodriza relegadas a un mero objeto del contrato.
34. ROUSSEAU en su obra «Emilio o de la Educación» consideraba que incluso las nodrizas eran malas madres porque criaban al hijo ajeno en vez de al suyo, pp. 21 y 22.

los nueve meses de embarazo[35] respaldando el TEDH esas disposiciones internas que atribuye la maternidad legal a la mujer que da a luz frente a la que aporta su material genético, al considerarla una opción legislativa que no es arbitraria ni irrazonable[36].

Nuestro planteamiento es que si el desarrollo de la ciencia ha permitido que la madre genética y la gestante sean dos personas diferentes y en la CE ambas tienen cabida, pues el art. 39 CE no asocia la madre con el acto del parto, se podría romper la presunción de ser madre por el alumbramiento a quien acreditara serlo genéticamente, tras la correspondiente prueba de ADN en un proceso judicial. Verificado un acuerdo de gestación entre partes iguales, debiera permitirse solicitar la reclamación de la maternidad genética de la mujer al igual que un hombre puede reclamar su paternidad genética (*ex* art. 10.3 LTRH).

Es una perspectiva que nuestros tribunales no contemplan pero que, entendemos, redundaría en la protección del interés superior del menor ya que con el actual art. 10.2 Ley 14/2006 se está obligando al nacido, en cierto modo, a mantener una relación de filiación con una mujer que muy probablemente no lo deseó ni tiene intención de ejercer las obligaciones inherentes a la patria potestad, y menos aún compartirlas con quien aportó su esperma con la voluntad de ser el padre biológico, legal y social. Aplicar automáticamente la maternidad por naturaleza determinada por el parto (art. 120.5 CC y arts. 44 y 46 LRC) es cuanto menos forzado, vislumbrándose como necesaria una revisión legal del sistema filiatorio tradicional para que encaje adecuadamente en la filiación derivada de todas las TRHA, una filiación basada en el consentimiento o voluntad como título atributivo que en parte ya está reconocida por la vigente Ley 14/2006[37].

Sería incluso contradictorio el que nuestra LRC 20/2011 (arts. 45.3 y 49.4) contemple la renuncia del hijo en el mismo momento del parto[38] pero no permita la renuncia de la filiación atribuida por ley de forma automática por el mismo parto[39], esto es, no se autoriza que ese hijo, previa renuncia de la madre gestante consentida de forma libre y voluntaria, con todas las garantías jurídicas y el pertinente control judicial, pueda ser de otros (los comitentes) vinculados genéti-

35. En la actualidad también se fundamenta en los estudios sobre epigenética y la posibilidad de que la madre modifique la información genética de su hijo, aun cuando el óvulo sea donado. Disponible en: https://ivi.es/blog/epigenetica-un-nuevo-hallazgo-que-demuestra-la-comunicacion-entre-la-futura-madre-y-su-embrion/
36. STEDH, *Valdís Fjölnisdóttir y Otros c. Islandia*, §§ 64 y 69.
37. Los padres y madres intencionales son padres y madres por naturaleza incluso cuando no tengan vínculo genético con el nacido, sin tener que acudir a un procedimiento de adopción (art. 6.3 y 7.3 LTRH).
38. Hay quien ha visto en esta regulación una forma encubierta de permitirse en nuestro Derecho la gestación por sustitución, pudiendo pactar previamente el comitente que ha aportado su material genético con la gestante la renuncia en el momento del parto. MARRADES PUIG, 2017: 227.
39. CORERA IZU, 2016:6.

camente con el nacido y con una fuerte voluntad procreacional respecto al mismo.

Y es que el art. 10.3 de la LTRA/1988 y posterior LTRH sólo ha previsto y permite que el padre biológico pueda reclamar la paternidad. Esta disposición fácilmente puede ser tachada de discriminatoria respecto de la madre genética. De hecho, la Instrucción *non nata* de la DGRN de 14 de febrero de 2019, que pretendía actualizar la Instrucción de 5 de octubre de 2010, intentó fijar una Directriz para posibilitar la impugnación de la maternidad determinada por el parto por parte de la madre comitente que ha aportado el óvulo (art. 134 CC) aplicando analógicamente el art. 10.3 de la LTRH a los efectos de determinar la filiación materna a su favor[40]. Lamentablemente esta Instrucción no llegó a publicarse en el BOE y posteriormente no se ha hecho mención alguna a esta posibilidad en la Instrucción de 18 de febrero de 2019.

Si en nuestro ordenamiento se diera el caso acaecido en Italia en el año 2013, cuando una clínica confundió los embriones fecundados *in vitro* en dos parejas a causa de un cambio de probetas que tenían inscritos apellidos similares, y cada mujer gestó un embrión genéticamente ajeno[41], nuestros jueces darían la misma solución encorsetada que los tribunales italianos, aplicarían la literalidad de la ley y probablemente no admitirían la acción de impugnación de la maternidad de quien aportó sus óvulos, ni aunque no se opusiera la gestante equivocada.

Es una respuesta cuanto menos insuficiente que crea una desprotección y un daño innecesario que no es acorde con lo demandado por la sociedad actual y que pone de manifiesto que, sea por un error humano o por un acuerdo prenatal, al menor nacido tras una TRHA hay que otorgarle una filiación conforme a la voluntad de quienes desean cuidarlos y tenerlos como sus hijos naturales, y más cuando también es acorde a la realidad biológica.

El Derecho español debería contemplar a la madre de intención que ha aportado su óvulo para la formación del embrión allí donde esta técnica de reproducción se realiza conforme a Derecho. Ello no es así. Una vez en España con el hijo nacido no es posible aplicar ni por analogía lo dispuesto para el padre biológico en el art. 10.3 de la LTRH, incluso aunque hubiera renunciado la madre gestante a la patria potestad documentalmente[42], porque el legislador expresamente la ha excluido de la reclamación de la maternidad.

Y siendo el art. 10.3 LTRH una medida jurídica que encaja *a priori* con el principio de protección del interés superior del menor se debería, caso a caso,

40. Instrucción de 14 de febrero de 2019, de la DGRN sobre actualización del régimen registral de la filiación de los nacidos mediante gestación por sustitución. No se llegó a publicar ni entró en vigor.
41. Disponible en: https://www.abc.es/sociedad/20140417/abci-escandalo-italia-intercambio-embriones-201404161730.html
42. PERTUSA RODRÍGUEZ, 2018: 611.

poder descender a verificar si una determinada atribución de la filiación materna, aunque no sea a favor de la mujer que da a luz, favorece más al menor, hasta que se regule legalmente la gestación solidaria en España. Debería generalizarse el que en un proceso judicial filiatorio, no necesariamente de adopción, el juzgador español pudiera aplicar el Derecho acorde con el caso concreto, haciéndose uso de la analogía si fuera necesario[43], para hacer prevalecer el interés superior del neonato y determinar la filiación acorde con la verdad genética y la voluntad de procreación, sin descuidar en ningún caso a quien, en su libertad de decisión —la madre gestacional extranjera en la actualidad— no la quiere para sí.

El art. 10.3 de la LTRH, por tanto, es aplicado por nuestros operadores jurídicos generalmente mediante una interpretación literal de sus términos, por lo que para las madres genéticas no gestacionales el reconocimiento de su filiación transcurre por un frágil e incierto camino. De manera que la solución pasa inexcusablemente por un procedimiento de adopción[44] (art. 177.2. 2.º CC) y asumir los riesgos inherentes a ese tipo de proceso[45], aunque hayan sido minimizados recientemente por la STS de 31 de marzo de 2022 (FJ 4.º, punto 13) al consi-

43. En Derecho de Familia se han dictado sentencias novedosas en las que se va más allá de la letra de la ley para descender al caso concreto y resolver en beneficio del menor. Existen sentencias en las que se ha atribuido la maternidad (en supuestos de doble maternidad de parejas de hecho de mujeres) por posesión de estado en virtud de la analogía. Entre otras, STS núm. 45/2022 de 27-01-2022 (RJ 2022, 576): «En este sentido, las sentencias 740/2013, de 5 de diciembre, y 836/2013, de 15 de enero de 2014, admitieron, a la vista de las circunstancias, que prosperaran acciones judiciales de reclamación de maternidad, valorando de manera conjunta la existencia de un proyecto reproductivo en común de las dos mujeres, la posesión de estado como madre de la demandante y el interés en juego de los menores en preservar la relación con una persona a la que tenían como madre. Así, la sentencia 740/2013, de 5 de diciembre (FJ 3.6) interpretó que la regla del art. 131 CC, que atribuye a la posesión del "estado de filiación" el papel de presupuesto de legitimación para el ejercicio de la acción, es aplicable en el ámbito de la filiación derivada del empleo de técnicas de reproducción asistida». El ATS de 2 de febrero de 2015 recogía una referencia a la posesión de estado civil (además del establecimiento de la filiación por naturaleza o la adopción), como método posible para determinar la filiación «en determinados casos» aun siendo la gestación subrogada ilegal en España. Se decía que podía determinarse la filiación biológica de uno de los miembros de la pareja, y la filiación por adopción del otro miembro o bien, expresamente: «por ejemplo, determinando la filiación acorde con la situación familiar de facto (como en el caso del acogimiento por abandono de la madre gestante o la posesión de estado)». En base a lo anterior, se facilita la filiación por posesión de estado en la SAP NA núm. 187/2022, de 25-03-2022 (JUR 2022, 201395).

44. AAP GR núm. 183/2018, de 16-11-2018 (JUR 2019, 239909) y STS núm. 277/2022, de 31-03-2022 (RJ 2022, 1190).

45. La gestante debe prestar el consentimiento para la adopción por la madre de intención (STSJ M núm. 529/2018, 08-06-2018 [AS 2019, 6]) o por el padre de intención no biológico (AAP B núm. 565/2018, de 16-10-2018 [JUR 2018, 290468]), denegándose en caso contrario y si no se cumple con las normas sobre la adopción de la legislación interna. Por ello hay quien acude a legislaciones que permiten una adopción convenida mediante gestación subrogada (Florida, Miami) para que el paso de frontera se haga con una sentencia de adopción que no tendría problema de reconocimiento en nuestro país, más aún cuando el progenitor de intención no comparte material genético con el nacido.

derar, de modo poco convincente, que la normativa reguladora de la adopción en España no tiene carácter absoluto[46].

2. EL RECONOCIMIENTO EN ESPAÑA DE LA FILIACIÓN DERIVADA DE LA GESTACIÓN POR SUSTITUCIÓN INTERNACIONAL

Cuando una ley extranjera permite la gestación por sustitución y desde el nacimiento el menor tiene determinada una filiación, ésta debería ser reconocida en España si alguno o los dos progenitores son ciudadanos españoles. Éste fue el planteamiento que se hizo en el año 2009 ante nuestras autoridades por parte de unos padres de intención y también padres legales en EEUU. Es el que se ha llegado a llamar «Caso Cero» de la gestación por otros en España[47], y que fue resuelto definitivamente por el Tribunal Supremo mediante el Auto de 2 de febrero de 2015[48].

Se trataba de un matrimonio de dos varones españoles que viviendo en California celebraron allí un contrato de gestación por sustitución con una mujer estadounidense. Tras el nacimiento de dos mellizos solicitaron en el Registro Civil de Los Ángeles la inscripción de nacimiento[49], adjuntando para ello sólo los certificados finales expedidos por la autoridad registral de California en los que aparecían como hijos legales de los solicitantes. La inscripción tal y como fue planteada fue denegada por el encargado del Registro Civil de Los Ángeles[50] justificándose en que tenía como base un contrato prohibido en nuestra LTRH (art. 10.1).

No estando conformes con la denegación, los comitentes recurrieron ante la DGRN que, mediante otra resolución de fecha 18 de febrero de 2009 estimó el recurso en base a que, efectivamente, aunque siendo nulos los contratos de gestación por sustitución no sería aplicable el art. 10.1, ya que no se trataba de determinar la filiación de los nacidos en California ni el derecho aplicable a la filiación, sino que lo que se planteaba era si aquella certificación registral extranjera podría acceder tal cual al Registro Civil español[51]. Se entendía que se debía

46. Expresa la sentencia que la cuestión de la diferencia de edad entre el niño y la madre comitente que no tiene vínculo genético con él, no se revela como un obstáculo excesivo, la diferencia máxima de 45 años entre adoptante y adoptado, cuando existe una integración del menor en el núcleo familiar (quizá en una interpretación extensiva del art. 176.2.3.ª CC). A sensu contrario, si no constituyeran una familia *de facto* (¿de al menos un año?), quizá muy probablemente la vía de la adopción sería imposible.
47. Disponible en: https://www.babygest.es/entrevista-a-manuel-mata-abogado-del-caso-cero-de-gestacion-subrogada/
48. ATS de 02-02-2015 (RJ 2015, 141).
49. Siendo Cónsul D. Inocencio Arias.
50. En cuanto a la competencia, se puede instar la inscripción del nacimiento tanto en el Registro Civil Consular como ante el Registro Civil Central en España. Entre otras, Resolución de la DGRN n.º 79 de 20 de noviembre de 2014 (JUR 2015, 259954).
51. Resolución de la DGRN de 18 de febrero de 2009 (RJ 2009, 1735).

dar cumplimiento al art. 81 del RRC en la redacción que estaba vigente (FJ 4.º *in fine*) y concretamente el que la certificación registral extranjera no produjera efectos contrarios al orden público internacional español. En puridad, no había ninguna cuestión contraria a nuestro orden público que impidiera que una filiación californiana en favor de dos hombres pudiera surtir efectos jurídicos en España (art. 108 CC) de modo que la incorporación de aquella certificación registral extranjera *per se* no perjudicaba la estructura jurídica básica del Derecho español y, por tanto, tampoco lesionaba la organización moral y jurídica de la sociedad española (FJ 5.º).

La resolución de la DGRN de 18 de febrero de 2009 fue un hito jurídico por cuanto no prejuzgaba cuestiones de fondo relativas a la validez o no del contrato de gestación por sustitución[52] y, además, se apartaba de anteriores resoluciones de la DGRN que venían rechazando las inscripciones de nacimiento y filiación en virtud de certificaciones de Registros extranjeros de niños nacidos fuera de España, cuando de la calificación o de las comprobaciones llevadas a cabo por el encargado de nuestro Registro Civil resultase evidente la falta de correspondencia entre el contenido de la certificación y la realidad de los hechos[53].

Evidentemente no era real la filiación que certificaba el Registro americano, concretamente el que dos hombres fueran los padres biológicos de los menores, sin referencia alguna a una mujer que los hubiera gestado. Sin embargo, la DGRN en la Resolución de 18 de febrero de 2009 admitió la inscripción de los nacidos tal y como constaban en las certificaciones registrales extranjeras presentadas, buscando con ello dotar de coherencia y seguridad jurídica al estatuto personal de los menores. La resolución estaba basada en el método de reconocimiento de situaciones jurídicas[54].

El principio del interés superior del menor aconsejaba la inscripción en España de la filiación que ya constaba en el Registro extranjero, ya que en caso contrario los menores nacidos de un ciudadano español (*ex* art. 17.1, letra a, CC) podrían quedar privados de una identidad única (FJ 5.º, § 5). Se trataba de posibilitar el acceso al Registro Civil de la filiación de dos menores hijos de un matrimonio de varones españoles, frente a la literalidad del art. 10 de la Ley 14/2006.

52. DÍAZ FRAILE, 2019: 85.
53. Arts. 23.2 de la LRC de 1957 y 81 y 85 del RCC que lo desarrolla. Resolución de la DGRN de 15 de abril de 2013. Se trataba de la solicitud de inscripción en el RC de una certificación de nacimiento de dos niñas gemelas nacidas en California en 2009, en la que constaban como padre y madre dos ciudadanos españoles nacidos en 1944 y 1945, respectivamente (es decir, de 65 y 64 años en el momento del nacimiento). El encargado del Registro Civil Central dictó resolución denegando la inscripción por no considerar acreditada la verdadera filiación de la menor. DÍAZ FRAILE, 2019: 71-72.
54. DURÁN AYAGO, 2019: 580 y 581.

Aquella resolución fue impugnada por el Ministerio Fiscal turnándose la demanda al Juzgado de Primera Instancia n.º 15 de Valencia que, tras el correspondiente proceso judicial, dictó sentencia el 15 de septiembre de 2010por la que se dejaba sin efecto y se cancelaba la inscripción de la filiación realizada en el Registro Civil Consular de Los Ángeles[55], y que fue confirmada por la Audiencia Provincial de Valencia el 23 de noviembre de 2011 (Sentencia n.º 826/2011) y luego por el TS, Sala de lo Civil, el 6 de febrero de 2014[56].

Fue un proceso del Estado español (por una parte, el Ministerio Fiscal) contra el Estado español (por la otra, la DGRN representada por el Abogado General del Estado) donde ganó, lógicamente, el Estado español y, de las dos posiciones, la defendida por el Ministerio Fiscal[57]. La postura del Ministerio Fiscal y del Poder Judicial, al contrario que la de la antigua DGRN, era la de analizar la cuestión más desde la óptica del derecho aplicable que del reconocimiento de la resolución extranjera. La tesis judicial (desde la STS de 6 de febrero de 2014, Sala de lo Civil) viene a ser que el art. 10 de la LTRHA 2006 es una norma material imperativa a aplicar tanto en los casos nacionales como internacionales y, en supuestos de gestación por otros ocurridas en el extranjero, se debe derivar a las vías alternativas de determinación de la filiación en España para los comitentes (como son la adopción o la reclamación de la filiación biológica del hijo no matrimonial[58]).

Desde entonces, los tribunales intentan atender las circunstancias concretas del menor cuya filiación se insta y la protección judicial de las relaciones familiares existentes, priorizando la permanencia en la familia ya creada, sobre todo en ausencia de lazos biológicos, excepto en los casos en los que la familia se demuestra particularmente inadecuada[59], así como la preservación de su identidad en base al art. 2, c) y d) de la Ley 8/2015, de 22 de julio[60].

Y es que, si bien cada Estado tiene libertad para regular o prohibir esta forma de reproducción, margen de apreciación del que habla el TEDH por cuestiones de orden público, art. 8.2 del CEDH, al mismo tiempo tiene la obligación de

55. Sentencia núm. 193/2010, de 15-09-2010 (AC 2010, 1707).
56. STS núm. 835/2013, de 06-02-2014 (RJ 2014, 833). No tuvo acceso al TC (recurso de amparo) ni ante el TEDH, en esta última instancia por cuanto fue inadmitido por defecto de forma.
57. CALVO CARAVACA y CARRASCOSA GONZÁLEZ, 2015:53.
58. STSJ CAT núm. 1061/2022, de 16-02-2022 (JUR 2022, 106813).
59. STC 106/2022: «Es en interés del niño que los lazos con su familia deben mantenerse, excepto en los casos en los que la familia ha demostrado ser particularmente inadecuada. De ello se deduce que los lazos familiares solo pueden romperse en circunstancias muy excepcionales y que se debe hacer todo lo posible para mantener las relaciones personales y, en su caso, si llega el momento, "reconstruir" la familia (SSTEDH de 19 de septiembre de 2000, asunto Gnahoré c. Francia, § 59, y de 6 septiembre de 2018, asunto Jansen c. Noruega, § 88-93)».
60. SAP IB núm. 207/2021, de 27-04-2021 (JUR 2021, 169793) y STS de 31-03-2022 (RJ 2022, 1190), FJ 4.º, puntos 8 y 13.

garantizar de alguna forma la continuidad de los lazos parentales creados tras un acuerdo de gestación celebrado en el extranjero, reiteramos, si con ello se beneficia al menor. No se debe olvidar el hecho de que una relación paternofilial es bidireccional y que si se dificulta el reconocimiento del progenitor de intención se producen claramente consecuencias negativas para los derechos, los intereses y la realidad social del menor. Entonces, si no pueden ser reconocidos en su versión original, es decir, como vínculos filiatorios *ab initio*, deben facilitarse otras vías por la normativa nacional (STEDH, *Valdís Fjölnisdóttir y Otros c. Islandia*[61]). Es la manera de acoger la diversidad familiar y evitar que el menor quede en un perjudicial limbo legal o su declaración en desamparo en un Estado diferente al que nació.

En materia de gestación subrogada, desde las sentencias Mennesson, Labassee o Foulon, ha quedado patente que si ha existido una aportación genética por parte de alguno de los comitentes se debe garantizar que la filiación pueda determinarse a su favor según el Derecho interno con la condición de que lo sea con prontitud y eficacia[62]. Respecto a la madre intencional genética, el hecho de que tenga que iniciar un procedimiento de adopción para ser reconocida como madre legal en el Estado de destino se entiende que no impondría una carga excesiva a los nacidos a través de un vientre de alquiler gestacional (STEDH, *C. y E. c. Francia* § 43)[63] y no sería discriminada respecto al padre de intención genético, que en la mayoría de las ocasiones sólo necesita tramitar el reconocimiento de la sentencia de filiación extranjera.

De modo que la jurisprudencia del TEDH, reiterada en la Opinión Consultiva de 10 de abril de 2019, revela que la elección de los medios para ofrecer el reconocimiento del vínculo entre menores y padres de intención corresponde al margen de apreciación de los Estados[64] y que el art. 8 CEDH no establece una obligación general de reconocer desde el inicio un vínculo de filiación entre el menor y la madre de intención, pudiendo justificarse esta posible diferencia en la protección del interés superior del menor nacido a través de la protección

61. Se trataba de una pareja de mujeres que contrataron una gestación y a quienes las autoridades islandesas habían negado la inscripción en Islandia como madres legales. En esta sentencia el Estado demandado encontró la solución legal de proporcionarle al niño un tutor y otorgarle derechos de custodia a una de las mujeres y derecho de visitas a la otra por el hecho de que nunca habían estado casadas, habían roto su relación y tenían nuevas parejas.

62. Opinión Consultiva n.º P16-2018-001, de 10 de abril de 2019, §§ 46, 52, 54-55. Directamente relacionada con la ejecución por el Tribunal de Casación francés de la sentencia Mennesson de 2014, estableció que cuando un niño nace mediante un acuerdo de gestación subrogada en el extranjero y la madre intencional es designada en un certificado de nacimiento legalmente establecido en el extranjero como la madre legal, el derecho del niño al respeto de su vida privada exige también que el Derecho interno prevea la posibilidad de reconocer una relación legal paterno-filial con la madre intencional.

63. Decisión de Inadmisión TEDH n.º 1462/18 y n.º 17348/18 C. c. Francia y E. c. Francia, de 12 de diciembre de 2019. Disponible en: https://hudoc.echr.coe.int/eng#{%22itemid%22:[%22001-199497%22]}.

64. Doctrina del TEDH recogida en la Opinión Consultiva de 2019, §§ 36 y 79.

de su madre gestante, al dar preferencia a la maternidad biológica sobre la genética[65].

El TEDH en el *Asunto D. c. Francia*, se reafirma en esta idea. Suponiendo el proceso de adopción en Francia unos cuatro meses de media, procedimiento ágil y que produce efectos similares a la inscripción en el Registro correspondiente de los datos contenidos en un certificado de nacimiento extranjero, esta forma de determinar la filiación respecto de la mujer comitente entra dentro del margen de apreciación de los Estados[66].

Trasladado lo anterior a la interpretación del art. 10.3 LTRHA 2006 sería lo mismo que decir que no existe discriminación en el trato que se le da al padre genético con respecto a la madre genética en la determinación de la filiación resultante de una gestación subrogada, y que nuestra norma es acorde con los arts. 8 y 14 del CEDH, lo que puede ser discutible, especialmente si tenemos en cuenta que muchas de las mujeres que acceden a una gestación por sustitución no lo hacen porque tengan un problema de infertilidad relacionado con sus gametos, sino con la imposibilidad o contraindicación de llevar a cabo la gestación[67].

Por tanto, pese a que el TEDH en su Opinión Consultiva de 2019 —aunque limitada al supuesto del caso «Mennesson» en el que existía vínculo genético con el padre de intención, pero no con la madre de intención— otorgó un amplio margen de apreciación a los Estados para que decidieran sobre la forma de reconocimiento de la filiación, ya se tratara de la transcripción *ab initio* de la relación que conste en el certificado de nacimiento, de la posesión de estado o de la adopción, sin embargo, casos límite —como pueden ser *Valdís c. Islandia* y *A.M. c. Noruega*— han puesto de relieve que las soluciones basadas en la derivación a la adopción pueden resultar inoperativas[68] con el consiguiente perjuicio al interés superior menor.

Siendo la única condición que exige el TEDH el que la ley nacional garantice la sumariedad, y por ende la preferencia en la tramitación de los procedimientos

65. El artículo 8 no garantiza ni el derecho a fundar una familia ni el derecho a adoptar. El derecho a que se respete la «vida familiar no protege el mero deseo de fundar una familiar; presupone la existencia de una familia, o al menos de la posible relación que se podría haber desarrollado, por ejemplo, entre un niño nacido fuera del matrimonio y su padre natural, o de la relación nacida de un matrimonio auténtico, incluso si la vida familiar aún no se había establecido completamente, o de la relación entre un padre y su hijo legítimo, incluso si demuestra años más tarde que no había un vínculo biológico (Paradiso y Campanelli c. Italia [GS], § 141)». Guía sobre el artículo 8 del Convenio Europeo de Derechos Humanos. Disponible en: https://www.echr.coe.int/documents/d/echr/Guide_Art_8_SPA
66. STEDH, D. c. Francia, de 16-07-2020 (JUR 2020, 214195). Esta sentencia recoge la Opinión disidente del juez O'Leary.
67. FARNÓS AMORÓS, 2022:41.
68. FARNÓS AMORÓS, 2022:50-51.

filiatorios en esta materia tan controvertida[69], ello no se atestigua en España a la vista de la jurisprudencia analizada. Sírvase a modo de ejemplo de los obstáculos que se plantean en la práctica judicial de los expedientes de adopción, la SAP de Murcia, Sección 4.ª, recurso 91/2019, de 31 de enero, donde el M.º Fiscal se opuso a la adopción por la mujer comitente al considerarla ya la madre legal en Ucrania y nuestro art. 175.3.1 CC impide la adopción de los propios hijos[70]. Esta cuestión planteada por parte del Ministerio Fiscal precisamente no atendía el interés superior del menor al impedir el establecimiento de la filiación sin dilaciones, contrariando la doctrina emanada del TEDH[71].

2.1 LA INSTRUCCIÓN DE 5 DE OCTUBRE DE 2010 DE LA DGRN SOBRE RÉGIMEN REGISTRAL DE LA FILIACIÓN DE LOS NACIDOS MEDIANTE GESTACIÓN POR SUSTITUCIÓN

A las pocas semanas de notificarse aquella sentencia del Juzgado de Primera Instancia n.º 15 de Valencia, y sin esperarse al pronunciamiento de la Audiencia Provincial en apelación, la DGRN dictaba la Instrucción de 5 de octubre de 2010[72] que nacía con un marcado carácter y efecto general, más allá de dar solución al caso planteado, estableciendo unas Directrices para ayudar a los encargados de los Registros Civiles con las futuras solicitudes de inscripción de nacimiento de los menores nacidos en el extranjero como consecuencia de la gestación por sustitución.

Esta Instrucción reconduce inexorablemente a los padres a inscribir primero la paternidad biológica en el Registro Civil, una vez acreditada, seguido de la adopción por el otro cónyuge[73]. Estos trámites no favorece realmente el derecho a la inscripción inmediata del menor (art. 7 Convención de Derechos del Niño y art. 8 CEDH), sobre todo cuando ha de tramitarse un procedimiento de

69. En la STEDH, *A.L. c. Francia*, de 7 de abril de 2022, la gestante dio al menor a otra familia que no eran los comitentes (*siendo uno de ellos el padre biológico*) y el procedimiento judicial duró más de seis años, lo que se entendió que no era compatible ni coherente con el deber de cuidado excepcional que se exigía cuando está en juego la relación de una persona con su hijo biológico y se condena al Estado francés por vulneración del art. 8 del CEDH. Disponible en: https://hudoc.echr.coe.int/spa?i=001-216632. En España, el procedimiento de adopción es un procedimiento por ley preferente (Ley de Jurisdicción Voluntaria 15/2015, art. 34).
70. Se ha solicitado a la Unidad de Información del CGPJ que se facilite el dato del número de adopciones tramitadas en los Juzgados españoles tras una gestación por sustitución acontecida en el extranjero, así como el tiempo medio de resolución de estos procedimientos, a lo que se ha contestado, mediante email de fecha 28 de junio de 2022 que, aunque fue solicitado informe a la Sección de Estadística Judicial del Consejo, no se dispone de esos datos.
71. En otros autos es el Tribunal el que no admite a trámite el procedimiento de adopción. En los autos de adopción AAP B núm. 135/2023 de 26-04-2023 (JUR 2023, 327070) la causa de inadmisión a trámite es porque el juez presume que hubo una venta de niños.
72. BOE n.º 243, de 7 octubre 2010.
73. Sin necesidad de declaración administrativa de idoneidad (art. 176.2 CC). En situaciones de ruptura, la madre de intención puede verse impedida de esta adopción si el padre biológico

adopción del otro progenitor comitente, donde se exige que se una a los autos de jurisdicción voluntaria un Acta de Manifestaciones a favor de la futura adopción, prestada ante la Embajada o Consulado español[74] y firmada ante el encargado de Asuntos Consulares actuando en funciones notariales, en el que la mujer gestante, identificada convenientemente, preste su asentimiento para la adopción[75]. Luego, será un tribunal civil español el que debe verificar que ha renunciado, con todas las garantías, a sus derechos respecto del menor y a favor de terceros. Y aunque no siempre se exige su presencia en sede judicial[76], si la madre gestante ha prestado su asentimiento más de seis meses atrás (art. 37.1 LJV) van a exigir su participación en el proceso español de adopción, normalmente mediante Comisión Rogatoria, practicada por videoconferencia y con asistencia letrada en su país si no se puede desplazar a España[77], lo que requiere su tiempo debido a la carga de los juzgados españoles.

Las mayores críticas que ha recibido la Instrucción han sido por cuanto sólo ha dado solución a la inscripción de niños nacidos por gestación subrogada en Estados donde hay un previo procedimiento judicial de filiación y también porque, siendo una mera Instrucción de servicio, una norma administrativa dirigida a inferiores jerárquicos, tiene efectos *ad extra* e innova el ordenamiento jurídico, introduciendo condiciones no contempladas en las normas jerárquicamente superiores[78]. De todas formas, a falta de ley, tiene la virtualidad de ser de gran utilidad para que todos los operadores jurídicos encuentren una solución a la inscripción de estas concretas filiaciones[79].

El esfuerzo normativo de la actual DGSJFP no es nuevo. Ya ocurrió con la figura de la adopción internacional que gracias a la labor de la anterior DGRN se fue introduciendo en nuestro Derecho antes de que el legislador la regulara. Así, en la década de los noventa muchos españoles acudieron al extranjero para adoptar y las cuestiones suscitadas hasta la entrada en vigor de la Ley de Adopción Internacional de 28 de diciembre de 2007 fue resolviéndose a través de Instrucciones, Circulares y demás resoluciones del Centro Directivo (entre otras, la Instrucción de 15 de febrero de 1999, la de 1 de julio de 2004 o la Resolución-Circular de 31 de octubre de 2005) hasta que se aprobó la Ley que, por su minuciosa regulación, viene a disipar cualquier duda de que ésta encubra

no da su asentimiento para la adopción (entre otros, AAP LO núm. 44/2017, de 02-05-2017 [JUR 2017, 190039] y AAP O núm. 87/2018, de 24-07-2018 [JUR 2018, 300256]), aunque se ha localizado alguna resolución judicial que conceden la adopción (AAP SO núm. 20/2018, de 21-05-2018 [JUR 2018, 242438]).

74. SAP LE núm. 370/2020, de 21-12-2010 (JUR 2021, 83790).
75. RODRÍGUEZ FERNÁNDEZ, 2018.
76. SAP MU núm. 91/2019, de 31-01-2019 (JUR 2019, 71777).
77. AAP B núm. 57/2020, de 11-02-2020 (JUR 2020, 86062).
78. FLORES RODRÍGUEZ, 2019: 12 y15.
79. SAP B núm. 220/2021, de 06-04-2021 (JUR 2021, 192738).

la compraventa de menores o que ampare prácticas ilegales o abusivas por parte de quienes intervienen como mediadores[80].

En consecuencia, la actual DGSJFP, en el ejercicio de sus competencias[81] acordó en esta Instrucción de 2010 el establecer dos importantes Directrices relativas a la gestación por otros.

La primera de ellas distinguía tres circunstancias diferentes que pueden plantearse, siendo su Punto 1.º el que exige la presentación de una resolución judicial del tribunal extranjero que determine la filiación del nacido[82]. La necesidad de una resolución judicial tiene su fundamento en la previsión contenida en el art. 10.3 de la LTRHA 2006 que, al remitir a las reglas generales sobre determinación de la filiación, reenvía a su vez a las acciones procesales y al dictado de una resolución judicial para el establecimiento en nuestro ordenamiento de la filiación paterna biológica (Exposición de Motivos). Con una resolución judicial extranjera que acredite dicha filiación se pretende comprobar tanto que la mujer gestante prestó su libre consentimiento para la pérdida de la patria potestad, como que entendió su alcance y que no ha sido sometida a engaño, violencia o coacción, así como que judicialmente se ha cuidado de que el menor no haya sido objeto de comercio, protegiéndose su interés superior. En puridad, se trata de comprobar la conformidad del procedimiento de filiación extranjero con el orden público español.

Además, se requiere que sea objeto de un reconocimiento incidental del encargado del Registro Civil, o bien judicial mediante el procedimiento de exequátur[83], donde no se entra a valorar cuestiones como el por qué se ha acudido a otro Estado para acceder a la técnica de la gestación subrogada. Ello no obsta a que se inicien otras acciones en España, tales como la adopción, lo que necesariamente debe acontecer una vez que en nuestro Registro Civil se inscriba la filiación a favor del padre biológico español y de la madre extranjera que lo ha gestado.

80. Se han creado los llamados «Organismos Acreditados para la Adopción Internacional» que son entidades sin ánimo de lucro inscritas en el registro correspondiente, que tienen como finalidad en sus estatutos la protección a la infancia y que entre sus funciones está la de intermediar en estos procesos. Disponible en: https://www.mdsocialesa2030.gob.es/derechos-sociales/infancia-y-adolescencia/adopcion-internacional/Organismos_intermediacion_ai.htm
81. Art. 9 LRC, art. 41 RRC y art. 7 del Real Decreto 1125/2008 de 4 de junio.
82. Según el artículo 96.3 LRC, se entiende por resoluciones judiciales extranjeras tanto las resoluciones pronunciadas por autoridades judiciales como por autoridades no judiciales, pero deben ser dictadas en materias cuya competencia corresponda, según el Derecho español, al conocimiento de jueces y tribunales.
83. STSJ M núm. 350/2016, de 20-06-2016 (RJCA 2016, 768).

La primera Directriz en su punto 2.º recuerda que esa resolución judicial extranjera debe ser un documento público[84], auténtico, para evitar falsificaciones o fraudes; debe ser firme y hacer constar actos jurídicamente válidos, entendidos no como un ajuste perfecto a nuestra legislación sino como una ausencia de contradicción con el orden público internacional español[85]; lógicamente debe traerse traducida al español si no hubiera sido redactada en nuestro idioma[86], así como se debe aportar información suficiente sobre la legislación extranjera aplicada y el procedimiento legal seguido[87], todo ello para poder ser reconocida en España con carácter previo a autorizarse su inscripción[88].

Si el encargado del Registro estima que la resolución extranjera se dictó en el marco de un procedimiento jurisdiccional de naturaleza contenciosa requerirá la tramitación del exequátur (arts. 41 y ss. de la Ley 29/2015, de 30 de julio, de Cooperación Jurídica Internacional en materia civil) y el dictado del correspondiente Auto con carácter previo a su inscripción. El problema es que mientras que el Auto del Juzgado de Primera Instancia e Instrucción n.º 1 de Pozuelo de Alarcón (25 de junio de 2012) aplicó esta Instrucción y facilitó el reconocimiento en interés de los nacidos accediendo al Registro Civil[89], o el Auto de la AP de Barcelona de 17 de marzo de 2021 (Exequátur n.º 410/2018)[90], existen otros procesos de exequátur que lo han desestimado, sobre todo cuando el criterio judicial se mueve en la doctrina marcada por la STS de 6 de febrero de 2014 (entre otros, AAP de Oviedo de 26 de mayo de 2020)[91] cuya premisa es que todo el contenido de la resolución judicial es contraria al orden público, para sin tan siquiera reconocer la filiación biológica paterna. Esta disparidad de criterios crea una inseguridad jurídica a la que poca solución se le ha dado hasta el momento.

Se olvida a menudo que la cláusula de orden público no debe intervenir más de lo necesario y tan sólo en situaciones excepcionalmente graves[92], abogán-

84. Debe ser un documento autorizado por una autoridad extranjera que desempeñe funciones equivalentes a las desarrolladas por la autoridad española en la materia.
85. HEREDIA CERVANTES, 2015:396.
86. Resolución de la DGRN n.º 79, de 20 de noviembre de 2014 (JUR 2015, 259954) y Resolución n.º 88 de 1 de septiembre de 2017 (La Ley 244576/2017).
87. Resolución n.º 88 de 1 de septiembre de 2017 (La Ley 244576/2017), Fundamento 10.
88. El reconocimiento de la inscripción de la filiación en el Registro Civil español es un procedimiento que dota a la resolución extranjera de los típicos efectos procesales y, en especial, del efecto de «cosa juzgada». Hay dos formas de reconocimiento, art. 96.2 Ley 20/2011, de 21 de julio, del Registro Civil y art. 83 RRC. Una vez reconocido entra en juego los artículos 113 y 108, último párrafo, ambos del Código Civil.
89. Auto del Juzgado de Primera Instancia e Instrucción n.º 1 de Pozuelo de Alarcón, Exequátur núm. 285/2012, de 25-06-2012 (AC 2013, 281).
90. AAP B núm. 104/2021, de 17-03-2021 (JUR 2021, 169793).
91. AAP O núm. 37/2020, de 26-05-2020 (JUR 2020, 277786).
92. El Tribunal de Justicia de Luxemburgo también ha recordado reiteradamente (STEDH de 14-12-2021, *Stolichna, Obshtina, Rayon «Pancharevo», Asunto C-490/20* [TJCE 2021, 281]) que el concepto de orden público debe interpretarse en sentido estricto y sólo debe invo-

dose por parte de la doctrina por el efecto atenuado del orden público internacional[93], pues no es lo mismo querer «crear» en España la institución jurídica extranjera (en nuestro caso, la maternidad de sustitución) que «exportar» una situación jurídica, cuyo impacto siempre será menor, en términos de orden público.

La mayoría de las veces un reconocimiento parcial puede ser suficiente para salvaguardar la cohesión jurídica del ordenamiento jurídico y los valores de la sociedad española. Sin embargo, en otras ocasiones se incurre indebidamente en un juicio en abstracto de la compatibilidad de una determinada figura o institución con nuestro orden público, en vez de descenderse al supuesto concreto planteado. Esa forma rígida de proceder por algunos operadores jurídicos ocasiona una flagrante violación de principios, derechos y valores esenciales, más todavía cuando los arts. 49 y 50.3 de la LCJI permiten solicitar, obtener o conceder el reconocimiento y la ejecución parcial de una resolución extranjera, precisamente para atenuar el orden público.

A mayor abundamiento, el impedir el reconocimiento de la filiación establecida en otro Estado que admite la gestación por sustitución en base a la aplicación, en todo caso, de una eventual vulneración del orden público internacional, y por ende el no permitir el cruce de frontera de una figura «prohibida» en nuestro Estado, hace que se resienta la seguridad jurídica internacional[94] con unas consecuencias más graves que si se facilitara ese paso. Así lo entiende el Tribunal Superior de Justicia de Andorra en varios procesos de exequátur resueltos por su Sala Civil, pues en una ponderación entre el orden público internacional y la existencia de una familia de hecho, el reconocimiento de la sentencia extranjera se contempla como la solución más favorable para proteger

carse por los Estados en caso de que exista una amenaza real y suficientemente grave que afecte a un interés fundamental de la sociedad. El AAP B de 17-03-2021 (JUR 2021, 169793) expresa que «el núcleo central del orden público se define hoy por el conjunto de derechos fundamentales y libertades públicas reconocidos en nuestra Constitución en su dimensión real o material y no meramente formal. En un Estado social y democrático de derecho, el reconocimiento y la protección de los derechos fundamentales de los ciudadanos constituye justamente el núcleo fundamental del orden público (ATS, Civil sección 991 del 10 de marzo de 2016, ROJ: ATS 1790/2016 — ECLI:ES:TS:2016:1790 [RJ 2016, 1703] A). Sólo es contrario al orden público una institución o un efecto que choque frontalmente con los derechos fundamentales».

93. Es en cierto modo lo que plantea la propuesta de Reglamento de filiación de la Unión Europea, arts. 22.2 y 45.2, que disponen que la excepción de orden público debe aplicarse atenuadamente, respetando los derechos y principios fundamentales de la Carta, en particular su artículo 21 sobre el derecho a la no discriminación en materia de filiación, y que ni por razón de su nacimiento ni por las actividades de sus progenitores sufra castigo alguno ni vulneración de sus derechos fundamentales. Brussels, 7.12.2022 COM (2022) 695 final 2022/0402 (NLE), Disponible en: https://eur-lex.europa.eu/legal-content/EN/TXT/?uri=celex%3A52022PC0695

94. AAP de Barcelona, de 17 de marzo de 2021 (JUR 2021, 169793).

el interés superior del menor[95]. Ciertamente, expresa el tribunal andorrano, si no se reconociere habría un riesgo de quedar indeterminada la filiación[96], con los efectos negativos que ello llevaría aparejado (no poder adquirir la nacionalidad de los padres de intención e impedirle el ejercicio de sus derechos sucesorios) y la posible violación generalizada de los derechos fundamentales del menor.

La primera Directriz en su punto 3.º determina que, si la resolución extranjera se ha dictado dentro de un proceso análogo a uno de jurisdicción voluntaria, entonces el encargado del Registro sí tendrá competencia para realizar la calificación correspondiente, sin necesitad de un exequátur, tras constatar: a) la regularidad y autenticidad formal de la resolución judicial extranjera y de cualesquiera otros documentos que se hubieran presentado; b) que el tribunal de origen ha basado su competencia judicial internacional en criterios equivalentes a los contemplados en la legislación española[97]; c) que no se ha producido una vulneración del interés superior del menor y de los derechos de la madre gestante. En especial se deberá verificar que el consentimiento de esta última se ha obtenido de forma libre y voluntaria, sin incurrir en error, dolo o violencia y que tiene capacidad natural suficiente[98]; d) que se hubiesen garantizado los derechos procesales de las partes, en particular los de la madre gestante; e) que la resolución judicial es firme y que los consentimientos prestados son irrevocables, o bien, si estuvieran sujetos a un plazo de revocabilidad conforme a la legislación extranjera aplicable, que éste hubiera transcurrido sin que quien tenga reconocida la facultad de revocación la hubiera ejercitado.

Ninguna mención se hace a la vulneración del orden público internacional español o de los derechos fundamentales o libertades públicas protegidos por

95. Entre otras, STSJ de Andorra, Sala Civil, Exequátur de 12 de septiembre del 2017 o Exequátur de fecha 27 de febrero de 2018. Disponible en: https://www.justicia.ad/jurisprudencia/

96. De hecho, su Ley 12/2019 de 15 de febrero, de técnicas de reproducción humana asistida, en su art. 12 relativo a la gestación por sustitución, establece como principio que la filiación en caso de gestación sustituida en relación con la madre queda determinada por el parto, y que siendo nulo de pleno derecho el contrato por el que se convenga, con o sin precio, a cargo de una mujer que renuncia a la filiación materna a favor del contratante o de un tercero, sin embargo, para la inscripción de títulos extranjeros que acreditan una relación constituida en el extranjero y en el que conste acreditado el vínculo biológico como mínimo con uno de los solicitantes, debe atenderse con carácter preferente al interés superior del menor.

97. Más que hablar de criterios equivalentes, hubiera sido más acertado haber referido que al menos la competencia obedeciera a una relación razonable. En este punto se echa en falta alguna referencia a los «contactos razonables», a los que alude, por ejemplo, el artículo 26.1.1 de la Ley de Adopción Internacional o a una competencia basada al menos en la «conexión razonable» referida en el artículo 46.1 c) de la Ley 29/2015 de 30 de julio de Cooperación Jurídica Internacional en Materia Civil.

98. La Instrucción *non nata* de la DGRN de 14 de febrero de 2019 ampliaba esta Directriz Primera en su Punto 3.º, letra d), en su página 17, concretando que se debía verificar: que «dicho consentimiento ha sido confirmado en un momento posterior al nacimiento del niño/a».

nuestro ordenamiento[99], pero es evidente que se pretende este control ya que esta Directriz desarrolla el art. 96.2 de la LRC y debe ser leída acorde con la Ley 15/2015 de Jurisdicción Voluntaria (art. 12), de modo que el reconocimiento incidental se denegará si el acto hubiera sido acordado con manifiesta infracción de los derechos de defensa de cualquiera de los implicados; si el reconocimiento del acto implicara la violación de un derecho fundamental o libertad pública, como sería por ejemplo, si se hubiera ejercido violencia contra la mujer o fuera obligada a prestarse como madre portadora y, por supuesto, si hubiera indicios de tráfico de menores.

Lo más complicado de verificar sería si la gestante ha prestado su consentimiento de una forma libre y voluntaria[100]. Es decir, incluso siguiéndose un procedimiento judicial en origen y el correspondiente dictado de una sentencia, al encargado del Registro Civil en ocasiones le es muy difícil comprobar en qué circunstancias se ha prestado ese consentimiento. Ello ocurrió con algunas filiaciones provenientes de la provincia de Ontario (Canadá) presentadas ante el Consulado en Toronto y evaluadas por el Cónsul General[101], que a la vista de que la gestante no estuvo ante la presencia judicial se entendió este hecho como contrario a nuestro ordenamiento[102], denegándose la inscripción.

En supuestos como estos, y a fin de evitar esta eventualidad, la única manera de posibilitar la verificación de este extremo es que cuando se promueva la inscripción de la filiación por los padres de intención se aporte, junto con la sentencia, el contrato suscrito con la madre gestante y a la vista del mismo, de su lectura pausada, el encargado del Registro Civil Consular pueda verificar que efectivamente se han prestado todos los consentimientos de forma libre, consciente y voluntaria; que se han respetado los plazos exigibles en nuestro Derecho para la adopción y que no se han pactado obligaciones gravosas para la gestante.

Por tanto, el que en el Estado de origen hubiera acaecido un proceso judicial de filiación, contencioso o no, facilita el acceso a la inscripción en el Registro Civil español (Consular o Central[103]) y el control de legalidad, dándose por buena

99. CASTELLANOS RUIZ, 2019: 218.
100. Para LAMM (2018) no se debe considerar que la gestación por sustitución implica siempre la explotación de la mujer, porque ello supone un reduccionismo paternalista que subestima a la mujer y a su capacidad de consentir. Si una mujer libre ha decidido gestar para otros no por ello todas las mujeres que participan de esta técnica son víctimas explotadas del heteropatriarcado. Eso sí, es necesario verificar este aspecto para confirmar que su consentimiento no está viciado.
101. Art. 27 LRC y arts. 122 y ss. RRC.
102. «Tenemos un hijo por gestación subrogada y el cónsul no quiere registrarlo». Disponible en: https://elpais.com/politica/2017/05/26/actualidad/1495818404_649808.html
103. El art, 85.2 LRC determina la competencia de la inscripción de sentencias y otras resoluciones judiciales extranjeras a la Oficina Central del Registro Civil, entrando en contradicción con el art. 24.1 LRC que atribuye la competencia a la Oficina Consular del Registro Civil.

la renuncia de la mujer, permitiendo el reconocimiento de la resolución y el acceso tanto a prestaciones sociales como las de maternidad y paternidad, la adopción por la pareja del progenitor comitente[104] y la protección de la ley personal del menor, en cuanto a derechos civiles, sociales y políticos, tales como la debida protección diplomática y consular[105], la nacionalidad o sus derechos hereditarios.

La segunda Directriz determina que en ningún caso se admitirá como título apto para la inscripción del nacimiento una certificación registral extranjera o la simple declaración, acompañada de la certificación médica relativa al nacimiento del menor, en la que no conste la identidad de quien lo alumbró. Cuestión que concuerda con lo dispuesto en el art. 98.1, letra d) y 98.2 de la LRC.

Una vez que la mujer que alumbra al niño ha renunciado a sus derechos maternales, la DGSJFP ha expresado en diversas resoluciones que la vía que le queda al interesado para omitir registralmente los datos «incómodos» de la gestante es, en su caso, acudir en España a la jurisdicción ordinaria para lograr la rectificación de las inscripciones[106], y si la pareja del progenitor comitente quisiera constar como madre, ésta deberá iniciar un proceso de adopción, tras el cual se podrá recoger en el Registro Civil una segunda filiación del menor[107].

De la lectura de la Instrucción de 2010 se desprende que con ella no se trata de fomentar ni permitir el fraude de ley[108], ni pretende que se vaya a legalizar indirectamente por la vía de hecho o reglamentariamente la gestación por sustitución en España, sino que su objeto es dar una solución desde el punto de vista del Derecho Internacional Privado a estos supuestos de filiación acreditada en el extranjero[109] y que no habían sido previstos por la LTRH ni por la LRC, permitiendo su acceso al Registro Civil sin vulnerarse nuestro orden público internacional y produciendo en España los mismos efectos que ya ha producido en el país de origen.

Aquella Instrucción, dictada en un momento y para unas circunstancias concretas, sigue siendo aplicada por las diferentes resoluciones de la DGSJFP al ser ratificada por una Circular de 11 de julio de 2014 firmada por el Director General, D. Joaquín Rodríguez Hernández, enviada como Oficio a los Sres. Presidentes de los diferentes Tribunales Superiores de Justicia de las Comunidades

104. AAP de Barcelona de 28-07-2015, referido en el AAP B, núm. 565/2018, de 16-10-2018 (JUR 2018, 290468).
105. FLORES RODRÍGUEZ, 2019:20.
106. DGRN n.º 12/2014 de 19 de diciembre de 2014 (12.ª) (JUR 2015, 256866).
107. SAP MU núm. 91/2019, de 31-01-2019 (JUR 2019, 71777).
108. CALVO CARAVACA y CARRASCOSA GONZÁLEZ 2015: 65.
109. CALVO CARAVACA y CARRASCOSA GONZÁLEZ 2015: 49. «Bienvenidos al Fertility Tourism, —también llamado, de forma políticamente más correcta, "Cross-border reproductive care" (CBRC)—, un fenómeno que sólo debe y puede ser abordado con arreglo a los valores, normas y principios del Derecho internacional privado».

Autónomas para su distribución entre los Registros Civiles de su circunscripción.

En la Circular se expresaba que el objeto del proceso enjuiciado por la sentencia del TS de 2014 no coincide con el supuesto que persigue regular la Instrucción de 5 octubre de 2010 y que sólo trata del acceso al RC español de sentencias y otras resoluciones judiciales en las que consta la filiación de los nacidos en el extranjero tras una gestación por sustitución.

La Fiscalía, no obstante, mantiene aún las mismas discrepancias con la DGSJFP que desde antes de la Instrucción[110] oponiéndose sistemáticamente a la inscripción de los nacidos por estimar que el contrato por el que se acuerda la gestación por sustitución es contrario al orden público internacional español (entre otras, la Memoria del año 2017 recoge que esa es la línea que sigue la Fiscalía de Barcelona, o en la Memoria de 2018 se expresa que es esa la misma interpretación que hace la Fiscalía Provincial de Madrid[111]) parapetándose en la literalidad del art. 10 de la LTRHA.

Esa negativa a la inscripción ha dado lugar a situaciones como las que nos refiere una sentencia argentina dictada por el Juzgado de Familia de la Ciudad de San Lorenzo, Provincia de Santa Fe, Autos de 2 de julio de 2012[112], a raíz del nacimiento de una niña por gestación por sustitución en la India[113] de madre argentina oriunda de aquella provincia y padre español, residentes ambos en Madrid, donde ni España ni Argentina querían darle la nacionalidad. Las autoridades españolas se negaron a inscribirla por cuanto la Sra. argentina no podía figurar como madre en la inscripción dado que para la legislación española sólo

110. El M.º Fiscal en su Circular 1/2020, de 3 de enero sobre los Recursos de casación y extraordinario por infracción procesal en el orden jurisdiccional civil afirma que han logrado consolidar interpretaciones ajustadas a la legalidad y favorecedoras de los derechos fundamentales de los ciudadanos en materias tales como el tratamiento de la maternidad subrogada.

111. Disponible en: https://www.fiscal.es/memorias/memoria2018/FISCALIA_SITE/index.html (pp. 937 y 938). También en la Memoria de Fiscalía de 2019, p. 1179: «La Sección Civil de la Fiscalía Provincial de Madrid refiere que se ha mantenido lo acordado por la Fiscalía de Sala de lo Civil y la doctrina del Tribunal Supremo establecida en la STS de 6 de febrero de 2014 y Auto TS de 2 de febrero de 2015, oponiéndose a la inscripción de nacimiento y filiación por estimar que el contrato de la gestación por sustitución es contrario al orden público internacional español, de acuerdo con lo establecido en el art. 10 de la Ley 14/2006, de 26 de mayo, sobre Técnicas de Reproducción Humana Asistida, que declara nulo este tipo de contrato. Los Autos dictados por Jueces Encargados han sido conformes con el informe del fiscal». Disponible en: https://www.fiscal.es/memorias/memoria2020/FISCALIA_SITE/index.html

112. Sentencia de 2 de julio de 2012 referenciada en la página de Facebook del Despacho de abogados CAVALIERI lawyers & accountants. (AR/JUR/62130/2012): https://www.facebook.com/dr.cavalieri/posts/447726875300968

113. En la India ya no se permite el acceso a extranjeros, y así se recoge en la Ley de 21 de noviembre de 2016 —Surrogacy (Regulation) Bill, 2016—, haciendo ley la Notificación (N.º 25022/74/2011-F-1) de 3 de noviembre de 2015 del Ministerio de Asuntos del Interior, que fue la que primero lo prohibió a los extranjeros.

se reconocía como tal a la gestante. La Embajada argentina rechazó también la inscripción alegando principalmente que la mujer argentina residía en España, pero fue Argentina el país que finalmente le concedió a la menor la nacionalidad mediante una medida de las que ellos denominan «autosatisfactiva», fundándose en que la negativa de inscribir como argentina a la niña nacida en Nueva Delhi avasallaba su derecho a la nacionalidad y su derecho a la identidad[114].

El 8 de junio de 2017, el Grupo Ciudadanos, a través de la Sra. Reyes Rivera, hizo una serie de preguntas escritas al Gobierno en relación con la problemática que existe en cuanto al registro de los menores en los Registros Consulares[115]. Las preguntas fueron dirigidas a consultar qué Consulados están impidiendo el registro de los menores y qué medidas se está adoptando para suprimir esas dificultades. La respuesta dada por el Gobierno[116] explicaba que los encargados de los Registros Civiles Consulares consideraban que los nacimientos realizados en algunos Estados (Grecia o el Estado de California, por ejemplo) son inscribibles en el Registro Civil, más las actuaciones realizadas al amparo de la ley de otros países como la India no cumplirían los criterios de nuestro ordenamiento, denegándose las solicitudes de inscripción cuando no existe un proceso judicial que acredite y verifique la correcta filiación y el respeto debido a los derechos fundamentales de quienes pudieran estar en una situación de desequilibrio en el acuerdo (siguiendo, entre otras, la Resolución de la DGRN de 30 de noviembre de 2011).

Pese a lo anterior, en la respuesta dada a la Pregunta Escrita del Congreso (184/24581) de 13 de diciembre de 2017, el Gobierno reconocía que se estimaba que se habían producido en el período comprendido entre 2010 y 2016 alrededor de novecientas setenta y nueve inscripciones en las Oficinas Consulares o Misiones Diplomáticas en Canadá, Estados Unidos de América (EEUU), Reino Unido, India, Nepal, México, Tailandia, Rusia, Grecia, Portugal, Sudáfrica y Ucrania[117].

Este mismo Grupo parlamentario también presentó la Proposición No de Ley n.º 162/000988 ante el Congreso de los Diputados, relativa a garantizar la inscripción de los menores nacidos por gestación subrogada en el extranjero. En ella manifestaba su preocupación por cuanto había muchos españoles que estaban sufriendo numerosas trabas y obstáculos a la hora de registrar a sus hijos en los Registros Consulares, sobre todo cuando no existe un proceso judicial, abocándose a los niños y a sus familias españolas a una inseguridad jurídica

114. Juzgado de 1a Instancia De Distrito de Familia, San Lorenzo, 2 de julio de 2012, «S.G.E.F.y.G.C.E.» DFyP 2013 (abril), p. 57.
115. Entrada en Registro de la Mesa del Congreso el 9 de junio de 2017. Disponible en: https://www.congreso.es/entradap/l12p/e7/e_0075817_n_000.pdf
116. Respuesta del Gobierno (184), entrada en el Registro del Congreso de los Diputados el 19/02/2018.
117. Disponible en: http://www.congreso.es/l12p/e7/e_0074565_n_000.pdf

total, considerando imprescindible el garantizar la continuidad transfronteriza de la relación de filiación ya establecida[118], habiendo quedado la gestante en otro Estado sin querer tener contacto con el menor y siendo inviable una restitución de los menores al país donde nacieron.

2.2 EL INTENTO DE ACTUALIZACIÓN DE LA INSTRUCCIÓN DE 5 DE OCTUBRE DE 2010

A esas Directrices de la Instrucción de 2010 se ajusta la práctica registral, hasta tanto el legislador regule expresamente cómo reconocer la filiación por gestación subrogada establecida en el extranjero, existiendo algún amago de regulación legal finalmente frustrada. Así, el 9 de junio de 2014 el Gobierno se comprometió a dar fuerza de ley a esta Instrucción, concretamente en el Proyecto de Ley de Medidas de Reforma Administrativa en el Ámbito de la Administración de Justicia y del Registro Civil[119]. El art. 44.7 de la LRC se llegó a redactar exigiéndose una filiación determinada primero en una resolución judicial extranjera, como exige la Instrucción de 2010, para luego ser reconocida en España[120]. Sin embargo, la redacción actual del art. 44.7 sólo trata del reconocimiento de la filiación no matrimonial sin componente extranjero, perdiéndose esta oportunidad.

Incluso fue solicitada su regulación, formalmente, en noviembre de 2017 por el Director General de los Registros y del Notariado (Sr. Gómez Gálligo), que aprovechó su comparecencia ante el Congreso de los Diputados para explicar la evolución de la aplicación de la Instrucción del 5 de octubre de 2010 en orden a reivindicar la intervención del legislador en esta cuestión, al ser evidente que este método de reproducción es una realidad que, aunque tenga lugar fuera de nuestras fronteras, se debía afrontar internamente sin más demora[121].

Y es que con esta Instrucción del 2010 el trabajo ya está allanado, incluso para la admisión en nuestro Derecho de la gestación por sustitución solidaria,

118. BOCG, Congreso de los Diputados, Serie D Núm. 502, 22 de febrero de 2019 (Exposición de Motivos).
119. Véase, entre otros, el Informe al anteproyecto de ley de medidas de reforma administrativa en el ámbito de la Administración de justicia y del Registro Civil del Consejo General del Poder Judicial. Disponible en: https://www.poderjudicial.es/cgpj/es/Poder-Judicial/Consejo-General-del-Poder-Judicial/Actividad-del-CGPJ/Informes/Informe-al-Anteproyecto-de-Ley-de-medidas-de-reforma-administrativa-en-el-ambito-de-la-Administracion-de-Justicia-y-del-Registro-Civil
120. BOCG, Congreso de los Diputados, el 23 de junio de 2014, n.º 101-1, p. 1. Disponible en: http://www.congreso.es/public_oficiales/L10/CONG/BOCG/A/BOCG-10-A-101-1.PDF Igualmente, en la Enmienda 82 del Grupo parlamentario catalán Convergència i Unió a la reforma del art. 44 LRC se propuso que si no era posible la resolución judicial al menos se admitiera un certificado oficial de nacimiento validado con los requisitos exigidos por el Convenio de La Haya.
121. Diario de Sesiones n.º 12 del Congreso de los Diputados, 29 de noviembre de 2017, pp. 21 y ss.

pues tanto su Exposición de Motivos como sus Directrices podrían configurar las bases de un futuro convenio básico de gestación por otros[122]: la fecundación médicamente asistida de la mujer con el material genético de al menos uno de los padres o de las madres intencionales; la necesidad de controlar que las partes actúen voluntariamente libres de coacciones; o de que el hijo nacido conozca su origen biológico, mas por ahora nuestro legislador se resiste a la regulación de cualquier aspecto relacionado con la gestación por sustitución.

Lo que sí se ha intentado ha sido la actualización de la Instrucción. En países como Ucrania, donde no se emite una resolución judicial filiatoria, antes de febrero de 2019 bastaba que un padre español reconociera al menor ante el encargado del Registro Civil Consular, presentando alguna prueba de su paternidad biológica, para que el recién nacido pudiera pasar la frontera española junto a él, evitándose que quedare temporalmente atrapado y sin nacionalidad, en un país que tampoco le atribuye la suya[123].

Esta actuación no reglada ocasionó que la DGSJFP emitiera una nueva Instrucción de fecha 14 de febrero de 2019 con la evidente intención de venir a legitimar la actuación de Embajadas como la de Ucrania que facilitaban el reconocimiento de la filiación del padre español que hubiera aportado para la gestación su material genético.

En cuanto a la filiación materna, la novedad de esta Instrucción de 14 de febrero de 2019 era que tenía en cuenta que si en el ordenamiento del Estado donde se suscribió el contrato de gestación se establece la maternidad a favor de la mujer comitente mediante su inscripción en el Registro del país, tras la renuncia de los derechos de la gestante, y aquella era además la madre genética por haber aportado su óvulo para la fecundación, se aplicaría analógicamente lo dispuesto en el art. 10.3 de la Ley 14/2006. En el supuesto de que no fuera su madre genética entrarían en juego las disposiciones relativas a la adopción.

De esta Instrucción se hizo eco, por ejemplo, el Diario El Mundo pues no llegó a publicarse oficialmente[124]. En ella se contenían aspectos muy interesantes que

122. La Eurocámara, en el estudio de la de 2013 titulado *A Comparative Study on the Regime of Surrogacy in EU Member States*, apuntaba que esta Instrucción de 5 de octubre de 2010 podría entenderse como una declaración de intenciones generales con vistas a una regulación de la gestación subrogada en España. Disponible en: https://www.europarl.europa.eu/RegData/etudes/STUD/2013/474403/IPOL-JURI_ET(2013)474403_EN.pdf

123. Conforme a la Ley de nacionalidad ucraniana de 2001, el niño no adquiere automáticamente esa nacionalidad en los supuestos de gestación por sustitución y sólo podrá adquirirla cuando no obtenga la nacionalidad de sus padres (artículos 6.1 y 7 de la Ley sobre Ciudadanía de Ucrania n.º 2235-III del 18/01/2001, referidos a la adquisición de la ciudadanía de Ucrania por nacimiento) por su vinculación con el territorio de Ucrania (art. 8) o como resultado del reconocimiento de la paternidad o la maternidad, siendo o el padre o la madre ucranianos (art. 12 del mismo texto legal).

124. Diario El Mundo: «El Ministerio de Justicia regulariza la inscripción de los bebés nacidos por gestación subrogada». Disponible en: https://www.elmundo.es/espana/2019/02/15/5c66a252

dotaban de seguridad jurídica a estos escenarios de gestación por otros acaecida donde no está previsto que intervenga una autoridad judicial en la determinación de la filiación, bastando el reconocimiento del padre genético a través de una declaración ante el encargado del Registro Civil, siendo requisito el consentimiento expreso de la madre (art. 44.7 LRC) así como si ésta estaba casada también el de su marido, una vez que hubieran transcurrido seis semanas desde el parto (art. 177 CC) todo acompañado de una prueba de ADN.

Pero sin duda, la Directriz Tercera era la que aportaba mayores novedades, pensada para cuando el vínculo genético del menor lo tuviera con la madre de intención. En estos casos se establecía un procedimiento análogo al art. 10.3 de la LTRHA 2006 para impugnar la maternidad biológica. Era la primera vez que se intentaba reconocer en España que la filiación materna no tiene por qué determinarse siempre y exclusivamente por el «parto»[125].

Anulada por el Ministerio de Justicia aquella resolución, a continuación, se publicó la Instrucción de fecha 18 de febrero de 2019 sobre actualización del régimen registral de la filiación de los nacidos mediante gestación por sustitución[126]. Se destaca de su Exposición de Motivos la afirmación de que estamos ante una cuestión que no se limita a España, sino que se desenvuelve en un ámbito exterior, y en tanto no haya una actuación internacional coordinada para hacerle frente de forma eficaz se perfilaba como necesario el adoptar medidas más contundentes con vistas a atajar esta práctica en España[127].

Se trata de una resolución que no aporta nada nuevo a la anterior de 5 de octubre de 2010 y que ha sido criticada por su falta de calidad jurídica, tachándose su Exposición de Motivos, y la resolución en su conjunto, de panfleto político[128] ya que en vez que dar soluciones a los problemas que se habían puesto de manifiesto tras una filiación derivada de una gestación por sustitución sin intervención judicial, realizaba un alegato contra esta figura pues consideraba que, en todo caso, supone una grave vulneración de los derechos de los menores y de las gestantes.

Con el dictado de la Instrucción de 18 de febrero de 2019 seguimos en el mismo punto en el que nos situó la Instrucción del año 2010. Las solicitudes de inscripción de la filiación no serán estimadas salvo que exista una sentencia de las autoridades judiciales del país correspondiente que sea firme y dotada de exequátur o de reconocimiento incidental por nuestras autoridades y, al tratarse de una norma imperativa, los tribunales nacionales generalmente sólo ofrecen

fc6c83146d8b4636.html. El documento se puede leer en https://www.elindependiente.com/wp-content/uploads/2019/07/instrucci%C3%B3n-14-febrero-2019.pdf

125. DURÁN AYAGO, 2019: 580.

126. BOE n.º 45, de 21 de febrero de 2019.

127. A partir del 19 de febrero de 2019 nuestras Embajadas no autorizan nuevos expedientes de inscripción basándose únicamente en la aportación de pruebas de ADN.

128. DURÁN AYAGO, 2019: 577 y 579.

la solución de derivar a los comitentes a un proceso filiatorio en España, lo que se puede tildar de insuficiente por generar inseguridad jurídica.

2.3 LA RESPUESTA JURISPRUDENCIAL FRENTE A LA INACTIVIDAD DEL LEGISLADOR

La problemática derivada de la maternidad por otros ha evolucionado más a nivel nacional que internacional y por vía jurisprudencial más que legal[129]. Destacamos tres sentencias por su similitud y diferente respuesta dada, lo que no dependió tanto del lugar del nacimiento del menor, uno en Canadá, otro en Rusia y el otro en Tabasco (México), sino de que los procesos llegaran o no en casación al Tribunal Supremo.

Por un lado, la SAP de Barcelona, Sección 12.ª, de 6 de abril de 2021[130] dictada en un supuesto en el que se presentó una acción de filiación matrimonial por posesión de estado de un menor nacido en Canadá por gestación subrogada. Se trataba de un padre biológico nacional de la República Sudafricana casado con un español, por lo que el comitente español no podía solicitar la filiación biológica como forma de acceder al Registro Civil e interpone la acción de filiación por posesión de estado, en vez de la acción de adopción. En este proceso el Ministerio Fiscal no se opuso, quizá porque del estudio de los pactos entre las partes se verificó que no eran contrarios a nuestro orden público internacional, no habiendo indicio alguno de que la actividad contratada se había realizado en detrimento de la dignidad de la gestante ni vulnerado cualquier otro derecho constitucional (art. 98.1 d, LRC), declarándose judicialmente que eran padres del menor ambos progenitores, tal y como constaba en la certificación del Registro Civil canadiense, mandando librar mandamiento, con testimonio de la sentencia, para su inscripción tal cual en el Registro Civil Central.

En los autos de la AP de Islas Baleares[131], sentencia de 27 de abril de 2021, la única comitente y actora no había aportado su material genético en la procreación del menor, nacido en Moscú, y presenta demanda de filiación materna por posesión de estado. Es estimada y el Ministerio Fiscal la recurre. El recurso de apelación se desestima al priorizarse la permanencia de la niña en el ámbito de la que era su familia y la preservación de su identidad, cultura, religión etc., —art. 2, c) y d) de la Ley 8/2015 de 22 de julio— que en su corta vida fue adquiriendo y que le fue proporcionada por la actora y sus familiares más cercanos con los que la menor convivía. De modo que el tribunal aceptaba la certificación de inscripción complementada con la posesión de estado.

El supuesto juzgado por la STS de 31 de marzo de 2022 trataba también de un procedimiento de juicio verbal de filiación en la que un abuelo pedía la decla-

129. AAP de Barcelona, de 17 de marzo de 2021 (JUR 2021, 169793).
130. SAP M núm. 947/2020, de 01-12-2020 (JUR 2021, 55934).
131. SAP IB núm. 207/2021, de 27-04-2021 (JUR 2021, 163294).

ración de paternidad por posesión de estado para su hija, madre por gestación subrogada de un niño nacido en Tabasco, México, en el año 2015. En un primer momento el Juzgado de Primera Instancia n.º 77 de Madrid desestimó la demanda derivando a la madre de intención a instar a la Dirección General de la Familia y el Menor de la Comunidad de Madrid la tramitación de un expediente de guarda o acogimiento familiar previo a la adopción. Recurrida en apelación, la AP de Madrid, Sección 22.ª de Familia, estimó el recurso y declaró que al no ser viable en este supuesto concreto acceder a la adopción, ni existir padre biológico identificado (tampoco la comitente era madre biológica), en interés del menor se declaró la maternidad por posesión de estado (FJ Primero, punto 7). El Ministerio Fiscal recurrió en casación y el TS en Pleno, sin votos particulares, estimó el recurso, rechazó la filiación por posesión de estado y redirigió a la comitente a la vía de la adopción, aunque no se cumplieran los requisitos del art. 176.2. 3.º en relación con el art. 237 CC (FJ Cuarto, punto 13).

La diferencia de regulación de la gestación por sustitución en California (Estados Unidos) respecto a Tabasco (México) no ha marcado el sentido de las dos únicas sentencias del TS que tratan la gestación por sustitución internacional, pese a que la primera versaba sobre el reconocimiento de una resolución extranjera y la segunda sobre el establecimiento *ex novo* de una filiación en nuestro país, regido por nuestra legislación interna (CC y LECiv/2000).

Es de reconocer que el Tribunal Supremo, a diferencia de su primera sentencia del año 2014, sí desciende al caso concreto y estudia los pactos suscritos entre las partes y el contexto de agencias intermediarias que buscan a toda costa conseguir un beneficio del negocio de la reproducción asistida en su faceta de gestación subrogada. Como no podía ser de otra forma, evidencia que la gestación llevada a cabo en el Estado de Tabasco, y concretamente en ese supuesto y momento anterior a su reforma legislativa de 2016, entraba de lleno en el concepto de venta de un niño, actuación que por supuesto nunca debe ampararse en nuestro ordenamiento jurídico.

El contrato suscrito en Tabasco por la ciudadana española empleaba un lenguaje crudo al pactar aspectos del trámite de la gestación que evidentemente atentaban contra la dignidad tanto de la madre gestante como del menor nacido, por lo que tras una simple lectura se llega a la conclusión, junto con el Tribunal Supremo, de que ambos fueron utilizados como meros objetos de comercio. Entre otros aspectos, existió una renuncia por la gestante a la determinación de la filiación a su favor con anterioridad al inicio de la gestación, se le obligaba a sufrir tratamientos médicos que ponían en peligro su salud o se le impedían la libertad de movimientos. Como también expresa el alto tribunal en su FJ Noveno, punto 8, no hace falta un gran esfuerzo de imaginación para hacerse una cabal idea de la situación económica y social de vulnerabilidad en la que puede encontrarse una mujer que acepta tales condiciones y trato inhumano.

Efectivamente, desde finales de 2015 el Estado Federal de México tomó conciencia de que su normativa en materia de gestación subrogada comercial, en los dos Estados que la permitían (Tabasco[132] y Sinaloa[133]), era incompatible con los derechos humanos. Concretamente el 14 de diciembre de 2015 el Congreso del Estado de Tabasco reformó varios artículos de su Código Civil y declaró nulos los contratos en los que se establecieran compromisos o cláusulas que atentaren contra el interés superior del niño y la dignidad humana, en los que intervengan extranjeros (art. 380 Bis 5)[134], agencias, despachos o terceras personas (art. 380 bis 4).

Esta sentencia de nuestro TS es mencionada en la STEDH *DB y otros c. SUIZA,* de 22 de noviembre de 2022, por contener un ejemplo de contrato de subrogación de carácter mercantil, dejando constancia de la realidad cierta de que la mayoría de las mujeres que firman estos pactos pertenecen a grupos sociales vulnerables[135].

Aun así, deducimos que el TS probablemente no es contrario a todos los contratos de gestación subrogada suscritos en países donde están regulados como acuerdos altruistas y se sigue un proceso judicial, y que con esta sentencia su intención fue principalmente poner en evidencia a los contratos de gestación

132. El mismo Congreso de Tabasco reconoció que antes de la reforma legal de 2016 existía un predominio del uso de este derecho por extranjeros, pues de cada 100 casos, 96 eran extranjeros y únicamente 4 nacionales. La reforma se centró en el interés superior del menor nacido y en la tutela de las mujeres tabasqueñas, reservándose este derecho únicamente a mexicanos, debiendo salir de este proceso las agencias internacionales y los despachos de abogados. Disponible en: https://congresotabasco.gob.mx/boletin/informan-a-jucopo-sobre-situacion-de-maternidad-subrogada-en-la-entidad/

133. La maternidad subrogada no cuenta con una regulación federal. A nivel nacional no está permitida, ni prohibida. Sólo Tabasco y Sinaloa en su CC y Código Familiar, respectivamente, lo permiten incluso con carácter comercial. En el caso de Ciudad de México, se entiende que la maternidad subrogada dentro de las técnicas de reproducción humana asistidas está permitida al hacerse una interpretación flexible del art. 162, apartado segundo, del Código Civil para el Distrito Federal (Ley publicada en el Diario Oficial de la Federación el 26 de mayo de 1928).

134. Portal de Transparencia del Ministerio de Asuntos Exteriores, Unión Europea y Cooperación. Según constan en las estadísticas del Ministerio de Asuntos Exteriores de España, en el Registro Consular de México se han presentado desde el año 2015 a 2019 cincuenta solicitudes de inscripción de nacimiento por gestación subrogada y se aceptaron todas. En el año 2020 se presentaron tres que están suspendidas; en el año 2021 se presentaron seis solicitudes de las que se ha inscrito sólo una y las demás están suspendidas; y en el año 2022 se han presentado veintiséis solicitudes de inscripción de las que sólo dos se han inscrito y el resto se hayan suspendidas.

135. Párrafos 27 y 28. Es el primer caso decidido por el TEDH sobre la ausencia de cualquier forma de reconocimiento legal del vínculo parental entre un niño nacido mediante gestación por sustitución en el extranjero y el padre de intención que mantiene una relación homosexual reconocida (pareja registrada) con el padre biológico.

por sustitución enmarcados en un contexto de lucro que lesionan los más elementales derechos de la madre gestante y, por tanto, del nacido[136].

Sea como fuere, puesto que el concreto menor estaba integrado en una familia y vivía en España, el Tribunal Supremo ofreció como solución el que se iniciaran los trámites de la adopción ante nuestros tribunales, incluso sin cumplir los requisitos para ello (FJ Cuarto —Punto 13—), entendiendo que la cuestión de incumplir el requisito del máximo de la diferencia de edad entre el menor y la madre comitente no se revelaba como un obstáculo excesivo.

Esta posibilidad es bastante discutible por varias cuestiones. La primera es que genera la inseguridad jurídica de que depende del tribunal competente territorialmente que conozca el proceso de adopción se atenderá o no esa «excepción» en los requisitos apuntada por el TS, pues la ley dice lo que dice y en esta exigencia no cabe ni la analogía ni la aplicación de las reglas de interpretación del art. 3.1 CC. La segunda es que el artículo 10 de la LTRHA 2006 se ha completado con la doctrina del TS que sugiere las vías alternativas para establecer la filiación de los padres comitentes en España: la adopción, el acogimiento familiar y la reclamación por el padre biológico, pero cuando éstas son aplicables tal cual se ha regulado por la legislación interna. Si la filiación no se puede determinar por esas vías, sólo nos quedaría admitir la inscripción de la filiación establecida en el extranjero complementada por la concurrencia de la posesión de estado y ello en interés superior del menor[137]. Así, como antecede, hay tribunales que han dado esa solución, sin infringir por ello el art. 10 de la LTRHA 2006.

Lo que no tiene mucho sentido es flexibilizar la aplicación de normas imperativas que forman parte de nuestro orden público, como son las de la adopción, para abocar al menor a otra gran inseguridad jurídica pues es previsible que un tribunal de instancia rechace la adopción si no se cumplen los requisitos legales[138] y, al no proceder un recurso de casación por la materia, el TS no podría facilitarla llegado el caso.

136. La STS núm.277/2022, de 31-03-2022, concluye que «los derechos de las madres gestantes y de los niños en general (…) resultarían gravemente lesionados si se potenciara la práctica de la gestación subrogada comercial porque se facilitaría la actuación de las agencias de intermediación en la gestación por sustitución, en caso de que estas pudieran asegurar a sus potenciales clientes el reconocimiento casi automático en España de la filiación resultante del contrato de gestación subrogada, pese a la vulneración de los derechos de las madres gestantes y de los propios niños, tratados como simples mercancías y sin siquiera comprobarse la idoneidad de los comitentes para ser reconocidos como titulares de la patria potestad del menor nacido de este tipo de gestaciones».

137. SAP IB núm. 207/2021, de 27-04-2021 (JUR 2021, 163294), FJ 8.

138. Existen muchos procedimientos en los que se niega la adopción en primera instancia, entre otros, SAP M núm. 968/2021, de 11-10-2021 (JUR 2022, 12783). La AP de Barcelona conoció un recurso de apelación contra un auto que denegaba la constitución de la adopción. En estos

Por tanto, la solución dada por el TS en su sentencia situó a la madre de intención en la casilla de salida para que planteare una adopción que no cumplía con los requisitos del Código Civil, en un bucle judicial que, siendo loable la intención del tribunal y contando con el respaldo del TEDH[139], vulneraría claramente el interés superior de ese menor concreto que va cumpliendo años, cuando la vía de la filiación por posesión de estado[140], tras probarse la inscripción en Registro extranjero y que el mantener la situación familiar *de facto* era lo más beneficioso para él, hubiera evitado alargar aún más su peregrinación judicial y la duda o incertidumbre de que pudiera ser que no se le proporcione la debida protección al determinarse su filiación en España.

Es la falta de una necesaria y adecuada regulación legal de esta materia lo que obliga a los tribunales a juzgar los casos en los que intervienen las madres por gestación subrogada, necesariamente con perspectiva de género para así

autos, además de que el juzgador partía de la consideración de que la maternidad subrogada es contraria al orden público español, al examinar si procedía la constitución de la adopción a la luz de la legislación aplicable, el Codi Civi de Cataluña, concluyó que la renuncia de la madre biológica y el asentimiento ante la Embajada, emitido después de seis semanas del nacimiento, no cumplía los requisitos necesarios para formalizar la adopción. Por la AP se estimó el recurso, y se acordó la adopción en segunda instancia (AAP B, núm. 56/2022 de 01-03-2022 [JUR 2023, 26397]).

139. SAP M núm. 473/2023 de 27-09-2023 (JUR 2023, 406341). Esta sentencia de la AP de Madrid entiende al igual que nuestro TS que el cauce adecuado para dar respuesta a la situación respetando el interés superior del menor no es la posesión de estado sino la adopción. «Esta posibilidad se acomoda a lo que indica el Tribunal Europeo de Derechos Humanos en su Dictamen de 10 de abril de 2019[9], (SP/DOCT/82435) ya que esta solución satisface el interés superior del menor, valorado in concreto como exige el citado Dictamen del Tribunal Europeo de Derechos Humanos, pero a la vez intenta salvaguardar los derechos fundamentales que el citado tribunal también ha considerado dignos de protección, como son los derechos de las madres gestantes y de los niños en general».

140. Aceptada como vía posible de filiación por el ATS de 2 de febrero de 2015 en aras a proteger el interés superior del menor (FJ 6.º, § 12). No obstante, esta vía se rechaza en la sentencia que conoce la demanda de juicio de juicio especial de filiación en la que solicitaba que se declarase que un ciudadano español era el padre legal de dos menores, nacidos en Wittier, condado de Los Ángeles, estado de California (Sentencia del Juzgado de Primera Instancia núm. 4 de Pamplona, núm. 157/2021 de 08-07-2021 [JUR 2021, 327980]). Se argumentaba por el tribunal que «no cabe el reconocimiento de tal posesión de estado pese al hecho acreditado de que el Sr. Onésimo ha venido comportándose, desde su nacimiento, como el padre de los menores. Y ello porque subyace un fraude de Ley que no puede quedar aparado por nuestro ordenamiento jurídico. Tanto como demandante como demandado, que por su edad no tienen posibilidad de adoptar en nuestro País, iniciaron de forma consciente y querida un proceso para obtener dos niños menores que no es legal en España, mediante la suscripción de un contrato de gestación subrogada que está prohibido en nuestro ordenamiento jurídico. Es más, el Sr. Onésimo consiguió ser reconocido como progenitor de los menores en el Estado de California e inscribirlos en su Registro Civil como su padre, mediante la falsa afirmación de haber aportado material biológico par la fecundación lo que, como el mismo reconoce, no es real. Debe desestimarse la demanda».

otorgar la oportuna protección a la mujer[141], a la vez que intentan hacer un examen de los intereses de todas las partes involucradas y, hasta cierto punto, encontrar un equilibrio entre los intereses en conflicto y la protección del interés superior del menor en orden a dictar una decisión motivadamente «justa». Mas esta ardua y plausible labor de los tribunales ya no es suficiente. De ello se hace eco la SAP de Navarra de 7 de junio de 2022[142], en un asunto similar a la Sentencia del Pleno del TS núm. 277/2022, donde se interpone también una acción de reconocimiento de la filiación paterna del padre comitente por posesión de estado, y que se resuelve en el mismo sentido, no sin antes recordar que «hay cambios en el ordenamiento jurídico que, de ser procedentes, debe realizar el parlamento como depositario de la soberanía nacional, con un adecuado debate social y legislativo, sin que el juez pueda ni deba suplirlo».

Pese a ello, se augura que serán los tribunales los que forzarán una reforma legislativa que supla las carencias evidentemente perjudiciales para las partes implicadas[143]. Y es que, como manifiesta la ponente de la Sentencia de la AP de Madrid de 8 de abril de 2022, es esa dejación legislativa la que provoca una contrariedad a los intereses de esos niños nacidos de técnicas que, aun siendo contrarias al orden público en muchos países, como en el caso de España, se siguen desarrollando en otros Estados, fomentando la mercantilización de la vida humana que proscribe nuestro Tribunal Supremo[144]. La sentencia, recordando el voto concurrente de la STEDH *A.M. c. Noruega*[145], señala que «cuando se acude a un acuerdo de gestación por subrogación en un país extranjero por no ser legal en el propio se entra en lo que se califica de viaje precario, respecto del que los Estados no pueden ser responsables pero que, en ocasiones, convierte a los menores en víctimas de proyectos parentales bien intencionados pero desesperados» y concluye que «la realidad es tozuda y mientras que coexistan Estados que lo prohíben con Estados que favorecen estas prácticas, el problema se generará igualmente». Por ello, el interés superior del menor no puede utilizarse para obviar el principio de legalidad, siendo necesario que el legislador se decida a afrontar esta cuestión.

La gestación por sustitución es, inevitablemente, una realidad desde hace tiempo. De esto nos advierte el TEDH en sus diversas sentencias y la jurisprudencia nacional en general. No deberíamos cerrar los ojos ante ella, de modo que lo sensato es afrontar y regular esta práctica y las filiaciones resultantes,

---

141. Las dos sentencias del TS en materia civil sobre gestación por sustitución indudablemente se dictan desde la perspectiva de género. Sigue a nuestro entender la línea marcada por las «Reglas de Brasilia sobre acceso a la justicia de personas en condición de vulnerabilidad», Reglas 3-4 y 10-12. Disponible en: https://brasilia100r.com/wp-content/uploads/2020/07/Reglas-de-Brasilia-actualizaci%C3%B3n-2018.pdf
142. SAP NA núm. 406/2022, 07-06-2022 (JUR 2022, 264041).
143. ÁLVAREZ GONZÁLEZ, 2021: 216.
144. (JUR 2022, 249275), FJ 4.º.
145. STEDH, *A.M. c. Noruega*, de 24 de marzo de 2022.

pues no hay que temer cambiar las leyes que se correspondan con cambios que ya se han producido en la sociedad y en la ciencia[146].

Y en eso estamos, en la creencia de que es posible alcanzar un consenso para la legalización en España de la gestación por sustitución solidaria que, garantizando la protección de los derechos de la mujer que gesta para otros, salvaguarde los del menor nacido, y viceversa, y en un efecto dominó los de los padres de intención. En última instancia, sería una regulación acorde con lo que demanda una parte importante de nuestra sociedad.

146. HERRERA y LAMM, 2014:5.

Capítulo V

Una propuesta de *«lege ferenda»*

SUMARIO: 1. PRELIMINAR. 2. ADMISIBILIDAD DE LA GESTACIÓN SOLIDARIA MEDIANTE LEY ORGÁNICA. 3. OBJETO DE LA LEY. 4. EL CONVENIO DE GESTACIÓN. *4.1 Características y partes intervinientes. 4.2 Principales derechos y obligaciones.* 5. ASPECTOS PROCEDIMENTALES.

1. PRELIMINAR

Siendo los Estados libres para prohibir la gestación por sustitución o regularla con carácter comercial o de forma altruista, se entiende que ha llegado el momento de que España dé un paso adelante evolucionando desde la nulidad de pleno derecho del contrato por el que se convenga la gestación, con o sin precio, a admitirla con base en la solidaridad, real y efectiva, mediante una adecuada y respetuosa regulación acorde con los Derechos Fundamentales y nuestro sistema de valores.

Se vislumbra como lo más realista, el empezar por una regulación garantista interna, que legalice la gestación por otros de una forma respetuosa con la dignidad de la persona, antes de plantear una regulación de la gestación por sustitución solidaria a nivel internacional si no se han modificado las leyes internas. Esa regulación crearía posiblemente una conciencia social de rechazo hacia la gestación por sustitución comercial, la de carácter internacional que propicia la trata y la venta de niños, y serviría para empezar, de algún modo, a poner freno al innegable turismo reproductivo.

También lo han entendido así organismos internacionales como el Servicio Social Internacional, que ha publicado los llamados «Principios de Verona» con la intención de orientar a los Estados hacia la admisión de la gestación solidaria y sentar las bases para un consenso mundial en la regulación de la gestación por otros altruista, protegiendo los derechos de las partes más vulnerables del acuerdo: la madre y el neonato, y procurando seguridad jurídica a todos los intervinientes de este tipo de acuerdo, así como al nacido del mismo.

Y esa es de algún modo la perspectiva de la Conferencia de La Haya, pues de hecho por un lado recomiendan que cuando los Estados regulen internamente la gestación por sustitución no permitan acceder a ella a los extranjeros, para precisamente evitar o reducir el turismo reproductivo, y por otro trabaja en instrumentos internacionales de reconocimiento de la filiación derivada de una gestación por sustitución internacional que se vislumbra inevitable al cien por cien.

Porque efectivamente, aunque se legalice la gestación por sustitución en nuestro ordenamiento jurídico, o bien no se cubriría la demanda o, siendo un formato de gestación por otros de carácter altruista y restrictiva, no se evitaría el que se acudiera a otros Estados con una normativa más laxa en los que se facilite el acceso al hijo. Por eso, se insiste en la necesidad de que el legislador nacional, al mismo tiempo que regule la gestación altruista asuma mayor compromiso en favor de la determinación y eficacia de la filiación producida en el extranjero, derivada en la mayoría de los casos de un contrato comercial, y a su vez determine las consecuencias, incluso penales, si se elude la norma interna para incurrir deliberadamente en un fraude de ley.

Siendo la idea que se plantea el que los españoles eviten acudir a otros Estados una vez exista una norma nacional que la admita, las gestaciones trasfronterizas podrían reconocerse y desplegar sus efectos, pero tan sólo cuando se revisen conforme a nuestro Derecho para, de este modo, cerrar el paso, como hacemos en la actualidad, a la maternidad subrogada contraria a nuestro orden público[1].

2. ADMISIBILIDAD DE LA GESTACIÓN SOLIDARIA MEDIANTE LEY ORGÁNICA

El Derecho debe expresar los valores fundamentales de una sociedad en cada período histórico[2] y si cambian, el Derecho debe ser su fiel reflejo y ajus-

1. El Informe de la Relatora Especial sobre la venta y explotación sexual de niños (ONU, A/HCR/37/60) en sus párrafos 41 y 42 expresa que la gestación por sustitución de carácter comercial que se practica actualmente constituye venta de niños conforme a la definición prevista en el derecho internacional de los derechos humanos. Aun así, puede que la gestación por sustitución de carácter comercial no constituya venta de niños si se regula estrictamente a la luz de la normativa de los derechos humanos internacionales y de forma opuesta a lo que impera en muchos regímenes comerciales de gestación por sustitución. La gestación por sustitución de carácter altruista también debe regularse debidamente para evitar la venta de niños. Los rasgos de una gestación por sustitución comercial que entra dentro de la definición de «venta de niños» dada en el artículo 2 a) del Protocolo Facultativo de la Convención sobre los Derechos del Niño relativo a la venta de niños, la prostitución infantil y la utilización de niños en la pornografía son tres: a) siempre que la madre de alquiler o un tercero reciban remuneración o cualquier otra retribución a cambio de trasladar al niño (pago); b) el traslado del niño (traslado); y c) el intercambio de «a» por «b» (es decir, el pago a cambio del niño).
2. BERGEL, 2002.

tarse a ellos. Sin embargo, España se ha quedado anquilosada en materia de reproducción asistida y filiación, por lo que el Derecho debe intentar acercarse a lo que debe ser su fin: regular la sociedad tal y como es querida por aquellos que la componen[3].

Esa sería una razón importante para regular un modelo de gestación solidaria que permitan a muchos lograr una paternidad o maternidad biológica que de otro modo no podrían alcanzar[4], y que cuenta con el respaldo de muchas de las encuestas realizadas hasta el momento.

Ocurre como con la eutanasia, que también abrió muchos debates doctrinales, tanto desde el punto de vista jurídico como bioético, hasta que el Grupo parlamentario Socialista presentó en la Mesa del Congreso (el 3 de mayo de 2018) la proposición de ley orgánica para su regulación y hoy es una realidad (Ley Orgánica 3/2021). En su Exposición de Motivos se manifiesta que con su regulación en España se pretendía dar una respuesta jurídica, garantista y sistemática a una demanda de la sociedad actual, haciendo compatible el derecho a la eutanasia con derechos y principios constitucionalmente protegidos como son la dignidad, la libertad y la autonomía de la voluntad, contando con el respaldo del Tribunal Constitucional[5].

Tales planteamientos son trasladables a los motivos para la regulación en España de la gestación por sustitución. Luego será la moralidad o ideología de la persona (art. 16 CE), su forma de pensar y orientar su conducta, la que le haga o no intervenir en este proceso de gestación, de igual modo que admitiéndose en nuestro Derecho el aborto o la eutanasia hay quien por sus esquemas mentales quiere tener la libertad de no hacer uso de estas prácticas.

En esa futura regulación se debería tener presente las importantes aportaciones realizadas por la doctrina más cualificada (VELA SÁNCHEZ, ATIENZA, LAMM, SALAZAR BENÍTEZ, entre otros) que han estudiado la gestación por sustitución desde diversas perspectivas, a favor y en contra, así como la experiencia legislativa de los países en los que se ha admitido de un modo respetuoso con los derechos humanos. También habrá de tomarse en consideración las contribuciones de la actual Dirección General de Seguridad Jurídica y Fe Pública (concretamente la Instrucción de la DGRN de 2010) y las interesantes propuestas ya elaboradas, por ejemplo, por el Observatorio de Bioética y Derecho de la Universidad de Barcelona[6], el Grupo de Ética y Buena Práctica Clínica de

3. GÓMEZ SÁNCHEZ, 1988: 85-114.
4. VAQUERO LÓPEZ, 2015:7.
5. STC núm. 19/2023, de 22-03-2023, que desestima el recurso de inconstitucionalidad formulado contra la Ley Orgánica 3/2021, de 24 de marzo, de regulación de la eutanasia.
6. CASADO y NAVARRO-MICHEL, 2019:38-40.

la Sociedad Española de Fertilidad (SEF)[7] o por el Grupo parlamentario Cs que hizo suyas gran parte del texto de la ILP de la «Asociación por la gestación subrogada en España». Concretamente, de las proposiciones de ley del Grupo Cs, siendo la primera muy deficiente en sus conceptos[8], resalta la segunda por estar más elaborada y acertada[9]. De todas formas, el trabajo realizado por este Grupo es loable, hasta el punto de que ha servido de inspiración a otros proyectos de leyes, en su enfoque y redacción, como ha ocurrido en Chile[10], por lo que no se debe ignorar sus aportaciones en la futura ley.

Aun siendo conveniente una revisión de nuestra CE[11] (fundamentalmente del art. 39 CE)[12], deberán modificarse leyes orgánicas[13] y ordinarias como la Ley de Enjuiciamiento Civil, la Ley de Cooperación Jurídica Internacional, la Ley de Jurisdicción Voluntaria[14] o la actual LTRH, principalmente su art. 10 que debería ser derogado, estableciéndose en el Código Civil y en la Ley de Registro Civil una nueva filiación que no derive del parto sino de la voluntad reproductiva, sin olvidar introducir reformas en la Ley de Adopción Internacional para simplificar o abreviar de alguna forma los trámites.

Entendemos como lo más acertado el redactarse un texto autónomo y monográfico sobre la gestación por sustitución solidaria que tenga en el respeto de los derechos de las mujeres y el interés superior del *nasciturus* sus ejes principales.

Aunque es una cuestión que puede ser muy discutida, entendemos factible plantear que la futura regulación se hiciera mediante ley orgánica, al ser una ley relacionada directa y esencialmente con la dignidad de la persona y garantista para las partes más vulnerables, es decir, por su afección a derechos fundamentales (artículo 81.1 CE) y por ser su finalidad la de desarrollar derechos fundamentales directamente constitucionalizados a partir del art. 10 CE.

7. NUÑEZ *et al.*, 2016. La propuesta de la SEF se sustenta en trece bases. Disponible en: https://babygest.com/es/propuesta-de-la-sef-para-la-regulacion-de-la-gestacion-por-sustitucion-en-espana/
8. Proposición de Ley 122/000117 (2017).
9. Proposición de Ley 122/000015 (2019), reiterada en Proposición de Ley 122/000316 (2023).
10. Proyecto que «Regula la gestación por subrogación o gestación subrogada como mecanismo de reproducción asistida». Boletín n.º 11576-11.
11. Tampoco sería algo necesario, como no lo fue cuando se introdujo en nuestro Derecho el matrimonio entre personas del mismo sexo, siendo suficiente sólo la modificación del Código Civil.
12. DE TORRES SOTO, 2018.
13. Entre ellas nuestro Código Penal.
14. La segunda proposición de Ciudadanos incluye una Disposición Final Primera en la que trata de la aprobación de un proyecto de ley de modificación del Código Civil, de la Ley del Registro Civil, de la Ley de la Jurisdicción Voluntaria, del Estatuto de los Trabajadores y de la Ley sobre Técnicas de Reproducción Humana Asistida.

Como la LTRA/1988 no regulaba la gestación por sustitución y quedaba fuera de su articulado al ser una práctica nula, no hubo de relacionarla con ningún derecho fundamental, de modo que por ello el Tribunal Constitucional consideró, al resolver el recurso de inconstitucionalidad planteado en su contra, que las TRHA no requerían de una regulación por ley orgánica. Mas utilizando los argumentos del voto particular de aquella STC 116/1999[15], la reserva de ley orgánica garantizaría mejor la protección de la dignidad de la persona, germen de los derechos inviolables inherentes a ella y que se verían afectados por esta forma de reproducción humana pues, en sus palabras, no resulta lógico negar al tronco la cobertura constitucional que se otorga a las ramas (punto 3.º del voto particular).

Por otro lado, sería conveniente que fuera una ley aprobada con la mayor aceptación posible. No debería ser una ley ordinaria de mayorías, sino que debería garantizar el consenso del art. 81.2 CE[16]. Y a mayor abundamiento, sería una ley que necesariamente deberá modificar otras leyes orgánicas como es el caso del Código Penal[17]. Ello no quiere decir que no pueda ser también una ley ordinaria en algunos extremos de sus disposiciones (STC 83/1984, FJ 4).

Con carácter previo a su elaboración, redundaría en el acierto de la futura ley un estudio pausado de la gestación por sustitución por una Comisión, al modo de la Comisión Palacios de la primera Ley de reproducción de 1988, creándose un grupo de trabajo multidisciplinar donde, además de escucharse a especialistas médicos, psicólogos, juristas, filósofos, religiosos, se involucrase a entidades y asociaciones a favor y en contra de la gestación solidaria, contando con opiniones de mujeres que hayan gestado para otros en Estados donde se permita, como la de los padres y madres comitentes que hayan tenido a sus hijos por este medio, o bien se han planteado hacer uso de esta técnica de reproducción, e indudablemente sería muy interesante conocer la experiencia y visión de esos niños españoles que nacieron tras una gestación por sustitución, muchos de ellos ya mayores de edad.

Y por supuesto se debe tener presente el Derecho comparado, a modo de inspiración. Por la cercanía con España se debe atender al contenido del Acuerdo

15. STC núm. 116/1999, de 17-06-1999. En este voto particular del Magistrado D. Manuel Jiménez de Parga y Cabrera se argumentaba que esta ley era inconstitucional por no haber sido regulada mediante una ley orgánica: «Mi discrepancia se centra en la clase o tipo de ley que ha de regular, con estricto criterio constitucional, aquello que directa y esencialmente afecte a la dignidad de la persona, valor jurídico fundamental, con los derechos inviolables inherentes a ella. Este voto se dirige hacia ese objetivo. La Ley recurrida es, a mi entender, inconstitucional».
16. La democracia de consenso a la que alude la STC 5/1981, FJ 21.
17. Deberían revisarse algunos artículos del Código Penal, penalizándose la actividad de agencias mediadoras e intermediarios para que la gestación por otros no degenere en un negocio, recogiéndose expresamente las penas por acudir a la gestación por sustitución transfronteriza vulnerando la futura norma interna.

del TC portugués n.º 225/2018 que resolvió el recurso interpuesto contra su Ley 25/2016 de 22 de agosto sobre la regulación de la gestación por sustitución, como también las recomendaciones que obran en el Informe de la Relatora Especial sobre la venta y la explotación sexual de niños[18] que es mencionado repetidamente en la STS de 31 de marzo de 2022, al objeto de diseñar una gestación de ámbito familiar o de amistad íntima, aún a riesgo de convertirla en una práctica excepcional y minoritaria[19].

3. OBJETO DE LA LEY

Aunque los antecedentes médicos de la gestación por sustitución los encontramos en los avances científicos de la reproducción humana asistida, sobre todo a raíz del desarrollo de la fecundación *in vitro*[20], a lo largo de la historia se han llegado a conocer ejemplos de esta forma de maternidad como prácticas que pretendían dar solución a la esterilidad. Así, en el Antiguo Egipto se recurría a las esclavas o incluso a relaciones incestuosas para paliar la falta de herederos de los faraones, lo que también fue un recurso difundido en las antiguas Grecia y Roma[21]. En China, Corea, Japón y la Europa medieval, las concubinas tenían hijos a los que se les consideraban herederos auténticos de sus padres[22]. Se trataba de un contexto histórico en el que se hablaba de mujeres gestantes como siervas, esclavas o concubinas, por lo que no se puede negar que en los antecedentes históricos de la gestación por sustitución encontramos a mujeres instrumentalizadas y obligadas a tener sus hijos biológicos para darlos, dentro de una situación de subordinación, a quien las tenían sometidas.

Actualmente, esta forma de reproducción no siempre es sinónimo de violación de derechos fundamentales. Es, sin embargo, referida con tantas expresiones como enfoques ético-jurídicos se le da a la misma: «maternidad subro-

18. Asamblea de Naciones Unidas, marzo de 2018. Dispone, entre otras cuestiones, que la gestación por sustitución altruista quedaría, por la ausencia misma de pago, excluida de la consideración de una venta, pero advierte que, si existe pago de ciertos reembolsos que no son razonables, o no están detallados, o si participan intermediarios, podemos estar ante una venta encubierta, §69.
19. SALAZAR BENÍTEZ, 2017:107.
20. Asunto *MR v. An t-Ard Chlaraitheoir* [2014] 3 IR 533, de 7 de noviembre de 2014: «The dilemma in this case was precisely articulated some twenty-four years ago in an English case, Re W. (Minors) (Surrogacy) [1991] 1 FLR 385. In that case, Scott-Baker LJ said: "Until recently, when the advance of medical science created the possibility of in vitro fertilisation, it was not envisaged that the genetic mother and the carrying mother could be other than the same person"».
21. En la antigua Grecia y Roma, Plutarco describe el caso de Deyotaro, Rey de Galacia y su esposa que era estéril, Estratonica, de modo que seleccionó entre las prisioneras a Electra y crio a los hijos de esa unión como los propios. Para saber más sobre los precedentes de la gestación por sustitución véase PANERO ORIA «Precedentes de la gestación por sustitución».Disponible en: https://www.boe.es/biblioteca_juridica/anuarios_derecho/abrir_pdf.php?id=ANU-R-2021-70204502054
22. TEITELBAUM, 2016.

gada», «madres portadoras», «madres suplentes», «donación de engendramiento», «subrogación uterina», «reproducción en colaboración», «adopciones tecnológicas», «gestación por encargo»[23], «gestación por cuenta ajena», «úteros subrogados»[24], «vientres de alquiler», «gestación por subrogación»[25] o «gestación por delegación», por indicar algunas.

En Derecho comparado tampoco hay una uniformidad terminológica, más allá del propio idioma. En Portugal se habla de «maternidade de substituição». En Alemania se conoce como «leihmutter» o «mutterschaft der leihmutter». En México, el Código Civil de Tabasco distingue entre «maternidad subrogada» y «maternidad gestante sustituta»[26], según el gestante aporte o no su material genético[27], mientras que en Francia, se utilizan indistintamente las expresiones «mère de substitution», «mère porteuse», «gestation-pour-autrui», «mère de remplacement» y «prêt d'uterus». En Brasil se habla de «barriga solidaria» o «cesión temporal de útero»[28].

Muchas de estas denominaciones son por sí mismas vejatorias para la mujer como cuando se las refiere como «mujeres vasijas» o se reduce el proceso a alquilar vientres, los llamados coloquialmente «vientres de alquiler». Si bien con ello se pretende denunciar con palabras lo que algunos grupos feministas denominan «violencia obstétrica extrema»[29] o manifestar con esta terminología un reproche o repulsa a la cosificación del cuerpo femenino utilizado como incubadora humana, a veces producen la vejación de la mujer que lo realiza, al afirmar que en todo caso esta técnica hace un mero uso de una parte de su cuerpo, su útero, o de todo su ser, minusvalorándolas, generalizando una situación de subordinación[30] que no se tiene que dar cuando la gestación se hace libremente y con carácter solidario, bien a favor de un amigo o de un familiar[31].

En los textos doctrinales y propuestas de regulación en España se habla indiferentemente de «maternidad subrogada»[32] y de «gestación por sustitu-

23. VELA SÁNCHEZ, 2015 b.
24. OMS, 2010.
25. Proposición de Ley 122/000117 (2017).
26. Art. 92 CC para el Estado de Tabasco.
27. LAMM, 2013: 27-28.
28. Resolução CFM n.º 2.294/2021 (Publicada en D.O.U. de 15 de junio de 2021, Seção I, p. 60).
29. Manifiesto «No somos Vasijas». Disponible en: http://nosomosvasijas.eu/?page_id=1153
30. En el Informe Final sobre el Foro Igualdad celebrado en México en 2021, donde participó ONU Mujeres, en ningún apartado se recogió mención alguna a la maternidad subrogada, ni por tanto se trató como una nueva forma de esclavitud, como tampoco constituye un objetivo ni una acción prioritaria en la agenda del citado Foro para 2026 Disponible en: https://forogeneracionigualdad.mx/report2021/
31. Ese matiz peyorativo es equiparable a cuando en los años ochenta se hablaba de los bebés probeta para distinguir a los nacidos por categorías, según se hiciera o no uso de las novedosas TRHA.
32. El término subrogación: Del lat. subrogāre. 1. tr. Der. Sustituir o poner a alguien o algo en lugar de otra persona o cosa. Disponible en: http://dle.rae.es/?id=YZ2is6w

ción», siendo esta última la forma más empleada para referirse a esta técnica de reproducción[33] por cuanto es la que emplea el legislador y, sobre todo, porque la función que se realiza para y por otro es la de gestar[34].

La idea que se defiende es que el ser madre no se subroga, lo que se subroga o sustituye es la gestación[35]. Con la expresión «gestación por sustitución» junto a la de «gestación para otro»[36] o «gestación solidaria»[37] se evita además crear la confusión de que se duplican los roles maternos y porque en puridad no sólo las mujeres optan por este instrumento contractual para tener descendencia biológica[38].

Hablar de maternidad subrogada es además propio de ordenamientos anglosajones, pues fue a raíz del Informe Warnock[39] cuando se empezó a emplear el término «surrogate mother» y en general el verbo «surrogacy» o subrogación. En nuestro Derecho, sin embargo, la subrogación está relacionada con la novación y en la misma subyace un pago (arts. 1203 y ss. CC), cuestión que tendría difícil encaje en el ámbito de la maternidad, ya que la mujer que suscribe el acuerdo no puede ser sustituida en obligaciones por otra mujer mediando un pago (art. 1210 CC). Quizá por ello la segunda vez que el Grupo Ciudadanos presentó su proposición de ley debido a la disolución de las Cámaras en marzo de 2019, se recoge en su mismo título que se trata de una norma con la que se pretende la regulación de la gestación por sustitución[40], borrando el término «subrogación» de su primera proposición. No obstante, para nombrar esta forma gestación no se descarta que se pueda emplear en España otros apelativos más acertados que los que viene usando nuestro legislador, como sería la de «gestación por delegación», poniendo el acento en esa imposibilidad total de gestación por quienes quieren ser progenitores biológicos e incluso se podría hablar de una «gestación solidaria por delegación».

33. SOUTO GALVÁN, 2005: 283-284.
34. Del mismo modo, la Sentencia del Juzgado de Familia n.º 7 de Viedma, Río Negro (Argentina): «En cuanto a la denominación más adecuada de esta modalidad se considera que no se trata de una maternidad de sustitución sino de una gestación de sustitución, pues la gestante no será madre genéticamente: el o los niños que dé a luz llevarán los genes de los comitentes». Además, el término maternidad desde el punto de vista jurídico es definido como «hecho jurídico relacionado con la reproducción del ser humano, del cual surgen derechos y obligaciones».
35. VILA-CORO, 2015.
36. SALAZAR BENÍTEZ, 2018: 46.
37. Art. 130 del Código de las Familias de Cuba.
38. VELA SÁNCHEZ, 2017: 2.
39. En el Reino Unido, el *Committee of Inquiry into Human Fertilisation and Embryology* emitió el Informe Warnock en el que se recomendó declarar ilegal todo acuerdo de gestación por sustitución. LAMM, 2013: 131-132.
40. Proposición de Ley 122/000015 (2019), reiterada en Proposición de Ley 122/000316 (2023).

Partiéndose de que no hay reconocido un derecho a fundar una familia[41], el objeto de la futura ley en ningún momento supondrá reconocer un derecho de las personas a que alguien geste por ellas[42]. La Exposición de Motivos de las PPLGC hacen referencia a la existencia de unos derechos reproductivos, a la evolución de nuestra sociedad y de las nuevas formas de concebir a la familia y, sobre todo, hablan de libertad: de la riqueza de la libertad y de la evolución de la libertad, pretendiendo dentro de esa libertad encuadrar un derecho a la gestación por sustitución. Pero es complicado hablar de un derecho a la reproducción en su aspecto positivo, ya que no se puede exigir a nadie el que participe para hacerlo realidad, como tampoco se le podría exigir judicialmente su cumplimiento forzoso[43] en el supuesto de que se arrepintiera. Por ello, no sería adecuado hablar de que una mujer deba facilitar a otra persona una gestación a su favor, aunque todo ello se maquille con las debidas condiciones de libertad, igualdad, dignidad y ausencia de lucro, o apelando a la solidaridad entre personas.

Se trataría, más bien, de reconocer un derecho a acceder a esta nueva forma de reproducción asistida, amparando el libre ejercicio de una libertad reproductiva, una libertad de llevar a cabo el proyecto vital personal y familiar que se estime oportuno, sin que las autoridades interfieran de una forma injustificada o desproporcionada. En definitiva, estaríamos ante el ejercicio de un derecho social prestacional, con el alcance que se determine legalmente, pero regulado dentro de la neutralidad ideológica que le es exigible a los poderes públicos (art. 1.1 CE).

Con esta ley se facilitaría la igualdad real y efectiva de todas las personas en el empleo de los procedimientos de reproducción médicamente asistida, sin ser discriminadas por su orientación sexual o estado civil, incluyendo la viudedad del hombre. En este sentido, es resaltable que las PPLGC, arts. 13.2 de ambas, se refieren a la premoriencia de uno de los dos progenitores subrogantes, sin distinguir por género o sexo, yendo más allá del contenido de los arts. 9 de la LTRA/1988 y LTRH que refieren sólo la fecundación *post mortem* de la mujer viuda, por lo que un artículo redactado con términos genéricos permitiría también la fecundación *post mortem* cuando quien premuere es una mujer, o incluso el acceso por un familiar directo que haya sido autorizado a utilizar sus gametos para la inseminación *post mortem*, por ejemplo una madre respecto a un hijo fallecido sin pareja, lo que sería posible mediante la gestación por sustitución, tal y como acontece ya en otros Estados.

Enlazado con la regulación de un conjunto de derechos obligaciones de las partes, la ley no debería olvidar el establecer un procedimiento filiatorio relacionado con el uso de esta TRHA, con todas garantías y el respeto de los dere-

41. El artículo 8 del Convenio no garantiza el derecho a fundar una familia. Decisión de Inadmisión *Petithory Lanzmann c. Francia*, de 12 de noviembre de 2019.
42. Art. 1 de las proposiciones de ley del Grupo Cs.
43. CASADO y NAVARRO-MICHEL, 2019.

chos fundamentales. Es por ello que se entiende como más adecuado que el proceso de gestación por sustitución se regule mediante dos fases, una notarial, previa al inicio de la gestación y otra judicial donde, con la intervención del M.º Fiscal, se determine la filiación del nacido.

También se debería regular el reconocimiento de la filiación de los menores nacidos con anterioridad a su entrada en vigor y acaecida en el extranjero[44], regulando lo procedente en las correspondientes disposiciones transitorias, de modo que será indiscutiblemente una ley fundada en el principio de protección integral de los hijos e hijas, iguales ante la ley.

Y sin duda habrá que cuidar la forma en la que esta técnica se debe dar a conocer a los ciudadanos. Debería ser como está previsto respecto a la donación de óvulos o de material genético, cuando la ley dispone que cualquier actividad de publicidad o promoción por parte de centros autorizados que incentive la donación de células y tejidos humanos deberá respetar el carácter altruista de aquélla, no pudiendo, en ningún caso, alentar la donación mediante la oferta de beneficios económicos.

Hablar de esa remuneración empleando el término «compensación» no es un eufemismo sino la forma de distinguir el abono por los daños y perjuicios sufridos de cualquier otro pago a modo de retribución o salario[45], es decir, se debería evitar que esa compensación económica convierta la actividad de gestar por otros en una opción laboral o que la tiña de comercial.

Por lo demás, ese aspecto solidario de la gestación por otros justificaría la introducción de una reforma penal para sancionar a quien facilitara o promoviere esta actividad sin la correspondiente autorización administrativa, realizase acciones de intermediación lucrativa o fomente con publicidad la práctica de la gestación por sustitución, dentro y fuera de nuestras fronteras, sobre todo la de carácter comercial[46]. Incluso en el ámbito civil conllevaría el que no se reconociera en España la filiación establecida en aquellos Estados a los que se han acudido en fraude de ley, es decir, a sabiendas de que no protegen debidamente los derechos fundamentales de las gestantes, pero proporcionan una vía fácil para hacerse con un «hijo».

44. SALAZAR BENÍTEZ, 2018: 232.
45. En Derecho comparado y a efectos ilustrativos, el importe total que percibe la gestante suele rondar entre los 10.000 € y los 40.000 €, aunque depende del país donde se realice el tratamiento. En Grecia, la legislación prohíbe una compensación mayor a 12.000 € aproximadamente. En Rusia y Ucrania, la compensación ronda los 10.000 €. En otros Estados como Canadá, está prohibido pagar a la gestante: sólo se le pueden reembolsar los gastos ocasionados por el embarazo y más o menos, el máximo estipulado suele rondar los 20.000 €. Información disponible en: https://babygest.com/es/precio/
46. El art. 33 de la Ley Orgánica 1/2023, de 28 de febrero, establece la prohibición de la promoción comercial de la gestación por sustitución, de modo que las administraciones públicas están legitimadas a instar la acción judicial dirigida a la declaración de ilicitud de la publicidad que promueva las prácticas comerciales para la gestación por sustitución.

4. EL CONVENIO DE GESTACIÓN

4.1 CARACTERÍSTICAS Y PARTES INTERVINIENTES

El convenio de gestación solidaria podría definirse como el documento público por el que una persona o una pareja, formada por individuos de igual o diferente sexo, y una mujer, acuerdan a título gratuito que ésta será quien geste por ellos en los términos establecidos en la ley[47].

Sería positivo la redacción de un convenio tipo disponible para las partes, como ocurre en Portugal y que es facilitado por el Consejo Nacional de Procreación Médicamente Asistida. En esta línea el Gobierno debería aprobar, con el asesoramiento adecuado en los ámbitos jurídico y médico, un modelo básico de respeto obligado[48] pero con posibilidad de añadir por las partes otros pactos, siempre que sean respetuosos con el espíritu de la ley.

El convenio deberá ser elevado a público y anexarse un acta de notoriedad con la documentación que por ley deba formar parte del expediente, tales como el seguro suscrito a favor de la gestante[49], los certificados médicos de aptitud, el certificado bancario de solvencia económica de la mujer gestante, y por supuesto el consentimiento informado[50] firmado en la clínica en relación a cuestiones tales como: la técnica médica a practicar, quién va a aportar el material genético, el hospital donde tendrá lugar el parto y de qué forma se dará a luz, si es una opción que médicamente se puede elegir.

El notario[51] debería verificar en esta primera fase que no hay ninguna cláusula o circunstancia que limite a la mujer en cuanto a su cuerpo y libertad personal. La función del notario conllevará un asesoramiento imparcial pero también una actividad de control de la aceptación libre y consciente de la mujer gestante[52] y además sería una prueba en el consiguiente proceso filiatorio de

---

47. No se estaría ante un contrato de gestación por sustitución, por los matices de relación mercantil que va asociada al término «contrato», siendo el término más correcto por emplear el de «convenio» o «acuerdo».
48. Arts. 9 PPLGC y art. 6.1 ILP.
49. Seguro que se exige en la República de Sudáfrica o en el Estado de New York, entre otros.
50. La Ley 14/1986, General de Sanidad en su artículo 10, como la Ley 33/2011, de 4 de octubre General de Salud Pública en su artículo 4, recogen el derecho que tienen los ciudadanos a ser informados, en materia de salud. Este derecho se ha desarrollado a través de la Ley 41/2002, de 14 noviembre básica reguladora de la autonomía del paciente y de derechos y obligaciones en materia de información y documentación clínica.
51. El art. 9 de la primera PLGC hablaba de otorgarse ante notario el contrato de gestación por subrogación, con carácter previo a cualquier aplicación de una técnica de reproducción humana asistida. En las siguientes proposiciones de ley se planteaba que las partes del contrato deberían presentar ante la autoridad judicial competente, con carácter previo a cualquier aplicación de una técnica de reproducción humana asistida, la propuesta de contrato de gestación por sustitución, tramitándose conforme al procedimiento que a tal efecto se contemplare en la Ley 15/2015, de 2 de julio, de la Jurisdicción Voluntaria.
52. VELA SÁNCHEZ, 2015 a: 5.

que la voluntad expresada antes de la fecundación se prestó de forma libre y consciente.

Cabría valorar la oportunidad de establecer un Registro centralizado que recoja información sobre los acuerdos de maternidad subrogada y los datos relevantes de las partes involucradas: los progenitores biológicos y la madre gestante. Sería un Registro de ámbito nacional[53] que, o bien se redenomina el Registro Nacional de Donantes como «Registro Nacional de Donantes y de Gestación por Sustitución», o se crearía un cuarto Registro nacional[54]. Este Registro, en ciertos casos, podría ser accesible para el hijo concebido mediante maternidad subrogada, una vez alcance la mayoría de edad o en una etapa determinada de su desarrollo[55]. En el mismo debería inscribirse el convenio y el acta.

En cuanto a las partes del acuerdo, en la futura ley debería referirse al progenitor que se ve en la necesidad de acudir a esta técnica de reproducción como padre o madre de intención, o incluso progenitor socioafectivo[56], más que hablar de comitentes, término que nos evoca al contrato de comisión[57] donde lo normal es la retribución económica por el trabajo de comisionista.

El progenitor de intención que no hubiese aportado su material genético podrá manifestar, conforme a la Ley 20/2011, de 21 de julio, del Registro Civil, que consiente en que se determine a su favor la filiación respecto del hijo o hijos del progenitor de intención que sí lo hubiese aportado. De esta forma se equiparará la doble paternidad a la doble maternidad, sin necesidad de acudirse a un procedimiento de adopción o de determinación por posesión de estado en situaciones donde no haya identidad biológica[58].

Respecto a la gestante, en el acuerdo de voluntades y en el Registro podrá ser referida como «madre gestante» o «mujer gestante», dejándolo a su elección, tanto por su papel fundamental en el proceso de gestación, como por tener prioridad en el establecimiento a su favor de la filiación tras el nacimiento del

53. Art. 15.2 de las PPLGC y según se han recogido en encuestas.
54. En octubre de 2017 el Ministerio de Sanidad puso en marcha el Sistema de Información en Reproducción Humana Asistida (SIRHA) que albergaría tres Registros: El Registro Nacional de Donantes, el Registro Nacional de Actividad y Resultados y el Registro de Centros y Servicios de Reproducción Humana Asistida.
55. Antes de que se formalice el acuerdo de maternidad subrogada se debiera garantizar que las partes involucradas otorguen su consentimiento informado y por escrito para que el hijo pueda acceder en el futuro a esa información sobre sus orígenes biológicos. Incluso, como se propondrá, los progenitores de intención deberán comprometerse, ya en sede judicial, a informar al nacido sobre cómo fue gestado y los datos identificativos de la mujer que llevó a cabo el embarazo y parto, sin necesidad de tener que esperar a que estos pidan el acceso a los Registros que contengan la información sobre su nacimiento.
56. Véase, Cuba.
57. Art. 277 RD de 22 de agosto de 1885 por el que se publica el Código de Comercio.
58. STS núm. 740/2013 de 05-12-2013 (RJ 2013, 7640).

menor si, una vez en presencia judicial, revoca[59] la renuncia a la filiación que firmó ante notario.

En el acuerdo debería considerarse obligatorio contar con la declaración de voluntad del cónyuge o pareja de hecho de la gestante, como requisito esencial para dotar de validez y efectividad al mismo, en tanto presupuesto necesario que excluiría la aplicación de las reglas que rigen la presunción de paternidad (arts. 116 y ss. CC)[60].

Se debería garantizar que se acude a esta forma de constituir una familia de un modo excepcional[61] y siempre que haya posibilidad de éxito, sin riesgo para la salud de la gestante ni del *nasciturus*[62], planteándose como la última opción para tener un hijo biológico, agotadas las demás vías de reproducción, inclusive si por el desarrollo científico se hacen realidad otras técnicas médicas contra la infertilidad como sería el trasplante de útero[63].

La sanidad pública debería cubrir el tratamiento y la realización de esta técnica de reproducción[64], formando parte de la cartera de servicios sanitarios de la Seguridad Social, abriéndose esta posibilidad a todas las personas. Si estamos ante un hombre o pareja de homosexuales se podrán acoger a esta práctica por razones de infertilidad estructural o funcional y, en todo caso, han de acreditar por cualquier prueba válida en Derecho que se ha intentado previamente la adopción, sin haber podido acceder a ella por circunstancias ajenas a no haber obtenido la declaración de idoneidad.

En cuanto a los centros autorizados para intervenir en el proceso de gestación por otros se debería dejar claro que no se deben admitir intermediarios o agencias que la fomenten y provoquen una indeseable mercantilización de esta

59. Véase el Reino Unido, que también ha regulado un proceso judicial que hay que iniciar tras el nacimiento del menor.
60. LAMM, 2012: 13. Respecto del consentimiento del marido de la gestante, lo que consiente el marido es que su mujer sea inseminada a los efectos de cumplir con un contrato de maternidad subrogada lo que no implica la asunción de paternidad. En el mismo sentido, MARTÍN GARCÍA, 2021:35.
61. Entre otros, Uruguay o Portugal. Así lo aceptarían la mayoría de los españoles, según las encuestas (Diario La Razón —2017—: «El 60% apoya la maternidad subrogada sólo en casos excepcionales». Disponible en: https://www.larazon.es/sociedad/el-60-apoya-la-maternidad-subrogada-sólo-en-casos-excepcionales-DH14645868?sky=Sky-Enero-2018#Ttt1bDpUFEKsBihT
62. Tal como preveían los arts. 4 PPLGC.
63. El Convenio de los Derechos Humanos y la Biomedicina de 19 de noviembre de 1996 (arts. 21 y 22) autorizaría la donación o subrogación de útero con fines reproductivos, sin que ello atentare contra la dignidad de la mujer. De hecho, en España se anunció esta técnica en el año 2010 por los codirectores del Instituto Valenciano de Infertilidad (IVI), estimando el Dr. Antonio Pellicer que la subrogación de útero sería autorizada en nuestro país, llegado el momento, como una alternativa a la maternidad subrogada.
64. Véase, entre otros, Israel o Uruguay.

forma excepcional de reproducción[65]. De modo que, al igual que los procedimientos de donaciones entre vivos e intrafamiliar donde realiza una importante labor la «Organización Nacional de Trasplantes», su esquema de gestión altruista podría servir de ejemplo para evitar cualquier duda de mercantilismo. Por ello, debiera constituirse una «Organización Nacional de Gestación por Sustitución»[66] que garantizara que se realiza dentro de criterios altruistas y en plena igualdad, sin discriminación de ningún tipo[67] ni ventaja alguna por el nivel de renta de los usuarios, estableciéndose un control en la lista de espera para realizarse el tratamiento[68].

4.2 PRINCIPALES DERECHOS Y OBLIGACIONES

Para garantizar la seguridad jurídica[69] de cada uno de los intervinientes es importante que se determine de una forma clara cuales son los derechos y obligaciones de las partes, haciendo especial hincapié en situaciones de enfermedad o discapacidad del nacido[70], la separación o divorcio de la pareja o el fallecimiento de uno o ambos padres de intención, una vez realizado el acuerdo pero antes del establecimiento de la filiación[71].

La mujer que va a someterse a esta técnica deberá ser obligatoriamente mayor de 25 años[72] y menor de 45, edad máxima que viene a ser recomendable para un embarazo y parto[73]; tener plena capacidad jurídica y de obrar y buen

65. Art. 17 PPLGC.
66. PÉREZ NAVARRO, 2017. El autor está a favor de la propuesta de la «Plataforma por la Regulación de la Gestación Subrogada en España» de que se cree una «Agencia Pública de subrogación» en el lugar que ocupan las agencias privadas de subrogación en otros países.
67. DÍAZ CREGO, 2020:34.
68. PAREDERO HUERTA, 2016.
69. STC 46/1990: «la exigencia del artículo 9.3 relativa al principio de seguridad jurídica implica que el legislador debe perseguir la claridad y no la confusión normativa, debe procurar que acerca de la materia sobre la que legisle sepan los operadores jurídicos y los ciudadanos a qué atenerse, y debe huir de provocar situaciones objetivamente confusas». Hay que «promover y buscar la certeza respecto a qué es Derecho. [...] y no provocar juegos y relaciones entre normas como consecuencia de las cuales se introducen perplejidades difícilmente salvables respecto a la previsibilidad de cuál sea el Derecho aplicable y cuáles las consecuencias derivadas de las normas vigentes, incluso cuáles sean éstas».
70. Entre otros, véase la regulación en Portugal.
71. Arts. 14 de las PPLGC, es literal el texto del art. 10 ILP. Para el caso de que fallezcan los dos progenitores de intención durante el periodo de gestación mantendrá validez el acuerdo a los efectos de determinar la filiación del que vaya de nacer, debiéndose promover la inscripción por las personas determinadas en el art. 45 de la Ley 20/2011, de 21 de julio, del Registro Civil.
72. A partir de los 25 años por igualarlo a los requisitos para la adopción, aunque en Derecho comparado la edad media son los 20 años (por ejemplo, el art. 6.4 de la Ley de Reproducción Humana Asistida de Canadá, establece una edad de 21 años o, Rusia entre 20 y 35).
73. Véase Grecia y las recomendaciones de la Sociedad Americana para la Medicina Reproductiva (2022). Disponible en: https://www.asrm.org/practice-guidance/practice-committee-documents/recommendations-for-practices-using-gestational-carriers-a-committee-opinion-2022/

estado de salud psicofísica[74], aspectos que deberían acreditarse mediante un certificado médico emitido como máximo dos meses antes de la celebración del convenio.

Se debe controlar como requisito inexcusable que la mujer que geste por otro tenga, al menos, un hijo o hija, que esté vivo[75], sano y bajo su custodia y/o patria potestad, debiéndose justificar documentalmente y recogerse así en el Registro Nacional de gestaciones, o como formalmente se llegue a denominar[76]. Del mismo modo no podrá aportar sus óvulos en la generación. También sería fundamental que la futura gestante prestase un consentimiento libre e informado, sin mediar error, dolo, violencia o intimidación, sobre las implicaciones médicas y jurídicas del acuerdo, verificable por un notario en un primer momento, como condición fundamental previa al uso de esta técnica reproductiva humana, y luego en sede judicial[77], con intervención del Ministerio Fiscal, una vez el niño o la niña haya nacido.

Inexcusablemente alguno de los comitentes deberá aportar su material genético[78], acreditándose médicamente esta circunstancia junto con la imposibilidad de gestar[79], de modo que la filiación a establecerse judicialmente encontraría su sustento en esa carga genética del concebido. Además, como ya se recogía en la propuesta de ley del Grupo de Ética y Buena Práctica Clínica de la SEF, con el vínculo genético se evitaría en gran medida incurrir en un indeseable comercio de menores[80] y además justificaría el recurrir a esta forma de reproducción.

Los progenitores de intención también deben cumplir los mismos requisitos de edad y capacidad que se le exija a la mujer gestante, así como pasar por la correspondiente evaluación psicológica para acreditar su aptitud y motivación para ejercer la responsabilidad parental que se pretende, a modo de un certificado de idoneidad[81] similar al que se exige para la adopción y en la acogida. Sin embargo, entendemos que siendo al menos uno de los comitentes madre o padre

74. Véase, entre otros, la India.
75. Entre otros, la India, Grecia o Portugal.
76. En algunas de las encuestas se reclamaba el establecimiento de un «Registro Nacional de Mujeres Subrogadas», con la finalidad de evitar su explotación.
77. Principios de Verona y, entre otros países, la República de Sudáfrica.
78. Como ocurre en Grecia, Israel, Australia o en el Reino Unido y lo recoge uno de los Principios de Verona (1.6). Sin embargo, en el Reino Unido hay una propuesta de reforma de la ley que plantea la conveniencia de suprimir la exigencia de vínculo genético entre los progenitores de intención y el nacido, al menos cuando ello esté medicamente indicado. *Vid. Surrogacy reforms to improve the law for all*. Disponible en: https://www.lawcom.gov.uk/surrogacy-reforms-to-improve-the-law-for-all/(23/04/2023).
79. Véase, Uruguay y Rusia.
80. NUÑEZ *et al.*, 2016:3 y 12 y art. 3. c PPLGC.
81. Véase los Principios de Verona (5.5) y la legislación de Estados como Texas (Tex. Fam. Code § 160-751 a § 160-763).

biológico del *nasciturus*[82], con ello no trataría de garantizar el encontrar a los mejores padres, a modo de control estatal en la atribución de la patria potestad[83], sino más bien se trataría de una especie de estudio psicológico específico para certificar que cuentan con la motivación y actitud adecuada para ejercerla, en beneficio del superior interés del que va a nacer, sus necesidades y bienestar[84].

En cuanto a la nacionalidad, debería exigirse a las partes la nacionalidad española[85]. En algunos Estados se entiende necesario exigir la residencia en el país durante un tiempo mínimo o que sean residentes permanentes para que se pueda tener acceso a esta técnica. En nuestro Derecho entendemos como lo más adecuado que sólo los españoles participen en la gestación por sustitución nacional (art. 14 CE).

Del mismo modo ambas partes, progenitores de intención y gestante, deberán comprometerse a no tener más de dos hijos mediante esta técnica, circunstancia de la que dará fe el encargado del Registro específico que se cree, donde constará tanto el número de hijos que se han gestado como con quién de los progenitores de intención tiene la relación genética.

Las partes deberán acreditar tener cierta amistad, como mínimo de un año demostrable, o un vínculo de consanguinidad[86] hasta el segundo grado que deben verificarse por el notario. En la primera PLGC esto se rechazaba. Sin embargo, sí se consideró conveniente en las posteriores PLGC pues ciertamente esa relación de parentesco, o amistad prolongada durante un tiempo, es la condición que en mayor medida garantizará la solidaridad y la ausencia de ánimo de lucro de la mujer que se interesa en gestar para otros. Del mismo modo ocurre en países como Argentina o Chile donde, ante el vacío legal, los jueces abren el camino a la gestación por sustitución cuando las partes de ese pacto de gestación están unidas por vínculos de parentesco o de afecto. Incluso en Uruguay, siendo nula la gestación por sustitución, existe legalmente la excepción

82. Véase, en cuanto a este requisito, entre otros, República Sudafricana.
83. Véase, OVERALL, 2015. La autora entiende que una mera conexión genética no es suficiente para establecer que los comitentes tienen derecho al niño o que son competentes para criarlo. Sus buenas intenciones, por muy solidarias que sean, no son suficientes. Por lo tanto, al igual que en la adopción, entiende que debería haber un sistema institucionalizado formal similar para seleccionar y otorgar «licencias» a los futuros padres de intención a los que el Estado les otorga la patria potestad.
84. La Instrucción de la DGRN de 14 de febrero de 2019 que nunca entró en vigor, establecía que, para el reconocimiento incidental por parte del encargado del Registro Civil para inscribir el nacimiento del menor nacido en el extranjero, se debía verificar que no concurrían motivos graves de falta de idoneidad de los padres comitentes para asumir las funciones tuitivas y protectoras del nacido/a propias de la patria potestad, por razón de edad, estado de salud, u otras.
85. Véase, la India o la Conferencia de La Haya (Doc. 14140, 2016).
86. Véase, entre otros, Cuba.

de permitirse la gestación del embrión propio por un familiar de segundo grado de consanguinidad[87].

No debiera permitirse la celebración de estos acuerdos cuando exista una relación de subordinación económica, de naturaleza laboral o de prestación de servicios entre las partes implicadas[88], redundando este contexto libre de interés económico en el beneficio del *nasciturus*. De modo que se velará porque la futura gestante tenga unas condiciones económicas adecuadas[89], exigiéndose un certificado bancario donde se acredite un importe mínimo de dinero en cuenta con anterioridad a la transferencia embrionaria y en un período mínimo de un año antes. Se trataría de acreditar que la mujer se encuentra cuanto menos en una posición similar a la de los comitentes, una igualdad de posición económica que disipe las dudas de que existe una situación de desequilibrio entre las partes del convenio que condicione su voluntad o que se está comercializando con la paternidad y la maternidad.

Sin ser una gestación de carácter lucrativo o comercial[90] ello no impedirá que se tenga derecho a percibir la compensación resarcitoria que se determine en el acuerdo[91] para proporcionarle a la gestante las condiciones idóneas durante la fase pregestacional, de gestación y el posparto. Estas compensaciones, que operarían a modo de *numerus clausus*, serían por los siguientes conceptos, considerados como «gastos razonables»[92]: a) los de asesoramiento médico, psicológico y legal independiente, durante la fase previa a la inseminación, el proceso de gestación e incluso durante un año posterior a dar a luz; b) los que conlleve la protección de su salud mental a corto, medio y largo plazo; c) los de desplazamientos, manutención, medicación y vestuario derivados del embarazo; d) los procesales derivados de la acción judicial para el establecimiento de la filiación del menor; e) los perjuicios laborales que se puedan derivar del período de gestación y posparto; f) la indemnización por las molestias físicas y daños corporales derivados de la técnica[93] o por daños psicológicos, tales como la depresión posparto.

87. Art. 25 de la Ley n.º 19.167 de 2013 de Técnicas de Reproducción Humana Asistida.
88. PPLGC, en sus arts. 9.6 y Estados como Portugal.
89. Recomendaciones de la Sociedad Americana para la Medicina Reproductiva (2022).
90. Art. 5 de ambas PPLGC.
91. Sería en la línea marcada por el artículo 32 del Convenio relativo a la protección del niño y a la cooperación en materia de adopción internacional (La Haya el 29 de mayo de 1993) donde se habla de que (1) nadie puede obtener beneficios materiales indebidos, (2 y 3) y sólo se podrán reclamar y pagar costes y gastos directos, incluyendo los honorarios profesionales y de empleados de organismos, que sean razonables y sin poderse recibir remuneraciones desproporcionadas en relación a los servicios prestados.
92. Todos los Estados que se han estudiado en este trabajo y que admiten la gestación por sustitución altruista reconocen el abono de una compensación económica por los gastos razonables que ha soportado la mujer gestante.
93. Han existido supuestos en los que la gestante ha fallecido como consecuencia del parto, uno de los más mediáticos fue el de Brooke Lee Brown que murió mientras estaba embarazada de dos gemelas de padres comitentes españoles. Disponible en: https://www.thecassidylawfirm.com/global_pictures/Feminists_Amicus_Brief.pdf, p. 28.

El no abonar ninguna compensación o indemnización supondría quizá una forma más de explotación de quien va a gestar para otros. Indudablemente, hay cierto paralelismo entre la gestación por sustitución y el acto altruista de la donación, por ello podría servirnos de referencia algunos aspectos que se han regulado en el RD 1723/2012 de 28 de diciembre, arts. 4.2 y 7.1, que por analogía podría trasladarse a la futura regulación de la gestación por sustitución[94]. Al igual que no existe, al menos en teoría, un mercado de órganos, pues la donación está perfectamente regulada en España, dentro de un marco controlado y calificado de altruista y nadie pide la prohibición de la donación de órganos, de gametos[95] y preembriones e incluso se puede percibir un pago por ello, una mujer podría prestar temporal y libremente su útero, por ejemplo, a un familiar o amigo para que tuviera acceso a la procreación, como un acto de solidaridad sin necesidad de renunciar a ser reparada por los perjuicios que tal acto de liberalidad le haya causado.

De modo que, entendemos, el problema en una futura regulación de la gestación por sustitución no pivota necesariamente en si se remunera o no a la mujer que gesta, pues el legislador debería darle el mismo tratamiento que a la donación de esperma o de óvulos, tan necesaria para conseguir la reproducción humana, sino en el montante económico a percibir. La cuestión es que hay quien opina que, si la mujer recibe una alta remuneración por estos servicios, la libertad reproductora y su libre consentimiento para someterse a esta forma de reproducción asistida se pone en duda. Si la retribución o compensación es muy baja podría entenderse por otros como otra forma de explotación real. Planteándose la compensación como necesaria, el importe lo deberá fijar el legislador[96], en un corchete de lo mínimo y lo máximo a percibir[97], que deberá someterse a una total transparencia y control por parte de los poderes públicos[98].

94. RD 1723/2012, de 28 de diciembre, por el que se regulan las actividades de obtención, utilización clínica y coordinación territorial de los órganos humanos destinados al trasplante y se establecen requisitos de calidad y seguridad (BOE n.º 313, de 29/12/2012).

95. ROMEO CASABONA, catedrático de Derecho Penal en la Universidad del País Vasco y miembro del CBE, recuerda que el debate de la donación de óvulos y la compensación que se recibe se arrastra desde que la Comisión Nacional de Reproducción Humana Asistida aprobó la Ley de 1998: «Cuando la comisión se lo planteó, yo me mostraba contrario. Era una cantidad suficiente para promover que para las chicas de un perfil determinado —estudiantes o chicas con pocos ingresos o sin ingresos— eso fuera un acicate para donar. Ahora 1.000 euros para una joven siguen siendo dinero». Disponible en: https://vanguardia.com.mx/articulo/chicas-que-donan-ovulos-para-ganar-algo-de-dinero-ante-una-demanda-creciente. Resulta llamativo que el legislador no ha establecido un perfil de donante de material genético que evite el acceso a este tipo de donación a una mujer en estado de vulnerabilidad. CABEZUDO BAJO, 2020: 2786.

96. Véase, Canadá o Israel.

97. Entre otros, CASADO Y NAVARRO-MICHEL (2019: 39), FARNÓS AMORÓS (2020: 108) o SALAZAR BENÍTEZ (2018: 221).

98. Además de las compensaciones aceptadas en materia de donación de óvulos y esperma, también en los ensayos médicos se permite el reintegro de los gastos extraordinarios y pérdidas de productividad que se deriven de la participación del sujeto a determinadas pruebas médicas (RD 1090/2015, de 4 de diciembre, por el que se regulan los ensayos clínicos con medicamentos, los Comités de Ética de la Investigación con medicamentos y el Registro Español de Estudios Clínicos, art. 10).

Sería esa correcta determinación de la compensación, como ocurre en la donación entre vivos y la adopción[99], la que evitarán conductas que amparen la explotación del estado de necesidad de quien va a gestar para otros.

Esos abonos estarían verificados judicialmente pues en el correspondiente proceso filiatorio, tras el nacimiento del menor, se deberán aportar todas las facturas y justificantes de las transferencias bancarias realizadas al efecto[100].

Los derechos y obligaciones de la gestante se deben regular con perspectiva de género, atendiendo a sus necesidades y evitando desigualdades[101]. Se rechazaría el cumplimiento forzoso del acuerdo de gestación por otros en línea con los Principios de Verona (6.2) y el Informe de la Relatora de la ONU de 2018 (§ 75)[102]. La mujer gestante debe tener derecho a revisar el contrato después del parto, dándosele un plazo mínimo de seis semanas para revocarlo, al igual que para dar a un hijo en adopción[103], con independencia de que se disponga la entrega del menor de forma inmediata tras el nacimiento a los padres de intención, salvo indicación médica o acuerdo en contrario, a modo de custodia provisional y mientras se inicia y tramita el proceso judicial que homologue la filiación a su favor[104]. De modo que, los progenitores de intención tendrían el derecho a

99. Ello sería acorde con el art. 21.d) de la Convención de los Derechos del Niño de 1989, aunque referido a la adopción, y a como ocurre con la donación de material genético, estableciéndose un importe mínimo y máximo, sin que esta compensación suponga un incentivo económico que vicie voluntades. La LTRH, art. 5.3, establece la gratuidad de la donación, con posibilidad de compensación por las molestias ocasionadas y que se pagan con un importe económico fijado por el Ministerio de Sanidad, siguiendo las recomendaciones de la Comisión Nacional de Reproducción Humana Asistida (STC 212/1996, FJ 8.º).

100. En el Informe de la Relatora Especial sobre la venta y la explotación sexual de niños exige que todos los reembolsos y pagos a las madres de alquiler y los intermediarios sean razonables y estén detallados, además de someterse al examen de los tribunales u otras autoridades competentes. ONU, 2018 b: §76.

101. El art.11 bis. de la Ley Orgánica 1/2023 refiere la necesidad de aplicar la perspectiva de género en el ámbito de la salud, los derechos sexuales y reproductivos. La STC núm. 44/2023, de 09-05-2023, define esta perspectiva siendo el «fin perseguido en su utilización: hacer efectivo el principio de igualdad entre hombre y mujer, lo cual no es sino una manifestación de uno de los valores superiores del ordenamiento jurídico (art. 1.1 CE)».

102. Con las matizaciones de su Informe posterior, presentado ante la Asamblea General de la ONU, el 15 de julio de 2019 (Disponible en: https://documents-dds-ny.un.org/doc/UNDOC/GEN/N19/216/52/PDF/N1921652.pdf?OpenElement). Éste se centra en la necesidad de asegurar la protección de los derechos de los menores y reconoce la dificultad de evaluar el interés superior del niño cuando ya ha nacido y vive con los comitentes, aunque admite que «rara vez redunda en el interés superior del niño negarse a reconocer o conceder la paternidad que refleje la realidad vivida por el niño» (§ 57). Al igual que con cualquier evaluación del interés superior, los exámenes deben llevarse a cabo mediante un proceso individual de cada caso por separado, a través del cual se determinará si es preferible separar a un niño de los futuros padres.

103. Informe de la Relatora Especial sobre la venta y explotación sexual de niños (§§ 69 y 77 d).

104. Siempre que la madre opte, después del parto, por el traslado jurídico y físico del niño al aspirante o aspirantes a progenitor, su acto deberá ser gratuito y derivar de sus propias intenciones con posterioridad al parto y no de ningún tipo de obligación jurídica o contractual. ONU, 2018 b: § 72.

una custodia provisional del neonato, permitiéndose tal circunstancia por el personal del hospital o clínica donde hubiera acontecido el nacimiento, emitiéndose la documentación pertinente a favor de los mismos y enviándose copia al Registro Civil (art. 46 LRC). De esta forma se asegura que el menor va a tener las atenciones necesarias de los que, según el acuerdo, han tenido la voluntad procreacional y hasta que se resuelva lo pertinente en el proceso judicial filiatorio que se inicie a continuación, donde se homologue o no el acuerdo de traspaso de la patria potestad. Esta custodia provisional tendría una vigencia de seis meses, prorrogable si se inicia el proceso filiatorio y mientras se tramita judicialmente.

En el acuerdo elevado a público por el notario también deberá hacerse constar que los padres de intención se harán cargo del menor respecto a todas las cuestiones relacionadas con él, tanto en la fase de custodia provisional como tras el proceso judicial filiatorio, aunque nazca con una discapacidad física o psíquica, so pena de incurrir en un delito de abandono de menores si los Servicios Sociales, ante su negativa por esta causa, se tienen que hacer cargo del menor para darlo en adopción a otra familia.

Si la gestante opta finalmente por mantener la patria potestad y es otorgada a su favor por el juez, no debería reembolsar los pagos recibidos o los gastos que se han ocasionado, excepto que se demuestre judicialmente algún fraude en su percepción[105] o mala fe en su actuación, pero sí debería asumir que puede estar judicialmente obligada a compartirla con el comitente que haya aportado su material genético, como recomendaba el Informe de la Relatora de 2018 sobre venta y explotación de niños[106].

Si se hubiera pactado un régimen de visitas de la gestante para con el neonato, a modo de la figura del allegado[107], este régimen de visitas también podría ser revocable si la mujer así lo manifiesta en sede judicial.

Es importante que la mujer acepte, de inicio, observar las prescripciones médicas que redunde en beneficio tanto del éxito de la técnica que se vaya a emplear como, una vez se inicie la gestación, ayude al perfecto desarrollo del *nasciturus*.

105. En el Informe de la Relatora Especial sobre la venta y la explotación sexual de niños se admite incluso la gestación por sustitución comercial siempre que se cumpla determinados requisitos. Uno de ellos es que todos los pagos deberán tener carácter no reembolsable, salvo fraude, aunque la madre de alquiler opte por conservar la patria potestad y la responsabilidad paterna, condiciones que deben establecerse expresamente en el contrato. ONU, 2018 b: §72.

106. ONU, 2018 b: § 74.

107. Art. 160 CC.

La mujer gestante deberá estar dispuesta a proporcionar todo su historial médico[108] ya que esta información clínica debería ser evaluada, con todas las cautelas, tanto con anterioridad a firmarse el acuerdo como durante el embarazo para garantizar en la medida de lo posible el éxito de la TRHA (arts. 3 y 5.5, último párrafo, LTRHA 2006), pudiendo controlar el destino final de sus datos y conocer de forma clara e inequívoca para qué se procederá al tratamiento de los mismos, así como qué información será dada a los padres intencionales o a terceros, sean o no autoridades.

También deberá aceptar el derecho del nacido a la información sobre su identidad biológica, como una cláusula dentro del convenio de gestación solidaria que se suscriba, prestando la gestante su autorización a la cesión de estos datos, sin límite máximo de tiempo legal de conservación en los registros donde se almacenen.

Para que se garantice ese derecho, serán luego los padres de intención los que deberán comprometerse, ya en sede judicial, a informar al nacido, en cuanto tenga suficiente juicio y siempre a la mayoría de edad, sobre cómo fue gestado y los datos identificativos de la mujer que llevó a cabo el embarazo y parto[109]. Ello ya se planteó a la Comisión Palacios por el Instituto para la Mujer del Ministerio de Cultura en el documento remitido y titulado como «Opinión del Instituto de la Mujer sobre la utilización de las TRA»[110].

Si bien en los arts. 11 de las PPLGC recogían que en ningún caso la inscripción en el Registro Civil reflejaría los datos de los que se pudiera inferir el carácter de la generación, cuestión también contemplada en el art. 7.2 de la ILP (2014), no hay razón jurídica que impida que en el Registro Civil se haga constar esos datos y los de la mujer gestante, aunque sería de carácter reservado y no accesible directamente por terceros, de un modo similar a lo dispuesto para la adopción (art. 180.5 CC). Lógicamente, el conocer la identidad de la mujer gestante no conllevará la exigencia de ningún derecho u obligación, económico o de herencia para con ella, tal y como ocurre con los donantes de óvulos o esperma.

En línea con lo dispuesto en el art. 5 de la LOPD, los responsables y encargados del tratamiento de los datos que se manejen, así como todas las personas que intervengan en cualquier fase de este procedimiento administrativo y judicial filiatorio, estarán sujetas al deber de confidencialidad[111] (art. 5.1. letra f del

108. Art. 7. 3.º PPLGC.
109. Principios de Verona.
110. Recomendaciones del Instituto de la Mujer. Informe a la Comisión Palacios (10-05-1985), ACD Se Gral Leg 3330 n.º único, pp. 3-4. Referenciado en: https://www.congreso.es/public_oficiales/L2/CONG/DS/CO/CO_346.PDF
111. La Ley Orgánica 3/2018, de 5 de diciembre, de Protección de Datos Personales y garantía de los derechos digitales —BOE de 06-12-2018— regula la confidencialidad en su art. 5 como un deber.

RGPD) siendo esta obligación general complementaria de los deberes de secreto profesional, de conformidad con su normativa aplicable. Y en la necesidad de proteger la confidencialidad de los datos médicos, los centros sanitarios deberán adoptar medidas para garantizar dicho derecho y procedimientos protocolizados, debiendo abstenerse de revelar cualquier información relativa a la gestante[112] y esa confidencialidad debe regir también en el acceso a los datos del futuro «Registro Nacional de Gestación por Sustitución»[113], salvo para los nacidos de esta práctica médica.

Este Registro, de posible adscripción al Registro Nacional de Donantes deberá recoger y tratar con especial cuidado: a) los datos relativos a la salud general de la futura gestante. Aunque abogamos por una mujer gestante del entorno de los comitentes, quizá haya cuestiones médicas que aquellos desconozcan; b) los datos clínicos relativos al tratamiento de reproducción asistida que se ha seguido; c) los datos del historial médico relativos al desarrollo de la gestación, para facilitar el que los comitentes pueden conocer el resultado de las ecografías y analíticas que se efectúen durante la gestación, así como para aceptar la decisión que se adopte en cuanto a la continuación o no del embarazo; d) las imágenes captadas o las ecografías realizadas que se deben unir a la historia clínica. Aunque los comitentes podrían acudir a las consultas junto con la gestante, si ella lo autoriza, así como estar presentes en dichas pruebas diagnósticas o mediante plataformas como Skype[114], sólo se podrá grabar imágenes a criterio de la clínica, debiendo ser lo excepcional la autorización de la captación de imágenes, salvo justificación, para evitar su reproducción fuera del ámbito hospitalario.

Dentro del derecho a la salud se debe incluir el derecho de la mujer a abortar si se dan los supuestos previstos legalmente para ello, sin ninguna obligación de indemnizar por ello. No habría una actividad procreacional para sí o para los demás sustentada en la libre decisión de la mujer si se le impone una penalización por acogerse, en el caso de una gestación solidaria, a un derecho a abortar[115]. Estaría vedado, por tanto, el ejercicio por los progenitores intencionales de la acción de exigir una indemnización por el daño moral producido en caso de que tuviera lugar un aborto en los supuestos contemplados en nuestra legislación[116].

112. El CDME en su art. 27 recoge el secreto médico.
113. Llamado así en el art. 15 de la primera proposición de ley del Grupo Cs (122/000117).
114. BARTOLOMÉ TUTOR, 2018:11.
115. Art. 5.3 ILP y art. 6 de la segunda y tercera proposición de ley del Grupo Cs (122/000015).
116. MARTÍN GARCÍA, 2021: 46. Consideraba el autor, sin embargo, que en el supuesto de aborto de la mujer gestante los progenitores de intención deberían ser indemnizados por el daño moral producido.

En la primera proposición de ley del Grupo Ciudadanos (art. 6.2), y en línea con la ILP de la Asociación para la Gestación Subrogada en España (2014)[117], se reconocía el derecho a abortar a la mujer gestante, pese a que en su art. 11.2 no contemplaba ningún vínculo de filiación con la gestante. Era una contradicción el que los padres comitentes fueran los progenitores legales y en cambio no pudiesen decidir sobre el nacimiento del mismo[118]. Para evitar esa discordancia sería conveniente tomar como punto de partida el considerar a la mujer gestante como la madre legal hasta el nacimiento y así poder adoptar las decisiones correspondientes durante el embarazo. Sería lo lógico si sólo ella se le va a atribuir la decisión en cuanto al aborto o no del feto.

Si la gestante decide libremente interrumpir la gestación sin más motivo que su propia voluntad, debería implicar al menos dos consecuencias: de un lado, la imposibilidad de participar en otros acuerdos de idéntico contenido y, de otro, la imposibilidad de exigir a los progenitores intencionales cualquier gasto generado y derivado de la interrupción de la gestación. De todas formas, lo oportuno sería conocer de antemano la visión sobre el aborto de la futura gestante a fin de evitase una conflictividad más propia de la moral o de la ética.

Lo que no se debería permitir es que los padres de intención inciten al aborto, por ejemplo, porque se han desistido en el curso de la gestación de llevar a cabo su proyecto parental, o porque por su divorcio u otra causa ya no les interese ser padres. Si los progenitores de intención quieren desistir del acuerdo y la mujer gestante desea seguir adelante con el embarazo, asumiendo o no la filiación, en el proceso judicial que se siga a continuación del nacimiento sería el juez el que decidiera sobre la filiación, o bien declararía el desamparo y la entrega del menor a los Servicios Sociales de la Comunidad Autónoma para su posterior adopción por terceros dispuestos a cuidarlo debidamente. No obstante, sería admisible el que la mujer gestante pudiera solicitar una indemnización por cuestiones relacionadas con el incumplimiento, por dolo o mala fe, del acuerdo de voluntades suscrito.

5. ASPECTOS PROCEDIMENTALES

La elevación a público del convenio suscrito permitiría efectuar un primer control de que el mismo se ajusta a la legalidad[119]. Una vez nacido el menor será necesario iniciarse un proceso judicial, a modo de segundo control[120], donde ese convenio elevado a público y demás documentos anexos unidos a un acta de notoriedad deberán formar parte de los autos, verificándose nuevamente por la

117. Esta misma contradicción se lee en la propuesta de regulación de Ley de gestación subrogada de la Asociación para la Gestación Subrogada en España (art. 1.2 c).
118. MUÑOZ DE DIOS SÁEZ, 2018: 7.
119. VELA SÁNCHEZ, 2012: 111. El autor propone la intervención de un notario ante el colapso de los tribunales de justicia.
120. Entre otros, República Sudafricana o el Estado de Florida.

autoridad judicial que no se han vulnerado los derechos fundamentales de las partes, especialmente de la mujer gestante, antes y después de haber dado a luz, y en interés superior del ya nacido.

Hay quien entiende que la intervención judicial debe ser previa al inicio de la gestación. Sin embargo, si el legislador establece con precisión las reglas jurídicas previas al inicio de esta actividad no hay inconveniente en que su cumplimiento lo verifique un notario, del mismo modo que estos ya han asumido actividades que eran judiciales, como son el expediente matrimonial, la liquidación de los bienes gananciales o el divorcio en situaciones de ausencia de hijos menores de edad. Además, si un juez homologa de inicio el acuerdo privado mediante auto, desde ese momento éste se convertiría en ejecutivo en caso de incumplimiento por la futura gestante, lo que conllevaría una posible afectación a sus derechos fundamentales al no poder revocarlo. Por tanto, se estima más conveniente la intervención del órgano judicial una vez ha transcurrido un tiempo desde el nacimiento, como mínimo similar al concedido para dar el consentimiento en la adopción.

La misión principal del órgano judicial sería validar el acuerdo velando por el interés superior del hijo o hija fruto de esta TRHA, mediante un procedimiento a regular, posiblemente, en la Ley 15/2015, de 2 de julio, de la Jurisdicción Voluntaria. Podría introducirse lo necesario para ello en el Título II relativo a los expedientes de jurisdicción voluntaria en materia de personas, en su Capítulo I, a denominar como «De la autorización o aprobación judicial del reconocimiento de la filiación no matrimonial y de la filiación por gestación por sustitución».

Podrían iniciar este nuevo proceso filiatorio tanto los padres de intención, la mujer gestante o el Ministerio Fiscal, una vez trascurridos seis semanas desde el parto y antes del que el nacido haya cumplido seis meses de edad[121], de modo que cualquiera de los legitimados activamente deberán presentar un escrito con los requisitos propios de una demanda en el que consten todas las circunstancias y condiciones personales de las partes, acompañándose el convenio elevado a público así como los documentos privados, médicos y legales que exija la norma, y que deben hallarse unidos como anexos en el acta de notoriedad. Para ello podría incluirse en el art. 23 un 5.º apartado:

> «5. *En los supuestos de una filiación derivada del uso de la Técnica de Reproducción Asistida consistente en la gestación por sustitución solidaria, podrá instar el procedimiento de reconocimiento de la filiación tanto quienes han formado parte del convenio de gestación protocolizado notarialmente como el Ministerio Fiscal*».

En cuanto a la competencia, el art. 24.1 LJV establece en términos generales que será competente para conocer de este expediente el Juzgado de Primera

121. Como dispone la *Surrogacy Act 2010 (Qld) s21* en Australia y la regulación del Reino Unido.

Instancia, debiendo añadirse una regla especial de competencia si se trata de una gestación por sustitución: la del Juzgado de Familia del domicilio de la mujer gestante o del menor a elección de quien inicie el expediente. Si se presentan varias demandas o solicitudes, se deberán acumular los procesos al juzgado que haya registrado la primera (art. 79 LECiv/2000).

En cuanto a la postulación, las partes deberán acudir asistidas de abogado y procurador, sin poder utilizar conjuntamente los servicios de los mismos profesionales, ni siquiera cuando todos estén conformes en ratificar el convenio y desplazar la filiación tal cual fue acordada antes de la fecundación.

Incoado el proceso, siempre con carácter preferente[122], el Letrado de la Administración de Justicia (LAJ) convocará a comparecencia a las partes (art. 25 LJV) y al Ministerio Fiscal[123]. Si la madre gestante estuviera casada también deberá ser citado y ser parte su cónyuge.

Desde la incoación hasta ser resuelto el expediente, tanto dentro de la jurisdicción voluntaria como en la contenciosa que se iniciare en caso de conflicto, no deberá transcurrir más de un año desde el nacimiento del menor. Debe ser, por tanto, un proceso preferente y sumario en su tramitación, al afectar a derechos fundamentales y a menores de edad[124].

El LAJ consultará a través del Punto Neutro Judicial el «Registro de Gestación por Sustitución», certificando que ambas partes están registradas, así como los datos que identifiquen el convenio de gestación que obre registrado y demás circunstancias recogidas en el mismo para su unión a los autos.

En la comparecencia, el juzgador verificará los consentimientos prestados ante notario, ante los médicos, así como que se ha velado por el respeto de los derechos fundamentales de las partes y la protección del interés del menor, para lo que se podrá practicar cualquier prueba que se estime pertinente, e indudablemente deberá ser oída la mujer gestante. Se deberá probar que se trata de un acuerdo de carácter altruista, prestando especial interés a la cuantía de los gastos abonados, a la vista de la prueba consistente en la unión de las facturas y transferencias bancarias. Los padres de intención también deberán probar que han convivido con el menor desde su nacimiento, ejerciéndose conveniente-

122. Ya existen ejemplos de estos procedimientos preferentes en la jurisdicción voluntaria, como es el caso de las cuestiones relacionadas con el artículo 158 CC, declarados expresamente así por el artículo 7.1, a) del RDL 16/2020 de 28 de abril, aunque con la temporalidad del estado de alarma o, dentro de los procedimientos contenciosos, los regulados por el art. 778 bis y ter LECiv/2000.

123. Como todo proceso en el que se acuerden cuestiones relacionadas con la patria potestad o en interés de los menores, la intervención del Ministerio Fiscal sería preceptiva.

124. Situación ya apuntada por la STEDH, *Bordeianu c. Moldavia*, de 11-01-2011 (TEDH 2011, 5), donde el Tribunal reprochó el que las autoridades internas no tomaran medidas eficaces en cuestiones de Derecho de Familia, concretamente en los procesos relativos a la atribución de la patria potestad o la ejecución de las resoluciones dictadas en relación con la misma.

mente la custodia provisional; que el proceso se ha iniciado transcurridos más de cuarenta y dos días después del nacimiento (las preceptivas seis semanas) y antes de que el menor haya cumplido los seis meses de edad.

Si ambos progenitores de intención han aportado su material genético y mantienen una buena relación con la gestante que, además deseare formar parte de la vida del neonato, podría plantearse el legislador el establecimiento de la figura de la multiparentalidad, similar a la que existe en otros ordenamientos jurídicos, por ejemplo, la regulada en la *Family Law Act*[125] de British Columbia, la llamada triple filiación derivada de las TRHA[126]. Sería un apunte por considerar, ya que es más que probable que no se haga este planteamiento en la futura ley de gestación por otros, ya que nuestro país no estaría aún preparado para una filiación no binaria. Por ello, es más factible que la futura ley recoja que el juez podrá establecer un régimen de comunicación, o no, del menor con la gestante, según lo acordado y/o estime en interés del menor, una vez se haya verificado el tipo de lazos familiares o de amistad que les unen, así como que, tras el nacimiento, existe una relación cordial entre las partes. En todo caso habrá de velar por garantizar el respeto al derecho a la identidad del menor y a conocer sus orígenes.

Para facilitar la homologación de la renuncia a la patria potestad, el art. 26 de la LJV debería incorporar un nuevo párrafo (4.º), ajustándose al procedimiento que proponemos, y podría redactarse en los siguientes términos:

> «4. *Cuando se trate del establecimiento de una filiación derivada de una gestación por sustitución, el juez homologará la renuncia de la filiación otorgada ante notario mediante auto en el que establecerá la patria potestad a favor de los progenitores de intención, así como cualquier otra medida en beneficio del menor, como sería la obligación de informarle de sus orígenes biológicos y genéticos o el establecimiento de un régimen de visitas de la mujer gestante*».

Tras la homologación judicial de aquel consentimiento en diferido de la gestante al traspaso de la filiación, el auto se inscribirá tanto en el Registro Civil como en el específico «Registro de Gestación por Sustitución», de acceso restringido, salvo para quienes acrediten un interés legítimo.

125. Se trató de la primera ley en el mundo que permite que un niño tenga más de dos progenitores. Disponible en: https://www2.gov.bc.ca/gov/content/justice/about-bcs-justice-system/legislation-policy/legislation-updates/family-law-act. En la Sección 30 se establece que se puede llegar a un acuerdo por escrito en el que (i) la posible madre biológica será la madre biológica de un niño concebido a través de la reproducción asistida, y (ii) en el nacimiento del niño, las partes del acuerdo serán los padres del niño. Disponible en: http://www.bclaws.ca/civix/document/id/complete/statreg/11025_03

126. Podría alegarse que esto último va en contra de nuestro orden público, si bien también iba en contra de nuestro orden público el matrimonio entre personas del mismo sexo hasta que fue regulado (Ley 13/2005, de 1 de julio, que modificaba el Código Civil en materia de derecho a contraer matrimonio) y hasta tanto ni tan siquiera se otorgaba el amparo del TC (ATC n.º 222/1994 de 11-07-1994, que acordaba la inadmisión a trámite del recurso de amparo n.º 1.101/1993).

Si se planteara en la comparecencia alguna duda de hecho o de derecho que pudiera tornar en contencioso el expediente, por ejemplo, por vulneración de los requisitos exigidos legalmente para que tuviera lugar la gestación por sustitución; si la mujer gestante no ratifica su renuncia a la filiación; o si los progenitores de intención han desistido de su proyecto parental, entre otras incidencias, el juez acordará la suspensión del expediente y el LAJ dictará a continuación un decreto declarando contencioso el expediente, debiendo seguir su tramitación según la LECiv/2000, quizá de una forma similar a lo dispuesto en su art. 781 referido al asentimiento de los progenitores para la adopción.

Se otorgará el plazo de quince días para la presentación de la correspondiente demanda contenciosa por parte de la mujer gestante, por los padres de intención o por el M.º Fiscal, de la que conocerá el mismo tribunal y, seguido el proceso judicial correspondiente, se dictará una sentencia que establecerá definitivamente la filiación y las responsabilidades paterno-filiales, o bien si se entrega el menor a los Servicios Sociales de la Administración competente, una vez declarado su desamparo, para que se inicien los trámites para su adopción por terceros ajenos al acuerdo.

Finalizado el proceso contencioso en primera instancia, contra la sentencia se podrá interponer recurso de apelación, que no suspenderá la eficacia de lo acordado mientras se tramita. Una vez sea definitiva y firme, su testimonio se remitirá al Registro Civil competente y al «Registro de Gestación por Sustitución».

En todo caso, si las partes no iniciaren la fase judicial posterior al nacimiento, sería declarada madre legal quien dio a luz al menor, sustentándose en la información que se hubiera enviado provisionalmente al Registro Civil desde el hospital donde hubiera tenido lugar el alumbramiento, pudiendo reclamar el padre biológico la determinación de la paternidad mediante el ejercicio de la correspondiente acción judicial (arts. 764 y ss. LECiv/2000).

A modo de conclusión, esbozado este procedimiento en las dos fases propuestas, entendemos que ha llegado la hora de que el legislador español regule la gestación por sustitución altruista o solidaria dentro del amplio margen de apreciación que tiene en la materia y en consonancia con el pluralismo político que enuncia la Constitución (art. 1.1 CE), mediante una ponderación razonable y equilibrada de los distintos derechos, bienes y valores constitucionales que puedan quedar afectados, lo que avalaría, en principio, su corrección constitucional. Y ello, obviamente, sin perjuicio de que la jurisdicción constitucional pueda controlar después la constitucionalidad de una ley que ampare esta práctica, hoy en día, tan controvertida.

Bibliografía

ALBA FERRER, E. (2022). «Europa hacia la abolición del anonimato en la reproducción humana asistida», en D'Amico, Marilisa, Liberali, Benedetta Antonio Pérez Miras, Antonio, Raffiotta, Edoardo C., Romboli, Silvia y Teruel Lozano, Germán Manuel (coords.): *Europa, società aperta*, 2 (Diritti, corti e pandemia), Editoriale Scientifica, Nápoles, 949-964.

ALES URÍAS, M. (2020). «La dignidad humana y el derecho de disposición sobre el propio cuerpo. Reflexiones a partir del rechazo de tratamientos médicos y los acuerdos de maternidad subrogada», Díkaion: *Revista de Actualidad Jurídica*, 29 (1), 39-65.

ALGHRANI, A. y GRIFFITHS, D. (2017). «The regulation of surrogacy in the United Kingdom: the case for reform». *Child and Family Law Quarterly*, 29 (2), 165-186. Disponible en: http://sro.sussex.ac.uk/id/eprint/68402/4/2017_02_CFLQ_165_Griffiths.pdf

ÁLVAREZ GONZÁLEZ, S. (2021). «Una nueva entrega sobre la gestación por sustitución en el Tribunal Europeo de Derechos Humanos y el ejemplo de la jurisprudencia francesa». ISSN 2341-2216 Vol. VIII, núm. 2, 193-219, *Revista de Derecho Civil*. Disponible en: http://nreg.es/ojs/index.php/RDC

ARROYO GIL, A. (2020). «Gestación por sustitución: la dignidad humana en juego». *Estudios de Deusto*, Vol. 68/2, 41-73.

ATIENZA, M. (2009). «De nuevo sobre las madres de alquiler». *El Notario del siglo XXI*, 27. Disponible en: https://www.elnotario.es/revista-27/1446-de-nuevo-sobre-las-madres-de-alquiler-0-45517130145353385.html

ATIENZA, M. (2010). *Bioética, Derecho y argumentación*. Palestra, 2.ª ed., Lima, 150-153.

ATIENZA, M. (2022). «Sobre la gestación por sustitución. Otra vuelta de tuerca». *Revista de bioética y Derecho*, 56, 107-124.

BALAGUER CALLEJÓN, F. (2001). «Capacidad creativa y límites del legislador en relación con los derechos fundamentales: la garantía del contenido esencial de los derechos», en APARICIO PÉREZ, M. A. (Coord.), *Derechos constitucionales y pluralidad de ordenamientos*, Cedecs, Barcelona, 93-116.

BARRERO ORTEGA, A. (2000). «Origen y actuación de la libertad religiosa». *Derechos y libertades*, 93-122.

BARRERO ORTEGA, A. (2006). «La libertad religiosa en España» *Centro de Estudios Políticos y Constitucionales*, Madrid.

BARRERO ORTEGA, A. (2010). «La interrupción voluntaria del embarazo». *Claves de Razón Práctica*, 204, 72-76.

BARRERO ORTEGA, A. (2011). «La objeción de conciencia judicial (o de cómo lo que no puede ser, no puede ser y, además, es imposible». *El Cronista del Estado Social y Democrático de Derecho*, 22, 28-33.

BARRERO ORTEGA, A. (2014). «El matrimonio entre ciudadanos del mismo sexo: ¿derecho fundamental u opción legislativa?» *Revista de Estudios Políticos*, 163, 41-66.

BARRERO ORTEGA, A. (2023). «Una nota en relación con el estatus constitucional de la objeción de conciencia». En Wong Meraz, Victor Alejandro, Cabanas-Veiga, Manuel y Aldrete Acuña, Christian Yair (coords.): Las ciencias constitucionales y su relevancia en el siglo XXI: estudios en homenaje a Javier Ruipérez Alamillo, Colex, Madrid, 515-526.

BARTOLOMÉ CENZANO, J. C. (2012). «Sobre la interpretación del interés superior del menor y su trascendencia en el Derecho positivo español». *Revista sobre la infancia y la adolescencia*, 3, 46-60.

BARTOLOMÉ TUTOR, A. (2018). «Los derechos de la personalidad de la mujer gestante ante una gestación subrogada. El derecho a la integridad física y psíquica y el derecho a la protección de datos de carácter personal y habeas data». *Revista Iberoamericana de Bioética*, 6, 1-13.

BEETAR BECHARA, B. (2019). «La maternidad subrogada en Colombia: hacia un marco jurídico integral e incluyente». *Revista Socio-Jurídicos*, 21(2), 135-166. Disponible en: https://doi.org/10.12804/revistas.urosario.edu.co/sociojuridicos/a.6869

BENAVENTE MOREDA, P. (2020). «El interés superior de los menores nacidos a partir de un contrato de gestación por sustitución». En *Revista General de Derecho Constitucional*, 31, 1-64 (Número extraordinario).

– ¿Prohibir o regular? el debate en torno a la gestación por sustitución. Coordinadores: DÍAZ CREGO, M. y PÉREZ-MONEO, M. Disponible en: https://www.iustel.com/v2/revistas/detalle_revista.asp?numero=31&id=3

BENEDITO MORANT, V. (2018). «La atribución de la filiación. Sistemas Civil y Canónico. El derecho a conocer el origen biológico: principios constitucionales conexos». *Anuario de Derecho Canónico*, 7, 279-281.

BERGEL, S.D. (2002). «Los derechos humanos: entre la bioética y la genética». *Acta Bioethica*, 8 (2). Disponible en: http://dx.doi.org/10.4067/S1726-569X 2002000200011

BRUNET, L., CARRUTHERS, J., DAVAKI, K., KIN, D., MARZO, C. y MCCANDLESS, J. (2013). «A Comparative Study on the Regime of Surrogacy in the EU Member States, European Parlament». Disponible en: http://www.europarl.europa.eu/RegData/etudes/STUD/2013/474403/IPOL-JURI_ET(2013) 474403_EN.pdf

BUSQUETS, J. M. y ARMELLES, M. (2017). «Sobre la gestación por sustitución». *Bioètica & debat: Tribuna abierta del Institut Borja de Bioètica*, 82, 9-16.

CABEZUDO BAJO, M. J. (2020). «Efectos del incumplimiento del contrato de gestación por sustitución compensada en la filiación establecida por sentencia». *Revista Crítica de Derecho Inmobiliario*, 96 (781), 2773-2814.

CALVO CARAVACA, A. L. y CARRASCOSA GONZÁLEZ, J. (2015). «Gestación por sustitución y Derecho internacional privado. Más allá del Tribunal Supremo y del TEDH». *Cuadernos de Derecho Transnacional*, 7 (2), 45-113. Disponible en: https://e-revistas.uc3m.es/index.php/CDT/article/view/ 2780

CAÑIZARES LASO, A. «Paradiso y Campanelli c. Italia. Un caso para la reflexión», *en Mujer, maternidad y Derecho*, GARCÍA RUBIO (dir.), Tirant lo blanch, Valencia, 2019, 649-661.

CASADO, M. y NAVARRO-MICHEL, M. (2019). «Documento sobre Gestación por Sustitución». *Observatorio de Bioética i Dret*, Universitat de Barcelona. ISBN 978-84-9168-208-0.

CASTEJÓN BOLEA, R. (2013). *Marañón y la identidad sexual: biología, sexualidad y género en la España de la década de 1920*. Arbor, 189 (759).

CASTELLANOS RUIZ, M. J. (2019). «Protección jurídica del menor en la maternidad subrogada», en CALVO CARAVACA, A.L., CARRASCOSA GONZÁLEZ, J., Protección de Menores y Derecho Internacional Privado. *Colección Ciencia Jurídica y Derecho Internacional*, 192-248. ISBN 9788490458372.

CERVILLA GARZÓN, M. D. (2018). «Gestación subrogada y dignidad de la mujer». *Actualidad Jurídica Iberoamericana*, 9, 10-44. ISSN: 2386-4567.

CHAVES, M. y VARSI ROSPIGLIOSI, E. (2018). «La multiparentalidad. La pluralidad de padres sustentados en el afecto y en lo biológico». *Revista de Derecho y Genoma Humano*, 48, 133-157.

COHEN, I. G. (2011). «Regulating Reproduction: The Problem with Best Interests». *Minnesota Law Review*, 423-519.

CORERA IZU, M. (2016). «Maternidad subrogada: la solución única, de momento, el Registro Civil». *La Ley*, 8813, 1-16 (La Ley 5796/2016).

CREVILLEN VERDET, P. (2017). «La libertad reproductiva en el derecho español y comparado». *Centro de Estudios Políticos y Constitucionales*, Ministerio de Presidencia, ISBN 9788425917394.

DE TORRES PEREA, J. M. (2013). «El interés del menor en el derecho de familia norteamericano: del caso de Mary Ellen Mc Cormack a los supuestos de oncofertilidad. Análisis comparativo con el derecho español». *Anuario de Derecho Civil*, 66, 2, 587-685.

DE TORRES SOTO, M. (2018). «La necesidad de revisión y desarrollo equilibrado del art. 39.2 de la Constitución Española». *Aranzadi* (BIB 2018, 5936).

DÍAZ CREGO, M. (2020). «La posición de los comitentes en el debate en torno a la gestación por sustitución: a vueltas con el supuesto derecho a tener hijos». En *Revista General de Derecho Constitucional*, 31, 1-37. (Número extraordinario).

¿Prohibir o regular? el debate en torno a la gestación por sustitución. Coordinadores: DÍAZ CREGO, M. y PÉREZ-MONEO, M. Disponible en: https://www.iustel.com/v2/revistas/detalle_revista.asp?numero=31&id=3

DÍAZ FRAILE, J. M. (2019). «La gestación por sustitución ante el Registro Civil español. Evolución de la doctrina de la DGRN y de la jurisprudencia española y europea». *Revista de Derecho Civil*, 6 (1), 53-131.

DURÁN AYAGO, A. (2019). «Gestación por sustitución en España: a hard case needs law. De por qué la jurisprudencia no puede resolver este problema». *Cuadernos de Derecho Transnacional*, 11 (2), 575-582. ISSN 1989-4570 —www.uc3m.es/cdt — Disponible en: DOI: https://doi.org/10.20318/cdt.2019.4977

DURÁN AYAGO, A. (2020). «Los trabajos en el seno de la Conferencia de La Haya de Derecho internacional privado sobre gestación por sustitución». En *Revista General de Derecho Constitucional*, 31, 1-51. (Número extraordinario).

– ¿Prohibir o regular? el debate en torno a la gestación por sustitución. Coordinadores: DÍAZ CREGO, M. y PÉREZ-MONEO, M. Disponible en: https://www.iustel.com/v2/revistas/detalle_revista.asp?numero=31&id=3

FANLO CORTÉS, I. (2017). «Derechos reproductivos y libertad de las mujeres. Observaciones sobre el debate feminista». *Revista de Derecho Privado*, 32, 29-52.

FARNÓS AMORÓS, E. (2010). «Inscripción en España de la filiación derivada del acceso a la maternidad subrogada en California». *Revista para el análisis del derecho, InDret,* 1/2010.

FARNÓS AMORÓS, E. (2015). «La filiación derivada de reproducción asistida: voluntad y biología». *Anuario de Derecho Civil,* 68 (1), 5-61.

FARNÓS AMORÓS, E. (2020). «Entre prohibir y permitir, ¿qué es más feminista? Un análisis de la gestación por sustitución desde la perspectiva de las mujeres gestantes», en BENAVENTE MOREDA, P. (coord.) Mujeres y Derechos. Una discusión jurídica sobre reproducción, sexualidad y género, Marcial Pons, Madrid, 95-130.

FARNÓS AMORÓS, E. (2022). «El Tribunal Europeo de Derechos Humanos y la relevancia del vínculo genético: una revisión de la jurisprudencia sobre gestación por sustitución transfronteriza». *Revista de Bioética y Derecho*; 56: 29-54. DOI 10.1344/rbd2022.56.40620.

FERRERES COMELLA, V. (1997). «Justicia constitucional y democracia». *Centro de Estudios Políticos y Constitucionales*, Madrid, 24-27.

FINKELSTEIN, A., MAC DOUGALL, S., KINTOMINAS, A. y OLSEN, A. (2016). «Surrogacy Law and Policy in the U.S.: A National Conversation Informed by Global Lawmaking. Report of the Columbia Law School Sexuality & Gender Law Clinic», 55-63. En SMIETANA, M. et al. Sexual and Reproductive Health Matters 2021;29(1):377-393. Disponible en: https://www.tandfonline.com/doi/epdf/10.1080/26410397.2021.1878674?needAccess=true

FLORES HERNÁNDEZ, J. y AGUADO ROMERO, G. (2019). «Gestación por sustitución internacional: reflexiones sobre una restricción legislativa constitucionalmente válida con relación a la forma del registro de nacimiento y el margen de apreciación estatal». *Temas Socio-Jurídicos*, 38(76), 99-129. Disponible en: https://doi.org/10.29375/01208578.3581

FLORES RODRÍGUEZ, J. (2014). «Gestación por sustitución: La metamorfosis del parentesco». *La Ley* (Derecho de Familia), núm. 4874.

FLORES RODRÍGUEZ, J. (2019). «Convenio gestacional internacional y filiación transfronteriza: el modelo de los países del Este de Europa». *Actualidad Civil,* 1, 1-37. La Ley 1328/2019.

GALLEGO RIESTRA, S. y RIAÑO GALÁN, I. (2018). «¿Quién decide qué datos deben constar en la historia clínica en relación con el origen biológico?». *Revista de Atención Primaria*, 50 (2), 74-78. Disponible en: https://www.sciencedirect.com/science/article/pii/S0212656716304681?via%3Dihub

GARCÍA SAN JOSÉ, D. (2018). *La Europa de los derechos ante los avances científicos y tecnológicos*. Tirant lo Blanch.

GARZÓN JIMÉNEZ, R. (2015). *Análisis civil y constitucional de la situación jurídica del nasciturus*. Tirant Lo Blanch. ISBN: 978-84-9086-820-1.

GODOY VÁZQUEZ, M.O. (2013). *Régimen jurídico de la tecnología reproductiva y la investigación biomédica con material humano de origen embrionario: protección de los derechos fundamentales de los sujetos implicados* [Tesis Doctoral]. Disponible en: http://hdl.handle.net/11093/113

GÓMEZ ABEJA, L. (2013). *Las objeciones de conciencia* [Tesis Doctoral inédita]. Universidad de Sevilla.

GÓMEZ ABEJA, L. (2016). «Las objeciones de conciencia». *Centro de Estudios Políticos y Constitucionales*, Madrid.

GÓMEZ FERNÁNDEZ, I. (2020). «Incertidumbres y algunas certezas sobre la gestación subrogada en Portugal: descripción normativa y respuestas jurisprudenciales». En *Revista General de Derecho Constitucional*, 31, 1-41. (Número extraordinario).

– ¿Prohibir o regular? el debate en torno a la gestación por sustitución. Coordinadores: DÍAZ CREGO, M. y PÉREZ-MONEO, M. Disponible en: https://www.iustel.com/v2/revistas/detalle_revista.asp?numero=31&id=3

GÓMEZ SÁNCHEZ, Y. (1988). «Algunas reflexiones jurídico-constitucionales sobre el derecho a la reproducción humana y las nuevas técnicas de reproducción asistida». *Revista de Derecho Político*, 26, 85-114.

GÓMEZ SÁNCHEZ, Y. (1992). «Matrimonio y familia: arts. 32 y 39 de la Constitución». *Revista de Derecho Político*, 36, 207-224.

GÓMEZ SÁNCHEZ, Y. (2006). «El derecho de autodeterminación física». *Revista de la Sociedad Internacional de Bioética*, 16, 7-23.

GUTIÉRREZ GUTIÉRREZ, I. (2005). *Dignidad de la persona y derechos fundamentales*. Marcial Pons, Madrid.

HABERMAS, J. (2005). «¿Es posible una Constitución política para la sociedad mundial pluralista?». *Anales de la cátedra Francisco Suárez*, 107-119.

HEREDIA CERVANTES, I. (2015). «La inscripción de relaciones de filiación constituidas en el extranjero mediante gestación por sustitución: seis años desperdiciados», en BENAVENTE MOREDA, P. y FARNÓS AMORÓS, E., Treinta años de reproducción asistida en España: una mirada interdisciplinaria a un fenómeno global y actual. *Boletín del Ministerio de Justicia*, 339-396.

HERRERA, M. y LAMM, E. (2014). «Un valiente fallo del TEDH sobre gestación por sustitución. Prohibir, silenciar, regular o fallar». *La Ley*, núm. 122. AR/DOC/2285/2014.

IGAREDA GONZÁLEZ, N. (2014). «El Derecho a conocer los orígenes biológicos versus el anonimato en la donación de gametos». *Derechos y Libertades*, 31, 227-249.

IGAREDA GONZÁLEZ, N. (2018). «La gestación por sustitución: una oportunidad para repensar la filiación y la reproducción humana». *Revista Bioética y Derecho*, 44, 57-72.

IGAREDA GONZÁLEZ, N. (2020). «La gestación por sustitución en el Reino Unido: una oportunidad para el debate de su regulación en España». *Política y Sociedad*, 57 (3), 887-901.

INHORN, M. C. y GÜRTIN, Z. B. (2011). «Cross-border Reproductive Care: A Future Research Agenda». *Reproductive Biomedicine on-line*, 23(5), 665-676. Disponible en: doi:10.1016/j.rbmo.2011.08.002. y https://www.rbmojournal.com/action/showPdf?pii=S1472-6483%2811%2900467-6

JIMÉNEZ CAMPO, J. (2018). «Artículo 10.1». En PÉREZ MANZANO, M. (coord.), BORRAJO INIESTA, I. (coord.), RODRÍGUEZ-PIÑERO Y BRAVO-FERRER, M. (dir.), CASAS BAAMONDE, M. E. (dir.), ARNALDO ALCUBILLA, E. (ed. lit.) y REMÓN PEÑALVER, J. (ed. lit.): Comentarios a la Constitución Española, Vol. 1, tomo 1, 213-229. *BOE-Fundación Wolters Kluwer*, Madrid.

JADVA, V., IMRIE, S. and GOLOMBOK, S. «Surrogate mothers 10 years on: a longitudinal study of psychological well-being and relationships with the parents and child». Centre for Family Research, Department of Psychology, University of Cambridge, Free School Lane, Cambridge CB2 3RF, UK, Human Reproduction, Vol. 30, No. 2 pp. 373-379, 2015, Advanced Access publication on December 19, 2014, DOI: 10.1093/humrep/deu339.

JIMÉNEZ-BLANCO, A. (1991). «Garantías institucionales y derechos fundamentales en la Constitución». En S. Martín-Retortillo Baquer (Coord.), Estudios sobre la Constitución española: homenaje al profesor Eduardo García de Enterría, 2, 635-650. Civitas, Madrid.

KRASNOW, A. N. y PITASNY, T. (2015). «Gestación por sustitución e identidad. Su recepción implícita en el CCCoN». Cita: MJ-DOC-7539-AR MJD7539. Disponible en: https://aldiaargentina.microjuris.com/2015/12/14/gestacion-por-sustitucion-e-identidad-su-recepcion-implicita-en-el-codigo-civil-y-comercial/

KEMELMAJER DE CARLUCCI, A., HERRERA, M. y LAMM, E. (2011). «La reproducción médicamente asistida. Merito, oportunidad y conveniencia de su regulación». *La Ley*, AR/DOC/2487/2011, 1-17.

LAMM, E. (2012). «Gestación por sustitución. Realidad y Derecho». *Revista para el análisis del derecho, InDret*, 3/2012, 1-49.

LAMM, E. (2013). «Gestación por sustitución: ni maternidad subrogada ni alquiler de vientres». Ed. *Observatori de Biètica i Dret*, UB. ISBN, 978-84-475-3757-0.

LAMM, E. (2016). «Una vez más sobre gestación por sustitución, porque sin marco legal se siguen sumando violaciones a derechos humanos». *Ars Iuris Salmanticensis*, 4, 61-107. ISSN: 2340-5155, Ed. Universidad de Salamanca.

LAMM, E. (2018). «Repensando la gestación por sustitución desde el feminismo». Microjuris, MJ-DOC-13769-AR.

LARA AGUADO, A. (2022). «La encrucijada entre el derecho a la identidad personal de los menores nacidos por contratos de gestación por sustitución y el respeto a los derechos fundamentales Comentario a la STS (Sala de lo Civil) 277/2022, de 31 de marzo de 2022». *Aranzadi* (BIB 2022, 3365).

LATORRE, Á. (1995). «El derecho al libre desarrollo de la personalidad en la jurisprudencia del Tribunal Constitucional». En GARCÍA-SAN MIGUEL RODRÍGUEZ-ARANGO, L. (coord.): El libre desarrollo de la personalidad: artículo 10 de la Constitución, *Universidad de Alcalá,* Alcalá de Henares, 79-88.

LEMA AÑON, C. (2015). «Mujeres y reproducción asistida: ¿autonomía o sujeción?». En BENAVENTE MOREDA, P. y FARNÓS AMORÓS, E. Treinta años de reproducción asistida en España, Recurso electrónico una mirada interdisciplinaria a un fenómeno global y actual. *Boletín del Ministerio de Justicia*, 205-238.

LÓPEZ GÁLVEZ, J.J. y MORENO GARCÍA, J. M. (2015). ¿«Industria de la fertilidad» o respuesta a la búsqueda del hijo biológico?». En BENAVENTE MOREDA, P. y FARNÓS AMORÓS, E., Treinta años de reproducción asistida en España, Recurso electrónico una mirada interdisciplinaria a un fenómeno global y actual. Boletín del Ministerio de Justicia, 239-266.

LUCAS MURILLO DE LA CUEVA, P. (2008). «El derecho a la autodeterminación informativa y la protección de datos personales». *Azpilcueta: Cuadernos de Derecho*, 20, 43-58.

MARRADES PUIG, A. (2017). «La gestación subrogada en el marco de la CE: Una cuestión de derechos». *Cuadernos de Deusto*, 65 (1), 219-241.

MARTÍN CAMACHO, J. (2009). «Maternidad subrogada: una práctica moralmente aceptable. Análisis crítico de las argumentaciones de sus detractores». Disponible en: https://docplayer.es/4497026-Maternidad-subrogada-una-practica-moralmente-aceptable-analisis-critico-de-las-argumentaciones-de-sus-detractores.html

MARTÍN GARCÍA, M. L. (2021). «Maternidad por sustitución desde la perspectiva de la gestante», 29-46. En LASARTE ÁLVAREZ, C. *et al.* El reto de la gestación subrogada: luces y sombras. Dykinson, ISBN:978-84-1377-55 2-4.

MARTÍNEZ DE AGUIRRE, C. (2019). «International surrogacy arrangements: a global handmaid's tale?». En MOSTOWIK, P. (ed.). Fundamental and legal problems of surrogate motherhood. Global perspective. Varsovia. *Instytut Wymiaru Sprawiedliwości*. Disponible en: https://www.researchgate.net/profile/Piotr-Mostowik/publication/339416084_Fundamental_legal_problems_of_surrogate_motherhood_Global_perspective/links/5e504560299bf1cdb93cceff/Fundamental-legal-problems-of-surrogate-motherhood-Global-perspective.pdf

MOLERO MARTÍN SALAS, M. P. (2016). «La reproducción asistida en Europa: La labor armonizadora del Tribunal Europeo de Derechos Humanos». *Revista del Centro de Estudios Constitucionales*, 14 (2), 183-206.

MORERO BELTRÁN, A. M. (2018). «Características de las familias creadas por gestación subrogada en el Estado español». *Papeles del CEIC*, 2018-09 journal-article. Disponible en: DOI:10.1387/pceic.18966 y https://www.readyc.org/jatsRepo/765/76556984008/html/index.html

MUÑOZ DE DIOS SÁEZ, L. F. (2014). «La gestación por sustitución: un fraude a la adopción (tras la sentencia del Tribunal Supremo de 6 de febrero de 2014)». AFDUAM 18, 289-329.

NANCLARES VALLE, J. (2020). «El interés superior del menor en la gestación por sustitución». En *Revista General de Derecho Constitucional*, 31 (Número extraordinario).

¿Prohibir o regular? el debate en torno a la gestación por sustitución. Coordinadores: DÍAZ CREGO, M. y PÉREZ-MONEO, M. Disponible en: https://www.iustel.com/v2/revistas/detalle_revista.asp?numero=31&id=3

NUÑEZ, R., FEITO, L. y ABELLÁN, F. (2016). «Propuesta de bases generales para la regulación en España de la gestación por sustitución». Grupo de Ética y Buena Práctica Clínica de la Sociedad Española de Fertilidad. Disponible en: https://www.sefertilidad.net/docs/grupos/etica/propuestaBases.pdf

OLLERO TASSARA, A. (2009). «La objeción de conciencia en la Constitución Española». Disponible en: http://www.tribunalconstitucional.es/en/tribunal/Composicion-Organizacion/documentos-magistrados/OlleroTassara/Colaboraciones/240-OBJ-VALL.pdf

OVERALL, C. (2015). «Reproductive "Surrogacy" and Parental Licensing». *Bioethics,* 29 (5): 353-361. Disponible en: https://doi.org/10.1111/bioe.12107

PALACIOS ALONSO, M. (2005). «Ley sobre técnicas de reproducción asistida (35/88): de 1988 a 2005». En BENÍTEZ ORTÚZAR, I.F., MORILLAS CUEVA, L. y PERIS RIERA, J.M., Estudios jurídico penales sobre genética y biomedicina, 33-68. ISBN: 8497727789.

PANTALEÓN PRIETO, F. (1993). «Técnicas de reproducción asistida y Constitución», *Revista del Centro de Estudios Constitucionales*, 15, 129-160.

PARDO PUMAR, M. J. (2017). «La gestación subrogada en el caso Paradiso Campanelli contra Italia: inexistencia del derecho a ser padre o madre». *Familia y Sucesiones: Cuaderno Jurídico*, 121, 14-19 (SP/DOCT/22860).

PAREDERO HUERTA, I. (2016). «Gestación Subrogada: un modelo español». *Tribuna Abierta de elDiario.es*. Disponible en: https://www.eldiario.es/tribunaabierta/Gestacion-Subrogada-modelo-espanol_6_512058806.html

PEGORARO L. (2001). «El método en el derecho constitucional: la perspectiva desde el derecho comparado». *Revista de Estudios Políticos*, 112.

PÉREZ NAVARRO, P. (2017). «Abolicionismo y gestación subrogada». *Pikara Magazine*. Disponible en: https://www.pikaramagazine.com/2017/07/abolicionismo-y-gestacion-subrogada/

PERTUSA RODRÍGUEZ, L. (2018). «Dimensión consular de la gestación por sustitución en Derecho Internacional Privado». *Cuadernos de Derecho Transnacional*, 10 (2), 597-614.

PINO ÁVILA, A. (2023). «La gestación subrogada y el derecho internacional privado» (BIB 2023, 163). En *La autonomía reproductiva en la jurisprudencia del Tribunal Europeo de Derechos Humanos*. (BIB 2023, 29). Editorial Civitas, ISBN 978-84-1125-901-9.

PRESNO LINERA, M. Á. (2021). «Gestación por sustitución, autonomía personal y dignidad de la mujer gestante». En CARRIÓ SAMPEDRO, A. (coord..): Gestación por sustitución: análisis crítico y propuestas de regulación, 109-130. Marcial Pons, Madrid.

PRESNO LINERA, M. Á. (2022). *Libre desarrollo de personalidad y derechos fundamentales*. Marcial Pons, Madrid.

PUIG FERRIOL, L. (2022). «Constitución y protección de la familia». *Cuadernos constitucionales de la Cátedra Fadrique Furió Ceriol,* 40, 177-191.

PUNSET, E. (2014). *Lo que nos pasa por dentro. Un millón de vidas al descubierto*. Destino (Imago Mundi) ISBN: 9788423328963.

QUIÑONES ESCÁMEZ, A. (2009). «Doble filiación paterna de gemelos nacidos en el extranjero mediante maternidad subrogada: En torno a la RDGRN de 18 de febrero de 2009». *Revista para el análisis del derecho, Indret*, 3/2009.

ROCA TRIAS, E. (2006). «Familia y Constitución». *Anuario de la Facultad de Derecho de la Universidad Autónoma de Madrid*, 10, 207-228.

ROCA TRÍAS, E. (2015). «Dura *lex* sed *lex*. O de cómo integrar el interés del menor y la prohibición de la maternidad subrogada». Boletín del Ministerio de Justicia, 2179, 301-338.

RODRÍGUEZ-JAUME, M. J.; GONZÁLEZ-RÍO, M. J.; CABALLERO PÉREZ, P. (2019). «Preguntas y respuestas sobre la gestación por sustitución: los estudios de opinión pública a revisión». *Política y Sociedad*, 56(2), 295-316. (https://doi.org/10.5209/poso.59736).

RODRÍGUEZ-JAUME, M. J.; GONZÁLEZ-RÍO, M.J.; CABALLERO PÉREZ, P. (2023). «La opinión pública española sobre la gestación por sustitución». *Revista Española de Investigaciones Sociológicas*, 182: 119-138. (DOI: 10.5477/cis/reis.182.119).

ROJAS VENEGAS, B. y CIENFUEGOS SALGADO, D. (2021). *El dilema de la concepción humana asistida. Breve análisis de la gestación por sustitución o maternidad subrogada* .Monografías (Tirant Lo Blanch). ISBN: 97884135 52866.

ROMEO CASABONA, C. M.ª. (1994). «Perspectiva legal de las técnicas de reproducción humana asistida. Los límites de la manipulación genética y experimentación embrionaria». *Cuadernos de Derecho Judicial*. Consejo General del Poder Judicial, 252-253.

ROUSSEAU, J. J. (1762). *Emilio o la Educación*. ISBN: 9788420664460.

SALÀS DARROCHA, J. T. (2002). «Derecho a la reproducción humana». *Repertorio Aranzadi del Tribunal Constitucional núm. 7/2002*. (BIB 2002, 811).

SALAZAR BENÍTEZ, O. (2016). «Educación diferenciada por razón de sexo y derecho a la educación. Sobre la inconstitucionalidad de la reforma del art. 84.3 de la Ley Orgánica de Educación». *Revista Española de Derecho Constitucional*, 106, 451-478.

SALAZAR BENÍTEZ, O. (2017). «La gestación por sustitución desde una perspectiva jurídica. Algunas reflexiones sobre el conflicto entre deseos y derechos». *Revista de Derecho Político*, 99, 79-120.

SALAZAR BENÍTEZ, O. (2018). *La gestación para otros. Una reflexión jurídico-constitucional sobre el conflicto entre deseos y derechos*. Dykinson, Madrid. ISBN: 9788491489269.

SÁNCHEZ ARISTI, R. (2010). «La gestación por sustitución: dilemas éticos y jurídicos». *Humanitas: Humanidades Médicas*, 49, 1-38.

SÁNCHEZ HERNÁNDEZ, C. (2018). «Gestación por sustitución: una realidad y dos soluciones en la experiencia jurídica española». *Revista para el análisis del derecho, InDret*, 4/2018.

SÁNCHEZ MARTÍNEZ, O. (2017). «La gestación por sustitución: una consecuencia lógica de la libertad reproductiva o un caso dramático de las reproducciones asistidas». *Derechos y Libertades*, 36, 91-133. Disponible en: DOI: 10.14679/1038.

SERRANO OCHOA, M. Á. (2022). «El acceso en igualdad a las técnicas de reproducción médicamente asistida: carencias legislativas y gestación por sustitución». *IUS ET SCIENTIA: Revista electrónica de Derecho y Ciencia*, 8 (2), 122-135. ISSN 2444-8478. Disponible en: http://doi.org/10.12795/IESTSCIENTIA.2022.i02.09

SERRANO OCHOA, M. Á. (2023). «El interés superior del menor como eje vertebrador de la futura regulación de la gestación por sustitución solidaria en España». *Revista Española de Derecho Constitucional,* 129, 117-144. Disponible en: https://doi.org/10.18042/cepc/redc.129.04

SGRECCIA, E. (2009). *Manual de bioética. Fundamentos y ética biomédica*. Madrid: Biblioteca de Autores Cristianos.

SILVA-RUIZ, P. F. (1988). «Baby M y el contrato de maternidad subrogada, sustituta o suplente». *Boletín de Información del Ministerio de Justicia*,

Madrid, España, 1503, 3898-3937 (le sigue una traducción al español de la Opinión y STS de Nueva Jersey, Estados Unidos, en el caso de *Baby M*). Disponible en: https://docplayer.es/55447350-Baby-m-y-el-contrato-de-maternidad-subrogada-sustituta-o-suplente.html

SISCO RICCIARDI, O. (2013). «Maternidad subrogada. Aspectos generales. Su regulación en Venezuela». Ponencia del X Foro de derecho de la Infancia y de la Adolescencia, organizado por la Sala de Casación Social del Tribunal Supremo de Justicia y el Fondo para la Infancia de las Naciones Unidas (UNICEF), Caracas. Disponible en: https://www.academia.edu/12325452/Maternidad_Subrogada._Aspectos_Generales._Su_regulaci%C3%B3n_en_Venezuela

SIVERINO BAVIO, P. (2018). «Cuando tu madre no te parió». Diario El Comercio, Perú. Disponible en: https://elcomercio.pe/opinion/colaboradores/madre-pario-paula-siverino-noticia-553974-noticia/

SOSA PASTRANA F. (2022). «La gestación por subrogación en México», en *La gestación por subrogación en América Latina*, ESPEJO YAKSIC, N., FENTON-GLYNN, C., LATHROP GÓMEZ, F., SCHERPE, J.M., Ed. Suprema Corte de Justicia de la Nación, México, pp. 246-276. Disponible en: https://www.sitios.scjn.gob.mx/cec/biblioteca-virtual/la-gestacion-por-subrogacion-en-america-latina

SOUTO GALVÁN, B. (2005). «Aproximación al estudio de la gestación de sustitución desde la perspectiva del bioderecho». *Foro, Nueva Época*, 1, 275-292.

SPOTORNO, R. M. (2020). *A Defence of parental licensing: how we should do justice to children an adults* [Tesis Doctoral]. Disponible en: http://hdl.handle.net/10803/671055

TEITELBAUM, H. (2016). «La fractura del axioma "madre siempre cierta es" frente a la voluntad procreacional». *Revista del Notariado*, 925. Disponible en: https://www.revista-notariado.org.ar/index.php/2017/01/la-fractura-del-axioma-madre-siempre-cierta-es-frente-a-la-voluntad-procreacional/

TOMÁS Y VALIENTE, F. (1996). *Constitución: escritos de introducción histórica.* Marcial Pons, Madrid.

TORRES, V. (2017). «El silencio no es indicio de inexistencia. La gestación por sustitución y su necesidad de regulación». *Diario DPI Suplemento Derecho Civil, Bioética y Derechos Humanos*, 29.

VALERO HEREDIA, A. (2019). «La maternidad subrogada: un asunto de derechos fundamentales». *Teoría y Realidad Constitucional*, 43, 421-440.

VAQUERO LÓPEZ, C. (2015). «La denegación de acceso al Registro Civil español de la filiación derivada de un contrato de gestación por sustitución a la luz de la jurisprudencia del TEDH: Comentario del Auto de 2 de febrero de 2015». *Aranzadi*, 4 (BIB 2015, 982), 107-116.

VASTAROUCHA, M.C. (2019). «Surrogacy Proceedings in Greece after the implementation of law 4272/2014». Disponible en: http://www.greeklawdigest.gr/topics/aspects-of-greek-civil-law/*item*/217-surrogacy-proceedings-in-greece-after-the-implementation-of-law-4272-2014

VÁZQUEZ ALONSO, V. (2011). «Home schooling y Constitución: consideraciones sobre una prudente jurisprudencia constitucional». *Estudios de Deusto*, 59 (1), 259-276.

VELA SÁNCHEZ, A. J. (2012). *La maternidad subrogada: estudio ante un reto normativo*. Comares, ISBN: 9788498369694.

VELA SÁNCHEZ, A. J. (2014). «Soluciones prácticas para la eficacia en España de un convenio de gestación por encargo. De nuevo a propósito de la STS de 6 de febrero de 2014». *Diario La Ley*, 8309, 1-9. Sección Doctrina, 13 de mayo de 2014, Ref. D-150.

VELA SÁNCHEZ, A. J. (2015 a). «Comentario a la iniciativa legislativa popular para la regulación de la gestación por subrogación en España». *Diario La Ley*, 8457.

VELA SÁNCHEZ, A. J. (2015 b). *Gestación por encargo: Tratamiento Judicial y soluciones prácticas. La cuestión jurídica de las madres de alquiler*. Reus, ISBN: 9788429018394.

VELA SÁNCHEZ, A. J. (2016). «La gestación por sustitución se permite en Portugal. A propósito de la Ley Portuguesa núm.25/2016, de 22 de agosto». *Diario La Ley*, 8868.

VELA SÁNCHEZ, A. J. (2017). «¿En serio? Yo alucino con e l Comité. A propósito del Informe del Comité de Bioética de España sobre los aspectos éticos y jurídicos de la maternidad subrogada de 19 de mayo de 2017». *Diario La Ley*, 9035, Sección Doctrina, 6 de septiembre de 2017.

VELA SÁNCHEZ, A. J. (2018). «Y el sueño se convirtió en pesadilla: el Tribunal Constitucional Portugués declara la inconstitucionalidad de la legislación sobre gestación por sustitución (I). A propósito de la STC portugués n.º 225/2018, de 24 de abril». *Diario La Ley*, 9826, 1-16.

VILA-CORO VÁZQUEZ, A. (2015). «Hacia una regulación de la Gestación por Sustitución como Técnica de Reproducción Asistida. Treinta años de reproducción asistida en España: una mirada interdisciplinaria a un fenómeno global y actual». En BENAVENTE MOREDA, P. y FARNÓS AMORÓS, E., Recurso electrónico, ISSN: 1989-4767, NIPO: 051-15-001-5. *Boletín del Ministerio de Justicia*, Año LXIX, n.º 2179. junio de 2015.

VILAR GONZÁLEZ, S. (2014). «Situación actual de la gestación por sustitución». *Revista de Derecho UNED,* 14, 897-931. Disponible en: http://revistas.uned.es/index.php/RDUNED/article/viewFile/13293/12164

VILAR GONZÁLEZ, S. (2018). *La gestación subrogada en España y en el derecho comparado*. Bosch, Wolters Kluwer, ISBN: 9788490902981.

WARNOCK, D. M. (1984). «Report of the committee of inquiry into human fertilisation and embryology». Disponible en: https://www.bioeticacs.org/iceb/documentos/Warnock_Report_of_the_Committee_of_Inquiry_into_Human_Fertilisation_and_Embryology_1984.pdf

ZABALETA, D. B. (2019). «¿Es constitucionalmente válida la doble filiación? Comentario a la sentencia de la Cámara de Apelaciones en lo Civil y Comercial de Mar del Plata recaída en los autos "C., M. F. y otro"». *El Derecho*, 14.592.

OTROS DOCUMENTOS CONSULTADOS

AMERICAN SOCIETY FOR REPRODUCTIVE MEDICINE (2018). Consideration of the gestational carrier: an Ethics Committee opinion Ethics Committee of the American Society for Reproductive Medicine. Disponible en: https://www.fertstert.org/article/S0015-0282(18)31838-7/fulltext

Practice Committee of the American Society for Reproductive Medicine and Practice Committee of the Society for Assisted Reproductive Technology (2022). Recommendations for practices using gestational carriers: a committee opinion. Disponible en: https://doi.org/10.1016/j.fertnstert.2022.05.001

COMITÉ DE BIOÉTICA DE ESPAÑA (2017). Informe del Comité de Bioética de España sobre los aspectos éticos y jurídicos de la maternidad subrogada. Disponible en: https://www.bioeticaweb.com/wp-content/uploads/2017/05/maternidadCB.pdf

COMITÉ DE BIOÉTICA DE ESPAÑA (2020). Informe del Comité de Bioética de España sobre el derecho de los hijos nacidos de las técnicas de reproducción humana asistida a conocer sus orígenes biológicos. Disponible en: https://comitedebioetica.isciii.es/informe-del-comite-de-bioetica-de-espana-sobre-el-derecho-de-los-hijos-nacidos-de-las-tecnicas-de-reproduccion-humana-asistida-a-conocer-sus-origenes-biologicos-2/

Guía sobre el artículo 8 del Convenio Europeo de Derechos Humanos. Disponible en: https://www.echr.coe.int/documents/d/echr/Guide_Art_8_SPAIN STITUTO DE LA MUJER (1985).

Informe a la Comisión Palacios (10-05-1985), ACD Se Gral Leg 3330 n.º único.

OMS (2010). Glosario de terminología en Técnicas de Reproducción Asistida (TRA). Versión revisada y preparada por el International Committee for Monitoring Assisted Reproductive Technology (ICMART) y la Organización Mundial de la Salud (OMS). Disponible en: https://cnrha.sanidad.gob.es/documentacion/bioetica/pdf/Tecnicas_Reproduccion_Asistida_TRA.pdf

ONU (1990). Observación General n.º 19, Comentarios generales adoptados por el Comité de los Derechos Humanos, Art. 23 — La familia, 39.º período de sesiones, U.N. Doc. HRI/GEN/1/Rev.7 at 171.

ONU (2014). Observaciones finales sobre los informes periódicos tercero y cuarto combinados de la India. CRC/C/IND/CO/3-4132. 7 de julio de 2014. Disponible en: http://tbinternet.ohchr.org/_layouts/treatybodyexternal/Download.aspx?symbolno=CRC/C/IND/CO/3-4&Lang=En

ONU (2015 a). Observaciones finales sobre los informes periódicos cuarto y quinto combinados de México. CRC/C/MEX/CO/4-5134. 3 de julio de 2015. Disponible en: https://documents-dds-ny.un.org/doc/UNDOC/GEN/G15/146/15/PDF/G1514615.pdf?OpenElement

ONU (2015 b). Observaciones finales sobre el informe presentado por Israel en virtud del art. 12, párrafo 1, del Protocolo Facultativo de la Convención sobre los Derechos del Niño relativo a la venta de niños, la prostitución infantil y la utilización de niños en la pornografía. CRC/C/OPSC/ISR/CO/1133. 13 de julio de 2015. Disponible en: http://tbinternet.ohchr.org/_layouts/treatybodyexternal/Download.aspx?symbolno=CRC/C/OPSC/ISR/CO/1&Lang=En

ONU (2017). Observaciones finales sobre los informes periódicos tercero y cuarto combinados de los Estados Unidos de América presentados en virtud del art. 12, párrafo 1, del Protocolo Facultativo de la Convención sobre los Derechos del Niño relativo a la venta de niños, la prostitución infantil y la utilización de niños en la pornografía. CRC/C/OPSC/USA/CO/3-4131. 12 de junio de 2017. Disponible en: http://tbinternet.ohchr.org/_layouts/treatybodyexternal/Download.aspx?symbolno=CRC/C/OPSC/USA/CO/3-4&Lang=En

ONU (2018 a). Observaciones finales sobre los informes periódicos quinto y sexto combinados de España. CRC/C/ESP/CO/5-6. 5 de marzo de 2018. Disponible en: http://tbinternet.ohchr.org/_layouts/treatybodyexternal/Download.aspx?symbolno=CRC%2fC%2fESP%2fCO%2f5-6&Lang=en

ONU (2018 b). Informe de la Relatora Especial sobre la venta y la explotación sexual de niños, incluidos la prostitución infantil, la utilización de niños en la pornografía y demás material que muestre abusos sexuales de niños. A/HRC/37/60. Consejo de Derechos Humanos. 37.º período de sesiones, 26 de febrero a 23 de marzo de 2018. Disponible en: http://undocs.org/es/A/HRC/37/60

ONU (2019). Informe de la Relatora Especial sobre la venta y la explotación sexual de niños, incluidos la prostitución infantil, la utilización de niños en la pornografía y demás material que muestre abusos sexuales de niños. A/74/162, 15 de julio de 2019. Disponible en: https://documents-dds-ny.un.org/doc/UNDOC/GEN/N19/216/52/PDF/N1921652.pdf?OpenElement

Portal de Transparencia del Ministerio de Asuntos Exteriores, Unión Europea y Cooperación (respuestas a las consultas n.º 00001-00056207 y 00001-00081578 de entrada de Registro).

Principles for the protection of the rights of the child born through surrogacy (Verona principles), 2021. Disponible en: https://iss-ssi.org/wp-content/uploads/2023/03/VeronaPrinciples_25February2021-1.pdf).

Proposición de Ley 122/000117 reguladora del derecho a la gestación por subrogación. BOCG de 8 de septiembre de 2017, n.º 145-1. Disponible en: https://www.congreso.es/public_oficiales/L12/CONG/BOCG/B/BOCG-12-B-145-1.PDF

Proposición de Ley 122/000015 reguladora del derecho a la gestación por sustitución. BOCG de 16 de julio de 2019. Disponible en: https://www.congreso.es/public_oficiales/L13/CONG/BOCG/B/BOCG-13-B-46-1.PDF

Proposición de Ley 122/000316 reguladora del derecho a la gestación por sustitución. BOCG de 14 de abril de 2023. Disponible en: https://www.congreso.es/public_oficiales/L14/CONG/BOCG/B/BOCG-14-B-341-1.PDF

Referencias jurisprudenciales y de la DGSJFP

Resoluciones del Tribunal Europeo de Derechos Humanos

STEDH, REES c. REINO UNIDO, de 17 -10- 1986 (TEDH 1986, 11).

STEDH, KROON y otros c. PAÍSES BAJOS, de 27-10-1994 (TEDH 1994, 37).

STEDH, NEGREPONTIS-GIANNISIS c. Grecia, de 03-05-o 2011 (TEDH 2011, 43).

STEDH, FRETTÉ c. FRANCIA, de 26-02-2002 (TEDH 2002, 10).

STEDH, MENNESSON c. FRANCIA, de 26-06-2014 (TEDH 2014, 176908).

STEDH, LABASSEE c. FRANCIA, de 26-06-2014 (TEDH 2014, 176905).

STEDH, D. y Otros c. BÉLGICA, de 08-07-2014.

STEDH, FOULON Y BOUVET c. FRANCIA, 21-07-2016 (TEDH 2016, 61).

STEDH, PARADISO y CAMPANELLI c. ITALIA, de 27 de enero de 2015, revocada por la Gran Sala del TEDH el 24-01-2017 (JUR 2017, 25806).

TEDH, Opinión Consultiva n.º P16-2018-001, de 10-04-2019.

TEDH, Decisión de Inadmisión PETITHORY LANZMANN c. FRANCIA, de 12-11-2019.

TEDH, Decisión de Inadmisión n.º 1462/18 y n.º 17348/18 C. c. FRANCIA y E. c. FRANCIA, de 12-12-2019.

STEDH, D. c. FRANCIA, de 16-07-2020 (JUR 2020, 214195).

STEDH, VALDÍS FJÖLNISDÓTTIR y Otros c. ISLANDIA, de 18-05-2021 (TEDH 2021, 63).

STEDH, A.M. c. NORUEGA, de 24-03-2022 (JUR 2022, 114184).

STEDH, A.L. c. FRANCIA, de 07-04-2022.

STEDH, DB y otros c. SUIZA, de 22-11-2022 (TEDH 2022, 176).

STEDH, KK y otros c. DINAMARCA, de 06-12-2022 (TEDH 2022, 168).

STEDH, GAYVIN FOURNIS y SILLIA c. FRANCIA, de 07-09-2023 (JUR 2023, 387564).

STEDH, BARET y CABALLERO c. FRANCIA, de 14-09-2023 (TEDH 2023, 75).

Sentencias del Tribunal de Justicia de la Unión Europea

STJUE de 02-10-2003, GARCÍA AVELLO, C-148/02 (TJCE 2003, 314).

STJUE de 14-10-2008, GRUNKIN y PAUL, C-353/06, Gran Sala (TJCE 2008, 235).

STJUE de 12-05-2011, MALGOŽATA RUNEVIČ-VARDYN Y ŁUKASZ WARDYN, C-391/09 (TJCE 2011, 132).

STJUE de 14-12-2021, STOLICHNA, OBSHTINA, RAYON «PANCHAREVO», C-490/20, Gran Sala (TJCE 2021, 281).

Resoluciones de tribunales nacionales

Resoluciones del Tribunal Constitucional

STC núm. 5/1981, de 13-02-1981, BOE núm. 47, de 24 de febrero de 1981.

STC núm. 2/1982, de 29-01-1982, BOE núm. 49 de 26 de febrero de 1982.

STC núm. 15/1982, de 23-04-1982, BOE núm. 118, de 18 de mayo de 1982.

STC núm. 91/1983, de 7-11-1983, BOE núm. 288, de 2 de diciembre de 1983.

STC núm. 53/1985, de 11-04-1985, BOE núm. 119, de 18 de mayo de 1985.

STC núm. 89/1987, de 03-06-1987, BOE núm. 151, de 25 de junio de 1987.

STC núm. 160/1987, de 27-10-1987, BOE núm. 271, de 12 de noviembre de 1987.

STC núm. 120/1990, de 27-06-1990, BOE núm. 181, de 30 de julio de 1990.

STC núm. 222/1992, de 11-12-1992, BOE núm. 16, de 19 de enero de 1993.

STC núm. 7/1994, de 17-01-1994, BOE núm. 41, de 17 de febrero de 1994.

STC núm. 215/1994, de 14-07-1994, BOE núm. 197, de 18 de agosto de 1994.

STC núm. 53/1995, de 11-04-1995, BOE núm. 77, de 31 de marzo de 1995.

STC núm. 207/1996, de 16-12-1996, BOE núm. 19, de 22 de enero de 1997.

STC núm. 67/1998, de 18-03-1998, BOE núm. 96, de 22 de abril de 1998.

STC núm. 95/1999, de 31-05-1999, BOE núm. 154, de 29 de junio de 1999.

STC núm. 116/1999, de 17-06-1999, BOE núm. 162, de 8 de julio de 1999.

STC núm. 224/1999, de 13-12-1999, BOE núm. 17, de 20 de enero de 2000.

STC núm. 91/2000, de 30-03-2000, BOE núm. 107, de 04 de mayo de 2000.

STC núm. 292/2000, de 30-11-2000, BOE núm. 4, de 04 de enero de 2001.

STC núm. 46/2001, de 15-02-2001, BOE núm. 65, de 16 de marzo de 2001.

STC núm. 154/2002, de 18-07-2002, BOE núm. 188, de 07 de agosto de 2002.

STC núm. 192/2003, de 27-10-2003, BOE núm. 283, de 26 de noviembre de 2003.

STC núm. 71/2004, de 19-04-2004, BOE núm. 120, de 18 de mayo de 2004.

STC núm. 273/2005, de 27-10-2005, BOE núm. 285, de 29 de noviembre de 2005.

STC núm. 41/2006, de 13-02-2006, BOE núm. 64, de 16 de marzo de 2006.

STC núm. 236/2007, de 07-11-2007, BOE núm. 295, de 10 de diciembre de 2007.

STC núm. 37/2011, de 28-03-2011, BOE núm. 101, de 28 de abril de 2011.

STC núm. 51/2011, de 14-04-2011, BOE núm. 111, de 10 de mayo de 2011.

STC núm. 185/2012, de 17-10-2012, BOE núm. 274, de 14 de noviembre de 2012.

STC núm. 198/2012, de 06-11-2012, BOE núm. 299, de 13 de diciembre de 2012.

STC núm. 186/2013, de 04-11-2013, BOE núm. 290, de 04 de diciembre de 2013.

STC núm. 66/2014, de 05-05-2014, BOE núm. 134, de 3 de junio de 2014.

STC núm. 151/2014, de 25-09-2014, BOE núm. 261, de 28 de octubre de 2014.

STC núm. 145/2015, de 25-06-2015, BOE núm. 182, de 31 de julio de 2015.

STC núm. 11/2016, de 01-02-2016, BOE núm. 57, de 07 de marzo de 2016.

ATC núm. 129/2016, de 21-06-2016, BOE núm. 181, de 28 de julio de 2016.

STC núm. 58/2018, de 04-06-2018, BOE núm. 164, de 7 de julio de 2018.

STC núm. 111/2018, de 17-10-2018, BOE núm. 280, de 20 de noviembre de 2018.

STC núm. 56/2019, de 06-05-2019, BOE núm. 138, de 10 de junio de 2019.

STC núm. 64/2019, de 09-05-2019, BOE núm. 138, de 10 de junio de 2019.

STC núm. 76/2019, de 22-05-2019, BOE núm. 151, de 25 de junio de 2019.

STC núm. 99/2019, de 18-07-2019, BOE núm. 192, de 12 de agosto de 2019.

STC núm. 27/2020, de 24-02-2020, BOE núm. 83, de 26 de marzo de 2020.

STC núm. 42/2020, de 09-03-2020, BOE núm. 163, de 10 de junio de 2020.

STC núm. 113/2021, de 31-05-2021, BOE núm. 161, de 7 de julio de 2021.

STC núm. 42/2022, de 21-03-2022, BOE núm. 103, de 30 de abril de 2022.

STC núm. 67/2022, de 02-06-2022, BOE núm. 159, de 4 de julio de 2022.

STC núm. 82/2022, de 27-06-2022, BOE núm. 181, de 29 de julio de 2022.

STC núm. 89/2022, de 29-06-2022, BOE núm. 181, de 29 de julio de 2022.

STC núm. 106/2022, de 13-09-2022, BOE núm. 253, de 21 de octubre de 2022.

STC núm. 19/2023, de 22-03-2023, BOE núm. 98, de 25 de abril de 2023.

STC núm. 44/2023, de 09-05-2023, BOE núm. 139, de 12 de junio de 2023.

STC núm. 56/2023, de 22/05/2023, BOE núm. 150, de 24 de junio de 2023.

Resoluciones del Tribunal Supremo

STS núm. 69/2007, de 11-05-2009. Roj: STS 3059/2009.

STS de 11-05-2009 (RJ 2009, 4279).

STS núm. 740/2013, de 05-12-2013 (RJ 2013, 7640).

STS núm. 836/2013, de 15-01-2014 (RJ 2014, 1265).

STS núm. 835/2013, de 06-02-2014 (RJ 2014, 833).

ATS de 02-02-2015 (RJ 2015, 141).

STS núm. 953/2016, de 16-11-2016. Roj: STS 5283/2016.

STS núm. 45/2022, de 27-01-2022 (RJ 2022, 576).

STS núm. 277/2022, de 31-03-2022 (RJ 2022, 1190).

Sentencias de Tribunales Superiores de Justicia

STSJ M núm. 20310/2008, de 28-10-2008 (RJCA 2009, 275).

STSJ AND, núm. 319/2015, de 04-02-2015. Roj: STSJ AND 250/2015.

STSJ M núm. 350/2016, de 20-06-2016 (RJCA 2016, 768).

STSJ CAT núm. 4766/2016, de 19-07-2016 (AS 2016, 2099).

STSJ M núm. 209/2017, de 13-03-2017 (JUR 2017, 79536).

STSJ M núm. 288/2017, de 27-03-2017 (JUR 2017, 119140).

STSJ CAT núm. 35/2017, de 20-07-2017 (RJ 2017, 6252).

STSJ M núm. 529/2018, 08-06-2018 (AS 2019, 6).

STSJ CAT núm. 4028/2018, de 06-07-2018 (AS 2019, 657).

STSJ PV núm. 2119/2018, de 30-10-2018 (JUR 2019, 58484).

STSJ M núm. 25/2019, de 31-01-2019 (RJCA 2019, 701).

STSJ CAT núm. 1061/2022, de 16-02-2022 (JUR 2022, 106813).

STSJ G núm. 4581/2023 de 23-10-2023 (JUR 2023, 404134).

Resoluciones de Audiencias Provinciales

SAP de Murcia núm. 372/2011, de 30-09-2011 (ARP 2011, 1222).

SAP V núm. 826/2011, de 23-11-2011 (AC 2011, 1561).

SAP MA núm. 105/2016, de 17-02-2016 (JUR 2016, 69277).

SAP V núm. 29/2017, de 16-01-2017 (JUR 2017, 40869).

AAP LO núm. 44/2017, de 02-05-2017 (JUR 2017, 190039).

AAP B núm 180/2017, de 17-05-2017 (JUR 2017, 267636).

SAP L núm. 44/2018, de 29-01-2018 (JUR 2018, 86294).

AAP SO núm. 20/2018, de 21-05-2018 (JUR 2018, 242438).

AAP O núm. 87/2018, de 24-07-2018 (JUR 2018, 300256).

AAP B núm. 565/2018, de 16-10-2018 (JUR 2018, 290468).

AAP BA núm. 144/2018, de 29-10-2018 (JUR 2019, 69596).

AAP MA núm. 962/2018, de 16-11-2018 (JUR 2021, 376371).

AAP GR núm. 183/2018, de 16-11-2018 (JUR 2019, 239909).

AAP B núm. 854/2018 de 17-12-2018 (JUR 2019, 92245).

SAP B núm.10/2019, de 15-01-2019 (JUR 2019, 25547).

AAP B núm. 178/2019, de 18-01-2019 (ARP 2019, 819).

SAP MU núm. 91/2019, de 31-01-2019 (JUR 2019, 71777).

SAP O núm. 384/2019, de 12-11-2019 (JUR 2020, 32695).

SAP M núm. 494/2019, de 18-11-2019 (JUR 2020, 72818).

SAP B núm. 618/2019, de 28-11-2019 (JUR 2019, 335488).

AAP B núm. 57/2020, de 11-02-2020 (JUR 2020, 86062).

AAP O núm. 37/2020, de 26-05-2020 (JUR 2020, 277786).

SAP M núm. 947/2020, de 01-12-2020 (JUR 2021, 55934).

SAP LE núm. 370/2020, de 21-12-2020 (JUR 2021, 83790).

AAP B núm. 104/2021, de 17-03-2021 (JUR 2021, 169793).

SAP B núm. 220/2021, de 06-04-2021 (JUR 2021, 192738).

SAP IB núm. 207/2021, de 27-04-2021 (JUR 2021, 163294).

SAP M núm. 968/2021, de 11-10-2021 (JUR 2022, 12783).

AAP OU núm. 143/2021, de 21-10-2021 (JUR 2021, 25912).

AAP B, núm. 56/2022 de 01-03-2022 (JUR 2023, 26397).

SAP NA núm. 187/2022, de 25-03-2022 (JUR 2022, 201395).

SAP MA núm. 337/2022, de 08-04-2022 (JUR 2022, 249275).

SAP NA núm. 406/2022, 07-06-2022 (JUR 2022, 264041).

SAP B núm. 418/2022, de 08-09-2022 (JUR 2022, 328502).

AAP B núm. 135/2023 de 26-04-2023 (JUR 2023, 327070).

SAP B núm. 398/2023 de 29-06-2023 (JUR 2023, 317400).

SAP M núm. 473/2023 de 27-09-2023 (JUR 2023, 406341).

Resoluciones de Juzgados

Juzgado Central de lo Penal n.º 1, Sentencia núm. 60/2008, de 23-10-2008 (ARP 2019, 1587).

Juzgado de Primera Instancia n.º 15 de Valencia, Sentencia núm. 193/2010, de 15-09-2010 (AC 2010, 1707).

Juzgado de Primera Instancia e Instrucción n.º 1 de Pozuelo de Alarcón, Exequátur núm. 285/2012, de 25-06-2012 (AC 2013, 281).

Juzgado de Primera Instancia núm. 4 de Pamplona, Sentencia núm. 157/2021, de 08-07-2021 (JUR 2021, 327980).

Juzgado de Primera Instancia e Instrucción n.º 3 de Tudela, Sentencia núm. 134/2021, de 23-07-2021 (JUR 2021, 308527).

Sentencias de Tribunales Extranjeros

Andorra

STSJ, Sala Civil, de 12 de septiembre del 2017, Exequátur 483/2016 (NIG: 5300531120160000031).

STSJ, Sala Civil, de 27 de febrero de 2018, Exequátur 416/2017 (NIG: 5300531120170000014).

STSJ, Sala Civil de 30 de noviembre del 2020, Exequátur 89/2020 (NIG: 5300531120200000006).

Argentina

Asunto «Freyre Alejandro contra Gcba sobre amparo (art. 14 ccaba)», expte: 34292 /0, sentencia de 10 de noviembre de 2009, Poder Judicial de Buenos Aires.

Asunto «C., F.A. y otro c. R.S., M. L. s/ impugnación de maternidad», sentencia de 18 de mayo de 2015 (Juzgado Nacional de 1.ª Instancia en lo Civil n.º 102), La Ley on-line: AR/JUR/12711/2015.

Asunto «H.M. y otro/a s/ medidas precautorias (art. 232 del CPCC)», sentencia de 30 de diciembre de 2015 (Juzgado Familia n.º 7 de Lomas de Zamora), Microjuris on-line: MJ-JU-M-97208-AR.

Asunto «A.R., C y otros c/ C., M.J. s/ impugnación de filiación», sentencia de 23 de mayo de 2016 (Juzgado Nacional en lo Civil n.º 7).

Asunto «S G G. y otros s/ filiación», sentencia de 27 de mayo de 2016 (Tribunal Colegiado de Familia nº 5 de Rosario), La Ley on-line: AR/JUR/37971/2016.

Asunto «A. R., C. y otros c. C., M. J. s/ impugnación de filiación», sentencia de 15 de 06 de 2016 (Juzgado de Buenos Aires n.º 7).

Asunto «S.T., A y otros/ Inscripción de nacimiento», sentencia de 30 de junio de 2016 (Juzgado Nacional en lo Civil n.º 4).

Asunto «S.P., B.B. c/ S.P., R.F. s/ materia a categorizar», sentencia de 4 de julio de 2016 (Sentencia del Juzgado de Familia n.º 2 de Moreno), La Ley on-line: AR/JUR/42506/2016.

Asunto «B.J.D. y otros s/ materia a categorizar (277)», expediente n.º LZ-52635-2016, sentencia de 30 de noviembre de 2016 (Juzgado de Familia n.º 7 de Las Lomas de Zamora), El Dial, 28/12/2016.

Asunto «Reservado s/ autorización judicial (f)», expediente n.º 0260/17/J7, sentencia de 6 de julio de 2017 (Juzgado de Familia n.º 7 de Viedma), SAIJ: FA17050000.

Asunto «R.L.S. y otros s/ solicita homologación», sentencia de 22 de noviembre de 2017 (Juzgado de Familia de Córdoba), Microjuris on-line: MJ-JU-M-108546-AR.

Asunto «S.T.V. s/ inscripción de nacimiento», sentencia de 15 de marzo de 2018 (Cámara Nacional de Apelaciones en lo Civil, Sala/Juzgado: H), Microjuris on-line: MJ-JU-M-110359-AR.

Asunto «C., M.F. y otro», sentencia de 20 de diciembre de 2018 (Cámara de Apelaciones en lo Civil y Comercial de Mar del Plata, El Derecho (19/03/2019, n.º 14.592).

Asunto «R., L. A. y otros – Sumaria» (Expte. N.º 7889448) sentencia de 21 de mayo de 2020 (Juzgado Civil, Comercial y de Familia de Villa María.

Australia

Asunto Dennis and Pradchaphet [2011] FamCA 123.

Asunto Dudley and Chedi [2011] FamCA 502.

Asunto Baby Gammy [2014], PTW 3718, de 14 de abril de 2016.

Brasil

Asunto por «Processo de indicação de paternidade», requirientes «M.A.A. e W.A.A.», sentencia de 28 de febrero de 2012 (Juízo de Direito da 1.ª vara de família e Registro Civil da comarca do Recife).

Apelación civil 0006422-26.2011.8.26.0286, Relator Alcides Leopoldo e Silva Júnior, Distrito de Itu, TJSP, Primera Cámara de Derecho Privado, sentencia de 14 de agosto de 2012.

Processo n.º 027/1.14.0013023-9 (CNJ:.0031506-63.2014.8.21.0027), Comarca de Santa María, sentencia de 11 de septiembre de 2014.

TJRS, AC 70062692876, 8.ª C. Cív., Rel. Des. José Pedro de Oliveira Eckert, j., sentencia de 12 de febrero de 2015.

Asunto RE 898.060-SC, sentencia de 1 de julio de 2015 (Supremo Tribunal Federal de Brasil).

Recurso Extraordinario 898.060, RE 898060, sentencia de 7 de octubre de 2016 (Supremo Tribunal Federal de Brasil).

Canadá

A.A. v. B.B., 2007 ONCA 2, Corte de Apelación de Ontario, sentencia de 2 de enero de 2007.

MRR v. JM 2017 CarswellOnt 6290 (Ont.SC), sentencia de 28 de abril de 2017.

Chile

Sentencia de 8 de enero de 2018 (Juzgado de Familia de Santiago de Chile).

Sentencia del TC de Chile, Sala Primera, de 14 de junio de 2019, Rol 6710-19.

Colombia

Sentencia T-968/09. Corte Constitucional, Sala Segunda de Revisión (18 de diciembre de 2009), [M.P. María Victoria Calle Correa].

Sentencia T-274 de 2015, Corte Constitucional de Colombia. (2015). M.P. Jorge Iván Palacio.

Sentencia de la Corte Suprema de Justicia de 2017, radicación n.º 54001311000920090058501, [M.P. Ariel Salazar Ramírez].

Estados Unidos

Asunto «Doe v Kelley», 106 Mich App 169, 307 NW 2d 438 de 5 de mayo de 1981; cert denied 459 US 1183 (1983), también conocido como «Doe v. Attorney General», 307 N.W.2d 438 (Michigan Court of Appeals. 1981).

Asunto «Syrkowski v. Appleyard», 122 Mich. App. 506, 333 N.W.2d 90 (1983), rev'd, 420 Mich. 367, 362 N.W.2d 211, de 17 de enero de 1985 (Michigan).

Asunto «Matter of Baby M», 537 A.2d 1227, de 3 de febrero de 1988 (New Jersey Supreme Court).

Asunto «Adoption of Matthew B», 232 Cal.App.3d 1239, 284 Cal. Rptr. 18 (Cal. Ct. App. 1991).

Asunto «Johnson v. Calvert», 5 Cal.4th 84, de 20 de mayo de 1993 (Supreme Court of California).

Asunto «In re Zacharia D», 6 Cal.4th 435, de 12 de junio de 1993 (Supreme Court of California).

Asunto «In re Marriage of Moschetta». 30 CaI. Rptr. 2d 893-903 (1994), 10 de junio de 1994 (Court of Appeal of the State of California, Fourth Dist., Div. Three).

Asunto «Soos v. Superior Court» (1994) No. 1 CA-SA 94-0068. Arizona, 8 de diciembre de 1994 (Tribunal Superior del Condado de Maricopa).

Asunto «RR v. MH», 426 Mass. 501 (1998), de 10 de enero de 1998 (Tribunal Supremo Judicial de Massachusetts).

Asunto «In re the marriage of Buzzanca», 61 Cal.App.4th 1410, de 10 de marzo de 1998 (Court of Appeal of the State of California, Fourth District, Division Three).

Asunto «A.H.W. and P.W. v. G.H.B.», 339 N.J. Super. 495, 503, de 4 de abril de 2000 (Superior Court of New Jersey, Chancery Division).

Asunto «Jacob v. Shultz-Jacob, 2007 PA Super. 118, 24-25, 923 A.2d 473, 482», de 30 de abril de 2007 (Pa. Super. Ct. 2007).

Asunto «J.F. v. D.B.», 897 A.2d 1261, de 3 de enero de 2008 (Superior Court of Pennsylvania).

Asunto «In re Adoption of Sebastian», No. 38-08, de 9 de abril de 2009 (New York Court).

Asunto «In Re M.C. 195 Cal.App.4th 197 (2011)» de 6 de mayo de 2011 (Court of Appeals of California, Second District, Division One).

Asunto «In re T.J.S.», 54 A.3d 263, de 24 de octubre de 2012 (Supreme Court of New Jersey).

Asunto «Melissa Kay Cook, et al v. Cynthia Anne Harding, et al» Case n.º 2:2016cv00742, de 2 de febrero de 2016 (US District Court for the Central District of California).

Francia

Sentencia n ° 648 de 4 de octubre de 2019 (10-19.053) —Cour de Cassation— Pleno,

ECLI: FR: CCASS: 2019: AP00648.

Sentencia n ° 1112 de 18 de diciembre de 2019 (18-12.327) —Cour de Cassation— Sala Civil Primera, ECLI: FR: CCASS: 2019: C101112.

India

Baby Manji Yamnda vs. Union of India & Anr, de 29 de septiembre de 2008 (Supreme Court of India, Case Number: Writ Petition (C) No. 369 of 2008).

Jan Balaz vs. Anand Municipality & Ors.Letters Patent Appeal No.2151 de 11 de noviembre de 2009 (Gujarat High Court, Case Number: Letters Patent Appeal No. 2151 of 2009 in Special Civil Application No. 3020 of 2008 and Civil Appli).

Irlanda

Asunto «J. Mcd.v. P.L. and B.M.», [2009] IESC 81, High Court Record Number: 2007 26M, sentencia de 10 de diciembre de 2009 (Supreme Court of Ireland).

Asunto «MR and DR v An tArd Chlaraitheoir and Others» [2013] IEHC 91), High Court Record Number: 2011 46 M, sentencia de 5 de marzo de 2013 (High Court).

Asunto «M.R. and D.R. (suing by their father and next friend O.R.) and O.R. and C.R. v. An tArd Chlaraitheoir, Ireland and the attorney general», [2014]

IESC 60 (High Court Record No.: 2011/46M, Supreme Court Record No.: 263/2013), Sentencia de 7 de noviembre de 2014 (Supreme Court of Ireland).

Israel

Asunto «Nahmani vs. Nahmani» (CA 5587/93), The Supreme Court sitting as the Court of Civil Appeals [30 March 1995].

Perú

STC 09332-2006-AA, de 30-11-2007, Recurso de agravio constitucional interpuesto por D. Reynaldo Armando Shols Pérez.

Asunto «Carla Monique See Aurish contra Jenni Lucero Aurish de Oliva y otros», expediente 183515-2006-00113, sentencia de 6 de enero de 2009 (Décimo Quinto Juzgado Civil de Lima).

Asunto 563-2011, sentencia de casación de 6 de diciembre de 2011 (Corte Suprema de Justicia de la República, Sala Civil Permanente).

Asunto 06374-2016-0-1801-JR-CI-05, sentencia de 21 de febrero del 2017 (Corte Superior de Justicia de Lima, Quinto Juzgado especializado en lo Constitucional).

Portugal

Acuerdo del Tribunal Constitucional n.º 101/2009 de 3 de marzo de 2009 (proceso n.º 963/06. Diário da República, 2.ª serie, n.º 64 (01/04/2009).

Acuerdo del Tribunal Constitucional n.º 121/2010 de 3 de abril 2010 (proceso n.º 192/2010). Diário da República, 2.ª serie, n.º 82 (28/04/ 2010).

Acuerdo del Tribunal Constitucional n.º 401/2011 de 22 de Setiembre de 2011 (proceso n.º 497/2010). Diário da República, 2.ª serie, n.º 211 (03-11-2011).

Acuerdo del Tribunal Constitucional n.º 465/2019 de 18 de Setiembre de 2019 (proceso n.º 829/2019). Diário da República, serie I, n.º 201 (18-10-2019).

Reino Unido

Re X e Y [2008] EWHC 3030 (Fam) Case No: FD0.

Re L (A Minor) [2010] EWHC 3146 (Fam) Case No: FD10P01027 (Royal Courts of Justice Strand, London) de 08/12/2010.

Re X (A Child) (Surrogacy: Time Limit) [2014] EWHC 3135 (Fam.).

Re Z (A Child: Human Fertilisation and Embryology Act: Parental Order) [2015] EWFC 73.

Re A [2015] EWHC 1756 (Fam.).

Re Z (a child) (No. 2) [2016] EWHC 1191 (Fam.).

Re ST (A Child) (Surrogacy: Iran) (Rev 1) [2018] EWHC 3439 (Fam) (12 de abril de 2018).

[2020] EWFC 39, número de caso: ZC19P00834. Royal Courts of Justice

Strand, London, WC2A 2LL20/05/2020.

Venezuela

Decisión n.º PJ0552013000004 de Tribunal Tercero de Primera Instancia de Juicio de Protección de Niños, Niñas y Adolescentes de Caracas, de 9 de enero de 2013.

Sentencia n.º 1456 de Tribunal Supremo de Justicia de Venezuela, Sala Constitucional, de 27 de julio de 2006.

Dirección General de Seguridad Jurídica y Fe Pública **(Dirección General de los Registros y del Notariado). Resoluciones consultadas**

Resolución de 5 de junio de 2006, La Ley 84038/2006.

Resolución de 11 de enero de 2007, La Ley 357013/2007.

Resolución de 18 de febrero de 2009 (JUR 2009, 154581).

Instrucción de 5 de octubre de 2010, BOE 243, de 7 de octubre de 2010.

Resolución de 3 de mayo de 2011 (1.ª) Boletín del M.º de Justicia, año LXVI, 7 de marzo de 2012.

Resolución de 6 de mayo de 2011 (4.ª) Boletín del M.º de Justicia, año LXVI, 7 de marzo de 2012.

Resolución de 6 de mayo de 2011 (5.ª) Boletín del M.º de Justicia, año LXVI, 7 de marzo de 2012.

Resolución de 6 de mayo de 2011 (6.ª) Boletín del M.º de Justicia, año LXVI, 7 de marzo de 2012.

Resolución de 9 de junio de 2011 (1.ª) Boletín del M.º de Justicia, año LXVI, 14 de marzo de 2012.

Resolución de 23 de septiembre de 2011 (2.ª) Boletín del M.º de Justicia, año LXVI, 28 de marzo de 2012.

Resolución de 23 de septiembre de 2011 (4.ª) Boletín del M.º de Justicia, año LXVI, 28 de marzo de 2012.

Resolución de 23 de septiembre de 2011 (5.º) Boletín del M.º de Justicia, año LXVI, 28 de marzo de 2012.

Resolución de 30 de noviembre de 2011 (1.ª) Boletín del M.º de Justicia, año LXVI 25 de abril de 2012.

Resolución de 30 de noviembre de 2011 (2.ª) Boletín del M.º de Justicia, año LXVI 25 de abril de 2012.

Resolución de 12 diciembre de 2011, Registro Civil (EDD 2011/371514).

Resolución de 22 de diciembre de 2011, Registro Civil (EDD 2011/371513).

Resolución de 15 de abril de 2013, Registro Civil (EDD 2013/166538).

Instrucción de 25 de junio de 2013, BOE 161 de 6 de julio de 2013.

Consulta-Circular de 11 de julio de 2014, La Ley 312/2014.

Resolución de 20 de noviembre de 2014 (JUR 2015, 259954).

Resolución de 19 de diciembre de 2014 (JUR 2015, 256866).

Instrucción de 13 de mayo de 2015, BOE 124 de 25 de mayo de 2015.

Resolución de 28 de mayo de 2015, Registro Civil (EDD 2015/296983).

Resolución de 16 de enero de 2015, Registro Civil (EDD 2015/277313).

Resolución de 8 de febrero de 2017 (1.ª), BOE 51 de 1 de marzo de 2017.

Resolución de 3 de marzo de 2017 (49.ª) Boletín del M.º de Justicia, año LXXII, marzo de 2018, núm. 2206.

Resolución de 1 de septiembre de 2017, La Ley 244576/2017.

Resolución de 27 de octubre de 2017 (1.ª) Boletín del M.º de Justicia, año LXXII, septiembre de 2018, núm. 2211.

Resolución de 6 de abril de 2018 (27.ª) Boletín del M.º Justicia, año LXXIII, febrero de 2019, núm. 2.216.

Resolución de 6 de abril de 2018 (36.ª) Boletín del M.º Justicia, año LXXIII, febrero de 2019, núm. 2.216.

Resolución de 18 de mayo de 2018 (27.ª) Boletín del M.º Justicia, año LXXIII, marzo de 2019, núm. 2.217 (JUR 2019, 280401).

Instrucción de 14 de febrero de 2019 (Disponible en: https://www.elindependiente.com/wp-content/uploads/2019/07/instrucci%C3%B3n-14-febrero-2019.pdf).

Instrucción de 18 de febrero de 2019, BOE 45 de 21 de febrero de 2019.